及
荊
道
芏
稻
秫

攔
前
榆
柳
無
花

揭
揭
飯
沐
十
分

五
枝
雅
父
了
手

珊
翠
枝
有
清
泰

新
秧
初
出
水
妙

菱
秧

鸣沙

007

猛将还乡

洞庭东山的新江南史

赵世瑜　著

社会科学文献出版社
SOCIAL SCIENCES ACADEMIC PRESS(CHINA)

目　录

序　篇

从田野开始的历史

洞庭东山位于东太湖，它与洞庭西山一起，是傅衣凌先生《明清时代商人及商业资本》一书中所写洞庭商人的故里。这里为世人所知，更多是因为它是白沙枇杷和碧螺春茶的原产地。

　　来到东山，只需要稍稍走几天，就会发现这里大体上可以分为三个判然有别的社会－文化空间。第一个是位于中心的山地及山麓，东南一侧被称为前山，西北一侧被称为后山；第二个是街上，即以东街、中街和西街为中心向附近延伸的商业区；第三个是日渐扩展的湖边低地。读了一点这里的材料之后，就很容易知道这三者构成的空间格局也是个历时性层累的结果。

　　任何地方的"日常"似乎总是千篇一律、循环往复的，不如"狂欢"那样吸引人们的眼球。每年正月从初一开始，无论是镇上、山上，还是湖边，东山每个猛将庙里的猛将菩萨都要出来巡游半日。每个村子猛将出巡的日子不同，一般延续到正月十三，传说这天是刘猛将的生日，因此"抬猛将"仪式到此日结束。据说只有西街上的诸公井大猛将是不抬出来巡游的，传说猛将刚刚有了塑像之后，抬到诸公井这个地方就再也抬不动了，人们只好在井上建庙，就地祭拜，并尊其为前山七位大猛将中的老大。

　　除了前山的七位大猛将，当地人说，后山也有七位大猛将。其实东山各个自然村大多有猛将堂，猛将数量远超 14 位，我想，这与聚落的增长有直接关系，现在这种共时性的空间分布，背后有着时间上的历史过程。比如街上和前山各村的猛将大多称为"刘府中天王"，后山各村的猛将多称"刘府上天王"，也有少数称为"吉祥王"的，而村里比较小的猛将堂也有称为"刘公堂"的。当地人已经解释不清这种称呼上的区别，甚至很多人根本没注意到有这种分别。一方面，这种写在庙宇匾额上的不同称谓应该不是人们的随意之举，而是一种历史传统的因袭；另一方面，普通人对这些称谓的分别并不在意，本身也是一种事实，他们在意的是另外的东西。

　　东山不大，我三年中来东山五次，跑了几十个自然村的猛将堂。疫情中的 2020 年 6 月我也来过，虽然因为防范聚集性活动的风险，宗教场所都锁了门，但还是设法看了几个猛将堂和两个渔民的庙。一个突出的印象是，猛将堂都是重新修建的，大多数猛将堂里没有旧的碑刻，不多的碑刻中只有个别的内容提到猛将堂。像沙岭猛将堂墙壁上的碑刻，有明显的挖凿痕迹，特别是该出现神祇名字的地方，那两个字就被故意破坏了。这说明研究这里的社会史，不能过于指望民间文献，除了大家熟悉的那些传世文献外，需要更多借重人类学的方法。所以，以前朋友们戏称我们的研究是"进村找庙，进庙读碑"，有时候只是说对了一半。没有碑读，我们也还是要做下去的，做下去的方法，在于能否找到一条通幽的曲径。

　　除了正月的"抬猛将"，每年农历六月二十四到七月初东山还有一次"抬猛将"活动。虽然不像正月里，几乎每个村都会"抬猛将"，但这一次的特殊性，在于各村的猛将要到龙头山葑山寺去"看外婆"。因为莳山寺地处双湾村，那里有金湾和槎湾两个自然村，当地人说金湾是猛将的外婆家。我在 2019 年 7 月来东山看这次猛将回外婆家的仪式，主要是因为这是一年中唯一一次有从水路坐船抬猛将的活动，有助于证实我关于刘猛将曾是太湖上岸水上人的神的假设。

图 0-1　2019 年 7 月莳山寺荷花节

农历六月二十三夜里两点半，我们来到高田村的前门头（自然村）。高田，历史上叫茭田，吴语中高与茭是同音的，也许是觉得高田比较吉利，但却把这里曾经是遍布水生植物的濒水地区的历史遮蔽了。一开始，只有几个妇女在庙里做准备，到三点半前后，有老年男性打锣通知全村人，四点多开始抬神上船，之前没有道士做仪式。开船后沿港向南行，一路两岸居民摆贡桌、放炮、拜拜。行至某处捐钱多的人家，神船在河中转三圈，其他仪仗船在后面等着。然后回头拐向另一条港。五点前后到达莳山寺下的码头，同样转三圈，神像留在船上，仪仗队伍下船到广场上举行敬香仪式，由各村香头代表，其余在广场上舞龙或跳秧歌等。六点过，众人先后离去。虽然现在各村的人有分别从水上来和陆上来的，但我猜最早多是从水上来的，因为民国以来圩上的聚落日益密集，街巷太窄，已无法让神轿通过到达码头，所以只有庙在水边的村神像是坐船走的了。

从刘猛将的来历，可以看出"文字下乡"的威力。在上湾猛将堂墙上有个文字说明，是 2004 年村民重修猛将堂后书写的《刘猛将史记》，说元朝将领刘承忠率部驱蝗，后人为纪念他，便塑了神像，称为"刘猛将"。文中说清雍正年间将其列入正祀，同治年间封为"上天王"。其中又记，在上杨湾猛将堂中有宋代敕文，似乎暗示着刘猛将有着宋代的渊源。这个从清代中叶开始的关于刘猛将的正统说法，以及民间看似混乱而矛盾的历史记忆，恰恰给我们留下了可能揭开这个江南历史谜题的线索。至少我们现在可以知道，以驱蝗神的身份在全国范围内出现的刘猛将，只不过是刘猛将的"近代史"。

当然，刘猛将并非东山所独有。比如今天和东山同属苏州吴中区的胥口镇，是苏州通往东山和西山的必经之地，这里的城市化程度比洞庭两山要高得多，但蒋家村、堰头村等许多村落还是会在正月十三"抬猛将"。有意思的是，现在堰头还有个乡约，其目的是"集富济贫"，实际上就是集资、合股的组织，据说来源于刘猛将曾把自己的土地分给大家，却把大家交给他的田租分给贫苦人家的传说。直观地看，这个故事反映的是江南地区的地权和租佃关系问题，但也可能是我后面要讲到的"合伙制社会"的遗存。所以，一个相同的神灵在不同的时期或不同的情境下总能给人们提供资源，或者反过来说，我们可以通过这些不同角色的故事看出历史的演变。这些村落所在的位置，正是东山、穹窿山和上方山三者构成的倒三角形的中心，熟悉明清江南历史的人看到后面这两个地名，一定会产生有趣的联想。

　　在更北面的光福、木渎，乃至东渚、阳山等地，近年来也恢复了"抬猛将"的习俗，而浒墅关的"闹猛将"则是采取水上竞渡的形式，一路向南面的虎丘进发。这种水上的猛将祭祀活动，现存规模最大的是浙江嘉兴王江泾镇莲泗荡的网船会。这一活动在江南民间享有盛名，以至于晚清时的《点石斋画报》中都有图文记录，据说盛时可有上千只渔船结社进香。由于在吴江的庙港（与东山一衣带水，密迩相邻）有一条水路向东直通汾湖和淀山湖，沿此水路亦有多条水路南下，太湖渔民会聚于莲泗荡也不足为奇。文献中的较早记录如"宋刘猛将庙，在马陆村。元至正十一年里人陆纯杰建，祀宋将刘锐，即锜弟也"；①再如"（青浦）猛将庙在任墓西北"。②马陆村即今上海嘉定区马陆镇，就在吴淞江畔；青浦即今上海青浦区，从太湖沿太浦河可直达。《水经注》引东晋虞阐的《扬都赋》说："今太湖东注为松江，下七十里有水口分流，东北入海为娄江，东南入海为东江，与松江而三也。"③我在想，刘猛将的仪式活动是不是以太湖东岸为中心，沿着水网密布的地区，又借着两宋到明清时期的水利工程（塘浦圩田），一直向上海附近扩展，形成一个横卧着的降落伞形分布呢？

　　至少从清代开始，太湖渔民就有"进香朝会"的仪式活动。清初武山（在今东山东北部）人吴庄曾在一段竹枝词中提到"湖神有南朝圣众、北朝圣众之分"，④不知在当时只是分为"南朝"和"北朝"两个朝会活动，还是已经有了"四朝"，但传至今天，则是"南北四朝"的

---

① 万历《嘉定县志》卷一八《杂记考下·祠庙》，明万历刻本，第19页上。

② 崇祯《松江府志》卷五三《道观》，明崇祯三年刻本，第40页上。

③ 郦道元：《水经注》卷二九，清武英殿聚珍版丛书本，第8页上下。

④ 道光《苏州府志》卷一四七《杂记三》，清道光四年刻本，第25页上~26页下。

图 0-2　太湖 – 长江三角洲"抬猛将"分布范围示意
图片来源：苏娴据百度地图改绘。

传统。有学者调查吴江渔民的"南北四朝"是"南朝嘉兴莲泗荡刘猛
将，北朝苏州上方山太母，东朝青浦金泽镇杨老爷，西朝湖州石淙三太
君"。[1] 在有的学者田野调查所拍摄的照片中，也能看到有渔民的进香旗
帜上写着"南北四朝进香，太湖长生社"的字样。[2] 在调查中我了解到，
太湖地区不同地方的人对于"四朝"是哪"四朝"，有不同说法。但无
论如何，我不仅意识到这是东太湖地区渔民意识中水上世界的空间标
识，类似于国家礼制中象征疆域的五岳、四海，其也可以让我从东太湖
水上人的这些神圣空间标识，回溯整个江南千年以来的水上人上岸史。

　　我曾在一篇文章中提出过这样的假设：第一，在以往的研究中，
对明清以来的江南社会是否存在某种同质化的想象？第二，以往江南

---

① 郑土有：《一个民间信仰组织的"节日"生活——以江苏芦墟镇"旗伞社"为例》，《节日研
　　究》第 2 辑，山东大学出版社，2010。对这四处的神祇，本书后面都有简略的描述和分析。
② 朱明川：《船与岸：东太湖流域民间信仰中的两种传统》，《民俗曲艺》第 204 期，2019 年 6
　　月。图见该文末。

研究中沿着"资本主义萌芽"和"现代化"路径进行的市镇史研究，是不是理解江南社会的唯一路径？现在我想提出第三个假设，以往对江南水利与农业开发的大量研究以及相关文献记录，在某种程度上是否受到王朝国家财政需求的影响，从而导致了研究上的某种偏重？基于我在本书中的描述，我发现刘猛将的信仰活动主要分布于太湖平原中部和南部，即从湖州、东山、吴县、吴江一直向东，直到青浦、松江；而在太湖平原北部沿江，即嘉定、太仓这一线，这些活动逐渐稀少。这又启发我想到第四个假设，历史上以冈身为界，大体上将太湖东部平原分为高乡和低乡，以此作为认识江南的区域性开发过程的核心概念，而刘猛将信仰的分布大体上与高乡 / 低乡的分异相合，在低

乡的东北部情况也有所不同，说明刘猛将的确是湖区水乡人群的神。如果这些假设可以成立，我们便可以从东山的猛将堂出发，梳理出一条新的叙述江南史的脉络。

20 世纪 90 年代以来，我在江南地区跑过几次，印象中，洞庭东、西山虽地处太湖流域的腹心，但并不是人们心目中的江南的代

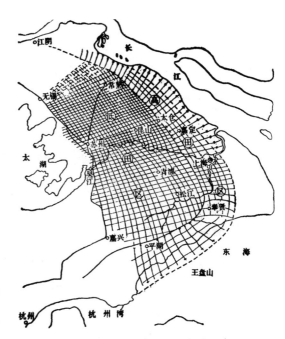

图 0-3　太湖平原高乡 / 低乡分布

图片来源：郑肇经主编《太湖水利技术史》，农业出版社，1987，第 85 页。

表。明清时期所谓的江南水乡，到今天已经基本上不见踪影——我的意思是说，虽然小桥流水的景致还在，但感觉已没有了与水有关的生活，但在东、西山两个岛上，特别是在东山，还保留着水乡生活的痕迹。这里没有太多稻作农业，因此也很少有宋至清水利事业的痕迹。

其实，"水乡"这两个字本来有狭义的界定。乾隆《太湖备考》中记载："二十八都在东山，统图十五。"后面加了一个小注："本朝均出空图一里，并入水乡。"同样，"二十九都在东山，统图十五"，后注："本朝均出空图二里，并入水乡。"① 这是说在明代划定都图征税之后，实际上有些地区沉浮不时，无法稳定课税，后来逐渐成为没有花户的"空图"，所以在清前期实施均田均税法后，政府将这些地方划入"水乡"，就是以水面为主的地区。

看着这里的社会发展轨迹，我猜想，苏松嘉湖杭的乡村，从南朝以来，特别是从南宋到清的时期，分地区分时段也经历了类似的过程吧？我注意到沈括的《梦溪笔谈》中有这样几句话：

> 苏州至昆山县，凡六十里，皆浅水无路途，民颇病涉，久欲为长堤，但苏州皆泽国，无处求土。②

以沈括的性格和做事的风格，我相信这个表述并不是过分夸张的，即在北宋的苏州，水面和沼泽低地的面积是很大的。因此在江南，无论是高乡沿海、沿江地区，还是低乡沿湖、沿河地区，应该都经历了一个

---

① 乾隆《太湖备考》卷五《田赋》，第 20 页下，《中国方志丛书》华中地方第 40 号，成文出版社，1970，第 378 页。

② 沈括：《梦溪笔谈》卷一三《权智》，四部丛刊续编影印明本，第 7 页下。

水上社会向岸上社会的逐渐转变。那么，是不是可以通过描绘近代以来东、西山人的现实世界，折射出一个宋明时期的江南社会呢？这可不可以说是历史人类学方法的应有之义？

当然，仅仅靠关注水上人上岸并不足以重新勾画出一幅江南史的图卷。人们对中唐以后富庶的江南的印象，多与圩田开发、蚕桑养殖、商业繁荣、市镇勃兴有关，进而扩展到江南的富豪社会和士绅文化。只有对这些结构过程的各个要素提供新的解释，才能显示水上人上岸这条历史逻辑的解释力。

大半个世纪以来，国内外关于江南历史的研究不胜枚举，提出许多富有启示性的观点；而江南的历史文献之丰富，又是其他地区很难望其项背的，作为一个几乎没有做过江南研究的人，我其实并不敢就此领域随意置喙。本书可以被视为江南研究的崇拜者和"业余"爱好者的田野行记、读书笔记和天马行空的历史随感，就一个过去人们涉足不多的太湖岛屿略做勾勒。而且，本书的叙述方式不像大多数江南史研究那样比较偏社会科学，而是比较偏人文学的——我不太愿意用比较学术或是比较通俗这样的说法，因为我自认本书提出了一些值得讨论的学术话题。其实，其中很多涉及政治史和经济史中的一些重要问题，但都只是点到为止，未做深究或展开，因为一旦深究或展开，许多问题或个案都能写一篇长文，甚至一本书。不过，我至少可以有力地回应某些关于区域社会史"碎片化"的批评。正如刘志伟在私下里所说，本书的目的不是做一项专题研究，而是一个方法论论述。无论如何，如果能对有兴趣研究江南的同道略有帮助，或对其他区域的研究者有所启发，则幸莫大焉。

　　在本书中，我将尽量排除资料上的困难，对历史上江南地区伴随圩田开发的水上人上岸过程加以说明，但这毕竟是本书的研究对象，纵有新意，也局限在江南研究的范围内。由此，我引申出若干假设。

　　首先，水上人上岸的过程是一个合伙制社会（partnership society）建构的过程。许多经济史学者讨论过明清商人的合伙经营，郑振满也提出过"合同式宗族"的概念。我在想，这背后本来是不是先有某种社会机制，后来才衍生出商人的经营方式，并在特定情境下形成某种宗族组织？我进而想到科大卫说的宗族是一种corporation，这个英文词除了一般理解的作为社团法人的公司以外，也指政治、经济的跨空间组合，这个基础就是合伙制社会。虽然我的讨论是从"赘婿"问题切入的，但生成这个概念是为了将传统上孤立地对商业问题或宗族问题的讨论整合起来，更重要的是可以由此进入一个深层结构。

　　其次，水上人是天生的商人。在本书中我提出，由于生计模式的移动性和生活资源的单一性，船民和牧民一样，都是天生的商人，前者提供了条件，后者提供了需求。在本书中，我对这个问题并没有展开论述，但这种由水上人进而经商致富的认识，尽管在东南沿海对海商或"海盗"的研究者看来不足为奇，但在江南研究，特别是在江南商业史研究中却很少引起共鸣，这就会给另一个江南研究的重要领域——市镇研究带来缺憾。也就是说，在江南水乡的商业性市镇形成和发展过程中，水上人上岸及其经商活动究竟扮演了什么角色，并没有得到充分的考量。

　　再次，水上人的社会是个离散社会（diaspora society），水上人上岸的历史过程是从离散社会到整合社会（integrated society）的过程。与犹太人、阿拉伯人以及海外华人华侨研究使用的"离散社群"概念不同，我不是从水上人对原乡的认同的角度去认识他们的；他们作为四处漂泊的人群，大多是没有原乡的概念的。在字面意义上说，他们是真正"离散"的，但这并不意味着他们没有某种认同，这种认同往往是在与岸上人的交往、冲突和整合过程中形成的，是在他者的态度中逐渐明晰的，也是在融入岸上社会的整合过程中逐渐淡化的。考虑到水乡社会的这一特征，我们也许会对许多江南社会－文化现象产生新的认识角度。

最后，水上人的生活世界是以码头为中心的跨区域网络。程美宝、刘志伟等对珠江三角洲地区或大湾区的研究和郑振满、丁荷生等对东南亚华人社会的研究，启发我对施坚雅的以集镇－城市为中心地的区域体系理论重新加以思考。我发现水上人的贸易联结往往是从一个码头到另一个码头，在空间上是跳跃性的，而不是施坚雅以平原为典型环境概括的那种——在某一层级的中心地范围内，是辐射性和覆盖性的。这就是为什么在广州、香港和澳门，甚至在西贡的堤岸，生活着操同一种方言的人群，而在珠三角地区的其他市县，方言却判然有别。这就为晚清东山人跑到上海去发展（见本书终篇）提供了新的解释思路——明白这也是洞庭商人从苏州、南京，进而临清、长沙、汉口，最后到上海这些码头链条中的一环，也由此明白上海老县城的"上海闲话"由苏州（东山）和宁波（镇海）话这些水乡方言构成的缘故。当然，形成一个以码头为中心的宏观区域体系模型，并不是本书力所能及的，那大概应该是一个"世界体系"。

以上这些，就是我从洞庭东山这个小地方的一个小神引发出来的新思考。小时候记熟了一句名言："不破不立，破字当头，立在其中。"抛开此话当时的政治语境，我以为这个充满辩证法意味的说法是有其道理的，我既说明了"破"的理由，也不得不有所"立"，但此"立"是否成立，则有待读者批评。

将这本小书定名为《猛将还乡》，主要有这样几个意思。

第一，太湖乡村地区"抬猛将"的仪式活动因为政治原因中断了数十年，于近二十年才渐次恢复。尽管现在被列入某一层级的"非遗"保护名录，但由于社会变化的迅速，我们还不知道这一民间传统未来会有什么变化。我们不能不抓住这样的机会，对此进行观察和分析。我曾多次说过，历史人类学与其他历史研究路径的不同之处，是从眼前可以观察到的民众的生活世界出发，找到新的研究课题，探索新的路径。产生于乡土的"抬猛将"在长时间中断之后，再度出现在我们的眼前，可以使我对三十年前仅仅根据文献提出的关于猛将信仰的认识进行反省，进而得出新的解释。①

第二，刘猛将的信仰产生于乡土社会，这应无疑义。但在历史上，特别是从清雍正时期开始它便被列入朝廷祀典，从乡野上升到庙堂。我们当然明白，尽管猛将信仰已成为国家正祀，江南的百姓仍可各行其是，对其进行多样化的解读和重塑，但毕竟在维系这一传统的时候会加入新的因素，呈现新的变化。时过境迁，猛将信仰从国家祭典的神坛上跌落下来，复归乡土，但民众依然面对着民族 - 国家时代以来"破除迷信"运动的严峻挑战，他们仍然需要找到当年面对汤斌毁"淫祠"时发

① 关于刘猛将以及五通神，我曾在《中国民间寺庙文化：一种文化景观的研究》(《江汉论坛》1990 年第 8 期)、《明清时期中国民间寺庙文化初识》(《北京师范大学学报》1990 年第 4 期)等文中涉及。两文经过改写，更名为《民间社会中的寺庙：一种文化景观》和《中国传统社会中的寺庙与民间文化——以明清时代为例》，收入《狂欢与日常——明清以来的庙会与民间社会》一书(三联书店，2002；北京大学出版社，2017)。

明出来的应对策略，因此清廷赐了的"驱蝗神"的身份和列入"非遗"名录的结果依然能够赋予这一民间传统合法性。因此，"猛将还乡"会使我们对国家与社会间互动和博弈的连续性和新变化加以省思。①

第三，这个书名或许也受到娜塔莉·戴维斯的名著《马丁·盖尔归来》的影响。那本书描述的是一个扑朔迷离的案子，一个不知真假的叫马丁·盖尔的人返乡引起的风波。在文人的记载中，刘猛将的原型究竟是谁有好几个说法，他们都在为他是哪位官员或将领争论不休；百姓们对此却不太关心，顶多说他是一个受到后母虐待的孩子，姓甚名谁也无所谓。但这并不等于他在百姓心中没有地位，相反，在百姓的生活世界中，他是不可或缺的，而这正是他几经禁毁，又不断回归的原因。在关系周围人群的生活意义的层面上，刘猛将和马丁·盖尔庶几近之，这当然反映了我个人对《马丁·盖尔归来》一书的理解。

第四，也是最重要的一点，就是我们要让曾经的历史主角回到人们的视野中，他们已经被遗忘得太久了。熟悉江南历史研究的人都知道，自宋代以来诸多的水利文献，几乎都在讨论如何疏浚河道、如何限制豪强围湖成田、如何保障农民稻田的收成，却没有只字提及在这一过程中，原来的水上生计如何被改变，原来的水上人如何上岸成为农民，进而导致在明清时期江南史可以简化为"市镇发展史"之前，中古时期的江南史可以简化为"农业开发史"——讨论水的问题大多是以陆为中心的。以陆地为中心并不错，因为这里有多数人口，但就某些区域来说，却并非

---

① 在本书写作过程中，我在网上读到朱一迅记述嘉兴王江泾莲泗荡网船会的调查文章《刘猛将归来——一座乡村小庙兴衰中的百年中国》（《大家之选》，2018 年 5 月 22 日），该文思考的问题以及标题文字都与本段的表达有类似之处，应属不谋而合，特此说明。

从来如此。① 由于赋税对于王朝国家的重要性，陆地农业便成为人们关注的焦点，因此这种研究思维的背后，未必没有"国家中心"的影子。

　　至此或可理解本书副标题中的"新江南史"这个颇有些狂妄的说法：一是东山在整个江南地区的结构过程中，属于"最后的水乡"——对何为"水乡"，相信明清或更早时期的江南人与今人有不同的看法，直至很晚近的时期，这里的人还有很多从事水上的生计，农业只占一定的（当然是日益增大的）比例；二是希望从东山的个案，看到一条新的江南史的解释路径，故本书的讨论从东山出发，② 扩及邻近的西山，乃至明清苏州府的吴县、吴江和常熟，以及松江府的青浦、上海和浙江湖州，意在表明我的"野心"是借东山一隅的历史结构过程重释更大范围的江南地区。这当然大多只能是浅尝辄止，不可能全面细致地论述，所以后面这个目标是否能够达到，还是个未知数。不过，恰恰可能因为我既不是江南人，又是个江南研究的外行，才有可能如此胆大妄为。

　　所有读者应该都会发现，重现一个以水上人上岸为主线的江南史是

① 类似的批评和主张可见徐斌《以水为本位：对"土地史观"的反思与"新水域史"的提出》（《武汉大学学报》2017年第1期）以及《制度、经济与社会：明清两湖渔业、渔民与水域社会》（科学出版社，2018）。类似的观念还体现在刘诗古《资源、产权与秩序：明清鄱阳湖区的渔课制度与水域社会》（社会科学文献出版社，2018）中。本书的写作可以视为对这一主张及具有相同关怀的已有研究的响应。不过，本书与上述论著有两个主要的区别，一个是在内容上，我不仅关注水上人群及其活动，更侧重考察水上人上岸的过程，或者说，着力于把过去的江南史研究主题与水上人研究结合起来；另一个是在方法上，尽管我们都做田野工作，但本书主要不是从田野中发现的民间文献入手的，而是从现实世界的仪式活动切入。

② 作为本书初稿的第一位读者，刘志伟建议我将副标题改为"从洞庭东山出发的新江南史"，以避免读者误解我只打算写一个小岛的故事，将本书的立意窄化了；而且这与我拟的英文书名相符。我对此完全符合逻辑的建议进行了思考，决定还是维持原拟。一是我毕竟没有全面讨论江南，只涉及了苏松两府的部分地区，或者说只是东太湖地区；二是标题这样改会显得啰唆和直白，而在严谨和美感之间我常常是偏爱后者的。对这个缺欠，我只好通过此段文字加以弥补，相信我是说得够清楚了。

十分困难的，正像我常说的，没有哪个士大夫会在自己的文集或族谱中说自己的祖先是水上人。但勒高夫的话真说到我的心坎上了。他说，"为了尝试理解一个社会如何运作——这始终是历史学家的任务——与变化和转化，对想象的关注是必要的"。① 因此，我差不多也是在"想象中""试谈另一个中世纪"。

不过同时，勒高夫又为我提供了一个榜样，那就是米什莱：

> 这是一位通过自己的著作与教诲进行斗争的历史学家，或许如同罗兰·巴尔特所说的那样，作为某种无法言说的话语的歌唱者，他感到焦虑，那就是人民的话语，但他懂得如何摆脱这种焦虑，他不是去将历史学家的话语与历史斗争之中的人民话语混同起来——我们知道这种混淆极有可能导致对历史和人民的最糟糕的奴役，虽然声称是在将话语赋予人民。

这是一项艰巨的任务。但我确信，只有读懂了这段话的人才可以称得上是社会史家或历史人类学家。这也是我们强调田野工作或者现实生活经验重要性的原因。最近社会学家周飞舟对刘世定做了一个长篇访谈，其中提到"田野是产生直觉、洞察、好的猜想的地方"，"是一个让你产生想象力的地方"。② 真是人同此心，心同此理。

接下来，就让我们进入刘猛将和洞庭东山人民的生活世界。

---

① 雅克·勒高夫：《试谈另一个中世纪——西方的时间、劳动和文化》，周莽译，商务印书馆，2014，"前言"。下一段引文出处同此。

② 刘世定、周飞舟：《田野调查的洞察力和想象力——刘世定教授访谈录》，《清华社会科学》第 2 卷第 2 辑（2020），商务印书馆，2021。

一

走进东山

从岛屿到半岛

最早知道洞庭东山，还是大学毕业以后读了傅衣凌的《明清时代商人及商业资本》，其中的第三篇是《明代江苏洞庭商人》，记得当时恍惚了好一阵，因为怎么也无法把洞庭与江苏联系起来，洞庭湖在湖南的观念已经深深地烙印在脑海中，完全不知太湖中有两座岛叫洞庭山。倒是文中引述明代小说夸奖洞庭商人是"钻天洞庭"给我留下了深刻印象。直到今天，"钻天"这个形容究竟何指，是不是就是指他们经商的范围很大，无所不至，我还是莫名所以。

今天从苏州到洞庭西山，有三段太湖大桥连接，可以驱车直抵，但还是可以清楚地分辨它是太湖中的一座岛。然而，东山却已与苏州吴中区的陆地相连，以至于百度百科对东山的介绍中称其为半岛。不过它从一个岛变成一个半岛，时间并不久远。据唐梁载言《十道志》记载，隋时东山与陆地相隔 30 余里；到明末，已是"去菱湖嘴越水不二三里而遥"；[1] 再到清乾隆年间，东山与陆地（今渡村）之间的大缺口，"往时口

---

① 崇祯《吴县志》卷前《图·东洞庭山图说》，明崇祯刻本，第 19 页。

阔二三百丈，水行通畅，复被附近居民种植茭、芦，泥淤滩涨，水口渐狭，仅存五十余丈"。[①]因此，这个变化发生在唐代至清中叶这个时段。冯梦龙在《醒世恒言》中描述说：

> 太湖中七十二峰，惟有洞庭两山最大。东洞庭曰东山，西洞庭曰西山，两山分峙湖中。其余诸山，或远或近，若浮若沉，隐见出没于波涛之间。……那东西两山在太湖中间，四面皆水，车马不通。欲游两山者，必假舟楫，往往有风波之险。[②]

可知至晚明，东山仍为湖中岛。1929年，李根源从苏州城赴东山访古，所记路线为：

> 出胥门，至泰让桥，搭东山轮渡。过横塘行春桥，泛石湖，经越来溪，过木杏桥至横泾。过严善桥至浦庄、张庄，过福履、仁寿、平渡、黄芦、采莲诸湾至平安桥。过摆渡口即东山与陆地断处，广约六七丈，无桥连，疑即大缺口，吴淞之首也。古有广济庵、渡头阁，已废，址存。抵渡水桥一名具区风月桥，杨循吉有记。[③]

据此，至民国初，东山岛与苏州陆地之间的距离又缩至约20米，几近于半岛。不过人们从苏州府城去东山，仍以水路为便。

---

① 乾隆《太湖备考》卷一《太湖·大缺口水利条陈》，第13页下~14页上，《中国方志丛书》华中地方第40号，第120~121页。

② 冯梦龙：《醒世恒言》卷七《钱秀才错占凤凰俦》，明天启叶敬池刊本，第1页下~第2页上。

③ 李根源：《吴郡西山访古记》卷五，古吴轩出版社，2015，第1页上下。

旧方志地图虽于标识方位并不准确，但还是可以大体示意一个变化的轨迹。从洪武《苏州府志》中的《吴县境图》，可以看出那时不仅洞庭东西山、三山、武山均在湖中，而且石湖虽然已经快被两侧圩出的土地截为内湖，但还是与太湖水域相接，可以想见它曾是后者的一部分。从枫桥向西南延伸的像一只手掌的部分，相互之间有河港隔开，显然原来都在水中。赫赫有名的天平山、上方山、穹窿山（即图1-1中"穷山"）等，在历史上都曾是像洞庭东西山那样的岛屿。

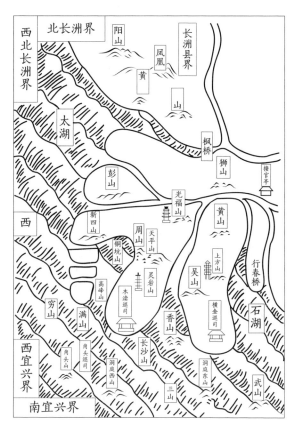

图 1-1 洪武《苏州府志·吴县境图》
图片来源：苏娴清绘。

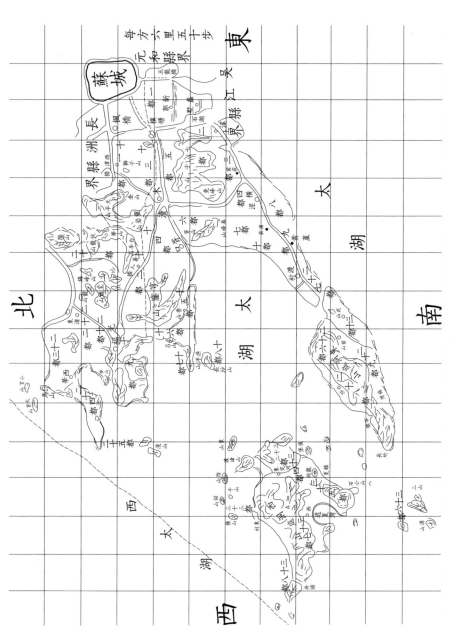

图 1-2 民国《吴县志·吴县总图》

图片来源：苏娴清绘。

　　到了李根源参与编纂的民国《吴县志》所收地图中，东山位置、形状更为准确，我们还可以更为清晰地看到陆地和岛屿扩张的状况。

　　结合这几张不同时代的地图和李根源的文字描述，可以知道，如果在明初，游人经行春桥出石湖，便进入了太湖的广阔水面。但到 20 世纪，到了横泾那里，需要穿越一条狭长的水道，直到图 1-2 标识的、前引李根源记录经过的黄芦，也还没有到陆地与东山的隔断处。而在这条水道的两侧，已形成了一个火腿状的陆地板块。据图 1-3 所示，抵东山后的第一站渡水桥，其东南的北部本也是孤悬湖中的武山，南部则是渐成湿地的芦荡，它们此时则变成东山岛的组成部分。

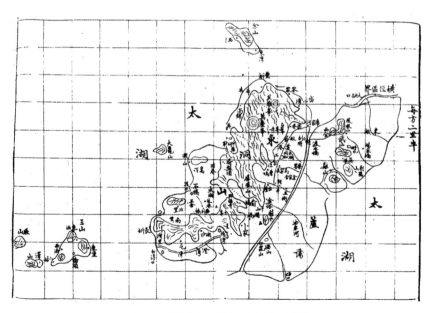

图 1-3　民国《吴县志·洞庭东山图》

《柳毅传》与唐宋以来的开发

唐传奇《柳毅传》[①] 所讲"柳毅传书"的故事，在民间脍炙人口，被视为中国最流行的民间故事之一。[②] 从发生学或史源学的角度说，其虽然因作者李朝威的名字被记录下来而成为文人文学，但见于文献应该晚于民间的口头流传。据说该传奇最早见于已佚的唐代陈翰《异闻集》，后收入北宋《太平广记》，但北宋元丰年间修的《吴郡图经续记》说，大中祥符年间的《图经》中就记载了太湖边有"柳毅泉"，明代东山人王鏊的《震泽编》指其在郁家湖口，王鏊还为"柳毅井"题字（该井今在席家花园内）。但是，当我开始在东山进行调查，并知道这里存在附会柳毅传说的历史遗迹后，一时也未对这篇著名的唐传奇多加留意。

其后，随着对太湖地区的了解逐渐深入，我感到对这个著名的文学文本有重新审视的必要。《柳毅传》中提到社桔，所谓"洞庭之阴，有大桔树焉，乡人谓之'社桔'"，[③] 即此树为此地社树，即社。"洞庭之阴，果有社桔。遂易带向树，三击而止"，[④] 由此便可进入龙宫，说明在人们的观念中，社是通往神灵世界的门户，是"天地通"的所在。东山

---

① 根据学者们的研究，这篇作品原名应为《洞庭灵姻传》，见李小龙《〈柳毅传〉原名考》，《文史知识》2019 年第 5 期；李小龙《〈洞庭灵姻传〉校正例考》，《文史知识》2019 年第 9 期。作者敏锐而准确地指出，如放弃这个原名，作者的原意就会被遮蔽。但因《柳毅传》这个说法已经家喻户晓，若遽改为《洞庭灵姻传》，恐读者一时不知何指，故姑沿旧称。

② 一般认为，汉族的四大"民间传说"是指孟姜女、牛郎织女、梁山伯与祝英台、白蛇传。据施爱东的研究，这个说法是从 20 世纪 50 年代个别学者的看法逐渐演变成为 1983 年后的普遍共识。参见施爱东《"四大传说"的经典生成》，《文艺研究》2020 年第 6 期。此前脍炙人口的民间传说故事还有很多，龙女牧羊和柳毅传书也在其中。我认为，以江浙地区为背景的传说故事被日益凸显，是一个值得探讨的问题。

③ 李朝威：《柳毅》，《太平广记》卷四一九，"龙二"，民国影印明嘉靖谈恺刻本，第 1 页下。

④ 李朝威：《柳毅》，《太平广记》卷四一九，"龙二"，第 2 页上。

则有古地名曰桔社，在今翁巷。南宋范成大有《翠峰寺》诗："来从第九天，桔社系归船。"《社山放船》又有"社下钟声送客船，凌波挝鼓转苍湾"之句。①《柳毅传》中及范成大诗中描述的东山桔社乘船祭社的场景，令我想到东山六月二十四人们乘船抬猛将到东山寺，以及渔民在岸上建庙的习俗。无论是《柳毅传》中关于社桔系龙宫入口的描写，还是我们今天在江南、湖北、江西的湖区以及在闽南和珠江三角洲沿海沿江看到的濒水社庙，都告诉我们，这些社庙是岸居不久的水上人表达他们与水域联系的礼仪标识。至于明清时期的江南地方文献中拜柳毅的水仙庙即为社庙的记载，更是不胜枚举。

关于《柳毅传》中的"洞庭"究竟何指，自古而今一直都有争论，王鏊在《洞庭赋》中就曾问："楚之湖曰洞庭，吴之山亦曰洞庭，其以相垿耶？"近年来，一些学者认为《柳毅传》中描述的情况，更多近于吴地，而非楚地。张伟然曾有非常详细的考证，分析了《柳毅传》这个文本的空间逻辑。②肖献军则通过对文本中地名、方位、物产、文学风格诸方面的解读，论证了故事的发生地为太湖。③这个问题，与太湖中的东山和西山为何亦称为洞庭山有直接关系，所以也很重要。

范成大是吴县本地人，他在所编《吴郡志》中记载："柳毅井在洞庭东山道侧，按小说载毅传书事，或以谓是岳之洞庭湖，以其说有桔社，故议者又以为即此洞庭山耳。"④他并没有表现出倾向性，并举两说，

---

① 范成大：《翠峰寺》《社山放船》，《石湖居士诗集》卷二〇，四部丛刊影印清爱汝堂本，第4页上下。翠峰寺是东山的著名寺院，传说是席氏的唐代祖先席温舍宅，太平天国时期被焚毁，光绪时重建，"文革"时期再毁，今无存。

② 张伟然：《中古文学的地理意象》，中华书局，2014，第177~192页。

③ 肖献军：《〈柳毅传〉原发生地考辨》，《中南大学学报》2010年第5期。

④ 绍定《吴郡志》卷九《古迹》，择是居丛书影印宋刻本，第8页上。

可见争论从宋代就开始了，亦可见故事在当时已非常流行。

《岳阳风土记》是北宋建安（今福建建瓯）人范致明所著，是他在岳州（今湖南岳阳）监商税时所作。他并非本地人，只在该处为官，所以态度应该是中立的。该书中记："君山崇胜寺，旧楚兴寺也，有井曰柳毅井。按《灵姻传》始言'还湘滨中'，言'将归吴国'，固无定处。然则前人因事阙文，后人遂以为实，此亦好事者之过也。"[①] 他的意思是，故事一会儿说柳毅回"湘滨"，一会儿说他回"吴国"，前后矛盾，是因为作者因某种原因并不想确指，却被"好事者"当真。

即使在今天仍被言之凿凿的"柳毅故里"陕西泾阳，清代人也是非常冷静地看待此事的："柳毅台。旧志：柳毅传书台，在县南五里，今名柳家街，台址尚存。旧志采《柳毅传》，恐李朝威寓言，今删。"[②]

民间文学作品中的山川风物，往往虚虚实实，既不尽虚，又不尽实；既要使读者读来可信，又使其不能一一对应，避免对号入座。更何况在流传过程中，这些作品还不断衍生异文。在这个问题上，我更认可张伟然前揭书中的"地理意象"这个概念，而不刻意考究"柳毅井""柳毅泉""柳毅桥"这些后人的发明。根据他的解释，所谓"地理意象"是指中国文学作品中由特定地理环境产生的类型化意象，据此，《柳毅传》中包括地名在内的许多地理标识，可被视为故事讲述者或记录者对自己所熟悉的某一个或某几个地理环境的"意象性"表达，可以指一个地方，也可以指具有类似环境特征的几个地方。因为李朝威完全可能知道存在两个或者更多的"洞庭"，所以故事一开始他有意既提到"湘滨"，又提到"吴"。

人们甚至可以从这种忽而楚、忽而吴的模棱两可的手法中得出合乎

---

① 范致明：《岳阳风土记》，《中国方志丛书》华中地方第 301 号，成文出版社，1976，第 21 页。
② 道光《重修泾阳县志》卷一二《古迹考》，清道光二十二年刻本，第 2 页上。

逻辑的解释。《柳毅传》中说"闻君将还吴，密通洞庭"，既可以理解为从吴之腹地（如苏州）到太湖中的洞庭山，符合地近的语气逻辑；也可以按晋郭璞所谓"包山洞庭，巴陵地道，潜达旁通"的说法，理解为太湖洞庭山与湖南巴陵之间有通道相连。《岳阳风土记》也引前人说法，"君山上有道通吴之苞山，今太湖亦有洞庭山，亦潜通君山"，[①]不知苞（包）山或洞庭山均指洞庭西山也。无论如何，这可以让我们更好地理解为什么冯梦龙在其小说中称洞庭商人为"钻天洞庭"。与冯梦龙同时代的著名徽州籍官员汪道昆到东山后写下游记，说"东涉东山二十里而近山，若拖绅其上，有柳毅井，通三湘，语出稗官氏。水东沃野数十里，号小云南"。[②]他说根据小说家言，苏州东山的柳毅井下面能通往湖南的洞庭湖，这基本上是附和后面那种说法。联系到稍早的东山籍士大夫王鏊的疑问"楚之湖曰洞庭，吴之山亦曰洞庭，其以相埒耶"，说明古人对这两个异地同名的地方之间究竟有何联系，是颇有所思的。

《柳毅传》中有"至开元末，毅之表弟薛嘏为京畿令，谪官东南。经洞庭，晴昼长望，俄见碧山出于远波。舟人皆侧立，曰：'此本无山，恐水怪耳。'指顾之际，山与舟相逼，乃有彩船自山驰来，迎问于嘏"一段。[③]一方面，从长安前往"东南"，不应经过湖南的洞庭湖；另一方面，太湖中诸岛亦如沿海诸岛，经常隐于烟波缥缈之中，给人以仙山琼阁的意象，往往以实化虚，成为文学作品中的情境。这种地理意象似更指向江南，之所以如此，则需要从江南在中唐以后中国的地位去认识。

前已提及，《柳毅传》在唐宋时期的名称应为《洞庭灵姻传》，《柳毅

---

① 范致明：《岳阳风土记》，《中国方志丛书》华中地方第 301 号，第 21 页。

② 汪道昆：《游洞庭山记》，崇祯《吴县志》卷四《山》下，明崇祯刻本，第 13 页上。

③ 李朝威：《柳毅》，《太平广记》卷四一九，"龙二"，第 8 页上。

传》是明清时人的改作。所谓"灵姻",指人神婚或人兽婚,这本是民间口头叙事中的一个常见母题。不过,"传书"的曲折过程以及文末作者强调的"义",又是文本不能忽视的重点。这两方面都是这个故事在民间广泛流传的文学原因。

人神婚当然是不会存在于现实生活中的,人兽婚的情况也少见。[①]这个母题已经超越传奇,而纯属虚构。由于神是人根据自身和熟悉的生物创造出来的,兽或动物更是现实世界中与人关系最直接的生物,因此,当人自身发生一些当时无法理解或无法解释的现象或变异时,就会产生各种奇异的联想,并进而产生神话传说。比如洪洞大槐树移民传说中的胡大海,力大嗜杀,所以被说成是人与母人熊的孩子。明末清初人屈大均对当地的疍民很熟悉,写过一些描述疍家生活的诗歌,他说疍民"昔时称为龙户者,以其入水辄绣面文身,以象蛟龙之子,行水中三四十里,不遭物害。今止名曰獭家。女为獭而男为龙,以其皆非人类也"。[②]这些疍家具有超乎常人的好水性,因此被视为"非人类",与在岸上定居的人群长期存在社会 - 文化上的隔阂。而《柳毅传》讲的是"移信鳞虫",并与"鳞虫"联姻,与人们对疍家的认知颇有相通之处,故我以为,这场"灵姻"是不同族群间通婚的文学隐喻。

回观《柳毅传》中关于联姻的描写,再看后文中对水上人婚姻困境的描述,就可以发现历史的延续性。在柳毅被款待于龙宫之时,洞庭龙君的弟弟钱塘君(故事中他"伤稼八百里"的说法显然隐喻著名的钱塘

---

① 我曾在有关洪洞大槐树移民的研究中涉及人兽婚的传说("熊妻型"故事),之所以没有用否定的语句来描述这种状况在现实世界中的可能性,是因为我确定在特定社会或特定情境下是存在这种情况的,哪怕是一种仪式行为。根据网络上的报道,2003 年 6 月,印度西孟加拉邦的一名女童与狗举行婚礼,以帮她解除灾厄。当然还有许多别的例子。

② 屈大均:《广东新语》卷一八《舟语·蛋家艇》,清康熙水天阁刻本,第 11 页下。

江潮）借酒劝说柳毅娶龙女为妻："将欲求托高义，世为亲戚，使受恩者知其所归，怀爱者知其所付，岂不为君子始终之道者？"[1] 结果为柳毅严词拒绝。后来柳毅与化身卢氏的龙女结婚后，后者也承认是"衔君之恩，誓心求报。泊钱塘季父论亲不从，遂至睽违"。[2] 龙神居于上位，既富又强，却以请求的口气提出联姻，被拒绝后也只得唯唯。读者不觉得奇怪，主要是因认同"富贵不能淫"、不可见利忘义的大道理，却忘记了后来柳毅发家致富，正是因为接受了龙宫的大量馈赠。卢氏（龙女）说"值君子累娶，当娶于张，已而又娶于韩。迨张、韩继卒，君卜居于兹，故余之父母乃喜余得遂报君之意"。[3] 意思是说等柳毅连娶两次，又定居本地后，再嫁给他就比较恰当了，显然是把自己放在一个较低的地位上。值得注意的是卢氏（龙女）提到，"父母欲配嫁于濯锦小儿某"，"濯锦"系成都的代称。自唐代以来，就有"扬一益二"的说法，成都就是与扬州、建业相提并论的商业都市。由于故事写作背景为"安史之乱"后，中原人口南迁，成都平原得到更大开发，此处"濯锦小儿"应指濯锦江（即锦江，岷江流经成都的一段）的龙子，或暗示当时成都的蜀锦商人。这提醒我，最为研究者忽视的是《柳毅传》中有关商业史的描写，因为那似乎已与文本的文学主题关系不大。

　　事实上，关于"洞庭"何指的讨论，更多地让我联想到前述元明时期东山商人与两湖地区的密切往来，这方面的情况我将在后面提及，而《柳毅传》表明这种往来可能在更早的历史时期就已发生。《岳阳风土记》虽记湖南洞庭湖事，但也提到"君山东对艑山，山多竹。两山相去

①　李朝威：《柳毅》，《太平广记》卷四一九，"龙二"，第5页下。

②　李朝威：《柳毅》，《太平广记》卷四一九，"龙二"，第6页下。

③　李朝威：《柳毅》，《太平广记》卷四一九，"龙二"，第7页上。

数十里，回峙相望，孤影若浮。湘人以吴船为舸，山形类之，故以名。山上有塔，曰哑女塔。旧传有商女祟病，至此忽能言，指其上可置塔，其家为之置塔，因以名焉"。[1] 湖南人称吴船为舸，说明宋代或更早洞庭湖区对太湖流域的水上人是不陌生的。随即提到有"商女"患病，至此岛（山）而愈，因有其家置塔的说法，我认为此处的"商女"不应指歌女，而应指商人之女，即吴地乘船贸易至此的商人之女。

在故事一开始，柳毅"念乡人有客于泾阳者，遂往告别"。[2] 古人说"客"于某地，往往指到某地经商。故事中又说："毅，大王之乡人也。长于楚，游学于秦。"[3] 按此话的逻辑和口气，我认为是说了三个地点，即家乡、楚地和秦地。所以家乡应指吴地，而且说明时人认为，吴地、楚地和秦地，特别是吴地和楚地是往来比较密切的。接下来说柳毅接受了龙宫赠予的珍宝，"毅因适广陵宝肆，鬻其所得。百未发一，财已盈兆。故淮右富族，咸以为莫如。遂娶于张氏，亡。又娶韩氏。数月，韩氏又亡。徙家金陵"。[4] 他先后于扬州、南京一带，接触到珠宝业，后再移居广州，"居南海仅四十年，其邸第、舆马、珍鲜、服玩，虽侯伯之室，无以加也。毅之族咸遂濡泽"。[5] 这里提到的扬州、南京和广州，是唐代商业特别是海外贸易最繁荣的三个都市。所以柳毅传书故事的结局，表面上是"善有善报"的道德说教，背后分明写出了唐代东南沿海的商业史。

如此美好的结局当然是由于柳毅与龙女结亲，因为有水族的本领，

---

① 范致明：《岳阳风土记》，《中国方志丛书》华中地方第 301 号，第 23 页。

② 李朝威：《柳毅》，《太平广记》卷四一九，"龙二"，第 1 页上。

③ 李朝威：《柳毅》，《太平广记》卷四一九，"龙二"，第 3 页上。

④ 李朝威：《柳毅》，《太平广记》卷四一九，"龙二"，第 6 页上。

⑤ 李朝威：《柳毅》，《太平广记》卷四一九，"龙二"，第 7 页下。

"水陆无往不适"。^① 所以，故事背后可能是一个对水族／水上人／商人以及商业贸易的隐喻，讲述的可能是一个岸居的士子与一个凭借经商致富的水上人家族联姻的故事。^②

图1-4 东山丰圻白马庙

因《柳毅传》的最后提到唐玄宗开元年号，故作者李朝威的生活年代大概不会早于中唐。由于扬州、南京、广州当时均为世界闻名的海上贸易集聚点，洞庭两山又在长江三角洲的范围内，尽管没有什么记载，这里的水上人已经开始卷入贸易网络也是完全可能的。但是，由于水利

图1-5 白马庙中的柳毅和龙女像

说明：明《震泽编》称"相传柳毅寄书龙宫，系马于此"。康熙《具区志》记为龙女祠。太湖地区的柳毅庙多为渔民的庙。

与农业开发一直是关于江南的历史文献和今人著述的主导性叙事（master narrative），对水上人的研究是远远不及对他们成为农民后的研究的。在一个水域面积远远大于今天的时代，对前者的忽略固然有资料不足的局限，但观

---

① 李朝威：《柳毅》，《太平广记》卷四一九，"龙二"，第7页下。

② 鲁西奇曾研究过中古时期"白水素女"的故事，认为是水上人群与陆地农家联姻的隐喻，与此处的假设一致。参见鲁西奇《中古时代滨海地域的"水上人群"》，《历史研究》2015年第3期。

念上的障碍造成的视野局限应该是更为主要的。

当然，一篇文学作品并不能展现历史的全貌，以往的研究对江南农田水利的重视也并非不该，只不过讲的是历史的另一个重要面相，而这个面相由于与国家财政直接相关被更为凸显。王建革在梳理太湖三江说的时候，提到两汉六朝时期塘浦圩田的局部开发，但还是到了唐代，才形成了"江南好"的文学意象，至唐末五代，才出现了比较密集的水网。所以他的主要论述，还是从北宋时期开始的。[①] 谢湜在他的研究一开始，也提到了北宋熙宁变法期间郏亶的"高低兼治论"及其对低乡圩田的描述。[②] 郏亶认为：

> 苏州水利，其书与图，大抵以为环湖之地稍低，常多水；沿海之地稍高，常多旱。故古人治水之迹，纵则有浦，横则有塘，又有门、堰、泾、沥而棋布之，亶所能记者总二百六十余所。今欲略循古人之法，七里为一纵浦，十里为一横塘，又因出土以为堤岸，度用十万夫，水治高田，旱治下泽，要以三年，而苏之田治矣。

从郏亶的这段话中，也可以看出北宋以前塘浦圩田开发的历史轨迹。在熙丰改制的大背景下，郏亶根据朝廷命令，"凡六郡三十四县比户调夫，同日举役，转运、提刑皆受约束"。百姓害怕骚扰，纷纷逃亡，许多持不同意见的官员纷纷上奏反对，神宗皇帝在熙宁元年正月初一改元过年的大喜日子，居然拨冗下旨，说"郏亶修圩未得兴工，官吏所见不同，各具利

---

① 王建革：《水乡生态与江南社会（9~20世纪）》，北京大学出版社，2013，第41、135~136页。

② 谢湜：《高乡与低乡：11~16世纪江南区域历史地理研究》上编第1章"11世纪高低乡农田水利格局的形成"，三联书店，2015。

害奏闻"，可见其动作影响颇大。消息传来，正逢正月十三张灯结彩，"吏民"二百余人冲入郏亶所居驿馆，喧闹谩骂，毁坏灯彩，打破驿门，郏亶的幞头也落到地上，旁边的小孩也被人打了。本来各县长官已经出城"标迁圩地"，这时也只好全部停止，郏亶也被罢了司农寺丞的官。

　　郏亶的水利改革虽以悲剧告终，但其动议背后围水占田的社会趋势并未逆转，而他的"治水先治田"和"高低兼治"的主张也多为后人赞同。这个漫长的过程已在谢湜前揭书中详细叙述，无须赘表，但这却促使我在关注僻在湖上的洞庭山的时候，将其经历的变化置于一个更大的低乡（甚至包括高乡的空间范围）的开发过程中去思考。这就是伴随着宋代以来江南水利的开发，沧海变桑田，大量原来的水上人被这一千年的过程裹挟上岸的历史进程。在东山等地的民间传说和江南其他地方的宝卷中，刘猛将往往被说成是松江人，而东山是他的外婆家，我一直想不通为何是松江，但想到松江正在所谓冈（塂）身之侧，在高乡与低乡的分界处，而吴淞江又是连接太湖与入海口的最重要水道，忽觉缘由也许正在这里。

　　这样一个变化过程，在整个江南地区都曾先后经历，有些重要的节点，已为学者们指出。但各个地方的人如何经历这一变化，他们的所作所为又在这一变化中起了何等作用，在久远的年代，由于资料的缺乏，我们已无法得知。东山或许可以成为"逆推顺述"的另一个例子，刘猛将则是这一变化过程的见证者。

东山的进路

凌波不过横塘路，但目送，芳尘去。锦瑟华年谁与度？月桥花院，琐窗朱户，只有春知处。

飞云冉冉蘅皋暮，彩笔新题断肠句。试问闲情都几许？一川烟草，满城风絮，梅子黄时雨。①

宋代词人贺铸笔下的横塘是苏州府城西边陆路与水路的交接处，过去苏州人要游石湖、灵岩山和洞庭东山，就要出胥门，然后到横塘乘舟

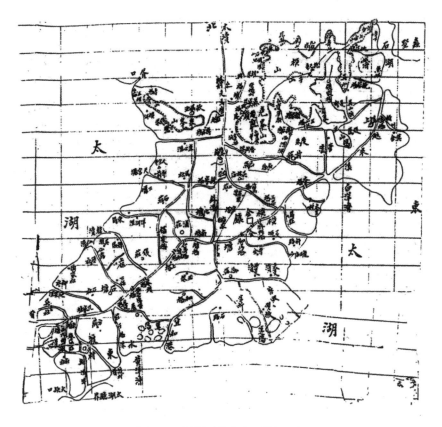

图 1-6 民国《横金志·横泾图》

① 不同版本字词有别。

行。从横塘向西南到横泾，距离与东山相隔的大缺口就很近了。

2006 年编写的《横泾镇志》说，当时横泾的农田接近一半是圩田。在 20 世纪 30 年代以后，直至 60 年代，还有大批外来客民到这里开发荡田，种植芦苇。如果我们走传统的水路去东山，即从石湖沿苏东运河南下，途经横泾，直到渡村，可以看到运河以东的大片地区是近两百年逐渐开发出来的荡田、圩田。横泾本是一条东北 - 西南向连接太湖的河，在明代方志中有记载。明末清初的长洲人尤侗曾为横泾的义金庵写碑记，可知当时这里已颇有人烟。而道光府志中称其为横泾镇，说明已经形成有众多乡脚的聚落。

图 1-6 中东北即越来溪，在东侧白洋湾附近接横金塘即横泾河，从图的中心位置再向南的一段即所谓雕鹗河，或称新开河。这三段连接起来，就构成了通往东山的传统水道。清初长洲人顾嗣协有诗描述越来溪两岸景色：

> 十里青山五里溪，短桥前过接长堤。
> 网鱼入市争鲜卖，野饭炊香获稻齐。
> 两岸晚风芦叶老，一林秋雨豆花低。
> 远滩漠漠轻烟里，无数人家住水西。[①]

在清初，越来溪这条贯穿南北的水道两岸还都是芦荡，河的东边是一片朦胧的湖滩，而已经有很多聚落分布在河的西边，这种景观的差异也可以在清末的地图中分辨出来。

---

① 民国《横金志》卷二《舆地二·水》，《中国地方志集成·乡镇志专辑7》，江苏古籍出版社，1992，第263页。

横泾是东山到苏州府城的必经之地，但因只是路过，所以这里是否人烟辐辏、市井繁华，东山人并不特别看重，但这里的环境变化很让东山人紧张。横泾有两个地方特别要紧："白洋湾为蓄水之区，黄洋湾、胥口二处则为泄水最要紧处。"太湖水从东北水口注入，从南部水口流出，形成旺季蓄水、旱季向长江水道注水的助力。

但在清雍正初年，"大缺口内忽涨一洲，广百余亩，茭芦丛生，水东金姓者据而有之，名曰金家洲。……阻遏水势，谈水利者每以为虑"。于是，乾隆十四年六月，东山士民便为此给官府上了条陈："往时口阔二三百丈，水行通畅，后被附近居民种植茭芦，泥淤滩涨，水口渐狭，仅存五十余丈；又因张捕鱼虾，绝流设簖，泥随簖积，中流亦涨芦洲，阻遏水势。"一遇涨水，湖水无法南泄，就会淹没武山大村田亩，东山士民请求禁止附近居民种植茭芦、设簖塞水。据说太湖厅同知黄某已经照准，但因其突然病逝，此事便不了了之。①

乾嘉时人钱士錡则说："荡田在新泾港口者，俗名牛舌头，即《太湖备考》所谓金家洲，彼时不过百余亩，今则不啻千百倍。……荡田之在黄洋湾者，四十年前烟波浩渺，草荡无多，今则田塍联络，水道如线。"所以横泾在清中叶有一个荡圩暴涨的趋势，它与东山之间也就是这样逐渐连接起来的。

也许是因为清中叶以降东山人与郡城之间的联系更为密切，这条通往苏州的内港水路就变得特别重要。"有雕鹗河，黄洋湾由内港以达苏州之要道也；有大缺口、白浮头，西北诸湖下达南湖之咽喉也。……东山衣冠殷盛，物产阜蕃，往时居民交易有无于苏，道雕鹗河甚便。岁久

---

① 民国《横金志》卷三《舆地三·水利》，《中国地方志集成·乡镇志专辑7》，第267页。

而淤，改由外湖，涉风涛四十余里，人病其险。"于是道光十年开始疏浚，修造了 5704 丈的石堤，费银 15100 多两，全部由东山士绅徐学巽、叶长福、叶运鹏、刘运蓁等捐助。时任江苏巡抚的陶澍亲往踏勘，并留下碑记。出于同样的原因，光绪十八年，东山士绅郑言绍与横泾士绅柳商贤（即《横金志》的编者）等共同筹款疏浚黄洋湾；次年再次疏浚，共 12 里，费钱 2300 缗，其中横泾这边出 500 缗，其余都是东山方面出的。① 虽然工程的位置都在横泾境内，但东山人贡献了更大力量，可见东山人对此事的重视程度。

横泾的北部，即石湖、横山，甚至到稍南的尧峰山和皋峰山一带，因为地势较高，距离郡城较近，所以很早就得到开发。但伸入湖面的南部是何时形成聚落的呢？莫舍在横泾的东北角，"以莫姓繁衍改今名"，相传宋范成大的绮川亭就在此处，而且早有官宦人家，如南宋宝庆二年进士莫子文、明洪武户部员外郎莫礼等。但清人张大纯的诗描绘这里"水国渺无迹，山岚远有痕。村村悬网罟，处处闭柴门"，应该还是一个临湖的渔村。②

有个很有名的地方叫下保，位置在雕鹗河的西侧。元代有个叫金宏业的人从吴江的松陵迁到这里，"至正中太湖盗起，宏业团结民兵以拒之"，他的儿子荣一、荣三战死，后在黄洋湾"杀获无算"，元江浙行省授其义兵千户，本地赖其保护，遂名上保、下保。③ 同书另有记载，略不同："至正八年方国珍起兵海上，与湖盗连合，势张甚。吴苑乡金宏

---

① 民国《横金志》卷三《舆地三·水利》，《中国地方志集成·乡镇志专辑 7》，第 268、271~273 页。

② 民国《横金志》卷四《舆地四·村聚》，《中国地方志集成·乡镇志专辑 7》，第 274 页。

③ 民国《横金志》卷一一《人物二·忠节》，《中国地方志集成·乡镇志专辑 7》，第 312 页。

业团结民兵，屡击却之。……是年（十二年）冬，盗拥众复来，逐之于黄洋湾，杀其党二十余人，盗遂远遁。……时同里有陈姓者，亦以义兵相与，协力救援。事平，乡人德之，名其地曰下保，而名陈之地曰上保云。"① 从上述记载看，在这一事件之前，这里还没有名为上保、下保的聚落，可能已有一些在湖边居住的渔民。金氏原来在吴江的松陵，与横泾不过一水之隔，在元末到横泾定居，与方国珍属下的水上人发生了冲突。所谓在黄洋湾发生的"杀获无算"的水战，不过是击杀 20 余人的小战斗，却为金氏及陈氏在这里定居提供了合法性。前面提到本来不过百余亩、至清中叶已扩展千百倍的荡田金家洲，便是金氏以这样的历史故事拓展土地、帮助控产的结果。到清代，由于这里的聚落日益增多，需求日益多样，手工业和副业逐渐替代渔业和农业："横金下保水东人习为酿工，远近皆用之。又习屠贩，每晨刌豕入市。又有业弹木棉花者，各处弹工，俱横金乡人。"②

　　因为同样的原因，也有一些东山人就近迁居到横泾。如王鏊的弟弟王铨，正德间为杭州府经历，后弃官归里，居于横泾的塘桥。又如同时期的东山人叶具瞻，祖上赴南京经商，便附籍南京，曾拜湛若水为师，后居住在横泾双桥驿的水云庄别业。塘桥和水云庄都在雕鹗河畔，也即在东山到苏州的必经之路上。可以说，横泾是东山通往更高层级的中心地的第一站。

　　历史上的横泾包括了后来的横泾和渡村两个镇的范围，横泾在北，渡村在南。据 2003 年编的《渡村镇志》，明初卫所在横泾西南角屯垦，

---

① 民国《横金志》卷二〇《杂缀二·纪兵》，《中国地方志集成·乡镇志专辑 7》，第 387 页。

② 民国《横金志》卷八《舆地八·风俗》，《中国地方志集成·乡镇志专辑 7》，第 301 页。

即吴舍、石舍、柳舍、陆舍这些村落的开端，所谓"横山之南，九庄十八舍"。[①]但崇祯《吴县志》完全没有关于卫所屯田的信息，隆庆《长洲县志》有"屯田"一条："苏州卫指挥使司军士屯田：国初抄没军民田给军耕种，又无主闲荒之地亦听其开垦。"[②]由于屯田籽粒直接纳府而不经县，因此县志均不载其土地、税粮数额及分布。[③]《横金志》记载本地人物，如钱添，洪武时征四川，任建昌卫守御；钱士选，宿松守备，子孙世袭苏州卫总旗。按《吴县志》的说法，苏州卫的军士是收编了张士诚原来的部众，而前面提到的下保金宏业正是张士诚麾下的"义兵指挥千户"。《横金志》中还收有清人蒋恭棐所撰《元义兵指挥千户金公画像跋》，记述其"衣帽皆当时军官制，靴色红"，[④]故而也应是明初军户，当地的说法应属无疑。又文献中上保、下保亦写作上堡、下堡，上保和陈舍之间还曾有城隍庙，我怀疑这里可能是苏州卫某千户所下的一个百户所，而关于元末保境的故事，当是金氏后来为改军籍为民籍制造出来的。

《渡村镇志》记载，在20世纪前期，先后从河南的罗山、光山，以及苏北、淮南等地迁来许多逃荒的民众，据1945年的统计，下保乡就有男女"客民"552人。这些人或是在周边湖荡继续开垦圩田，或是租种原来的人因为从事酿酒等行业而弃种的土地（如下保），逐渐在今天三塘村周围定居下来。虽然目前在文献中还没有看到明确的记录，但我怀疑这些人多是淮河流域因贫困和水灾而流离的水上人，从水路辗

---

① 《渡村镇志》第3章"人口"第2~3节，古吴轩出版社，2003。

② 隆庆《长洲县志》卷九《兵防》，明隆庆五年刻本，第4页下。

③ 乾隆《吴江县志》特地注明："屯田数旧志皆不载，惟屈志云八十顷四十七亩五分零，荡一十八亩，未知即洪武间原数否。俟考。"见该书卷四《疆土四·田荡》，民国石印本，第19页上下。

④ 民国《横金志》卷一八《艺文三·集文》，《中国地方志集成·乡镇志专辑7》，第360页。

转而来。比如三连村的最早居民任、罗、雷、刘、沈等姓就是最早落脚东山，划船开垦渡村湖荡，再运粮回东山的。由于半岛与东山这时已几乎连接起来，只隔一线之水，这些移民比较集中在这个交界地区，或者说，他们更加大了二者连接的速度和范围。这也是更早的漫长历史不断重复的过程的较近呈现。

进入东山之内

今天进入东山腹地的路径，与李根源当年有相同，亦有不同。李根源抵渡水桥后，"未入市，随船过施家山、莳山，再过大戟嘴、箦家山，……入杨湾登陆"。现在这条水道虽仍在，仍可行船，但不再用于通航；与它大体在一条线上的是环山公路，可由东山大道至渡桥村附近接入，然后同样可经莳山至杨湾。由于这条路既不通往镇中心（即李根源所说的渡水桥后的"入市"），也不临太湖，所以不是游客的首选。也正因此，当年李根源从渡水桥到杨湾见到：

> 一路莲花初放，或红或白，与绿荄青蘋相掩映，弥觉婀娜有致。香风时时扑鼻，神为之爽。港边多鱼池，鱼戏池中，围围洋洋。池堤植桑，枝头晒网，渔舟群系绿荫中，渔家之乐，殊自得也。[1]

荷花绽放的景象今天要在湖畔的一侧路上才能看到了，桑树也几近

---

[1]　李根源：《吴郡西山访古记》卷五，第1页下。

图 1-7　东山太湖畔的荷塘

于无，多改种枇杷。由于对捕鱼和养殖的限制，机动的渔船虽仍群泊在港中，但已大多闲置。

除了惯熟来东山的游客会直奔太湖边的民宿，一般的外来者都会率先经启园路进入紫金路，即镇内最主要的南北道路。在百度地图中两条南北向的道路，靠西的就是紫金路，靠东的则是前面提到的环山公路。在明清时期，今天紫金路一线已经靠近湖边，根据图 1-3，直到民国时期还没有道路。所以紫金路与环山公路之间，大体上是清代围出来的土地，而环山公路的东南部则是更为晚近的圩田了。

在紫金路以西即靠近山麓的地带还有一条平行道路，叫人民街，在图 1-8 中被明确绘出（未标注文字）。它以前是东山的老街，至晚在清代就已分为西街、中街和东街。西街大约从诸公井到施公桥，中街从轿子弯到王家门前，东街从紫藤棚延伸到殿前的东山寺。东山最早的聚落大多分布在莫厘峰的两麓，东南一侧俗称前山，为今天的镇中心；西北

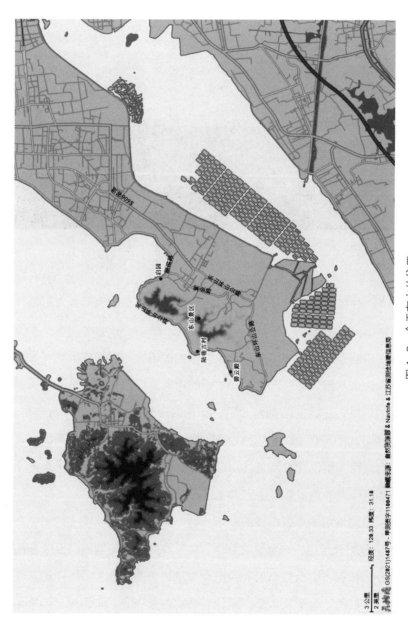

图 1-8 今天东山的位置

图片来源：苏娜根据百度地图改绘。

一侧被称为后山。在明代以后，前山的聚落日益向外（东南）扩展，形成了大面积的圩田，这里就成了岛上的中心街市。

按照明代中叶的说法，东山的居民最早应该居住在浅山地带，以避免水淹。"莫厘之东，重冈复嶂，或起或伏之间，民聚居之。"岛上的山系大体可以分为三条：

其一支自北而南，为宋家湾，为岱心湾，为杨家湾华严寺在焉。又南为郁家湖。历翠峰而南，为犀牛岭，为马坞、秦家坞。又南为九峰，为小莫厘。

中一支自平岭而南，为虾餤岭，为象鼻岭。稍东为栲栳墩，过东为偃月冈施状元坟在焉。折而南为屏风山，是为金塔下。又南为干山岭，为俞坞兴福寺在焉。又南为重亨，为金湾，为查湾，为蒉山嘴。

一支自西而南，冈峦起伏尤多，北为丰圻，为石壁，为小长巷。逦迤而南，为上金，为周湾、吴湾。又南为白沙，为嘶马坞，为纪革。又南为寒山，为嵩下，为梁家濑，为北叶、南叶，为碧螺峰灵源寺在焉。又南为杨湾，杨湾之西为毛园，为王舍，为南望、北望弥勒寺在焉。其东为胡沙，为长圻能仁寺在焉。东山之境，于是始穷也。[1]

按该书的解释，"两山襟抱，民聚居之，谓之湾。……两山相夹，谓之

---

[1]　蔡昇辑，王鏊修《震泽编》卷一《两洞庭》，古吴轩出版社，2014，第 7 页。

坞"。① 前引第一段描述的是东山最北端，至今聚落不多；第二段描述的是东山的中段，北边有处于山谷中的俞坞，南边有今天的双湾（金湾、槎湾）；第三段描述的实际上是东山的整个西岸，丰圻在岛北端，长圻在岛南端，之间的那些地点或在这部分山地的西侧，如白沙、纪革，或在东侧，如杨湾、查湾（后写作槎湾）。如果抛开清代以降东南部扩展出来的圩田部分，这就是明代至今东山聚落的基本分布。

东山最古老的聚落起自何时不得而知，考古发掘证明这里有新石器文化遗址，但莫厘峰或莫厘山之得名，按范成大《吴郡志》的说法，是得自隋代的莫厘将军。此外，"法海寺，在吴县西七十里洞庭东山，隋将军莫厘舍宅所建寺也。后梁乾化间改祇园，皇朝祥符五年改今名"；还有"翠峰禅院，在吴县西南七十里洞庭东山，唐将军席温其所舍宅也"。② 这虽说明隋唐时期东山便有人迹，但并不能说明这里的定居聚落达到何等规模。而两个五代、宋时期建立的寺院，都号称是东山最早定居的人舍宅建立的，佛寺为立足寻找合法性，是水乡成陆过程中的一件大事，本书后面还会有所述及。

文字史更早的西山

文献中较早记载的洞庭山多指西山。郦道元在记录太湖时说：

---

① 蔡昇辑，王鏊修《震泽编》卷四《杂纪》，第47、49页。

② 绍定《吴郡志》卷三四《郭外寺》，第3页下、6页上。

故《吴记》曰：太湖有苞山，在国西百余里，居者数百家，出弓弩材。旁有小山，山有石穴，南通洞庭，深远莫知所极。①

苞山（或包山）即西山，郦道元引三国西晋时文献说，当时这里已有居民数百家，而且提到了这里有洞穴通往湖南洞庭的说法，但未提及东山情形，可能彼时东山尚无聚落。唐人白居易有一组游洞庭诗，其中有《早发赴洞庭舟中作》：

阊门曙色欲苍苍，星月高低宿水光。棹举影摇灯烛动，舟移声拽管弦长。渐看海树红生日，遥见包山白带霜。出郭已行十五里，唯消一曲慢霓裳。

又有《夜泛阳坞入明月湾即事寄崔湖州》一首：

湖山处处好淹留，最爱东湾北坞头。掩映橘林千点火，泓澄潭水一盆油。龙头画舸衔明月，鹊脚红旗蘸碧流。为报茶山崔太守，与君各是一家游。②

诗中描绘的也都是西山的景色，说明西山明月湾已有人居，并已有橘树种植。

在包山显庆寺山门之东，有唐会昌二年所建陀罗尼经幢，幢上题名有：

---

① 郦道元：《水经注》卷二九，第6页上。
② 白居易：《白氏文集》（《白氏长庆集》）卷五四，四部丛刊影印日本翻宋大字本，第10页上、10页下~11页上。

　　舍石施主：汪朝演、刘日苍、徐朝、黄增宝、刘褒、司马连、张少逸、杨眮、刘迪、刘膺、刘权、刘传造、陈岳、刘药师、刘素、刘仲甫、陆永、刘伦、杨良、刘伯伦、刘仲文。

　　助舍石施主：僧法昕、僧怀德、僧灵鉴、僧士俊、蒋竦、陈通、陈廿二娘、薛十五娘、陆□□、□□□、柳四娘、吴七娘、朱八娘、陈四娘、陈□□、秦六娘、叶三娘、刘十一娘、张十五娘、蒋三十娘、王二十九娘、黄七娘、周二十娘、马十一娘、朱三娘、许十一娘、吴和□、□□□、刘□□、叶□、马□□、秦□□、秦位、蔡□□、倪琛、赵□、徐□、陈达、□□、盛文、邹□、刘忠□、段□、朱□、包□、许干、黄钰、顾浩、陆从谏、蒋公观、蔡□、朱炭、顾峰、秦希、叶永、马达、黄弘□、周师贞、顾宗、陈成、陆惟道、戴惟义、叶缜、吴宣、艾道弘、秦晶、顾中孚、王象、悬亮、吴元詹、徐君造、叶绾、邹元复、申屠净、张仁简、奚英、吴□□、吴□俊、马云、吴公赞、黄赞、许谏、李儵、叶恒、蒋寮、蒋□忻、蒋荣、蒋运、司马暹、叶元贞、陆任永为亡考妣、吴泛洸。

　　施主：前睦州参军陆仲英。

　　助缘：前试右武卫长史陆荣。

　　都维那僧、士、儒：上座僧志温、寺主僧仲宗、仕□、惠宗、荣□、士满、义惠、鉴津、士瑜、长□、仲宗、文忠、中允、鉴初、道琮、淳□、契宗、僧名、文鉴、志温。

　　士、儒助缘：惠正、士峰、如云。

　　根据这些题名，李根源不解的是，陆、蒋、秦、叶、顾、黄、周、刘、邹、徐 "已为山之著姓，何今之诸家世谱无不托始于靖康以后之名宦，皆曰南渡迁山，而当时著姓之裔祀究消灭于何所耶?" ① 因为题名并未注明这些僧俗人等来自何地，固然不能确证这些人都是西山定居居民，但从其他地区南北朝隋唐造像记或造幢记的情况看，其身为世居居民的可能性还是很大的，这说明到中晚唐时期西山人口已达相当规模。至于李根源的疑问，一是可能因为后世上述诸姓已经没落并失去对祖先的记忆；二是可能因为将祖先家世托诸随宋室南迁有助于在当地扩展其势力；三则可能是后来的这些人根本不是本地古老的世居居民，恰恰是利用经幢上的这些记录为自己得姓，从而获得定居的权利；四是即使这些姓氏多是世居居民，但如果是水上人，他们的后世子孙可能还是愿意换个更显赫的说法。

第三种和第四种的可能性都很大。南宋开禧元年，自称 "住山桔林野衲" 的严祖也在这里建了陀罗尼经幢，题名的还有平江府湖常州太湖水面用头巡检司巡检和吴县巡捉私茶盐等的县尉，所以地位应该是较高的。另外寺中还有同时期的官员高斯道的墓，高氏为四川邛州蒲江人，蒲江是宋代著名的井盐产地。其父高定子为资政殿学士，赠太师、成国公。因定子、斯道父子墓在显庆寺围墙内，② 高氏可能是该寺的大施主，此时显庆寺甚至有可能是高氏的祠寺。唐会昌时，题名中未见严氏和高氏，说明在唐宋之际这里的居民可能是换过的。

同是中唐时期人的顾况有《送李侍郎从宣城取洞庭路往吴兴》诗:

---

① 李根源:《洞庭山金石》卷一上，苏州苟门曲石精庐本，1929，第1~4页。

② 李根源:《洞庭山金石》卷一上，第9页上~12页上。

世间唯有情难说，今夜应无不醉人。若向洞庭山下过，暗知浇沥圣姑神。①

据范成大的记载，这个圣姑神也在西山，传为东晋王彪的两个女儿相继死后，被乡民尊为神。但还有个说法是这样的：

唐人记洞庭山圣姑祠庙云，吴志，姑姓李氏，有道术，能履水行，其夫杀之。自死至唐中叶，几七百年，颜貌如生，俨然侧卧，远近祈祷者心至则能到庙，若不至，风回其船，无得达者。今每一日沐浴，为除爪甲，傅妆粉，形质柔弱，只如熟睡。

如果按这个说法，这个李氏女性就是东汉时人了。这个故事还有一种补充性的说法：

《辨疑志》云，唐大历中，吴郡太湖洞庭山中有升姑寺，有升姑庙。其棺柩在庙中，俗传姑死已数百年，其貌如生，远近求赛，岁献衣服、妆粉不绝。人有欲观者，其巫秘密不可云。开即有风雨之变，村间敬事，无敢窃窥者。②

从这段材料猜测，这是个水上人的女神，不仅因为其神异处在"履水行"，而且拜神者皆乘船而来，如有冒犯则会引发"风雨之变"。如是，

---

① 顾况：《华阳集》卷中，清文渊阁四库全书本，第28页上。
② 绍定《吴郡志》卷一二《祠庙》，第12页上下。

岛上居民建有与水上生活密切相关的神庙，并为太湖上的水上人所祭拜，至少在唐宋时期就已是常态。

如前述，唐时洞庭西山应已多有人烟。晚唐皮日休在任苏州知府从事时赴太湖游，去过西山神景宫、林屋洞、包山精舍、毛公坛、缥缈峰、桃花坞、明月湾等名胜，在《明月湾》诗中这样描述："野人波涛上，白屋幽深间。晓培橘栽去，暮作鱼梁还。"[1] 说明当时岛上土人已以栽培橘树结合打鱼为生，捕鱼的方式既有湖上捕捞，也有设架截鱼。

北宋庆历七年，苏舜钦到西山，后作《水月寺记》，文中提到这里"地占三乡，户率三千，环四十里，……民已少事，尚有岁时织纴、树艺、捕采之劳"。[2] 说明到北宋时期西山的聚落已有相当规模，人们从事的生业主要是纺织、栽培和捕捞，这里的人应已成为朝廷的编户齐民。

东山社会的早期故事

虽然唐代文人骚客对东山的描绘不如对西山多，但相信东山自东晋南朝以来也颇有人的活动，只是因为其面积较小，平坦的地方少，不太适合大规模的聚落，所以真正有较多人迁入应该是宋代及以后了。

李根源当年到东山，住在靠近太湖渡口的石桥村，这个村因有宋代古桥而得名。据明成化乙巳《重建震泽底定桥记》：

---

[1] 皮日休：《松陵集》卷三《往体诗二十首》，清文渊阁四库全书本，第9页上。

[2] 蔡昇辑，王鏊修《震泽编》卷八《集文·记》，第109页。

《书》云"震泽底定",具区风月,亘古二桥因名之。具区风月桥建山之阳、武峰之西,今人皆曰渡水桥。震泽底定桥建于是之碧螺峰下,人亦曰石桥。始祖朱安宗建于绍定间,桥之南,地丈许,凿义井,以利居民日汲;桥之北,地一方,用砖砌,曰坪磐,以便乡之吉凶迎送。至我圣朝成化壬寅,天雨骤,溪水漫,石坍砖泛。今后裔朱济民偕万石长、叶以元等各施己资,买地营料,命工落成,故立石镌注出银高尚芳名,以传于后,庶不负前人创制之盛事云。①

图 1-9　石桥村南宋古桥

---

① 碑在石桥村底定桥侧房屋墙壁上,因碑文年久字迹漫漶,一些字句难以辨识。我比较不同录文,综合采取了文意较通者记于此,仍疑有阙文。

石桥地近朱巷，修桥的朱氏应是这里自宋代便已存在的聚落的居民，日常生活所需的水井的开凿和用于举行仪式的坪磐的砌造，是此地已成聚落的重要见证。

上引碑文提到的东山岛入口处的渡水桥，据崇祯《吴县志》，原为木桥，到元代"周富七郎始易以石"，到明成化九年再由吴天袷重建。据杨循吉《重建渡水桥记》：

> 东洞庭峙太湖中心，厥惟吴邑之重镇。民居鳞次，随高下结屋，若古桃源。耕田树果，殆无寸地隙，人力作，耐勤苦，以俭为事，廛陌经络，不下万井。其往来上城邑，日憧憧然，在途摩接，无弃阴而晏处者。是故道路之宜修，急于通都，弗可以荒远视也。
>
> 具区港界二峰之间，西五里曰莫厘峰，东二里曰武峰，其南北贯于太湖。太湖，本具区也，以其水恒出，是故以为号焉。其流广而且急，隔越行旅，为必由之要津，故有石梁曰渡水，废四十年矣。里人虑其功巨，弗敢图。架木以济，高危凛凛，每风雨晨夕，提携负荷而过者，多恐怖

图 1-10　渡水桥（具区风月桥）

就业，或仆而溺。居武峰下者，有前赋长吴天祫，谨愿人也。病人之厄，慨然思作之。知县邝侯美其志，白之知府史公简，称善，遣吏奖劳，曰：汝必亟成乃绩，惟汝名。侯亦曰：汝成，予其义汝。天祫感励，益勉厥事，尽弃旧石恶材，别购祫村之良者鬻焉。遂以弘治丙辰九月告成，凡长一十六丈，高二丈九尺，东西为石堤，延袤又各四十余丈，其费金将百铤而不啻。工部主事姚公文灏方督水利，亦懿而旌之。然后山之人大悦，弗忧于雨，弗惕于夜，化艰虞为坦途，下视风涛无惧，咨嗟以为盛举。

而今赋长吴恪、周元鼎实具石请记。余闻立政以泽人为大，泽而不费，抑又善焉。若夫利害，非其独有，而欲使之倾财以济众，非劝，相其孰成之？是役也，虽营于下而实出乎上，以二三执政之仁，而成斯人之义，皆永不可刊也，能无述乎！然天祫之为，是不遗其力而务广其惠。更有余绩者三：若迁傍泾之梁，出之堤上而道不迁；若作屋三楹其傍，以迓来往而客有息；若浚桥之东故井且亭之，而暍者弗病，皆其善事，余弗敢略焉。①

这篇很长的碑记透露出许多重要的历史信息。协助修建底定桥的叶某被称为"万石长"，应该属后山的大姓叶氏；而重修渡水桥的吴某被称为"前赋长"，应该属武山的著姓吴氏。由于此桥连接了东山和武山，各自有人倡建是合乎情理的。为渡水桥请求写碑记的吴某、周某则是现任"赋长"。我想他们都是承担粮长或里长之役的当地富户，他们分别在明代成化、弘治年间出资重修桥梁，背后有什么更为复杂的

---

① 崇祯《吴县志》卷一六《桥梁·洞庭两山桥》，第43页下~45页上。《震泽编》所收文字略有差别。

背景，并不清楚。由于他们的身份，也由于这里是通往县城或府城的必经之路，修桥有可能与缴纳赋粮有关，所以碑文才特别强调这几个关键人物的"赋长"身份，我们也更能理解为什么此举得到了地方官的支持和表彰。同时，这两篇碑记都强调了岛内外交通的重要性，渡水桥在前山，是从苏州进入东山的入口；底定桥在后山，是东山去西山的渡口。后一篇碑记强调桥修好后，"后山之人大悦"，说明渡水桥的意义不仅在于方便市街所在的前山地区，也在于方便有许多聚落和物产的后山地区。

当然，渡水桥在元代便已从更古老的木桥变为石桥，说明这一带同样早成聚落。同样有力的证据是，"灵济庙，在东洞庭渡水桥东，所祀不知何神。宋绍兴间创，有田若干亩供祀。存有断碑云《平江府灵济庙赎田记》，剥蚀不可读。本朝景泰间吴参政惠重修"。此庙今已不存，但创于北宋初的东岳庙至今还存在于附近的殿前村，虽然后来被改造为东山寺，但关于东岳庙的记忆仍然保留："东岳庙，在东洞庭之下席，即泰山神行祠。宋开宝间，里人张大郎感神赆舍地建，今山中士民酿金岁葺。"[1] 如果这个后世的记录无误，这一带的聚落至晚到北宋初就已达相当规模，如人烟稀少的话，可能会有佛寺，却不会有东岳庙。

东岳庙所在的下席这个地名，询之今天附近的普通居民，已少有人知。所谓上席、中席、下席，据席氏家谱载，系唐代将军席温的三个儿子及其后代分别形成的三个聚落。据王鏊所修《震泽编》，"其三子分居

---

[1] 崇祯《吴县志》卷二一《祠庙下》，第14页上。

宅旁，今子孙至百余家，有上席、中席、下席之称"。[1] 王鏊是东山本地人，对明代中叶席家的情况不会不了解，故席家是东山早期的大姓无疑。现在东山还有席家花园、席家湖等地名，席家在明代中后期因商致富，在明末清初时成为地方大族，吴伟业、金之俊等江南名士或清廷高官都给他家写过传记、墓志之类文章。康熙三十八年玄烨南巡至东山，曾去席家歇息，直至晚清时席家在上海经商或从事金融业的人还有很多，对此，早有学者进行过介绍。[2]

但是，唐代以降直至明代的席家，在东山并没有留下什么痕迹。后人相传翠峰寺是席温将军捐宅所建，故为席家祖祠所在，但寺已不存，亦无早期的资料。根据《洞庭东山席氏支谱》，席家在明嘉靖间始修祠堂：

> 嘉靖间，我祖父听涛公与筠轩公创立祠堂，奉祀始祖将军，其追远之心何如耶？年久将圮，我父怡泉公修辑如旧，可谓善继其志矣。祠既成，姻娅耆旧咸赋诗纪事，使后世子孙无替云（祠诗散失，不能备录）。[3]

这段话是明初之后第十一世席端樊（即左源公）重建宗族时所写的，这说明，席家是在嘉靖间建祠堂时，才将席温确定为他们的始迁祖的。而且祠堂修建之后，只一代就"年久将圮"，修祠堂时大家赋的诗也都散

---

① 蔡昇辑，王鏊修《震泽编》卷二《古迹》，第22页。

② 马学强：《江南望族——洞庭席氏家族人物传》，上海社会科学院出版社，2004。

③ 清《洞庭东山席氏支谱》（不分卷）残本，上海图书馆藏。

失了，可见对这件事并不是很重视。

明末清初太仓人江用世记录的席家世系，说他们的祖先本姓籍，后来为了避项羽的名讳而改为席。到唐代有礼部尚书席豫，其五世孙席温来到东山，"是为东山席氏之始。凡十七传而至安邦，为我朝洪武时人，又五传而至公冕、公裎，裎生克常公纲，纲生爱松公璇，璇生听涛公铁，铁生怡泉公洗，……是为公父，亦以公子贵"。[1]从席温到明初的席安邦，中有十七代，但事迹完全不清楚；再五代到席冕、席裎之后，系谱才比较连续。所以，明初以前的十七代和明初以后的五代究竟是怎么来的，是不知道的；明洪武朝的席安邦被凸显出来，但在族谱中完全没有其他记载，也不知道是何许人。

翁氏在东山也是大族，其聚居地翁巷与"三席"相近，甚至有部分重叠。翁氏的族谱是清康熙时开始编写的，据说其始迁祖是南宋的亲军都统制翁承勋，所以光绪重修谱的一开篇，抄录了南宋的两位大将张俊和岳飞赠翁承勋的诗，据说是因为"亲军侍卫都统制承勋翁公卜居洞庭，用赋赠言，借以志怀"。前者的诗是：

万户侯家几叶孙，弟兄各箬独乌巾。携琴又向姑苏去，谁信朱门有逸人。

后者的诗是：

吴山无此秀，乘暇一游之。万顷湖光里，千家桔熟时。平看月

---

① 江用世：《赠闾卿右源公传》，清《洞庭东山席氏支谱》（不分卷）残本。

上早，远觉鸟归迟。近古谁真赏，白云应得知。

落款为"建炎四年庚戌季秋朔日赠"。[①] 录诗的目的当然是为本族定居于东山的历史提供证据。不过，前一首诗实际上是范仲淹的《赠吴秀才》，后一首是王禹偁（一说亦范仲淹）的《洞庭山》，反而坐实了翁氏称祖先系南宋扈跸南迁的说法确系伪托。

关于翁氏在东山的繁衍生息，光绪谱的两篇序有着类似的描述：

> 二公故吴中旧姓，十七世祖承勋公自建武初扈跸南来，有功社稷，官至都统。性耽山水，见具区湖山之胜，卜筑莫厘，剪棘披荆，开创鸿业，子孙毓衍……然年远散乱，非震初捐资为倡，广搜博访，详书爵里，未易稽考。[②]

这说明到了翁震初编修族谱时，"年远散乱"，情况是说不清的，如果不是翁震初"广搜博访"的话，究竟事实如何还很难说。甚至这篇序言的作者把南宋的年号建炎都写成东汉的年号建武了。另一篇翁启元的序则说：

> 吾翁氏自宋之承勋公者，因金人入寇，率承事等子弟辈扈跸南渡，或随驾任职，或散处临安、海虞，独承勋公甘致林泉，不乐仕进，悦莫厘之胜，遂隐白沙之坞焉，迄今五百四十余年，子姓蕃

---

① 光绪七年重修《洞庭翁氏世谱》卷一，1928 年抄本。

② 沈筌：《翁氏族谱序》，《洞庭翁氏世谱》卷一。

衍。缘革鼎兵火相仍之际，图谱遗缺，远近亲疏漫无考辨，是废祖宗之成法，而善继善述，将谁归乎？①

同样是说从南宋到现在 540 多年过去，没有任何记载，亲属关系也讲不清楚。

翁启元，也就是翁震初，是该族历史上的关键人物。他明万历时生人，到清康熙七年靠一己之力修成族谱，但到光绪时"又二百余年之久，枝派繁衍，脉络无稽，遍诉族中，漫无考辨"，②说明这里并不存在强大的宗族传统。

武山郑氏也号称该地大族，按乾隆时修的《郑氏世谱》，始祖郑钏是宋哲宗时的驸马都尉，尚顺德公主，宋建炎时扈跸南下，定居东山。族谱中还有《始祖驸马公遗像》，后有署文天祥题《郑公像跋》，中有"读先人之谱，瞻先人之像"的文字。但考诸文献，并未发现有关郑钏事迹的记载。晚明东山人葛一龙为郑氏宗祠所写的《祠堂图说》说其"初建迄今二百余年"，也就是明初，基本上也是不太可能的。

东山郑氏有可能与西山郑氏联过谱。《郑氏世系考》说，"据包山《郑氏世谱》"，隋末的时候有个叫白麟公的从荥阳隐居到西山，"名其地曰郑泾，为包山始祖"，到第二十三世才是郑钏。乾隆谱序的作者郑栋说，"念先世系出包山，而东山与包山并峙太湖中，莫厘、缥缈两峰相望也，遂老而退隐焉"。不知道东山族谱的早期世系是抄的西山族谱，还

---

① 翁启元：《翁氏族谱小引》（康熙七年），《洞庭翁氏世谱》卷一。
② 翁古复：《翁氏重修宗谱跋》（光绪七年），《洞庭翁氏世谱》卷二。

是西山族谱在东山族谱基础上增加了更早的世系。《宗谱凡例》中说，"旧谱自二世至十世皆单传，颇有缺轶之疑，自秀卿公以下分为四支，始历历可考矣"，[①] 说明始祖郑钊以下到第十一世，大约250年的时间，其家族世系是有疑点的，而比较确切的家族历史，是到了250年后的明初，这与我们在珠江三角洲地区的族谱中看到的情况类似。所以，葛一龙说明初东山郑氏就建了宗祠，难以采信。

但也正因此，尽管明知从宋代开始东山就已有聚落存在，但根据我们看到的多数材料，宋代到明代中叶以前东山的开发和社会文化的建构还是很不清楚，这恰恰应该是本书需要特别用力的地方。

文献乏征，并不一定说明明代以前的东山的定居人口不多。李根源在洞庭两山访古，尤重金石，他说在东山共搜集到120种，其中明代的57种，清代63种；而在西山共得236种，其中唐代2种，宋代14种，元代2种，明代82种，清代136种。同时他还记录了西山族谱14种，并称西山"宗祠林立"，却未提及东山这方面的情况。[②] 这一方面佐证了前论西山比东山开发更早的说法，另一方面可能是由于东山早期居民多为渔民和商人，流动性较大。在较早的文献中，当人们笼统地提及"洞庭山"时，一般就是指西山，而不包括东山在内。这有可能是因为东山在明代之前还不受人们的关注。

不过，李根源在东山四处踏访时，曾在碧螺峰下看到宋叶楏（叶梦得次子）墓，在严巷山看到宋护驾将军严元庆墓，据说是"叶、严二氏迁山祖也"；在湖沙山访"居民南渡迁山始祖墓"；在西京山武峰庵后谒

---

① 以上引文均见乾隆《郑氏世谱》卷首，苏州市吴中区档案馆藏。

② 李根源：《吴郡西山访古记》卷五，第31页上、34页下。

宋驸马都尉郑钊墓（"东山郑氏祖也"）；等等。我们不能确定这些祖墓是否真属于这些"宋代"名人（也许是这些姓氏日后建立的墓葬），但也无法否定它们不是宋墓。李根源还记载他在灵佑庙前看到"树下多古冢，无碣题识，未知孰是"，他还记载许多明清时期的墓都因无人照管而逐渐废弃，因此即使宋元时期东山颇有人烟，对这一时期的历史也还不能勾勒得十分清楚。

不过，就像珠江三角洲居民讲述的祖先故事是与南宋相联系的南雄珠玑巷、闽南讲的是唐末五代的开漳圣王陈元光等类似，大多创修于明代中叶以后的东山族谱，以随宋室南迁而来的某人为该族的开基祖，这是江南地区比较普遍的祖先故事类型。比如，东山葛氏在明代成化年间创修族谱时说：

> 嗟吾先世谱牒亡佚于宋季兵燹，上世已不可考。但知吾始祖万五公世居汴，扈宋高宗驾南迁至吴，访知洞庭武峰土沃民淳，俗尚质朴，仙翁遗迹尚存，遂占籍而居焉。[1]

还说这位万五公"善堪舆术，营葬地于居第之北，照炼塾，以印浮水面，知后世必有兴者"。[2] 其实当时东山只是太湖中的一个孤岛，武山与东山还有水相隔，只是与苏州陆地接近，是后来的东山较早有人居住的地区之一，但不可能是什么风水宝地。后来族中就有人描述说：

---

① 葛世旸：《宗谱自序》（成化十九年二月），民国《洞庭东山葛氏第四次重修宗谱》甲册，第30页上。

② 施槃：《葛万五公传赞》（正统四年五月），民国《洞庭东山葛氏第四次重修宗谱》乙册，第5页上~6页上。

> 　　元纪以前，我山粮赋尚隶于浙，是以我山之人苏治往来尚
> 少，然水东之人至山贸易者甚多。而渡口之广阔不若今之淤长而
> 窄，摆渡之船又不过一二残破小舟，往往于波涛不测之时，人受其
> 厄。公心悯之，捐资造舟，……而俗有葛家渡之称。我村之西，当
> 湖水冲击之所，一经风浪，舟楫难于停泊，公于是凿浜池于内，砌
> 石嘴以抱含湖口于外，引湖之水潆注于浜中，可容一二十艘客舟
> 渔艇。①

这说明当时武山与东山之间的水面还比较宽阔，与苏州陆地之间也常受
到湖水的冲击，居住的地方交通并不便利，只有水路可通。于是葛氏先
祖在岛边建造了一个港口，用石头垒砌了一个湖嘴，可以容纳货船和渔
船在里面停泊避风。

　　所以，一方面，由于大多族谱会说到元末明初之前的祖先世系已经
不清楚，而且在讲到其南宋初年祖先的故事时又破绽颇多，我们不会相
信这种说法定是事实；另一方面，虽然这些人与宋高宗之间的关系可能
是被建构出来的，但也不能轻易否定他们的祖先在南宋到元代就已经出
现在这里。我的假设是与珠三角研究相同的，由于东山现存族谱大多记
录他们的祖先在元末以经商起家，所以他们在那个时候，即使不是太湖
上的水上人的话，也很有可能多是流动无常的无籍之徒。因此，创造这
样的祖先故事同样是为了证明其上岸定居的合法性。

　　后文还将指出，根据有限的材料，由于地理位置靠近陆地，比较确
定的南宋时期的定居人口主要住在武山。但武山当时与东山还是两个不

---

① 葛钱:《泰二公传》, 民国《洞庭东山葛氏第四次重修宗谱》乙册, 第9页上~10页下。

同的岛。而到元代，东山本岛开始有越来越多的人登岛居住，由于明代
以降东山与武山日渐连成一体，武山逐渐被视为东山的一部分，最早定
居于武山的人的后裔也就自视为东山人。

最受东山人推崇的明代王鏊曾经作诗说，由于本乡出了正统时的状
元施槃，"两山已雪将军耻"。他在这句诗后加注说："旧传东西洞庭皆将
军始居之，故两山无文士。"① 这里的"将军"即传说中的以席氏始祖唐代
席温为代表的武将。意思是说因为席温等是武人，所以洞庭两山的文风
不盛，直到施槃时才一雪前耻。这说明本地人都知道，在明代中叶凭借
经商致富开始有人读书应试之前，东山基本上是个"无文化"的世界。

东山聚落的变迁

不同版本的明代方志多少不一地记述了东山的村落。由于东山诸峰
的西侧地形变化不大，东侧的扩展又有清晰的线索可循，所以许多地名
延续至今，可以帮助我们确定这些村落在明代的位置。

表 1-1　明代地方志所记东山聚落一览

	正德《姑苏志》	嘉靖《吴邑志》	崇祯《吴县志》
1	周湾	周湾	周湾
2	白砂	白砂	白砂
3	纪革	蒋湾	纪革

---

① 王鏊:《过故状元施宗铭坟》，乾隆《太湖备考》卷一一《集诗二》，第7页下，《中国方志
丛书》华中地方第40号，第738页。

续表

	正德《姑苏志》	嘉靖《吴邑志》	崇祯《吴县志》
4	韩山	嵩下	韩山
5	蒋湾	北巷	蒋湾
6	嵩下	南巷	嵩下
7	南叶	长坼	南叶
8	北叶	澄湾	北叶
9	石桥	屯湾	石桥
10	赵湾	俞坞	赵湾
11	杨湾	下阳湾	杨湾
12	北巷	金塔	北巷
13	南巷	诸家湾	南巷
14	长坼		长坼
15	白湖		白湖
16	澄湾		澄湾
17	屯湾		屯湾
18	金湾		丰坼
19	重亨		金湾
20	俞坞		查湾
21	金塔		陈岭
22	施巷		石壁
23	叶巷		小长巷
24	下杨湾		上金
25	西金		吴湾
26	吴巷		嘶马坞
27	诸家湾		寒山
28	金家湖		梁家濑
29			毛园
30			南望
31			北望

续表

	正德《姑苏志》	嘉靖《吴邑志》	崇祯《吴县志》
32			胡沙
33			上席
34			中席
35			下席
36			翁巷
37			葛湾
38			重亨
39			俞坞
40			金塔
41			施巷
42			叶巷
43			下扬湾
44			西金
45			吴巷
46			诸家湾
47			金家湖

资料来源：正德《姑苏志》卷一八《乡都》，明正德元年刻本，第6页上；嘉靖《吴邑志》卷四《乡图都分》，明嘉靖八年刻本，第8页上下；崇祯《吴县志》卷二《乡都·附村》，第10页上~11页上。

这些村落在明代分属遵礼乡守义里、震泽乡间城里和蔡仙乡白门里的第二十六至第三十都。从表1-1可以看出，尽管地方志多有抄用前人资料的现象存在，但这三部志书在这里显然是取自不同的统计资料。正德《姑苏志》是府志，但记录东山村落数比嘉靖《吴邑志》这部县志还多，为什么时间接近的两部方志记录东山村落的差距那么大？而且时代晚的比时代早的书记录的村落少了一大半？可能主要的原因，是村作为征税依据的鱼鳞册上必须登记的地名，随着征税制度的调整而得到不同

的记录，最后被抄录进地方志；当然也可能是嘉靖时期"倭寇"的影响
和商业贸易的繁荣（在很大程度上说二者也是一回事），导致人口大量
脱籍。而到明末，东山村落数从中叶的 28 个暴增到 47 个，可能也与万
历清丈前后的征税制度调整及明末加派有关。上述村落名称，只是帮助
我们了解明代中后期东山聚落存在的概貌。

　　较早期的村落，大多分布于东山西麓和南麓濒湖的山湾和山坞，还
有靠近陆地的北部。像前面提到的元代修建的渡水桥、传说宋代修建的
东岳庙，其实当时都处在低洼的低地。

　　图 1-11 的《洞庭东山图》所画位置并不准确，图中标识着"东山
巡司"的岛就是武山，其实应该在东山的东侧，而不像图中显示的位于
南侧。明代东山巡司建于此处，说明武山距离苏州陆地更近。不过，这

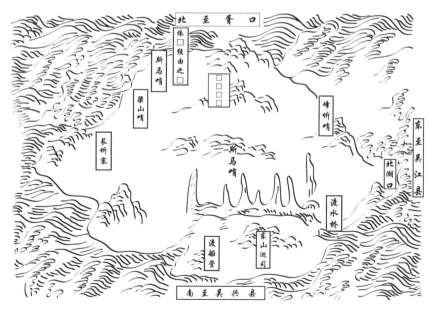

图 1-11　嘉靖《吴邑志·洞庭东山图》

说明：图中的"斯马哨"，似应为"嘶马坞"。

图片来源：苏娴清绘。

时武山与东山之间距离已极为接近，不过是渡水桥一桥之隔。

渡水桥虽然比较古老，但三种方志都未记载这里是个村落。今天称这周围为晨光村，当然是新中国成立之后的名称。其下有网泾浜、汤家扇、滨沿村、沈家岸、殿泾港、司前街、严家坟和张家下脚8个自然村，从地名来看以前都是濒湖地带。按《洞庭东山志》的记载，网泾浜是条河浜，曾是渔民集聚之地，渔民常在河浜两岸修补、烤染渔网。沈家岸原名走马弄，据说是因为人们到东山后弃舟登岸，官府的马匹由船运至此上岸，故名走马弄。殿泾港村的名称，一说港源在东山东市梢的张师殿，水流入渡水港，故称殿泾港；另一说这里本是滨湖低洼之地，由太湖泥沙淤积而成，本名淀新港。① 张师殿（东岳庙，今东山寺）里至今还保留着一块咸丰八年的碑刻，说"殿前至漾桥村一带为冲衢要道，……每逢大雨，街水几同港水"，② 说明到晚清时这里已成街市，但地势仍旧低洼。

司前街在渡水桥之南，因明成化十八年设东山巡检司署于此地，故署前之街渐成聚落。但巡检司初设时未必即成街，因为该地扼守从苏州到东山、武山，甚至再入湖的路口和水口，所以很可能来往的过客不少，却由于地形、地势的原因，未必具备迅速成为聚落的条件。

从嘉靖《吴邑志》所收《洞庭东山图》以及前面所引的《重建渡水桥记》可见，东山巡检司设在武山岛，当时与东山还是分离的，全靠渡水桥连接。武山较早就出现了定居村落，但数量还不多，而东山已经发展起来。"倭寇"自南而来，武山首当其冲，所以除巡检司设在湖边外，

----

① 薛利华主编《洞庭东山志》第1卷第2章第2节，上海人民出版社，1991。

② 《补用正堂署江南苏松常等处太湖理民府加十级记录十次莫为出示晓谕事》（咸丰八年八月）。碑在东山殿前东山寺。

还有渡船营之设。图 1-11 标注的东山长圻寨、峰（丰）圻哨等，都在湖边，都是为防范"盗匪"而设。

> ……莫厘……周围四十里地，占三乡，国初原属角头巡司，因去西山辽绝，相顾甚难，特创东山巡司以辖之。居民稠密，商贾为业，重利而轻生，一遇寇警，合山之人齐奋而出，不赖官兵，自能抗御。见今设兵哨、营、寨者八：在北日司马哨、日梁山哨，在南日渡船营，在东日北湖口，在西日长圻寨，在东北日烽圻哨，在西北日之园哨，在西南日烽山营，各统之以耆民，图长选乡兵而训之。①

这些设立营、哨、寨的地方，在明代大多不是大族聚居的村落，这是由其功能所决定的。这些地方的发展主要是在晚明到清代。

在崇祯志中新增的村落中，丰圻在岛北端，是上面说到的设哨的地方，到明末形成聚落，大概与设哨有关。查湾现写作槎湾，是现在双湾行政村下的一个自然村，位于山的东麓。所谓双湾就是指金湾和槎湾，金湾形成较早，槎湾则是稍晚形成的。陈岭现称陈岭头村，位于武山，即东山的东北部，传说与前述李根源提及之南宋郑钘有关，故称郑岭，后讹为陈岭，这可能是东山郑氏兴起之后的说法。从这些例子可以看出，明代后期新增的村落或因官府的设置，或因原有的聚落人口增多，或因东山与武山日益连成一片而形成人口拉力，大体体现了东山聚落发展的几种方式。

---

① 嘉靖《吴邑志·洞庭东山图说》，第 6 页上。

清代东山的聚落发展会有怎样的变化？康熙《吴县志》记录的东山村落数量与崇祯《吴县志》大体一致，而康熙年间翁澍编的《具区志》记录的东山村落只有33个，比前者还少14个。这或许可以理解为经历了王朝更迭的动荡，这三四十年间东山的聚落分布格局没有太大的变化，但更可能是因为明末清初赋役征派制度的依据没有太大变化。

表1-2的统计来自乾隆《太湖备考》，这是自从设立太湖厅专门管理洞庭两山以来的相当于《太湖厅志》的地方文献。其中记录了东山和武山共104个乡村名称，由于其人口、赋役从吴县划出，由太湖厅专管，又由于该书的编者多为东山人，所以这个统计应该还是比较准确的。仅从数字看，村落比明末清初翻了一番。

表1-2　清中叶东山聚落一览

都图	村落
二十六都	连璧桥、长泾浜、殿前、殿后、陈家塘、坊前、黄濠嘴、翁巷、席家湖、徐家湖、翠峰坞、金家湖、杨家湾、岱心湾、宋家湾、丰圻、石井、小长巷、尚锦、周湾
二十七都	武山、冰窨、汤家扇、盛和桥、葛家渎、厥里、余山、东湾、西湾
二十八都	吴湾、白沙、嘶马坞、纪革、寒山、陆巷、蒋湾、嵩下、山嘴、大湖头、朱巷、石桥、坊里、张巷、上杨湾、毛园、王舍、北望、石前、下堡、南望、李湾、长圻
二十九都	澄湾、屯湾、白浮头、湖沙、下杨湾、黄家嘴、查湾、金湾、卜家、涧桥、西坞、俞坞、史家河、张家湾、秦家村、周家河、金塔下、朱家带、周家巷、顾坞、钮家村、王家泾、俞家舍、金家店、曹坞、诸公井、马家下、潦里、芰田、施巷、王衙前、唐股村、漾桥、叶巷、殿角
三十都	三界村、朱家港、渡水桥、吴巷、射鸭、鸡山、下塔、上杨家桥、下杨家桥、西金、仙桥、朱家庙、下周、陈岭、何家湾、周家巷、东湖

资料来源：乾隆《太湖备考》卷五《都图地名》，第17页上下。

民国《吴县志》中（表1-3）对东山聚落的记录应该主要反映了清中后期到民初的发展。

表1-3　清末民初东山聚落一览

都图	村落
二十六都一图	渡水桥、连璧桥、长泾浜、殿前、殿后、陈家塘、黄濠嘴、下席
二十六都二图	坊前、翁巷、席家湖、徐家湖、翠峰坞、杨家湾
二十六都三图	周湾、小长巷、石井、尚锦
二十六都四图	丰圻、岱心湾、宋家湾、东湾、西湾
二十六都五图	金家湖、汤家坞、王坞
二十七都一图	徐墅（姚墅）、新泾港口庙前、前样头、司马墩、店桥、高公桥、豆腐弄、横街、东声弄、牛桥、赵家扇、大树鹭、庙桥
二十七都二图	新泾港口、中泾巷、村前头、对村桥、庵桥、新泾汛、渡村、高家桥、牙家桥、方店、东西浜
二十七都三图	渡村镇、牛桥、太平桥、田贮、方庄南、横泾港、牛桥东西港、吉利桥、油车港、翁家港、社渎塘
二十七都四图	舍上、东塘、水路、水路浜、闸村、南城、闸口、吴舍
二十七都五图	余山、天后庙、小石桥、余山汛、湖口港、凌河港、吴舍北、吴舍南、后巷、凌河汛、庙桥、泰来桥、庙泾港、横泾桥、大王庙
二十七都六图	绿芜庄、庄桥、小闸口、复样港、宴桥、西塘闸、西塘南、塘桥、篁墅港
二十七都七图	冰窖、蒲芦桥、张李界、渡水桥、凤凰山、秦家泾、横泾、西桥、□□扇、渡船港、厩里、葛家渎、东村
二十七都八图	方庄、新泾港、庄林桥、木板桥、西浜村、西塘、吴舍南、太平桥、射渎塘、孔家塘桥、西市港、西浜、九曲头
二十七都九图	南舍、石塘
二十八都一图	吴湾、白沙渡、后湾、周湾
二十八都二图	白沙、白沙岭、关王庙、平岭、蒋坞、嘶马坞
二十八都三图	姜家巷、翰谷寺、西巷、夏家山、翰谷里、寒山
二十八都四图	寒山港、陆王、蒋湾、汇头

续表

都图	村落
二十八都五图	大河头、严巷、嵩下、北叶湖、梁家山嘴
二十八都六图	大湖、朱巷、丰乐乡
二十八都七图	石桥、后周街、坊里、何家山、张巷
二十八都八图	张巷、广利桥
二十八都九图	上杨湾、中杨湾、下杨湾、居家港
二十八都十图	北望、下堡、毛园
二十八都十一图	王舍、宅前、北望、长浜、新店弄、中田岸、金坞里
二十八都十二图	南望、叶巷、石坡嘴
二十八都十三图	李湾、长圻、叶巷、湾里、西巷、南堡
二十八都十四图	油车湖、王舍、韩家巷、茅园、上吴
二十八都十五图	纪革、沙岭
二十八都十六图	上蒋、白沙
二十八都十七图	嘶马场、纪革、浮碧亭
二十八都十八图	油车河、王舍
二十八都十九图	南希、岭下、塔头、长圻寺前
二十九都一图	长圻东巷、屯湾、澄湾、白河头、上寺前、黄家堑
二十九都二图	屯湾、澄湾
二十九都三图	湖沙里、下杨湾、黄家嘴
二十九都四图	查湾、长泉坞、陆家坞、渔巷河、黄家山
二十九都五图	卜家、金湾、唐子岭、鱼池
二十九都六图	西坞、金家弄、碉桥、蒋家场
二十九都七图	周家湾、金塔下、夏家湖、祥里
二十九都八图	龙头山、唐家汇、杨家路、史家河、张家湾、吴坟
二十九都九图	朱家、殷家泾、顾坞、板凳村
二十九都十图	曹坞、钮家、王家泾、金家店前
二十九都十一图	诸公井、施巷、马家底、淹里港东、庙渎
二十九都十二图	文园、施巷、王衙前、响水涧、西万巷、施家、庙渎、杨桥、唐股、通德里

续表

都图	村落
二十九都十三图	叶巷、殷泾港、田渡、殿角
二十九都十四图	殿西街、下田渡、东茭田、西茭田、薛家桥
二十九都十五图	东涧桥、卜家坞
二十九都十六图	并入
二十九都十七图	西槎湾、石灰浜
二十九都十八图	并入
二十九都十九图	潦里西港、余家舍、秦家港、孟家泾、马家港
二十九都二十图	西茭田、前门头、潦里
三十都一图	吴巷、小庙、鸡山头、射鹮头
三十都二图	瓦塔、上杨家桥、下杨家桥、漾田
三十都三图	席家底、西金头、西金、武峰山
三十都四图	禾稼湾、木青头、陈岭、朱家庙前、下周、赵巷、下路头
三十都五图	邱家桥、三界、渡水桥、朱家港
三十都六图	下杨家桥、东湖村、盛湖桥
三十都七图	射鹮山、吴巷、顾家坞、周家巷
三十都八图	山东头、凤凰山、官庄、上杨家桥

注：村落名据原文，其中显然有些写错了。

资料来源：民国《吴县志》卷二一下《舆地考·乡镇二》，第13页下~19页上。

清代的都图还是做了不小的调整，这主要是由于圩田的扩展、人口和聚落的增加。首先，有些相同的村名出现在不同的都图中，这种情况在明代的鱼鳞册中就很常见，也可能是聚落扩大的结果；其次，二十七都其实是在东山靠近陆地的另一侧，原因是中间的湖水间隔缩短到只剩下几十米，几乎连接起来，而三十都基本是武山的村落。因此，如果我们把二十六都至三十都这5个都所属村落都算作这一时期东山的范围，考虑到同一村落划归不同都图的情况，则有约300个村落，比起明末清初的 47 个村大约增加了 5 倍；如果除去二十七都的 90 多个村，则有约 200 个村落，增加了 3 倍多。这里虽然有前述与征税有关的因素的影响，但岛屿面积的增加和定居人口的增加（如水上人上岸）应有较大关系。此外，这些增加的村落大多数是在岛的东部，这在今天东山的地图上或通过在东山所见到的景观可以清晰地识别，说明清代至民国时期形成的聚落格局至今并没有太大改变。

东部地区人口与聚落的增长也可以通过具体的例子看出。在新中国成立之初，曾对当时渡桥乡新河村的荡田做过调查（当时的东山区下辖东山、杨湾 2 个镇，湖湾、渡桥、新潦、镇西、涧桥、后山 6 个乡和 1 个三山直属村），其中说到该村的荡田有两个圩，一个是新荡圩，1400 亩；另一个是外圩，400 亩，都是 50 年前开始开垦的，也即开发于清末时期。当地豪强将芦荡围成"湖荒"，租给人们进行围垦，后者拥有永佃权。租地较多的佃农又往往会雇长工或短工进行耕作，[①]这些人就成为这一带新聚落的新居民。

从渡桥乡向南就是当时的新潦乡（在从今渡桥向南至今新潦村与双湾村之间）。同时所做的东山新潦乡鱼池情况调查显示，至少从清代开始，水产养殖业已经成为这里人们的主业，在 20 世纪中叶共有鱼池 7383.36 亩，占全乡土地总面积的 52.5%。这里距村较近的鱼池称"老开池"，俗称"里荡"；在湖边开挖的鱼池称"新开池"，即"外荡"，说明鱼池的开挖与圩田一样，是一个不断向湖中扩展的过程。据调查统计和土改时的成分划分，"自池自养"的人中以贫农为最多，共有 720 户，鱼池 2056.78 亩，以下则分别是富农和中农。但富农除"自池自养"

---

① 《吴县渡桥乡新河村荡田调查》（1950 年 4 月），华东军政委员会土地改革委员会编《江苏省农村调查》，1952，第 290~293 页。

外，也有"自池出租"的，共计达 2112.93 亩，地主的鱼池全部出租。而以此为生计的 1313 户中，定为贫农和雇农者有 950 户，占总户数的 72.35%。在他们拥有的生产工具总计 789 只船中，贫农有 456.5 只，约占总船只数的 58%。[①] 这说明从事桑基鱼塘养殖者多为社会地位低下、在清代以来渐次岸居的水上人。

除聚落向太湖延伸外，山麓、缓坡地带的聚落也在不断增加。当时的湖湾乡大约在东山西北的莫厘峰山地，地跨前山和后山。新中国成立初期对该乡的石丰、新四、岱宗、西坞四个行政村的果园情况进行了调查，结合前列各表，西坞首次出现在乾隆《太湖备考》的村落目录中，属于二十九都；新四村包括尚锦、小长湾、周湾和洪湾四个自然村，其中尚锦首次出现于《太湖备考》，属二十六都，同里有小长巷，可能即调查中的小长湾，如为小长巷，则首次出现于崇祯县志，又洪湾村未见记载。这四个村在这时共 447 户，利用土地 4674.86 亩，其中果园 1229.16 亩，占 26.29%；荒地则达 3387.5 亩，占 72.46%，可见多数山地尚未开发。在人户中，被划为中农和贫农的各为 149 户和 202 户，共占总户数的 78.52%。调查报告解释说，由于果树从培植到结果需 15 年，成本很高，所以开发率较低。新四村因靠近湖边，果园占已利用土地总数的 99%，是三四百年来开垦的。[②] 其他三个行政村海拔更高，开发率更低，可知近湖山麓聚落出现较早，地势较高的聚落出现较晚。另外果园虽很少出租，但果农仍属社会地位低下的人，人均占地不到 0.5 亩，

---

① 《吴县新潦乡鱼池情况调查》，华东军政委员会土地改革委员会编《江苏省农村调查》，第 311~315 页。

② 《太湖东山湖湾乡四个村果园情况调查》(1950 年 4 月)、《太湖东山湖湾乡新四村果园情况调查》(1950 年 4 月)，华东军政委员会土地改革委员会编《江苏省农村调查》，第 315~324 页。

而且只有季节性收入。

可以说，从清代到民国是东山沿湖和山地开发及聚落增长的一个加速期。

不用说整个江南地区，就是在苏州府的范围内，情况也非常不同，这就是为什么我们需要对以往较多同质化地认识江南地区进行反思。东山所在的吴县是苏州府的附郭县，但当地人认为：

> 盖以濒湖之地，每沦于水，及山田多瘠，民苦赋役，而流徙者众也。若南之一都、西之十一都，号为沃土，凡粮赋重遣，两都实任之。概观吴城，阻山负湖，非若他邑之多平壤，都腴田也。湖渔山樵，仅足衣食，欲求殷户，其可得乎？东西洞庭之民，鲜负农耕，多业商贾，地产果植，力作俭勤，不同城郭之浮荡，兹亦累困剧役，不堪命矣。[①]

吴县濒湖多山，不像长洲等县那样较多平坦且肥沃的土地，东山又尤为典型，比西山的耕地面积还少，稍微平一点的地方又都为聚落所占。

> 又间尝一涉太湖，登莫厘、缥缈之巅，俯临具区，风樯如翅，诸峰如髻，出没于浩浩洪波间。而见其民居者种果，行者逐末，邑有重役，无田可课，则课其家，余不能问也。……今邑虽仍吴名，仅割郡西南之一隅，而名山大川荐居大半，可耕之壤不及半长洲，

---

① 曹自守：《吴县疆域图说》，崇祯《吴县志》，《图》，第 2 页下 ~3 页上。

厥田中中，赋法少减，而徭里供应之烦，则与长洲等。故宰吴者不难于治赋，而难于治役。[1]

即使在今天，一旦发水，西岸沿湖聚落和道路还经常被淹。按《震泽编》的记载，明中叶东山有两个粮区，山林田荡 537 顷多，其中科粮的山林田荡 169 顷多，科麦、丝、钞的山林并荡 376 顷多，[2] 但实际土地有多少并不清楚，按上面的说法，实际"可耕之壤"可能比征赋的土地数字少。因为众多人口仍是国家编户，所以最大的问题还是徭役。又由于许多人常年在外经商，徭役负担就落在了本地生活的人的肩上。

据民国 14 年（1925）太湖水利工程处测绘，东山有荷花塘 3156.644 亩，村田 23436.827 亩，山地 38281.746 亩，内塘水面 18664.714 亩，外塘 36932.766 亩（其中芦苇 34914.699 亩、水芦 645.604 亩、茭芦 582.87 亩、茭草 789.593 亩）。[3] 到 20 世纪 80 年代末，圩田的分布、坐落和面积如表 1-4。

表 1-4　20 世纪 80 年代末东山圩田情况

名称	坐落	面积（亩）
东大圩	新潦片、东山片	4500
西大圩	杨湾片	3500
中心圩	王家泾村	1700
中圩	金湾、俞家庙、潦里、港东、东山等村	3000

---

① 王心一：《重修吴县志序》，崇祯《吴县志》，第 2 页上 ~3 页下。

② 蔡昇辑，王鏊修《震泽编》卷三《赋税》，第 34 页。

③ 民国《乡志类稿·方舆类一》，《中国地方志集成·乡镇志专辑 8》，江苏古籍出版社，1992，第 124~125 页。

续表

名称	坐落	面积（亩）
光明圩	馀家湖村	135
新塘圩	新建、晨光、东山、湖湾等村	1800
震东圩	摆渡口村	120
团结圩	漾家桥村	200
民主圩	吴巷山村	400
一圩	潦里、港东、俞家库等村	900
二圩	王家泾村	450
三圩	潦里、高田、俞家库等村	750
四圩	高田村	650
海洋圩	潦里村	950
五圩	高田村	650
六圩	金湾村	270
建设圩	俞家库、高田、潦里、港东等村	400
周家塘圩	杨湾、槎湾等村	800
大圩头	屯湾村	1200
碧云洞圩	北望村	400
总计		22125

注：数据据原书。

资料来源：《洞庭东山志》第2卷第1章第1节。

将这个圩田的数字与1925年的数字比对，假设民国的村田即指圩田，似乎没有什么变化。也就是说，东山的圩田至少在民国初期就已经形成今天的规模。直至20世纪80年代，这些圩田中的大部分用于种植水稻、小麦等粮食作物，后来逐渐为果树等经济作物所取代，现在已经很少有粮食作物种植了。这些圩田所在位置，都在岛的东部和南部，其中除了杨湾、金湾、槎湾、屯湾等少数村落在明代就已存在外，多数是清代中叶以后出现的村落，可证东、南部的许多聚落是与圩田开发同步产生的。

这就提示我们，东山社会历史的结构过程，要从以山地为中心的向外扩展，特别是向东部和南部水面扩展的趋势来把握。

二

猛将出世

我们今天在东山看到的村落中存在的大量猛将堂，使我们无法忽视这些小庙在当地乡村日常生活中的重要性。但是如前所述，我们很少看到这些猛将堂中存在较为古老的碑刻等文献，东山本地的其他文字资料如明清时期的族谱、文集、地方志也几乎对刘猛将失载，或只有只言片语。这当然有可能是资料在晚清至当代的多次文化浩劫中被毁坏或遗失，也有可能是士大夫对此不屑于记载，比如前引李根源的调查同样对此很少提及，具有完全不同学术训练的费孝通的《江村经济》虽然提到开弦弓的刘王，但对此也未加深究。最有可能的是，这些作为村庙的猛将堂背后的人群大多是较晚近才定居的边缘人群，这些人中尚未出现知识精英，以至于这些庙里较少有过碑刻。

东山猛将的历史究竟是怎样的？

前山与后山：东山刘猛将的社会 – 文化空间

东山现存的猛将堂虽然很多，但大多是 20 世纪 90 年代以后重建的，抬猛将的活动也停止了四十年以上。除了文献中记载的最早的两个明代猛将堂以外，东山的猛将堂大多是清代中后期始建的，抬猛将的活动在民国时期也很兴盛，所以东山人对这个传统还是有比较清晰的记忆。

东山有前山、后山之分，据说各有七大猛将。前山就是莫厘峰山麓以东，包括今天的东街、中街和西街一线，逐渐包括了较晚圩田成聚的潦里、高（芰）田一线，以及北边的武山。后山指莫厘峰西南麓，实际上也包括东麓的槎湾、金湾、杨湾等较早的村落。

前山的七位大猛将分别是井上阿大（西街诸公井猛将堂）、殿前阿二（东街张师殿猛将堂）、渡桥阿三、潦里阿四（俞家库猛将堂）、漾桥头阿五、席家湖阿六和吴巷阿七。殿前阿二俗称"戤大阿二"，因为猛将堂在张师殿山门的门洞内，是"抵押"在这里的；渡桥阿三因附近人多吸食鸦片，故俗称"烟阿三"；潦里原系湖荡，多产芦草，俗称"芦柴阿四"；吴巷人比较贫困，故称"穷阿七"等。这些俗称多带贬义，应该原是后山人的称呼，后来也渐渐成为自称。其中吴巷在武山，这里的吴氏是宋元时期定居在此的旧族，晚近由于入岛交通路线的变化，这里渐趋衰落；诸公井据说是明代中叶的古井，说明那时始有聚落，猛将堂肯定是那以后的产物；殿前张师殿是宋代的庙宇，后来改为东岳庙，的确没有猛将堂的存身之处，在今天嵌于庙墙上的两块清代中叶的碑文中，也没有提到猛将堂，因此它应该是后来的人加进来的。其他如渡桥、潦里、席家湖，在清代更是近湖低洼之地，猛将堂出现的应该更晚，当时住在这里的也应该是比较贫困的即上岸不久的人群。

在前山的这个区域中，还可以区分出两个不同的社会－文化空间，一个是靠近山麓和东西街一线，是较早形成的聚落，经商大族在这里营建了一些宅院、街道，比如北边的三席、翁巷，中间的施巷和靠南的法海寺；另一个是今紫金路以东的渡桥到潦里一带。所以在东山抬猛将

图 2-1　诸公井阿大　　　　　图 2-2　殿前阿二　　　　　图 2-3　漾桥头阿五

活动最热闹的正月初一到十三期间，初一到初三是潦里一带聚落的十位小猛将出巡，当地老人称，这十位小猛将又叫"十旗"，代表着比七位大猛将更晚的十个聚落。十位小猛将的率先出巡被称为"拜年"或"子会"，符合"晚辈"给"前辈"拜年的传统。

在过去，正月初六，诸公井大猛将出巡至席家湖头，是为"大会"，来回三次，称"冲湖嘴"。席家湖头即沿今紫金路北上启园路，在今湖湾村。这里是东山北端太湖凹进来的一个湖嘴，近大缺口。"冲湖嘴"实际上是对一种自太湖而来的阴邪之气的镇压仪式，这应该是出自岸上人的宗教观念。同时，潦里的阿四也出巡经渡桥至殿前，再返回潦里。此后，前山各村猛将均抬至潦里，由潦里人抬着四处巡游，边走边晃，晃的幅度越大越好，甚至可以晃到平躺的角度而不掉下来，称为"逛会"。

这些仪式过程表明，张师殿（或东岳庙）是东山北部最古老的"正统化神明"，是镇压东北部湖嘴的重要庙宇。在猛将堂系统形成后，沿湖的猛将堂如潦里阿四、席家湖阿六，可能形成了对东岳庙的从属关系，背后则是濒湖人群与山麓人群之间对立与从属的变化过程。"逛会"虽然显示了潦里地区对前山山麓村落的从属，但又在仪式过程中体现了前者对后者的不满和嘲弄。

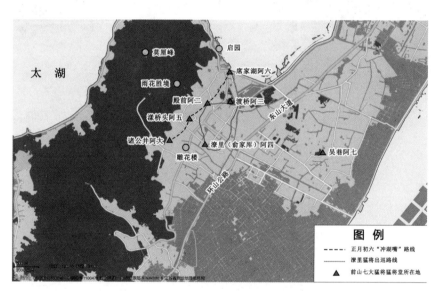

图 2-4　正月初六"冲湖嘴"和潦里猛将出巡路线
图片来源：苏娴绘。

初八、初九的仪式活动也凸显了前山、街上各村与潦里之间的张力。初八的活动主要是夜晚出灯，各村队伍打起灯笼，鱼贯而出，依然是经渡桥到殿前附近的殿泾港，称为"燎燔"或"潦反"，纪念潦里曾经反抗官府的事件。清代东山巡检司署在渡桥东南与武山交界的地方，太湖营千总署在渡桥湖亭西，参将署在高（茭）田，副将署在渡桥北，都是游神路线经过（或左近）的地方，所以这些活动颇有示威的含义。初九的活动称"抢会"，据说从初一开始就由锡嘉桥猛将堂的会首出面统计参与的村落，因为据说他们是"十旗"之首。该天的活动是前山各村在塘子岭上抬猛将向山下冲，先达终点者为优胜，先导的黄旗仍是潦里的。据回忆，在1946年举行的这个仪式中，翁巷的彩带菩萨与剪刀湾的阿四（潦里阿四）两队竞争，后者将前者撞翻而获胜。我认为，这些活动和历史记忆都是晚清时期潦里一带地区聚落增多，势力发展，为了确定和扩大其在地的权利而做出的"发明"。

包括这两个社会 - 文化空间在内的前山各村（街）猛将堂，大多为刘府中天王，与被称为刘府上天王的后山各村猛将堂形成明确的区分。在这里，地理空间、社会 - 文化空间及其历史过程之间的界限是

图2-5 潦里港东村猛将堂

完全重合的。只有前山七大猛将中的吴巷阿七与其他六位相距较远，仪式活动也相对分离，猛将堂的名称为吉祥王行宫，原因是这里属于武山，明代时还是与东山分隔的岛屿，这里有确定的记载，证明在南宋便有聚落，所以采用了明代或更早的刘猛将封号，以显示自己的古老传统。

关于刘猛将"上天王""中天王"的名号，不少人都称其来自清代皇帝的赐封，但实在是无案可稽。"中天王"的名号在清代中期应该就有了，包世臣曾记："莘塔小镇吴江乡乡民酿赛中天王，初春祈年，仿昔

古请神出巡驱疠殃。神本宜兴宋刘令（刘宰，南宋为宜兴令，今俗称为猛将）。"根据他的说法，"吴俗尚鬼，居民欲尊其土神，以为观美，醵金馈张真人，承制降玉敕，无不封侯王者"。① 就是说，这个封号可能是地方上的人从龙虎山或苏州的天师府那里买来的。至于"上天王"，文献无征，只在民间流传，但这并不一定意味着一定比"中天王"晚出，可能只是有没有钱去请张真人敕封的问题。我猜测，东山前山猛将多称中天王，是因为这里是相对后起的聚落，采用了一个具有权威性来历的称号，以与后山更古老的聚落相区别。

后山的七位大猛将分别是沙岭猛将、杨湾猛将、屯湾猛将、南望猛将、长圻猛将、槎湾猛将和湖沙猛将，相对集中于杨湾附近。这些村落大多在明代就已形成，应该是东山较早的一批定居居民。

沙岭猛将堂位于王鏊家族最初定居的陆巷山上，见于乾隆《太湖备考》，是除了明代方志记载的显灵庙和灵佑庙之外，文献记载的最早的猛将堂，故在后山七大猛将中被尊为老大。庙内门侧墙上有清嘉庆三年的碑，是目前所见东山猛将堂最早（也是极少见）的碑刻。

此外还有一块道光三十年太湖理民府的告示碑。该告示碑的内容是，衙门吏役称东山人婚丧时贺吊诈取钱财，一些无业游民在衙门外帮差，称为"跑腿"，一些近村无赖称"脚党抽"或"大会抽"，均借机敛钱，特出示严禁。该碑与猛将堂本身没有直接关系。

嘉庆三年碑虽然遭到人为破坏，文字多漫漶不清，但仍能看出是重修庙碑。文末署"嘉庆三年秋八月日全里公立"，在"入钱总数"下开列"各湾捐共三百廿五千八百六十三，各湾开光米作折钱共十一千八百

---

① 包世臣：《小倦游阁集》卷二一《别集二》，清小倦游阁抄本，页码不详。

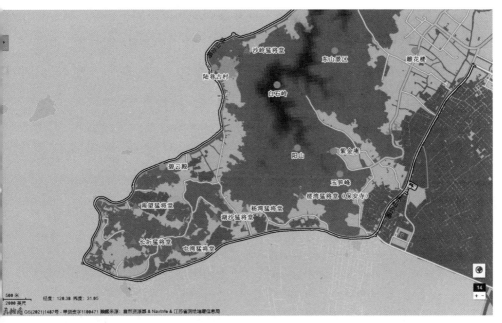

图 2-6 后山七位大猛将的猛将堂位置
图片来源：苏娴绘。

廿九，街提共十三千二百三十一……桑行提共八千八百五……"，都说
明这个庙可能是里社。"各湾"应指本里所属蒋湾、张湾、澄湾、屯湾
和上、下杨湾等村落，当时应属二十八都；所谓"街提"可能是指从本
里各村在杨湾街上或前山街上开设的店铺中提取，"桑行提"则是从本里
从事蚕桑业的行会公产中提取。因此沙岭猛将堂是一个很重要的庙，所
谓后山七位大猛将实际上是一个以它为首的区域性仪式联盟。

该碑碑额似有"沙岭"二字，以下数字难以辨识。文中有"考昔
信人周熙等……至康熙五十五年杨世茂等……神像。越十余载，至乾
隆四十五年，杨祥□一力开光。至五十五年，全里信人陆礼沧、叶祥
祺……庙貌，迄今又合增修，是以……重塑金身，虔奉銮舆、旗伞，

启建暖阁"。由此可知，该庙至晚在康熙五十五年即已存在，到乾隆四十五年时又经重修，至嘉庆三年再增修。碑后捐款题名者很多，但不是按照村落（如各湾），而是按照姓氏或族支、户名排列，如徐长发，二百文，后面便书名而不书姓，如庆光，二百文，庆凝，七十文……又如俞士成，七百文，后接士口，××文，荣成，××文，等等。但在一些姓氏的序列排名中间，也会夹杂着贻芝堂、四遂堂这样的房支堂号。我猜测，分散在各个聚落中居住的姓氏之间存在密切的联系——一方面，他们可能是最早的定居者开枝散叶出去的；另一方面，本来分散居住且没有血缘关系的人群，可能为了某种目的，通过某种方式，整合成了一个同姓的群体，详见后论。

今天后山猛将的巡游路线不一定还能依循历史上的传统，基本上是在附近巡游。如沙岭猛将主要在陆巷、白沙、尚锦三村，杨湾猛将在槎湾、湖沙、上湾，长圻猛将在长圻与杨湾之间，槎湾猛将主要在槎湾和金湾。但在过去，自初九到十二日，后山七位大猛将会巡游到前山，与前山七位大猛将相会，称为"漫山转"。在民国时，由长圻领头，到沙岭集中，向北经白沙，再折向东，跨平岭、天井湾，在新庙与前山七猛将会合，再向东北至殿泾港、严家坟，向南折返至潦里，最后返回。我判断，这种全境的整合性游神活动是比较晚近，即不早于晚清时期才出现的，因为清代中叶以后，东山的人群和聚落变得更为复杂多元。

蓊山寺的故事

除了正月以外，另一次全境范围的猛将巡游是六月二十四的蓊山寺猛将会，今天叫"荮山荷花节"。此项活动不知从何时起，民国《乡志类稿》记，"二十四日雷祖诞，进香于荮山庙，并抬刘猛将前往，登舟赏荷"。①

图 2-7 荮山寺正殿

荮山又称龙头山，现在双湾村（槎湾、金湾）区域内，在东大圩出现之前，这里就是莫厘峰下临太湖的山麓高地。现在山上为荮山禅寺，殿内有一"圆通宝殿"匾置于地上。左近小山上有一蛇王殿，供奉蛇王菩萨。在明代中叶，这里应为北极行宫，更早应是拜伍子胥的土地庙。据明万历十三年碑记：

> 洞庭之东，莫厘之南，崎峰叠嶂，□□□至日重□□者，居民□密，鸡犬相闻，诚厚□□□。之前一峰，灵峙于太湖之滨，而名

---

① 民国《乡志类稿·风俗类六·岁时》，《中国地方志集成·乡镇志专辑8》，第182页。

为葑山，不知何所称也。相传春秋时吴相国子胥曾驻于此，虽不可稽，而胜迹犹有存□，□□称为胥扶土地，有自来矣。旧有□□土谷神祠，而其殿宇经年岁之久，颓垣败壁，坏檐疏牖，不蔽风日，莫有能葺之者。

嘉靖三十四年，为防御倭寇，建立乡兵，里人殷训为团长，巡警操练，"玄帝仁威胥扶英爽，每每显圣，故倭夷望风退避"。吴县知县就打算建一座北极行宫，并重修土谷神祠于其右，但未能成功。到嘉靖四十三年，有位浙西道士郑一诚云游至此，发愿修造，里人韩储捐出原来土谷神祠前的土地作为基址，潘巽、周钦、许廷璧等捐资，共集银200两，很快落成。又建造了龙头殿亭于山之岩，"仿效武夷佳景"。昆山人周汝砺专门指出："实非淫祠，正禋祀也，故书而刻之。"① 说明他心里本来是有些打鼓的。

所以，葑山寺最早应该是拜伍子胥（浮尸）的土地祠，功能类似于水口社。关于浮尸，在沿海、沿江、沿湖地区是很常见的，因其为非正常死亡，无论是水上人还是濒水居民，都视其为不祥之物，至今在江南许多地方，"浮尸"都是一句骂人话。于是，他们往往被塑造为神灵，人们祈求其不要作祟。后文还会提到，刘猛将实际上也是一个"小浮尸"。后来借口平倭，另一些人（殷、韩、潘并非明代东山著姓）出面另建了一座真武庙（北极行宫），以显示正统，虽然没有材料显示这背后的细节，但看起来很像明代正统时广东佛山北帝庙的故事。到康熙时的《具区志》，记载葑山庙为真武行宫，仍记"旁有伍大夫祠"，说明清代前期拜伍子胥的土地庙（社）还是在的。到清光绪时，有里人薛寿海及子薛

---

① 周汝砺：《葑山北极行宫碑记》，李根源：《洞庭山金石》卷二，第30页上~32页上。

松年重塑庙中神将塑像，有《重塑葑山寺神将记》，未见碑文，但庙名已称葑山寺。李根源著录时，仍说碑在葑山北极行宫，[1]不能确定那时是否已改佛寺。

今天的蛇王殿应即最初山岩中的龙头殿亭。我猜测，后世之所以拜蛇王，一是因北极行宫已不在，就将真武大帝称为蛇王；二是因蛇是水上人的神。在两广地区的西江流域，有许多拜蛇的三界庙，也有类似的拜龙母的庙，都与疍民或水上人有关。我不很确定在太湖流域是否也存在过拜蛇的水上人信仰，关于真武和龟蛇关系的说法也很多，但在这里拜蛇王，而且六月二十四会期时人们乘船抬猛将到这里，蛇王庙的香火比旁边的葑山寺还旺，绝不是无缘无故的。

但是，这与六月二十四雷祖诞，特别是与刘猛将有什么关系呢？

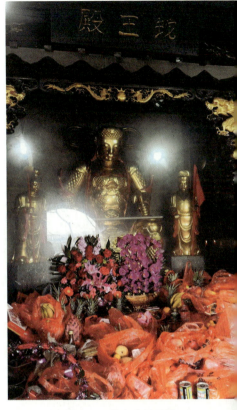

图2-8 葑山寺蛇王殿

雷祖诞在太湖流域曾是一个很重要的节日，但在今天的东山，它并不在每年的神诞日安排中，有可能与此地曾有道观北极行宫有关，与刘猛将似乎没有关联。六月二十四这个日期，的确处在东山荷花绽放的季节，民众固然有赏荷的闲情，但与刘猛将也不相干。我曾将此疑问询问在蛇王殿收香钱的妇女，她们的回答是，这里（金湾）是猛将的外婆

---

① 李根源：《洞庭山金石》卷二，第38页下。

家。在江南的口述传统中，刘猛将因为受到后母的虐待，回到了亲生母亲的娘家，并在这里成神。所以"外婆家"不仅很重要，而且是正面的象征。

刘永华、巫能昌等复旦大学历史学系师生曾对"外婆家"的说法做过调查，除了上述金湾的"外婆家"以外，原属武山的西径山也有这个"外婆家"的说法，正月初也有一些村落会抬猛将前往。据他们的调查，金湾那个"外婆家"是较为"传统的"，意思应该是更古老的，言外之意是西径山这个是相对后起的；前者是大猛将去的，后者是小猛将去的。① 西径山今为西泾行政村，位置就在前述"冲湖嘴"那个位置，本属武山，以前对岸的渡桥和潦里是武山和东山的过渡地带。以我的看法，这两个地区在清代猛将庙日益普遍的时候，逐渐形成有所不同的地域人群，从而有了新的"外婆家"，但我不认为这是指抬猛将前往的各村的"外婆家"，而是指相对松江府骆驼墩的刘猛将父亲家而言的"外婆家"。

因此，不仅是六月二十四，即使在正月初三，也有不少猛将被抬往莳山，比如前山山麓的王家泾猛将，渡桥的锡嘉桥猛将，潦里的港东、港西、上横头猛将，东茭田、西茭田猛将，俞坞下村猛将，槎湾猛将等，而在金湾卜街（卜家下）的猛将则不出会，在家中接待各村的猛将。不同的是，六月二十四潦里、高（茭）田各村猛将前往莳山，是乘船沿水路前往。虽然近年来由于聚落扩展，许多村已不靠近港边，中间的巷子又极为狭窄，猛将神轿无法通过，只好走陆路前往莳山，但走水路还是一个传统，呈现出的是明清时期沿山麓近湖的潦里、高（茭）田

① 感谢刘永华教授于 2021 年 6 月示我《苏州市东山镇田野调查报告集》，使我可以弥补一些田野调查的不足。

一带与后山沿湖村落之间的水路关系。也就是说，在明清大部分时间里，大体上可以从潦里沿湖到达金湾；而20世纪以后，必须从一条条东西向的港（河）进入南北向的白浮门（河），南行抵蓊山寺。

图2-9　农历六月二十四清晨蓊山寺前的猛将会

所以，我倾向于假设这个"外婆家"是水上人意识中的拟亲属关系，否则松江府青浦县的刘猛将以东山金湾为外婆家，这样的空间关系在定居的岸上人的观念中是不好理解的。或者说，殿前东岳庙是前山的一个面对北部湖嘴的镇水之庙，蓊山真武庙是后山的一个面对东南部湖湾的镇水之庙，高（茭）田、潦里一带后上岸的水上人通过仪式活动，分别与前山和后山更早定居的居民发生互动联系。此后，西径山作为东北部湖湾的湖嘴，也需要镇水仪式（冲湖嘴），"外婆家"的创造则是武山和渡桥、潦里一带后起聚落内部整合的结果。

我们还能看到今天的某个村落的猛将堂游神路线，并试图由此了解历史上的村际和人际联系。如潦里上横村猛将堂2019年出会安排（贴在旗杆的木牌上）：

初一上午，猛将堂门前升旗杆。

初二下午，小会，到西径山。

初三，大会、小会到金湾外婆家以及龙头山，六点准时出发。

初六上午，大会，席家湖冲湖嘴。

再如潦里猛将堂门外张贴的《潦里港西村大小陪〔菩〕萨年初三金湾外婆家收红包农户明细清单》（名略）：

表2-1　潦里港西村大小陪〔菩〕萨年初三金湾外婆家收红包农户明细清单

单位：元

村、组别	姓名	金额	村、组别	姓名	金额
金湾	外婆家	200	潦里2组	俞某某	200
金湾	宋某某	60	潦里3组	许某某	300
金湾	朱某某	100	潦里3组	金某某	200
金湾	楼板路	100	潦里4组	朱某	300
金湾	水门头	100	潦里4组	朱某某	300
卜家	观音堂	200	潦里4组	张某某	60
王家泾	沈某某	200	潦里5组	陈某某	200
俞家库	俞某某	200	潦里5组	朱某某	200
万荣4组	潘某某	300	潦里7组	陈某某	600
潦里1组	宋某某	100	潦里8组	朱某某	300
潦里2组	朱某某	300	潦里9组	郑某某	100
潦里2组	朱某某	600	潦里16组	杨某某	100
潦里2组	王某某	600		共25户	5920

　　上横村的小会就是自己这个自然村的猛将堂巡游。西径山在渡桥和武山的交界，是潦里这一带的村落最北的边界，因此这个活动就是潦里、高（茭）田、渡桥到西径山若干自然村小区域间内部的互动。大会就是和这个小区域的其他自然村一起去金湾外婆家和龙头山。

　　对2019年的这份红包清单要做更深入的分析。根据2003年编的《东山镇志》，潦里行政村分16个村民小组、7个自然村，应该是有的村较大，就分成一个以上的村民小组。如果我们不进行历史的考察，就会奇怪这些不同地方的人，为什么会为初三猛将去金湾外婆家出红包。潦里的人这样做好理解，但其他村，特别是金湾的人也要出，就不好理解了。在这些村中，潦里七村就不用说了，王家泾行政村虽然地跨紫金路，但到20世纪90年代，荒荡和芦荡还有3600多亩，洼田和水面有1300多亩，高田只有110亩。俞家厍行政村是因清嘉庆年间有俞姓夫妇开始在这里养鱼而得名，在90年代大部分是养鱼的水面。万荣怀疑是光荣行政村之误，即原渡桥大队，全部是20世纪70年代才上岸的渔民。卜家、水门头都是当时金湾行政村下的自然村，现在来看位于山麓，但以前也在湖滨，水门头就是湖滩向外面延伸淤积成陆而形成的，还有叫鱼池村的。全部鱼塘水面和洼地占金湾面积的一半。所以，我认为这些凑红包的人户是以潦里的人户为主，再加上沿途及金湾各村中的前渔民和水上养殖者。

　　在葑山寺中的一个庭院里，还保留着晚清的两块关于明清之际官员路振飞的碑刻（与刘猛将没有什么直接关系）。路振飞，北直隶广平曲周人，天启进士，崇祯间任四川道御史，后任福建巡抚，以郑芝龙、黄斌卿击败刘香。再任苏松巡按、漕运总督兼凤阳巡抚，明亡后流寓苏州。清兵下江南后，退居洞庭山，寻被唐王招入福建，任隆武政权吏、兵二部尚书兼大学士。隆武政权灭亡后，退入广州，病死于顺德。

据说"斯时湖中多盗，相传公教山中人以迎神习武事，为防御计，山人赖之"；[①]或说"公侨居东山时，尝因赛社，借乡人结舟师，以御溃兵，时得安谧，相戒无犯"。[②]不知道明末东山的迎神赛社是否已包括抬猛将，但路振飞的建议显然与水上人有关，利用渔船武装自保，相信这是与他在福建对郑芝龙、刘香等"海盗"的情况有所了解分不开的。清道光间当地士绅在莳山建路文贞公祠，后还有文人讨论路振飞在东山究竟是绝嗣还是有后代，则应是另外的故事。

东山猛将溯源

钩稽文献，民间以"猛将"为名的神为数不少，且出现的时间早于明代。如元延祐《四明志》中就记载鄞县有"猛将庙"，这当然不是刘猛将的庙，该猛将的故事是这样的：

> 猛将庙，县东二里。神姓李名显忠，高宗避难，神扈驾防，送御舟出海，祥飙送帆，赐爵猛将，重节武功大夫。水旱疫疠，蕃船海舶有祷辄应。拨官地一片兴建祠宇。[③]

① 王鋆：《重修莳山路文贞公祠记》（道光十七年），李根源：《洞庭山金石》卷二，第47页上。
② 杨象济：《重修路文贞公祠墓记》（同治七年），李根源：《洞庭山金石》卷二，第53页下。
③ 延祐《四明志》卷一五《祠祀考》，清刻宋元四明六志本，第17页上。

这位猛将姓李，其起源与南宋初的史事相联系，这一特点在江南地区非常普遍。从其神迹来看，应该也是个类似妈祖的水上人的神，但应该是在受封赐之后也管到了"水旱疫疠"，这其实是江南许多神灵故事变化的一个基本模式。

到明代地方文献中，关于刘猛将的记录开始出现，如：

> 宋刘猛将庙，在马陆村。元至正十一年里人陆纯杰建，祀宋将刘锐，即锜弟也。①

按此记录，我们所说的刘猛将庙在元代的嘉定也出现了，当然，故事也与南宋初抗金的史事相联系。但刘锐生平不详，他与刘锜之间的关系应该是在民间建构出来的。所以后世为了把刘猛将的正统性坐实，干脆就说他是刘锜。

明代文献中甚至把刘猛将的神灵祭祀系于更早的宋代。我们仅举崇祯《吴县志》中的几段材料为例：

> 元日，通玄寺多士庶礼观音大士，三日竞游开元寺，十三日诣吉祥庵，谒扬威侯，俗呼刘猛将。燃巨烛如杯棬，至半月始灭。……七月初，田夫耕耘甫毕，各酿钱祀猛将，曰烧青苗，横塘、木渎等处尤盛。②

---

① 万历《嘉定县志》卷一八《杂记考下·祠庙》，明万历刻本，第19页上。

② 崇祯《吴县志》卷一〇《风俗》，第3页上下。

这里尚未提及刘猛将的历史渊源，但说到刘猛将的正式名称叫扬威侯，民间于正月和七月举行祭祀活动，是定居农业人群的习俗。因此，学术界多认为刘猛将是岸上农耕人群的神，30 年前我本人也将其理解为与农事活动密切相关的驱蝗神。

崇祯《吴县志》记载说：

> 猛将庙在中街路仁风坊之北，宋景定间因瓦塔而创。神姓刘，名锐，或云即宋名将刘锜弟，尝为先锋，陷敌保土者也。初封扬威侯，加封吉祥王，故庙亦名吉祥庵。相传其神能驱蝗，吴人事之甚严，累著灵异。入本朝，家户户祝，香火愈盛，庙遇圮〔圮〕即葺。崇祯十一、十二年，巡抚都御史张国维，十三、十四年巡抚都御史黄希宪、知县牛若麟为民诣祷，崇神禋祀。[1]

仔细阅读这段材料。首先，我们知道在明末的时候吴县县城里有个猛将庙，南宋理宗景定年间开始有了这座庙，是因为这里有一座瓦塔，但当时是不是猛将庙，并不确定。其次，刘猛将被封为扬威侯和吉祥王，似乎是南宋敕封的，但我们找不到南宋敕封的直接证据。再次，至晚在明末，刘猛将已经被民间和地方官府视为驱蝗神，这一点是确定无疑的。明末吴县知县牛若麟作《驱蝗告庙文》，其中说："前朝景定间，皂虫祸宋，曾凭法力驱除，今上庚辰岁，螟螣戕吴，旋仗英灵殄灭，流毒复萌于今夏，荡氛倍急于当年。电扫为期，奚啻旌旗奏凯；雨施是赖，庶几云汉寝谣。"此神在南宋景定间曾有驱蝗的神迹，在明末已经

---

[1] 崇祯《吴县志》卷二一《祠庙下》，第 14 页下~15 页上。

广为流传，但是否得到过朝廷的封赐，仍不明确。最后一点是很有意思的，材料中说刘锐"尝为先锋"，在现在江南许多地方的猛将庙中，往往有几尊"先锋"的塑像，他们是真实存在的渔民的香社头目，配享于猛将神像之旁。

图 2-10　沙岭猛将堂旁的城隍庙衙役神像
说明：都有当代村民的具体姓名，应该也类似于"先锋"。

刘猛将为宋朝敕封的说法也得到明代著名文人王稚登的认可。他在给万历年间横塘修建的猛将庙所写的《重建扬威侯庙疏》中说："侯号扬威，神称猛将，乃刘鄅王之爱弟，为赵宋氏之荩臣……三吴黎庶，疾疫祷之尽除；四野民氓，旱蝗祝之无害。"但他接下来又说："乃有横塘吉壤，蒋氏名宗，向为英爽所凭。顷者奇征屡见，毁像者刳肠立死，慢神者自缚祈哀，鸡犬由此不鸣，儿童莫之敢指。"① 从这种描述来看，刘猛将不仅是个驱蝗神，也能镇压传染病，而且在民间传说中有强烈的报复

① 崇祯《吴县志》卷二一《祠庙下》，第 14 页上~17 页下。在王稚登的《王百谷集》中，这篇文字叫《建造扬威侯庙疏》（而不是"重建"），可能横塘猛将庙就是晚明时期始建的。

心，这种特点很像由厉鬼转化的神灵。其后来逐渐成为社神，如王稚登所说："祈风祈雨，何妨伏腊走村。"

在这种氛围下，吴县的刘猛将在明代得到崇祀，但究竟有多普遍，还不很确定。在东山：

> 其在东洞庭之杨湾曰显灵庙，祠五显灵官及刘猛将。栋宇甚壮丽，不知始于何时。元时有王烂钞者重建，内殿尤坚致，其妻建也。内有花光楼，元末长兴耿元帅撤去为府。
>
> 莫厘峰之东麓曰灵佑庙，祀玄帝及刘猛将。猛将宋赐封扬威侯，或云即宋名将刘锜弟锐，尝为先锋，陷敌保土者也。①

东山这两个有刘猛将的庙都不知是何时出现的。杨湾的这个今天已经看不到了，变成了祭祀黄帝的轩辕宫，据说房屋是元代修过的。花光楼疑应为华光楼，因为五显神转变为华光大帝的例子是很多的。无论如何元末这个庙已经被改造了，五显和刘猛将可能是明代恢复为庙之后再放进去的。灵佑庙的原址，据今人说，就是在诸公井猛将（大猛将）替身所在的那个金鸡岭猛将堂的地方（新庙）。

尽管明代的文人言之凿凿，但我们尚未在宋代的文献中找到关于刘猛将的记载。即便在明代，刘猛将系何人也有不同说法："吴人又祀刘猛将，云是刘顺昌弟，而民间祀本称刘为青龙镇人，困于后母，乘潮溺死，故披发不冠，君子惟图经自据。"② 所以在明代，民间的说法也是讲

---

① 蔡昇辑，王鏊修《震泽编》卷四《寺观庵庙》，第45页。

② 宋林澄：《九钥集·瞻途纪闻》，"新城"条，《续修四库全书》第1373册，上海古籍出版社，2002，第693页上栏。青龙镇，在今上海青浦东北，是宋元时期海外贸易的重要港口。

刘猛将是一个淹死的本地人，而系于刘锐并被宋朝封赐的，则应是文人此后附庸正统的说法。对此，当时的人恐怕也心存疑惑，明末著名文人杨龙友跑去东山游玩，陪同他的朋友"别仲远升伯过龙庙，问刘猛将碑碣，无有存者"。[1] 这说明刘猛将在明代只是个在民间较有影响却并未得到礼制和多数士大夫认可的神。

王稚登是长洲本地人，也是个很有意思的人，曾自号广长庵主，又号松坛道人，可见他在信仰方面是比较多元的。他一方面在为横塘猛将庙写的疏文中为民间信仰辩护——"事与河伯娶妇者异，西门豹安得投巫；义如伯有为厉者均，公孙侨尚须崇祀"；另一方面又在为吉祥庵修建佛阁写的疏文中抱怨"民多尚鬼，俗不重僧"。他说：

> 吉祥庵在金昌路之中街，乃宝幢寺之下院，绍兴之世名将刘锜弟庙食于斯。弘治之朝，高僧善权师诗名尚在，祝京兆文如游戏，杂里中巫觋之词；文太史画特萧疏，有物外烟霞之气。民多尚鬼，俗不重僧，无人更道。吉祥庵，概地皆称猛将庙，漫置金身于后殿，佛火常寒。虽云黄叶，自前朝祇林渐废，乃有碧海上人者，法腊无多，宗风大振，乞疏而募檀越建阁，以奉如来。既少神通，安得毗卢现出；必求善信，同将阿堵捐来。[2]

王稚登说，这个吉祥庵本来是佛寺，但又有刘锜弟弟的神像或神主。这种情况本来并不奇怪，因为以佛寺为家庙者自宋以来屡见不鲜。但王稚

---

① 杨文聪：《游东洞庭山记》，载郑元勋辑《媚幽阁文娱二集》卷三，《四库禁毁书丛刊·集部》第 172 册，北京出版社，2000，第 353 页上栏。

② 王稚登：《吉祥庵建佛阁疏》，《法因集》卷一，第 21 页上下，《王百谷集十九种》。

登说，明代中叶的文化界是比较随便的，经常不太守规矩。所以大家只知道这里叫猛将庙，佛教那里香火是不旺的。这时有位和尚碧海上人，虽然做比丘时间不长，但还是大力振兴佛教，希望建一座佛阁，求王稚登这个名士写一篇广告，号召大家捐款。王稚登也照办，大概是两边拿钱，各说好话。从语气来看，他是把刘猛将之类视为巫鬼的。

在江南的历史上，不断经历某些神灵被地方化或"淫祀化"，或地方土神被士大夫正统化和合法化的过程。崇祯《吴县志》所收《潘凯重修至德庙记》说：

> 淳祐壬子春，凯司臬于吴，诘暴审刑，罔敢怠弛。既又惧民之不见德也，领事三阅月，载以礼款泰伯祠。顾瞻徘徊，屋老苔荒，喟然叹曰：至德者，百世祀，吏奉弗虔，何以存古？已而，趋两庑下，土妖木魅，诡形罔象，筮以徭厉，污以佞愿，编氓苟福祸，膜拜乞灵，滋磨剑好勇之习，仍断发文身之讹，端委雍容之气象，孰识之俗？俗不美，刑不清，良有以。夫退，惕然弗宁，巫戒其属曰：崇明祀，礼也；黜非鬼，义也。某日度材，某日鸠工，某日撤祠之非类者，乃攻乃茸，乃像仲雍、季札，侑泰伯祀。越月告成，率僚吏三献焉。乌乎！世浇俗衰，马蚕猫虎之灵，往往严事之；魑琐奸回，尸而祀者，肩相摩也，岂复知礼乐神之奥哉！①

南宋时，潘凯来到苏州做负责司法的官员，发现被尊为吴人始祖的泰伯的祠庙一片荒芜，庙的廊庑里充斥着"土妖木魅"，十分不满，立刻加

---

① 崇祯《吴县志》卷一九《坛庙》，第6页下~7页下。

以整顿。其实这些神灵才是老百姓喜闻乐见的土神，只是与士大夫的观念不符，被认为不合礼制。我倾向于认为，吴泰伯和晋祠中的唐叔虞一样，有可能曾经作为社神存在，就像顾颉刚曾经论证过的大禹一样，他们的庙也即社庙，只不过诸侯之社被后世王朝逐渐取缔，这些人也被儒家学者改造为上古圣贤。

我们都很熟悉清朝康熙年间汤斌在江南毁淫祠的故事，也有不少学者研究过。[①] 汤斌在他的奏疏中说："苏松淫祠有五通、五显，及刘猛将、五方贤圣诸名号，皆荒诞不经，而民间家祀户祝，饮食必祭。妖邪巫觋，创为荒诞之说，愚夫愚妇，为其所惑，牢不可破。苏州府城西十里有楞伽山，俗名上方山，为五通所据几数百年，远近之人奔走如骛〔鹜〕。"[②] 可见，在汤斌看来，刘猛将是和五通神同样的淫祀。此后不久，江苏巡抚宋荦继续采取行动，康熙三十二年"十月，禁祀刘猛将，毁上方山五通神母像"。[③] 可见他的看法与其河南老乡汤斌一致。唯一不一样的是这些神此后的命运，因为过了 30 年，刘猛将的身份便洗白了，成为朝廷敕封的正统神祇，而曾经的难兄难弟五通神还不幸继续"黑"着。

上方山的五通与猛将

在今天的上方山，五通神依然存在。

---

① 如蒋竹山《汤斌禁毁五通神——清初政治精英打击通俗文化的个案》，（台湾）《新史学》第 6 卷第 2 期，1995 年；王健《明清江南毁淫祠研究——以苏松地区为中心》，《社会科学》2007 年第 1 期；等等。

② 同治《苏州府志》卷四〇《寺观二》，清光绪九年刊本，第 10 页下~11 页下。

③ 宋荦：《漫堂年谱》不分卷，清宋氏温堂抄本，第 62 页下。

上方山、穹窿山在明代都离太湖不远，一直到清代，它们也都是太湖渔民前往进香的所在。"姑苏石湖相传为范成大别墅，岁逢八月十八日，吴人皆买舟游湖，谓之串月。先于十七日夜，渔舟数百号及俗称师娘者鳞集水次，至上方山进香。"①明代文人周复俊还记载了一个故事：

> 吴郡五显祠在上方山巅，有流云亭，面太湖，澄波万顷。灵石、天平诸峰环拱左右，形胜奇绝，香火之盛，甲于诸刹。毋论阴晴雨雪，而箫鼓喧阗，牲醴稠叠，踵相接也。神时著灵爽，祸福立应。渔人每夜望见灯火满山，绎络弗绝。庙祝亦时闻车马杂沓，庭中列炬如白昼，迨晓方息。治平寺僧云岫与师徒辈赴施主家脩斋，二更返棹，忽见巨舰从东来，呼声振地，火光接天，冠裳列坐，红粉环绕，歌儿舞女各呈其技。操舟者服饰诡异，状貌狰狞，举棹若飞，转盼旋失。云岫惊愕问师曰：此何舟也？师闭目摇手弗答。归寺复询之，则曰：五显宴归也。其灵现若此，然过镇江则寂若矣。②

这虽然不能证明五通神是个水上人的神，但说明这些民间香火极盛的神与太湖人群有着密切关系。

楞伽寺塔里面的塑像拜的据说是五通的妈妈，匾额写的是"通灵护国太夫人"，匾下贴的纸上写着十位女神的名号，其中就有"上方山太娘"，这就是前面说的宋荦所毁的"五通神母"。传抄的《太姆宝卷》也

---

①　百一居士：《壶天录》卷上，清光绪申报馆丛书本，第13页上下。

②　周复俊：《泾林杂记》续记卷三，明刻本，第22页下~23页上。

图 2-11　上方山塔内塑像

图 2-12　上方山宝卷书影

是讲这位汤斌毁掉五通神之后出现的女神事迹的。五通神现在叫"五圣公"，有个殿里专门挂着一篇新写的《五圣公记》，大意是说，明末清初有五个邪僧假冒五圣之名，魅惑妇女，导致汤斌奏毁，败坏了五圣这五个结义兄弟的名声。因此现在上方山除了有五通神像外，还在另外的殿中专塑有五兄弟中的大哥和三位嫂嫂的像。

在上方山的另一座庙中，刘猛将也依然得到崇祀。猛将殿与五通神母的殿并列，这应该是来自传统的记忆。因为刘猛将自雍正封赐之后，已经成为正统的神，与五通神一系的淫祀应该分道扬镳。比如前面说的东山杨湾的显灵庙，明代就是五显和刘猛将在一起的，现在就见不到五显了。但是在上方山却依然捆绑在一起，说明民间还是把他们视为同类的。

所以以我的看法，尽管在明代一些人给刘猛将添加了一个抗金名将

图 2-13　上方山太姆殿、猛将殿

刘锜弟弟的身份，但民间是不认可的。清雍正之前，他都是和五通神一样的为正统所不容的"淫祀"。

其实，即使在清雍正年间朝廷把刘猛将纳入正祀之后，仍有固执的学者对官方的说法表示质疑。有个叫沈钦韩的吴县读书人，官只做到安徽宁国的儒学训导，但却非常较真，专门写了一篇《刘猛将考》。其文如下：

> 俗传刘猛将名锜，宋中兴四将之一。郡志云：锜从弟锐，为锜统制官，退老平江。旱蝗为灾，禳除有效，殁为神。《一统志》又云：刘成忠，元末指挥，殉节投河，民祀之。本朝雍正二年，敕建

于顺天府治，州县多有祠。《居易录》以为刘宰，其说纷纭。

统而论之，刘宰《宋史》有传，称其刚正恬退，屡征不起，以直秘阁，主管仙都观，致仕隐居三十年。按，宰贤者出身，文资不应，号为莽将，传之者妄也。明祀典已载刘猛将，《统志》谓雍正时始建祠，恐刘成忠之名类于亡。是公也，《统志》阶州名宦有刘锐，知文州，御蒙古，握节死，在理宗嘉熙元年。如非同名，不得为锜从弟矣。

锐，《宋史·忠义传》有其人，今灵岩山下丰盈庄有石刻，宋景定四年封猛将神，敕似可据矣。一寓目即知其谬，以《宋史》证之，锜以绍兴十年顺昌之捷授武泰军节度使，《九域志》：黔州黔中郡武泰军节度；《舆地广记》：蜀王氏升节度（按《唐书·方镇表》大顺元年赐号武泰，《一统志》：南渡绍定元年升为绍庆府），今酉阳州彭水县。考《宋志》武臣阶，官曰校尉，曰郎，曰大夫，由此升正任刺史，始落阶，官自团练使、防御使、观察使、承宣使至节度使而止，或加三少，从宰臣例。然建节之号终其身，自非勋高任重不轻授。中兴时如韩、岳、张俊、刘光世有宠，兼两镇、三镇者，如信叔则止一镇矣（《职官志》误以刘光世为刘锜）。史称十一年为宣抚判官，与上司张俊、杨沂中不合，罢判官，以武泰节度提举江州太平观。真宗创奉祠寄禄官以优士大夫，曰监，曰主管，曰提点，曰提举，最崇者曰某宫观使。锜虽间退，而节度使如故也，其知潭州，又加太尉（宋初为正一品，中兴后为正二品，其殿前侍卫三帅亦称太尉，非真官也）。石刻敕中无此官，其脱漏一也。石刻云：提举江州太平兴国定，定字不可读，盖宫字草书之误。《职官志》云：江州有太平观，曲端传正任荣州刺史，提举江州太平观，刘子羽亦再为之。《张浚传》以观文殿大学士提举江州太平兴国宫。《秦桧传》：桧致仕，其孙埙堪并提举江州太平兴国宫（《玉海》：江州庐山有大平兴国宫，建殿奉高皇本命）。此两祠禄并有，与史小异可耳。锜末年提举万寿观，卒离江州久矣，其舛谬者一也。史称绍兴三十一年金主亮南侵，以锜为江淮浙西制置使（《玉海》：刘锜，浙西淮南江东制置使，石刻又误浙西为西浙），以病求解兵柄。召诣阙，提举万寿观制置宣抚，犹诸中书枢密，一时任使有除有罢，非本身官品。凡制诰碑状，非卒于任者不系衔，而敕中举其已罢之职，其差误三也。锜卒后，赠开府仪同三司，此一品散官，饰终令典，当时最重敕中，不叙，其脱漏四也。然则是敕，乃元明间村学究取屏风儿点窜出之述刘锜略不及生前勋绩，决非凤阁舍人本色。

以理推之，锜大帅，位三公，吴璘目之曰信叔有雅量，无英概。殁而神灵，如韩、岳之祠可矣，不当有天曹猛将之浊号也。今之塑像，状如婴儿，与其卒年六十六谬。古今祀典为村巫所汩乱多矣，不独一字王之额、豁口大王之像，为人嗤笑也。郡志作刘锐，应有所据，插架无说部书可证，姑举是敕之妄而折之，以示学者。[1]

作者举出关于刘猛将原型的四种说法，其中关于刘宰和刘承忠的说法被他轻松带过，似乎不值一驳。他重点讨论的是刘锜及其堂弟刘锐的说法，原因是在苏州灵岩山下有一块元明之际的碑刻，上面刻着南宋

---

[1]　沈钦韩：《刘猛将考》，《幼学堂文稿》卷五，清嘉庆十八年刻，道光八年增修，第39页下~41页下。

景定四年刘猛将的敕书，这看起来是明代以来所有关于刘猛将列入朝廷正祀的说法的源头。他说这个石刻一看就是假的，并从官制史和敕文规矩的角度举出四处敕书的错误，以为佐证。特别重要的是，他的说法证明，至少在他生活的清代中叶，刘猛将就是一个小儿的形象，与今天所见完全一致。

作为社神的猛将

那么，刘猛将究竟是个什么神呢？或者说，通过这个神，我们看到的究竟是怎样的生活世界？

从明清时期的文人对猛将祭祀仪式的表面化描述来看，刘猛将似乎就是社神。

姚孔铖是张廷玉的女婿，雍正十一年进士，他有诗说：

> 筇笠影纷纷，桑阴人带醺。鸡豚报田祖，箫鼓媚将军刘猛将军为驱蝗之神，载在祀典。发瓮松醪遗，登盘社肉分。陈风慰宵旰，三殿奏南熏。[1]

在他看来，刘猛将虽然被朝廷敕封为驱蝗神，但在民间就相当于社神。

乾隆时人沈钦韩在有关刘猛将的诗中描述：

---

[1]　姚孔铖：《小安乐窝诗钞》卷七《田园秋兴》之二，《清代诗文集汇编》第301册，上海古籍出版社，2010，第661页下栏。

顺昌旗帜闪灵风，箫鼓千村报岁功。多恨金牌追汗马，枉抛玉帐镇沙虫。三衙高卧闲烽帅，一剑横磨走社公。我欲豚蹄效尸祝，纸田无用愧邻翁。

神鸦近社肥，远树挂斜晖。田鼓巫先醉，桥灯叟未归。月波凉夜屐，酒色上春衣。从此携锄出，比邻相见稀。①

沈钦韩是吴县本地人，这两首诗的诗题都是刘猛将，但都是把他视为社神的。"三衙高卧闲烽帅，一剑横磨走社公"，就是说刘锜无法在生前力行抗金大业，只好在死后替代社公。

顾禄是清嘉道间吴县人，他看到的情况似乎有所不同：

十三日，官府致祭刘猛将军之辰，游人骈集于吉祥庵。庵中燃铜烛二，大如杯棬，半月始灭，俗呼大蜡烛。相传神能驱蝗，天旱祷雨辄应，为福畎亩，故乡人酬答，尤为心愫。前后数日，各乡村民击牲献醴，抬象游街，以赛猛将之神，谓之待猛将。穹窿山一带农人，舁猛将奔走如飞，倾跌为乐，不为慢亵，名曰趫超猛将。

余尝作《神弦曲》云：扬旌旄，陈卤簿；焚旃檀，伐鼍鼓。三农竭脂膏，不惜脱布袴。但愿明神喜，生恐明神怒。借问此何神，尔农独畏怖。农云刘猛将，所司非细故。神怒蝗虫飞，神喜甘雨澍。斯神实有功，田祖同呵护。报赛亦人情，胡为乎中路。灾祥在一心，尔农宁不悟。②

---

① 沈钦韩：《幼学堂诗稿》卷一五《刘猛将祠》《步月观刘猛将会次兼山韵》，《续修四库全书》第 1499 册，第 98 页下栏。

② 顾禄：《清嘉录》卷一《祭猛将》，清道光刻本，第 20 页下 ~21 页上。

顾禄肯定是观察过这些仪式的，而且他还做过一些访谈。他问农民为什么这么害怕刘猛将，农民回答说，刘猛将管的事情非常重要，不高兴就会闹蝗灾，高兴了就会下雨。所以在农民看来，他并不是一个护国佑民的驱蝗神，因为蝗灾就是他得不到满足之后降下来的。在顾禄看来，就算刘猛将对农业有好处，但田祖或土地神也起了很大作用啊！《诗经·小雅·甫田》中说，"以我齐明，与我牺羊。以社以方，我田既臧。农夫之庆，琴瑟击鼓。以御田祖，以祈甘雨。以介我稷黍，以穀我士女"。① 从上古的传统来看，农业的丰收是要感谢田祖的，需要用血食来祭祀的社是需要敬畏的。

今人往往对江南地区林林总总、名称各异的村庙不明所以，或根据某种概念进行分类，实际上这些神灵信仰在古人的头脑中还是清晰的，特别是那些生活在乡村中的士绅，比我们今天的知识分子更能理解乡民的所思所想。

明末清初太仓人陈瑚说自己的家乡积善乡蔚洲村（今属昆山周市镇，与太仓双凤镇交界。昆山于明弘治间析出太仓州，雍正时析出新阳县）有个拜尉迟恭的尉迟土地庙，还有尉迟公潭。这个庙在南宋淳祐《玉峰志》卷下中就有记载，俗称景云大王庙，清初里人黄嘉彦等重建，请陈瑚写上梁文和碑记。陈瑚说："古者群聚而处，百人以上得立社，今天下之土地神庙是也。然社以祀山林、川泽、坟衍、丘陵、原隰之神，谓之地祇；庙以祀先代之有功德者，谓之人鬼。今土地庙有宣公、子胥、武侯、卫公之称，则合地祇、人鬼而一之，非古也。"他说各地的土地庙其实就是古代的社，只不过按照古制，社是用来祭祀地祇即地形

---

① 《诗经·小雅·甫田》，《毛诗》卷一四，四部丛刊影印宋本，第1页下~2页上。

地貌之神的，庙是用来祭祀人鬼（即人死后成神）的。现在土地庙祭祀诸葛亮、伍子胥、李靖等，是把祭地祇和祭人鬼混起来了，是后来的变化。无论这是不是后来的变化，陈瑚是看到了礼制规定的一套与民间实践的一套之间的差别的。

陈瑚说，时局变得很糟糕，修了庙之后是否也不会有什么改变呢？黄某回答："庙貌不肃，神有怨恫，春祈不福，秋报或吐。是谁之愆？"近年的战乱影响到周边的村落，却没有波及本村，不是神灵保佑的结果吗？所以要"风雨以时，祷禳必假；物无夭扎，民无疵疬；鹅湖柘影，扶醉归家"，这就是祭社的传统。陈瑚对此表示接受，但提出的条件是"庙成，与诸君子歌诗习礼，弹琴学道于其中，则请以此为古人之讲堂"。具体来说，就是"庙成，与野人燔黍捭豚，蒉桴土鼓，置社仓，行保甲，饮射读法于其中，则请以此为古人乡约所"。[①]一方面与乡民一起迎神赛社，另一方面将社庙用作扶危救困的社仓和士人进行教化的乡约所。我想，这可能就是地方知识精英接受民众将明初的社坛改造为社庙的重要因素。

蔚洲村这一带位于阳澄湖水乡，时有七十二潭的说法，陈瑚便自称"七十二潭渔父"。北宋郏亶描述这一带"其余若昆山之斜塘、大泗、黄渎、夷亭、高墟、巴城、雉城、武城、夔家、江家、柏家、鳗鲡诸瀼，及常熟之市宅、碧宅、五衢、练塘诸村，长洲之长荡、黄天荡之类，皆积水不耕之田也。水深不过五尺，浅者可二三尺，其间尚有古岸隐见水中，俗谓之老岸。或有古之民家、阶甃之遗址在焉。其地或以城，或以家，或以宅为名，尝求其契券以验，皆全税之地也。是古之良

---

① 陈瑚：《确庵文稿》卷一六《古文》，清康熙毛氏汲古阁刻本，第13页上下。

田，而今废之耳"。① 但到南宋时又陆续形成水乡聚落，尉迟土地庙的出现便是一个标志，而东山及周边各地的猛将庙，就是同一个历史过程的再现。

里社、土地与城隍

按明初礼制，每里设社坛和厉坛，其实就是试图将上古以来一直存在的民间祭社传统和各种拜鬼去厄的传统纳入国家的礼仪秩序中。前者从都城至府县都有社稷，后者则从都城至府县都有城隍，并以东岳庙等辅之，形成两套分别管理人们生与死的贯通国家和乡里的礼仪系统。东

图 2-14　东山俞坞三官堂

① 郏亶：《水利书》，张内蕴、周大韶：《三吴水考》卷八，清文渊阁四库全书本，第 9 页上下。

山的乡厉坛"向止里民致祭，乾隆十二年始官主其事"，①即本来只有民间祭厉的传统。后来东山为太湖厅专管，等于变成一个行政区划，这项礼仪才按照礼制被官府接管。

学者们看到，明初"画地为牢"的祖制开始松动后，随着与赋役直接相关的里甲制度的改变，祭社与祭厉的制度也逐渐瓦解，但是，这在相当程度上只是表面现象。尽管人口流动性增强，但聚落始终存在并不断增加，人们的生死问题依然存在，因此许多地方原有的呆板单一的礼仪制度变得多样性和多元化，即社和厉依然存在，只不过纷纷变身，成了另外一种名目。地方志中大量记载社坛、厉坛的废圮，但不经过田野调查，就不知道它们在日常生活中依然存在，仍然扮演类似的角色，只不过有的换了名字而已。简言之，它们只是从简单划一的国家体制中逃脱出来，或是回到了传统的民间自主的发展轨道，或是因应新的社会变化呈现出更为多样的形态。

民国时期的地方文献记录了东山保留的明嘉靖五年吴县知县杨叔器所立的里社乡约碑，说前后山共有四处，分别在金塔下、俞坞三元宫、下席和白沙。我曾前往上述各村寻找原碑，惜未见。俞坞三元宫已毁于"文革"，今为重建之三官堂，旧碑无存。②另有万历三十三年二十九都十五图的《里社申明亭碑记》，记录在卜家观音堂，此碑幸存。③这说明

---

① 乾隆《太湖备考》卷六《祠庙》，第7页下，《中国方志丛书》华中地方第40号，第432页。

② 今三官堂内有三尊神像，另有一重建碑记，其中说村民是在每年上元、中元和下元之时祈拜，说明这就是三元宫。

③ 洞庭东山旅沪同乡会卅周纪念委员会编《乡志类稿·艺文类九·金石》，洞庭东山旅沪同乡会1944年印行，第371、373页，民国时期文献保护中心、中国社会科学院近代史研究所编《民国文献类编续编》第35册，国家图书馆出版社，2018，第69、71页。

在明代中后期，礼制规定的里社在东山依然存在。

　　非常幸运的是，在海拔较高的长圻西巷村有个最近重建的庙，看起来像猛将堂，在文献中又称骑龙殿。在今天庙外的说明牌上记述了一个有趣的故事。南宋时有许多东山人在建康（今南京）做生意，过年时因交通不便无法回家，有个叫许骑龙的人用稻草编了一条龙，说是可以把大家送回家，只有一个叫憨二的人相信，最后果然被送回东山的一座小山上。后来憨二经商致富，便在这里建庙，起名骑龙殿。这个故事的寓意，是说东山商人（水上人）本来是四海为家、漂泊不定的离散人群，后来

图 2-15　西巷骑龙殿

逐渐定居，而建立社庙，就是新定居者的礼仪标识。而许姓是明代东山翁氏、席氏经商致富之前最有名的商人大族，或许这个故事隐喻了许氏在接纳新的人群上岸定居过程中的作用。

　　庙外有一块题为《吴县二十八都十三图社》的碑刻，虽已漫漶不清，文字依稀可见"直隶苏州府吴县为申明乡约以敦风化事。钦差总理粮储兼巡抚应天等府……洪武礼制，每里……嘉靖五年二月起，每遇春……"等字样，可见与前述属于内容相同的碑刻，但根据所在位置，似乎不是前述四块碑刻之一。同样幸运的是，现存嘉靖五年二月《长洲

县九都二十图里社碑》的内容中也有与上述相同的文字，^① 可知是同一时间在各地立的相同的碑，所以后碑中谈到的建社场、立乡约、建社学等内容，在前碑中也应存在。在明嘉靖《吴邑志》二十八都下有长圻这个村名，但无西巷；但在清同治《苏州府志》中二十八都下就有西巷村了，说明西巷可能是清代新建的一个聚落，甚至有可能现在西巷骑龙殿这个位置，原来就是长圻的社场所在。

在许明煦的《莫厘游志》中也抄录了这一碑文：

> 本县遵照洪武礼制，每里建立里社坛场一所，令各里长自嘉靖五年二月起，遇春秋两社，措办猪羊祭品，依式书写祭文，率领一里人户，致祭五土五谷之神。务在诚敬丰洁，用虔祈报。祭毕，就行会饮，并读抑强扶弱之词，成礼而退。仍于本里内推选有齿德者一人为约正，有德行者二人副之。照修乡约事宜，置立簿籍二扇，或善或恶，各书一籍。每月朔一会，务在劝善惩恶，典礼恤患，以厚风俗。乡社既定，然后立社学，设教读，以训蒙童。建社仓，积粟谷，以备凶荒。而古人教养之良法美意，率于此乎寓焉。
>
> 　　　　清光绪三十年里人公立于青云里　通州陆锦文书^②

这虽然是晚清重立的碑，但内容应该是照抄明嘉靖五年原碑。从上述碑文可知，嘉靖初重建洪武礼制，内容基本重复旧制，只是将社祭与立乡

---

① 《长洲县九都二十图里社碑》，王国平、唐力行主编《明清以来苏州社会史碑刻集》，苏州大学出版社，1998，第674页。

② 薛利华、金本福主编《讲好东山故事，传承东山家风》，广陵书社，2017，第45页。

图 2-16　东山卜家下村观音堂壁上《里社申明亭碑记》

约、社学、社仓等举措同时并举，力图使里社建设除礼仪行为外，亦充实教化、保障职能。一个新建的聚落需要借重明代的社坛碑，来申明定居的合法性。

在东山卜家下村口的观音堂外墙下，还保留着两块非常重要的碑刻，清晰地显示了从明初里社之制到嘉靖初年重申，再到晚明形似而实改的变迁轨迹。一是嘉靖二十六年的《劝善堂碑记》，由里人叶具瞻撰文；二是前面提到过的万历三十三年的《里社申明亭碑记》，碑额上书"吴县二十九都十五图立"，作为明初全国普遍推行的申明亭制度的遗存，实为难得。

前碑说到，"我皇上御极之五年，实一切轸念……责在抚巡"，说明这是当地士绅响应前述应天巡抚遵嘉靖皇帝之旨所下命令的举措。他们"百费民资纠会，化腐易坚，丹漆炳然"，并将朱元璋"《教民榜文》立石而东西之，勒陈公宣谕辞居东，西其碑"。后碑说到原来"每遇春秋二社，里民絜陈□□，致祭于五土五谷之神，仍立乡约，选约正，置簿籍，书善恶"，后来这套制度被逐渐破坏，现在里人杨氏倡导大家各出资财，重修庙宇。但这已经不再是明初的社坛，因为"复塑诸圣像，而庙貌尽新，文彩灿然矣"。可见在万历年间的东山，社坛已变成神庙的形式。所以在《太湖备考》中，编者这样说："考之《会典》，上自先圣庙，下至土地祠，皆编入会计，又令各乡村每里立社，以祀土谷之神，是则土地乃正祀也。今各乡村不称土地，而称为某王某侯，且各有姓氏，厌常喜怪，变正为淫，良可叹息。"① 说的就是这种情况。

明代里社的建立与重建在东山留下了痕迹，但这套礼制系统仍然

---

① 乾隆《太湖备考》卷六《祠庙》，第7页上，《中国方志丛书》华中地方第40号，第431页。

代表的是"画地为牢"的约束，不能满足不断增加的人群开发定居的需求。这就是清代地方士绅看到的作为"某王某侯"的土地（或社）大量存在，以及明中叶和清代不断重抄旧碑记却把里社加以改造的原因。

后文将提到，在杨湾轩辕宫中发现梁上题字，"时清顺治乙未岁孟夏吉旦，二十八都胥扶土地界里人姜锡蕃乐施敬志"。[①]《太湖备考》称，"胥母土地"在吴湾山嘴，应该即指此。[②] 其中的"胥扶土地界"的说法引起了我的注意，说明明末清初人除了有按行政区划划分的实体空间的地方认同外，还有某种信仰空间的地方认同，即这位姜某不仅是二十八都的人，还是属于二十八都下"胥扶土地界"的人。

我在文献中检索到对太湖地区的"土地界"的零星记录，如元至正十二年"李王灵签□石"：

旧在致道观李王殿，咸丰兵燹后归某君廉家，末刻"积善乡北方门下玄凌三郎土地界内石匠诸聪发心□刻"云云。[③]

又如：

今有江南苏州府吴县九都十一图永宁大王土地界中居住姓（疑为信之误——引者）女金门张氏虔诚奉请……[④]

① 薛利华主编《洞庭东山志》，"轩辕宫"，第 321 页。

② 乾隆《太湖备考》卷六《祠庙》，第 7 页上，《中国方志丛书》华中地方第 40 号，第 431 页。

③ 光绪《常昭合志稿》卷四五《金石志》，清光绪三十年刊本，第 11 页下。

④ 陈遇乾：《绣像芙蓉洞全传》第一一回"问卜"，清道光十六年重刊本，第 36 页。

再如：

> 苏州府常熟太平郡土地界下居住信女刘婉云，芳年一十六岁。

以我孤陋之见，似乎只有王健讨论了江南的土地界。他支持滨岛敦俊的看法，认为庙界是以"图"等基层管理单位为基础的，而且他通过个案讨论了清代的庙界竞争与地域开发的关系。[1] 但我还是不确定文献中的"土地界"是否即"庙界"或"土地庙界"，因为后两者可以是实体空间，而前者可能是信仰空间。

> 吴邑春申君土地界木工李杰自少为人营构，不弃存木，不造魔魅，惟欲人利达为心。成化中，杰出，独留其母守家，有红巾勇士数人，入门大呼，李杰母以他出答之。众答其母，忽有人垣外叱曰："吾本境土地也，尔欲葺理淫祠，安得擅用良工！吾当执尔白于帝！"众闻之，怆惶而去。[2]

可以看到，在"土地界"前面都是神的名称，而不是"庙"。这个"界"是某神管的范围，而不是庙管的范围。在现存的道士科仪疏表中也是这样表述的，如"恭据中华国江南省苏州府　县　乡　都　里　图　大王土地界内，奉……"或"今据江南苏府元境　乡　都　图　土地界、现境　区　街道内居住，奉……"。

---

[1] 王健：《利害相关——明清以来江南苏松地区民间信仰研究》第2章，上海人民出版社，2010，第92~126页。

[2] 侯甸：《西樵野记》卷五，明抄本，无页码。

王健分析过的一则碑文涉及一场纠纷。清康熙年间苏州长洲县民告，他们所在的大云乡分属长洲和吴县，其中几个图属长洲，另几个属吴县。但是，"遇有婚丧疾病，祈祷疏文，僧道祝献，为乡贯俱书吴县大云乡土地管界"，这样就出现"阴属吴县，阳属长洲县"的尴尬局面，因此他们请求将阴阳两界的统属关系统一起来。但官府显然不能因此改变民户户籍税粮的统属关系，只好批示："幽明远隔，难以定断"，让他们去找天师府张真人解决。张真人的解决办法是，阳间的户籍所属无法更改，这几个图居民的阴间归属应为长洲县大云乡灵迹司土地，也就是科仪疏文上今后要改写为长洲县。①

以上例子都说明，某某土地界只是一种用于宗教科仪的对乡贯的表达，就像天运、太岁纪年是用于宗教科仪的记时的表达一样，这或许可以帮助我们理解为什么在南方的许多地区，社与土地同时并存，构成两个不同的乡村神灵系统。

陈泳超在他对常熟宣卷的研究中，讨论了社神与土地的问题。他发现在宣卷时的仪式疏文中，社与土地是同时存在的，他也指出在地方的观念中，社神是管阳间的吉凶祸福，而土地是管阴间之事的。但他又不同意说土地和社神是同一地区的阴阳两界神灵，理由是他的采访对象告诉他，他们三图的社神是小王社，东边的二图是总管社，西边的四图是猛将社，但这三个图的土地都是柴司徒。② 其实，这恰恰说明，在某个

---

① 《长洲县大云乡灵迹司土地奉宪□复古原管三图碑记》（康熙六十年），王国平、唐力行主编《明清以来苏州社会史碑刻集》，第408~410页。

② 关于江南的社与土地的区分问题，陈泳超与我进行过几次非常有启发性的讨论。承蒙他向我展示了他未刊书稿中的第4章，其中第2节就是讨论这个问题的。非常感谢他分享的田野经验和材料，这对我认识这个问题有很大启发。

较早的历史时期，这三个图居民的阴间事务都属于柴司徒土地界；而随着人口和聚落的不断增加，就会不断出现代表定居聚落的新的社和新的社神，这时的社早已不是朱元璋时期的那个里社。所以，在明中叶以降的大部分时间里，并不排除这三个图的地面上不只存在过柴司徒这一个土地，每图也不只存在过一个社的可能性。

就这里的例子来说，我几乎可以肯定小王社（拜千圣小王张）、总管社（拜金总管）和猛将社（拜刘猛将）的成员曾经都是上岸的渔民，这些社是代表各自新建的聚落，负责其阳世福报的。而柴司徒是更为古老的，可能是在他们上岸之前就是这里居民的土地，是负责定居（入籍）居民阴间事务的，所以在仪式疏文的行文中，"土地界"之前写的是世俗的行政区划。渔民上岸定居入籍之前，他们可以有自己的庙，但不可以有自己的土地，因为他们的阴间事不归岸上的土地管；他们上岸定居之后，就必然归属某某土地界了。所以在江南，呈现出大量的社（无论是以社坛、社庙还是什么形式出现）与相对较少的土地并存的现象，除了体现阴阳两界的不同职司之外，更重要的是体现了世居居民与移民的关系，在江南则更体现了水上人上岸的过程。

根据调查，东山还有六个城隍庙，分别在前山的梅园、鹅潭头、金家湖和新庙，后山的则在今天的轩辕宫和沙岭。东山城隍庙在《太湖备考》中失载，或者是乾隆时还没有，或者是编者认为这是民间的淫祀而有意不记。在后文中我还会分别指出，轩辕宫中有城隍汤斌的塑像，肯定是清中叶之后的产物，金家湖的老爷堂据说拜的是"五老爷"，是本地家人去世过"头七"时去拜的。新庙中的老爷殿也是这个功能。沙岭城隍庙在沙岭猛将堂之侧，城隍老爷不知是何人，两旁的判官分别署名"姜星禄"和"韩仲良"，为陆巷的村民。在这座新建的

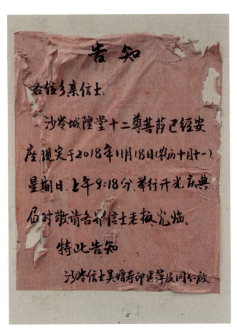

图 2-17　贴在前山街上的沙岭城隍庙启事

城隍庙墙边有一块诗牌，其中有"代有启领人，废墟焕然新"之句，说明这里也是一座旧庙，而且长期存在着仪式组织。鹅潭头中神像被有些当地人称为柳毅，现在在明末清初的净志庵中。该处在乾隆时曾被地方士绅改造为义学，显然，被视为城隍庙是那以后之事。崇祯十七年的碑记说这里"切邻吴墓之侧"，所以檀越们"或输环佩，或贷妆料，恢置基宇，渐集幽人之居"，说明净志庵之建，也有可能是为了妥安亡灵。

考虑到这些城隍庙的位置都在山麓，又可能是在过去的墓地附近，因此其或是当地居民解决身后问题的所在，这与滨岛敦俊讨论乡镇城隍的意义不同。这些城隍

图 2-18　沙岭城隍庙殿内

庙类似于过去的按里设置的厉坛，明清东山加武山共有五个都，原有的厉坛逐渐消失，这些乡村的城隍庙便成为它们的替代物。

后山的沙岭城隍庙近年来新塑了神像，还在前山街上贴出启事。按《具区志》卷9，沙岭城隍庙原来应该是关帝庙，恐也是后来改建的。这些城隍庙都是较晚近时期出现的，多数是"鸠占鹊巢"，或跻身于其他庙宇，或由原来毁弃的庙宇改建，这有可能是因为原来处理乡民死后之事的所在因各种原因消失，但它们在日常生活中却不可或缺，故又逐渐再生出来。由此来看，这种情况与滨岛敦俊对乡镇城隍出现的解释，即视其为将乡镇纳入行政中心序列的努力，有不同的逻辑。

乾隆《太湖备考》在提到东山神庙（即俗称城隍庙）时说：

> 按《会典》，城隍神主郡邑城池，非乡村所宜祀，今且在在有之，类于淫祠。邱家舍一庙，近为官府行香之所，又主乡厉坛祭，……宜称东山神庙，不必以郡邑行庙为词，定曰城隍也。[1]

因为聚落的发展要求满足人的生活世界中一些重大需求，比如解决死者的问题，所以城隍"在在有之"，被士大夫视同淫祠。华北普遍存在的五道庙就既是社的变身，也解决现世与冥界的沟通问题。因此所谓城隍等，均成为各种名目的乡村社神的替身。东山的城隍庙中，有几个曾经或现在与猛将堂在一起，如明代的显灵庙（今轩辕宫）、灵佑庙（今新庙）、沙岭猛将堂。在殿前还把猛将堂与东岳庙放在一起，或许说

---

[1] 乾隆《太湖备考》卷六《祠庙》，第4页上，《中国方志丛书》华中地方第40号，第426页。

明后来上岸定居的居民希望把解决亡灵问题之所在纳入正统的礼仪系统框架内。①

猛将作为社神的制度改革背景

在清康熙年间汤斌和宋荦毁淫祠之后，刘猛将成为官方和民间共同认可的社神，这当然得益于雍正间它被列入祀典。

雍正二年，直隶总督李维钧奏称，"畿辅地方每有蝗蝻之害，土人虔祷于刘猛将军之庙，则蝗不为灾"，于是奉敕建庙。雍正三年胤禛又专门下旨，表明自己是"人事既尽，自然感召天和，灾祲可消，丰穰可致，此桑林之祷，所以捷于影响也。……而断不惑于鬼神巫祷之俗习"。②他也把这种行为比作成汤祈于桑林之社。

已有研究指出，李维钧系浙江嘉兴秀水人，对家乡地区刘猛将信仰屡禁不止的情形非常熟悉。他编造了一个元朝灭亡后自沉于水的将领刘承忠的故事，用一个忠于北族的形象替代了明代以来的抗金将领刘锜，极为符合清朝的意识形态，又使康熙间士大夫眼中的淫祀合法化。③虽

---

① 据复旦大学历史学系师生 2019 年所做调查，殿前、金家湖等村有为逝者"烧七香"的习俗，即先后去七个庙烧香。这七个庙包括殿前东岳庙、鹅潭头的两座城隍庙、金家湖老爷堂、水平王庙、白马庙、槎湾保安寺。也有的地方没提到保安寺，却提到新庙。该调查只是介绍了这七个庙的概况，并未谈及这些庙"烧七香"的情况。由于多数人已经对此没有清晰的记忆，我怀疑"烧七香"指的是亲人为逝者烧头七、二七、三七……香的习俗，并不是要去七个庙。所提到的这些庙应该是东山不同区域的人各自去"烧七香"的所在。

② 《清文献通考》卷一〇五《群祀考·京师崇祀》，《景印文渊阁四库全书》第 634 册，台湾商务印书馆，1986，第 357 页。

③ 朱一迅：《灵验与权力的双重建构——以浙江某地的刘猛将信仰为例》，华东师范大学硕士学位论文，2014，第 20~22 页。

然我们不能确知李维钧此举背后的真实想法，不知道这后面是否有江南士绅的推动，但这一推断还是合乎情理的。

我的另一个推断则将此举置于一个更大的背景中。在这一时期，除了雍正初年同样由李维钧率先提出的"摊丁入地"外，另一项与赋役实征有关的改革是康熙末以降顺庄法的推行。顺庄法在各地推行的情况虽有差异，但以具体人户所在的自然聚落编制征税单位的原则是大致相同的。这样，聚落间的界限就极为重要，聚落不仅是图甲这类征税单位，也是保甲这类基层控制单位。在江南圩田区，也有按字圩编庄的做法。刘猛将被朝廷正式确认为驱蝗神，不仅与农业和钱粮有关，可能更重要的是指向社神与聚落的对应关系。当聚落得到强调的时候，刘猛将便被赋予了新的意义。

在全国的意义上，雍正时出现的新举措不少。雍正元年、五年、七年和八年，胤禛分别批准了各地官员的建议，豁免了山陕乐户、绍兴堕民、徽州伴当、宁国世仆、沿海蜑民，以及常熟、昭文丐户的贱籍身份，"改业为良"，这其中就包括许多地区的水上人。虽然一纸公文并不能真正改变这些人的社会地位，正如我们直到 20 世纪中叶还能看到的情况那样，但毕竟有可能使一部分水上人有了改变自己身份的机会。

东山万氏也是靠经商起家，在明万历时开始编纂族谱。有意思的是，编者把洪武三年发的户帖抄录在最前面。从内容来看，与明代格式化的户帖并无二致。

唯一重要的不同，是没有登记事产的内容，其原因可能在于他们家根本就没有土地之类的事产，而且大部分东山人都没有什么事产；另一个可能，就是这个户帖是照别人家的户帖抄的，只是改成了自己某代祖先及其家人的名字。为什么要这样做呢？族谱在抄录的户帖之后有一段嘉靖年间的说明：

> ……所谓万阿令公乃格十世祖也，今帖珍藏十九世侄孙士龙家，吾家素为良民，兹可验矣。深虑岁久湮废，谨以原装潢冠于家乘之首，随命子弟之善书者抄白刊印，付各支子孙收藏执照。倘有同姓无与军、匠等籍，奸人妄攀诬陷者，赍此到官，后能明辨。后吾而生者，须知爱重，慎勿轻忽。
>
> 嘉靖四年乙酉夏日十六世孙格谨记[1]

万格强调，这张户帖的重要性在于能够证明他们家是良民！如果有人认为他们家是军户或者匠户，就可以以此为证据，到官府去辨明身份。这个安排和着意的解释，颇有些欲盖弥彰的意味。后面一处还说："十世阿令公。洪武二年有旨谕户部，今番大军不出征了，百姓都给与户帖比对，如无户帖，就不是好百姓，拿来做军。洪武三年，阿令公遵制以请户帖，今尚存之。"[2] 这里的"不是好百姓"，即指不在籍或属贱籍，即不是"良民"，这些人在明初是垛籍为军的主要对象，浙闽粤沿海居民就曾被大量垛为军户。假如万氏以前是水上人，上岸后以出外经商为业，并未入籍，那就有很大危险被佥充为军。

无独有偶，族谱还在多处强调他们一族自始迁祖开始，十四世单传。阿令公即万观暎，是第十世，元末明初人，"珦，观暎长子，早

---

① 道光重辑《万氏宗谱·卷首》，第1页上~3页上。
② 《洞庭东山万氏宗谱》卷后《家传》，道光重辑《万氏宗谱》，第2页上。

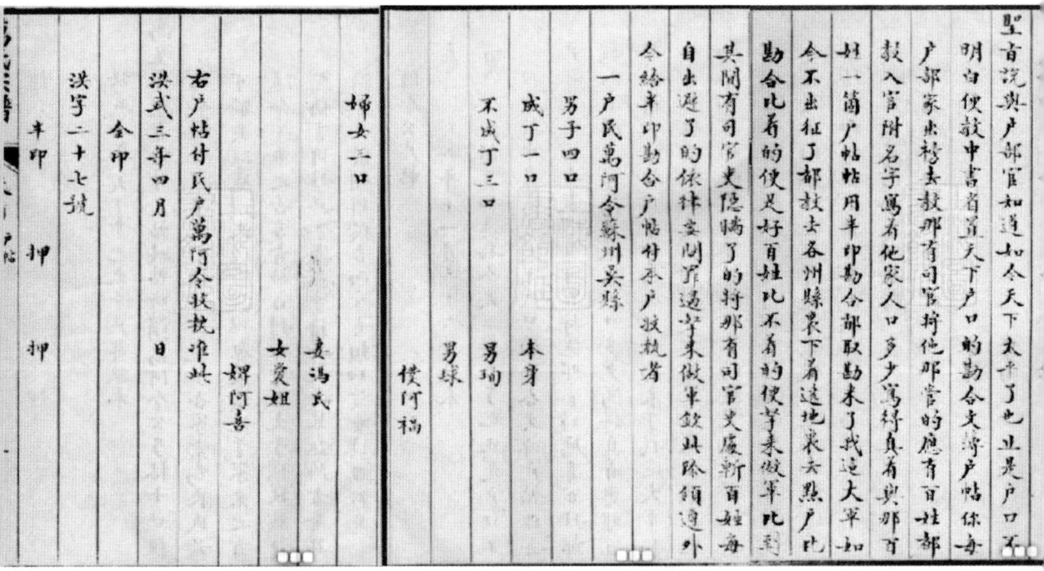
聖旨說與戶部官知道如今天下太平了也止是戶口不明白俚教中書省置天下戶口的勘合文簿戶帖你每戶部家出榜去教那有司官將他所管的應有百姓都教入官附名字寫着他家人口多少寫得真着與那百姓一箇戶帖上用半印勘合都取勘來了我這大軍如今不出征了都教去各州縣裏下着遶地裏去點戶比勘合比着的便是好百姓比不着的便拏來做軍比到其間有司官吏隱瞞了的將那有司官吏處斬百姓每自出避了的依律要了罪過拏來做軍欽此除遵外
今給半印勘合戶帖付本戶收執者
一戶民萬阿令蘇州吳縣
男子四口
成丁一口　本身
不成丁三口　男珣　男球　侄阿福
婦女三口　妻馮氏　女愛姐　婢阿喜
右戶帖付民戶萬阿令收執准此
洪武三年四月　日
全印
洪字二十七號
半印　押　押

图 2-19　道光重辑《万氏宗谱》书影

逝。球，观暎次子，字宁元，客于湖广，值元末之乱，卒于随州”。[①] 无论是否去世，他们大多在外经商。如果声称是单传，按明初制度佥充军户或灶户的可能性就不大了。第十四世时就到了成化前后，这种风险就小得多了，也无须再强调单传。随着明中叶以降地方赋役制度的改革，东山居民的户籍身份问题变得没有那么重要，到清代“摊丁入地”之后，特别是水上人的“贱籍”身份得以免除，他们的定居便不再是件难事。

猛将堂就在这样的大背景下逐渐在东山增多起来。

① 道光重辑《万氏宗谱》卷一，第 5 页上。

轩辕宫的历史层累

被袁宏道称为"不好事"的风气，与清代中叶以降"抬猛将"的热闹，给人以极不协调的感觉，这当然是清代社会变化所致。与今日东山几乎每个自然村都有猛将堂不同，明代中叶的文献中只记载了两个有猛将神像的庙。虽然不能说文献记录与实际情况一定相符，但那时假如只有二三十个村落，其数量总是有限的。特别是这两个庙一个是同时拜五显即五通神的，另一个是同时拜真武的，与后来独立的猛将堂还是有区别的。这两个庙一个叫显灵庙，一个叫灵佑庙，与渡水桥的灵济庙都是同类的。叫这类名称的庙多数是祭鬼的，比如某人落水死了，后来显灵专门护佑水边或者水上的人，所以多是人们用来祈求避免灾厄的。

乾隆《江南通志》、道光《苏州府志》、民国《吴县志》等文献的说法是，杨湾的这个显灵庙是唐代建立的，一直叫灵顺宫，因为是拜伍子胥，所以当地又称胥王庙，这显然是将在同一地点不同时期建造的殿宇混为一谈。传说高宗南渡时伍子胥显灵保佑了兵船，所以也得到朝廷封赐，称为显灵庙。根据咸淳《临安志》，南宋确有封赐伍子胥之事，"嘉熙至今，累改为忠武英烈显圣安福王"，[①]封赐的是在杭州的庙，但也是作为抵御海潮的水神的。其实真正的原因，是传说伍子胥自杀之后，脑袋被吴王装在革囊里扔到江中，因此也属于水上浮尸的造神

---

① 咸淳《临安志》卷七一《祠祀一·土神》，清道光十年钱塘汪氏振绮堂刊本，第2页下~4页上。

故事。

对此，陈瑚也说得很清楚：

> 吾郡东洞庭山杨湾里有伍公子胥祠焉。公之庙食于兹土也久矣，当夫差之赐死而浮之于江也，吴人怜之，立祠江上，命之曰胥山。今去郡西三十里，地入太湖，名胥口者，即其处也。祠尚存，而祠前古墓，松桧参差，凄神寒骨，相传以为公葬其下。杨湾之祠，则里人奉为土神，有事祷焉，而又称之曰胥王庙。盖王爵之封，始于宋高宗南渡时，疑后人由此遂仍其号云。

陈瑚说伍子胥本是浮尸，当地人在胥口为他建了庙。而杨湾这个胥王庙，是被当地人奉为土神的，也就是前面他曾论述过的土地或者社神。在康熙十一年的时候，东山有个叫周鲁的跑来对他讲述修庙的经过，陈瑚认为，"吾吴习俗，楞伽之山，无少长男女，舟车鼓吹，奉牲醴以徼福者，春秋无间日"，而对聪明正直之神毫无兴趣。他对上方山（即楞伽山）五通神香火极盛表示不满，因此对修胥王庙表示赞赏，认为伍子胥"与大禹、泰伯、季札并垂天壤"，故写下碑记。①

据说杨湾这个庙在南宋建立时，还有个叫杨嗣兴的捐了地。元末兵乱毁之，又有王烂钞或王万一捐钱重修，并在宫中增修茅君殿。到明中叶时"倭寇"袭扰东山，伍子胥显灵，上述方志都记载这个庙叫灵顺

---

① 陈瑚：《确庵文稿》卷一六《传·周吴行人伍公庙碑》，《四库禁毁书丛刊·集部》第184册，第392页上栏。

宫，并未说它又称显灵庙。① 不过康熙时的《具区志》说得很清楚："杨湾庙，在东山杨湾。《震泽编》一名显灵庙，祀刘猛将。……明崇祯间僧大全募建前殿，改为胥王庙。"② 所以这个拜伍子胥的灵顺宫实际上是明末才建的、拜刘猛将的显灵庙的前殿。

有意思的是，康熙《吴县志》记载了东山拜刘猛将的显灵庙，却未记载拜伍子胥的灵顺宫；民国时李根源跑去参观胥王庙，乡老告诉他该庙古称杨湾庙，拜的是伍子胥，但明末时被巡检司改为魏忠贤生祠，之后恢复时只好在魏忠贤像的脸上增加一些胡须。③ 这些变化更使该庙的层累历史变得扑朔迷离。

在今日的杨湾有个轩辕宫，人们在正殿脊枋下发现有这样的题字："元季里人烂钞翁王万一始创，前明太仆寺卿席本桢同夫人吴氏……清顺治岁次乙未夏……落成。"同时北面五架梁下的题字是"时清顺治乙未岁孟夏吉旦，二十八都胥扶土地界里人姜锡蕃乐施敬志"。④ 说明在顺治十二年重修此庙时，知道此庙就是王鏊所记的祭祀五显和刘猛将的显灵庙。

李根源著录了明嘉靖二十一年的《重修碧霞元君庙碑》，但可惜没有录入碑记的全文："碑略云：吴县东洞庭碧螺峰下有祠曰灵顺，创自贞观二年。弘治二年，土人居俊领官帖复建，未久复圮。嘉靖中，土人朱

---

① 民国《吴县志》卷三六下《舆地考·寺观二》，1933 年铅印本，第 4 页下；乾隆《江南通志》卷四四《舆地志·寺观二》，清文渊阁四库全书本，第 46 页上下；道光《苏州府志》卷四四《道观一》，第 14 页下。

② 康熙《具区志》卷九《祠庙》，清两淮马裕家藏本，第 11 页下。

③ 李根源：《吴郡西山访古记》卷五，第 8 页上。

④ 薛利华主编《洞庭东山志》，"轩辕宫"，第 321 页。

秉蒙、朱轼捐资重新之云。……在杨湾灵顺宫，今胥王庙旁。"①按该碑的说法，明中叶重修的碧霞元君庙即唐初始建的灵顺宫，明代改建为碧霞元君庙，位置在胥王庙旁。由于明中叶以降东山商人以山东临清为经商的重要据点，因此改建碧霞元君庙是合乎逻辑的。

综合上述各种材料，这里最早有建于唐初的灵顺宫，不知拜何神，至明中叶改为碧霞元君庙，至民国时尚存；到大约南宋时，旁边建了拜伍子胥的显灵庙，在南宋至明代中叶之间的某个时间，显灵庙中增祀了五显和刘猛将。乾隆《太湖备考》记载刘猛将还在胥王庙里，今日成为城隍殿。在这两个庙的背后，元末创修了拜三茅真君的茅君殿，后者在茅山派的传统中属东岳神系，能治百鬼、镇阴宫，明代在这里增加了东岳大帝，与前方的碧霞元君庙也形成联系，民国时再改为轩辕黄帝。

今日轩辕宫的位置，在杨湾古街西北濒临太湖的山坡上，在形势上镇压着通往太湖的水口，这条从杨湾直通太湖的水道叫作油车涧。在杨湾附近相反一侧的湖沙，曾建有一个高真堂，王鏊为其撰写过《高真堂记》。其中说：

> 东洞庭之阴有峰，端正媚秀曰嵩夏。嵩之麓，呀然下饮太湖，如鸟之张喙，曰梁家濑。前为太湖，其襟抱亏疏，浪石斗齿，自宋时则有高真堂以镇其冲。元季兵毁，光怪时见，行者相戒，莫敢出于其途。成化间里人上其事，于县作祠，肖玄武像以镇之，于是光

---

① 李根源：《洞庭山金石》卷二，第 21 页下~22 页上。

怪灭息，人和岁丰，相率请予记其事。①

这个地方也是山麓濒临太湖的一个湾嘴，宋代就修了一个庙来镇压阴气，元末庙毁之后，这里就经常闹鬼，大家都不敢从这条水路走了。明代成化时村民在这里建了个真武庙，一切都变好了。从杨湾的显灵庙（或灵顺宫、轩辕宫）的位置来看，基本上也是这种性质的庙，本书开始时提到的莳山蛇王庙同样如此。或者说，它类似于山区的水口庙或水口社。

明苏州知府蔡国熙撰写了《苏州府社仓事宜记》，叙述了苏州府推行社仓的来龙去脉，称嘉靖时他将朱子社仓之制"行所属州县，定议锐然举行"，并通过布政使、按察使向中央请示，言官向户部建议，"惟士若民，闻风倡义，乐相捐助"。隆庆二年十月，由社正卜元泰、社副朱鳌立碑于胥王庙，碑下

图 2-20　轩辕宫城隍殿

---

① 康熙《吴县志》卷三七《道观》，清康熙三十年刻本，第 21 页上。

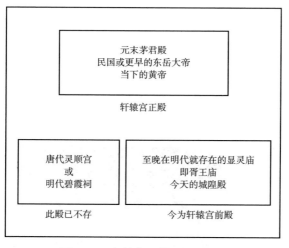

图 2-21 轩辕宫历史沿革之推想

截镌社仓条规 2000 余字。[1] 此外，李根源在这里还见有《二十八都旌义碑》，文字完全剥蚀，猜测内容应是旌表义行的。这些碑立在这里，说明显灵庙或胥王庙应是本地的里社之庙。

从今天的轩辕宫的现状，依稀可见一个历史的层累过程，从唐代到民国时期的灵顺宫或碧霞元君庙已无蛛丝马迹可寻，如今的前殿原来应即胥王庙或拜刘猛将和五显的显灵庙，这些神也全然不见，据说是在"文革"间尽毁。如今所见为城隍殿，我初去时不经意地举头一望，不禁大吃一惊，该城隍神竟是汤斌！由此我确信这间殿就是以往供奉五显和刘猛将的显灵庙，在汤斌毁淫祠之后，为了显示正统化，干脆就让五显和刘猛将的最大敌人取而代之，并且赋予其"城隍"的地位。登山为正殿，据说民国时正殿中为东岳大帝，我怀疑系由元末所修茅君殿化来。现正殿中为轩辕黄帝像，显然是民国以来民族国家构建过程中的象征塑造，轩辕宫这个名字也是这样一个过程的产物。所以，轩辕宫的历史是一个很典型的从前现代到现代的"神明正统化"的历史。

由于历史记忆的叠加，当代人已分不清胥王庙为何又是轩辕宫，

---

① 李根源:《洞庭山金石》卷二，第 24 页下 ~26 页上。

但又需要给出一个解释。于是当地人有个传说，说这里本来是胥王庙，伍子胥的头被夫差砍了丢在太湖里，最后漂到东山杨湾，渔民们将其打捞起来，在小山头上建坟埋葬，并在旁建一小庙，叫胥王庙。后来越国灭了吴，听说这里有伍子胥的庙，就派兵来烧，杨湾的百姓赶紧把牌匾改成轩辕宫，越国兵将来了就没有烧，由此避免了一场灾祸。[1]这个故事应该是比较晚近创造出来的，不过也显示出有关胥王庙与水上人关系的历史记忆。同时，它也说明供奉五显和刘猛将的显灵庙转化为祭祀禁毁它们的汤斌的城隍庙，系出于完全一样的策略，不知是否当地人用一个看来比较古老的故事来掩饰和暗示一个比较晚近的做法。

已有学者对江南地区的伍子胥信仰进行过研究，比较重要的结论是，伍子胥信仰与吴方言区基本吻合，在六朝时已很流行。虽然在唐高宗时狄仁杰毁淫祠的运动中处于被禁毁的边缘，但因为大运河的开通和苏州在漕运中的地位，伍子胥信仰依然保持着生命力，只是到五代以后逐渐式微。[2]研究者关注的是伍子胥信仰在朝廷正祀中地位的兴衰，却没有说明其背后的信众究竟是哪些人，就好像莆田的妈祖虽然在宋代得到赐封，但却必须知道她的信众主要是沿海的渔民一样。伍子胥最为重要的特征是一具浮尸，司马迁说，正是因为吴王把他"浮尸江中"，所以吴人才为他"立祠"。伍子胥信仰在太湖流域普遍流行的六朝时期，正是这一地区得到大规模开发的重要历史节点，也就是水乡成陆、水上人上岸的重要时期，本来作为水上人崇拜的"浮尸"随之上岸，成为他

[1] 《杨湾村志》编委会编《杨湾村志》第16章第2节，苏州大学出版社，2017，第363~364页。
[2] 水越知：《伍子胥信仰与江南地域社会》，平田茂树、远藤隆俊、冈元司编《宋代社会的空间与交流》，河南大学出版社，2008。

们定居后的社神。论者谓宋代以降伍子胥信仰在杭州、南京的衰颓与其先后成为都城有关，实际上说明这一过程也即水乡日益成陆的过程，当年上岸的水上人早已成为岸居的老居民，自然会放弃保留水上人信仰特征的伍子胥信仰。但在这一过程中，水上人依然大量存在，上岸定居的过程也在不断继续，因此伍子胥信仰依然在这些人群中存在，伍子胥也一直经历着从水上人的神祇逐渐转变为上岸水上人的社神这一过程，直至消亡。换言之，太湖流域伍子胥信仰的兴衰，就是水上人上岸过程的见证。

到这时，轩辕宫这个本来的水口社庙已经基本上面目全非了。

灵佑庙

《震泽编》记载东山的另一座有刘猛将的庙宇叫灵佑庙，并祀真武。崇祯《吴县志》记载："灵佑庙在东洞庭莫厘峰之东麓，祀玄帝及刘猛将，建置无考。嘉靖四十五年里士许廷璧重建，万历间里人施□□又建关帝庙于右。"可知其在晚明数次重修。该书还记载说莫厘将军的墓就在灵佑庙前的大树下。[1]民国《吴县志》记，该墓至当时依然存在。

李根源记录他经过施家村、板凳村后，"至紫薇庵，俗称新庙，庵前灵佑庙，古圆极宫也。《具区志》载，隋莫厘将军墓在宫前大树下，树下多古冢，无碣题识，未知孰是。入法海坞，过荥阳墓坊"。[2]这个

---

[1]　崇祯《吴县志》卷二一《祠庙下》，第17页下；卷二八《冢墓》，第15页上。

[2]　李根源：《吴郡西山访古记》卷五，第6页上。

位置大约在诸公井西北靠近法海路的地方。李根源记录说："灵佑庙碑记，正书。额篆'重修灵佑庙碑记'七字，正德□□年□月，字全剥蚀，高五尺，在今新庙路旁，仆。"[①] 该碑比崇祯《吴县志》记载重修的年代更早，但在民国时已无法识读碑文，不知是否记录了有关刘猛将的内容。当地老人回忆，诸公井的大猛将正月十三到新庙，腊月二十五回诸公井过年。也有人说新庙的猛将是诸公井大猛将的替身，因为诸公井大猛将不能抬出来，于是抬新庙猛将。旧的庙或灵佑庙不复在，故重建的猛将堂称新庙，拜刘府中天王。

原来的灵佑庙早已无存，文献中也没有对该庙有什么细节描述，因此无法对其沿革做出类似显灵庙那样的推断。我曾在新庙的院子里看到两个殿，一个是猛将堂，拜的是刘府中天王；另一

图 2-22 新庙中的"老爷"

个殿里有一男一女两个神像，院里的妇女不知道他们是什么神，但称呼他们老爷和夫人。我问她们大家什么时候到那个殿里去拜，她们说家中有人去世就要来的，我这才想到，与各死者有关而且通常又被称为"老爷"的神灵，要么是城隍，要么是东岳，而且在民间城隍和东岳往往会配上夫人的神像。《震泽编》和《具区志》里记载是玄武，即真武大帝，有水神的神格，现在神为城隍是比较晚近发生的变化。从殿中的塑像来看并非真武的标准形象，而是一副帝王的样子，两侧则一为学究，一似

---

① 李根源：《洞庭山金石》卷二，第19页上。

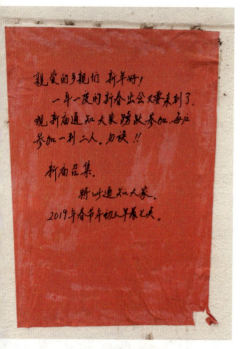

图 2-23　新庙猛将会会启

书童。

当然，由于材料过于短缺，我无法说明明代的灵佑庙到底是个什么性质的庙宇。

口述传统：
刘猛将到底是谁的神

以上从刘猛将为何人转入对社和社神的议论，是为了便于在后面讨论清代以降太湖流域的刘猛将多被视为社神，但并未终结关于刘猛将来历的另类看法。

在历史研究中，由于证据越早越少，因此相对来说，"去脉"比较容易说清，而"来龙"多半要靠猜测。滨岛敦俊大胆猜测刘猛将可能是湖南的船户或是由渔民带到江南的，[①]实给我很大启示。虽然没有直接证据，但我在后面会提到东山商人在元明时期与两湖地区的贸易往来非常频繁，是完全具备接触一个庇护水运的刘姓神的可能性的。

滨岛敦俊引用了《清明集》中的一段材料，系南宋时湘潭人胡颖（石壁）所写的《不为刘舍人庙保奏加封》：

---

① 滨岛敦俊：《明清江南农村社会与民间信仰》，朱海滨译，厦门大学出版社，2008，第57~60页。

刘舍人者，本一愚民，以操舟为业，后因衰老，遂供洒扫之职
于洞庭之祠。遇有祠祷者，则假鬼神之说以荧惑之。亦既多言，岂
不惑信，于是流传远近，咸以为神。及其死也，巫祝之徒遂以其枯
朽之骨、臭秽之体，塑而祀之，又从而为之辞，谓其能兴风云，神
变化，见怪物，以惊动祸福其人。……今舟人所陈，乃谓祷祀之顷，
目击旗帜满空，上有刘字。……况刘之建祠于湘，受爵于朝，迨今
已数十年，商贾之贸迁，郡县之贡输，士夫之游宦，凡为泛舟之
役，上下于江湖间者，莫不奉牲奉醴，进礼庙下而后敢行。①

胡颖是毁淫祠的身体力行者，对狄仁杰十分推崇。他也做过平江知
府，因此也清楚苏州与湘楚之间的联系。他提到的这个刘舍人显然是水
上人的神，而且已经被朝廷列入祀典。看起来在南宋末这个神已经在湖
南洞庭湖一带比较流行，但在当时或后世的文献中却没有他的踪迹，想
到元明时期刘猛将突然出现于江南，不是不可以产生一些联想。

至于"去脉"，直到今天，在当地百姓的口中，刘猛将既不是刘锜，
也不是刘承忠，而是一个普通的孩子。费孝通先生在他的《江村经济》
一书中所讲吴江县"刘皇"成神的故事是，刘皇是个淘气的、与后母关
系不好的小朋友。有一天，他把小朋友们叫到家中，把家里的牛都杀
了。为了有时间把死牛放置好，他还用巫术让太阳晚些升起，结果被后

---

① 中国社会科学院历史研究所宋辽金元史研究室点校《名公书判清明集》（下），中华书局，
1987，第538~539页。滨岛敦俊前揭书中引述了这段材料，并在《清明集》引文中写了一
句"产生出'救护网'的传说"。我核对了《清明集》中的原文，发现并无此一句。又担
心是中译本误译的问题，去核对了《总管信仰》日文原书，发现的确是作者书中原文（见
『総管信仰——近世江南農村社会と民間宗教』研文出版、2001、62页），可知是作者根据
《清明集》的描述自己概括出来的话，并非胡颖的原话。由于胡颖原话和作者的发挥混杂在
一起，容易引起读者的误会，特在此说明。

母虐待致死。① 我认为这个故事隐喻着水上人初上岸后对农耕生活的抗拒，因为水上捕捞不需要考虑农时，也不需要相对较大的生产成本，特别是较容易逃避赋役，并享有更大的自由。

与这个略嫌狠毒的形象不同的故事，是说刘猛将的后母对他很刻薄，要他去种被牛踩掉一半的蚕豆，他种活之后，后母又让他去种炒熟的黄豆，结果也种熟了。冬天的时候，后母给自己的亲儿子穿丝绵棉袄，给猛将穿芦花做的袄，父亲问他们冷不冷，前者说不冷，后者说冷，后母就说猛将撒谎。父亲揍猛将的时候，芦花飞了出来，父亲才知续弦不贤，要休了她。猛将却劝阻说"娘在一子寒，娘去二子寒"，呈现的是一个孝子的形象。②

在今天保存下来的各种《猛将宝卷》旧抄本中，刘猛将故事的主干基本相同，但细节上有所不同。

其中一份宝卷讲，有位刘大舍，家住松江上海县，因年久无嗣，去松江灵官庙求子，玉帝命阿难尊者投胎，正月十三辰时生，取名刘福，但长至五六岁时母亲就因病去世。刘大舍很快续娶，"不消半年六个月，晚娘就起两条心"。结果夫妻合谋，"八月十八潮生日，哄骗观潮取乐心。江望桥上推下水，一笔钩销无挂心"。刘福被神灵救起，顺水送至外公家。但又受到舅舅、舅妈的白眼，只好去东庄放鹅养鸭。不数日鸭、鹅或被他杀了，或变成鹰飞走，外公又只好让他去南庄放牛，但牛也被他杀了，最后是太白金星下界送他宝剑甲胄，在松江府揭榜灭蝗。"当时拽木造粮船，外公造船非小可，选得江西木匠人"，因为没招待

---

① 费孝通：《江村经济》，商务印书馆，2001，"农业"。

② 杨维忠、金本福主编《东山猛将会》，内部宣传资料，第12页。

好他，他就作法让船无法开动，直至他外公重新备好酒食，他才解除法术。十二岁时升天，"敕封天曹刘猛将，神中为主独为尊"。①

另一份《猛将宝卷》讲的故事大同小异。"当今圣朝赵太祖"，"太祖传位太宗帝，太宗相传立真宗"，明确是宋真宗朝；"单瓦直隶松江府，上海县北落云墩，积社有钱刘百万"，同样是发生在松江府上海县的富翁刘家。其后夫妻求子、生子后母亲病逝、父亲续弦、后母虐待等情节与前一版本相同。只是后母让兄弟俩各自放 50 只鹅，但却收买坏人去偷猛将的鹅，被父母责罚。其后猛将被父亲推入海中，为龙王所救，送往包家庄外公家。后来舅母不满，外公让他去放鹅的情节也相同，只是增加了放鹅时结识了放牛、放羊、放马的十二个兄弟，后面到上海去揭榜，不是为灭蝗，而是去平西番。得胜回来后灭蝗，把额头磕破。因此两功，被皇帝封为扬威侯镇国大将军。外公授官后造粮船的故事皆与前同。②

还有一个故事几乎相同的版本，只是在最后玉帝封赏时这样说："一封天曹刘猛将，又封直殿大将军。你父松江都土地，母亲贤国正夫人。外公外婆田公母，娘舅金元总官人。"③这看似荒诞无稽的几句话透露出一些值得注意的信息：刘猛将的这些亲戚包含了宋元以来江南各地的几类重要的神祇，一类是土地，一类是田公、田婆，还有一类是金元七总管。这些看起来在清代以降民间的仪式活动中很容易混淆却的确有所分别的土神，透视着不同历史阶段国家礼制与民间实践的互动与并存，留待后论。

---

① 《刘猛将宝卷》一卷，旧抄本。

② 《猛将宝卷》一卷，旧抄本。

③ 《神歌》一卷，民国抄本。

另有一份宝卷增加了另一些细节：宋真宗时，松江上海的骆驼墩有个刘通，有一子叫刘文瑞，因家中贫苦，入赘包家。但包家的侄子不允许赘婿"顶立"，岳父只好给了 50 两银子让刘文瑞出去做生意。他乘船到宜兴买卖烘缸，盈利十倍，又到苏州买卖蒲扇，仍大赚。他发现乌梅极贱，则贩去襄阳，遇当地疫病，乌梅有效又获利，便买米到湖广。此后又在广福买橘子，返回襄阳，再次治疗疫病。刘文瑞赚钱回家后购置田产，其后祈子、生子、丧妻、再娶，其子刘道元在外公家放牛、灭蝗、受封等情节，都与前述相同。①

这些宝卷中宣讲的猛将故事有这样一些共同点：一是把时代背景置于北宋，二是把地点放在松江的上海，三是刘猛将是个受后母及舅母虐待的小孩子，四是死于水中而后复活成神，五是都有放鹅、放鸭和放牛的经历，六是有灭蝗的功劳。

这些民间口述传统与传世文献中的相关记述有什么相同与不同呢？相同处一在把历史背景定于宋代，但口述传统多定于北宋，而文献多定于南宋；二在其死与水有关；三是有灭蝗的神迹。如前述，刘猛将在南宋被列入祀典之事，在当时的文献如《宋会要》中并无记录，但其在民间崇祀出现于宋代并非没有可能，因为与其并存的五通神在宋代就有记载了。同时因没于水而被封赐的还有伍子胥等，而刘猛将在元代也肯定出现了。其成神与水有关的说法应来自民间（容后详申），但官方的刘承忠故事版本是清代中叶才出现的。其灭蝗神迹至少在明代的文献中就出现了，但无论其源自民间还是士大夫的塑造，我想在宝卷中得到强调还是受到了雍正以后列入正祀的官方版本的影响。

---

① 《天曹宝卷》一卷，旧抄本。

其不同处当然更值得关注。

民间传说都说刘猛将是松江人，这些宝卷里往往都说是松江府上海县，还有更具体的地名，比如落云墩、洛墩、骆驼墩等。是不是本地人才这样说呢？前曾述及，我在跟随"抬猛将"的游神队伍前去葑山寺的时候，曾询问在蛇王殿收捐款的妇女，为什么要"抬猛将"到这里来？她们说，因为这里是刘猛将的外婆家啊！我当时以为这只是个无稽之谈，没有太过重视。但等到我看到各种版本的《猛将宝卷》时才恍然大悟，因为宝卷中讲述的猛将故事，都有这样的情节，即刘猛将受到后母的迫害，被推到水中淹死，尸体漂到外公家（也即"外婆家"）后才复活成神（也是浮尸）。所以，当地人并不觉得刘猛将的浮尸从他父亲的家乡顺水漂到东山这个"外婆家"的说法是不可接受的。

那么，宝卷中说刘猛将父亲的家在"松江府上海县"，是不是随意杜撰的呢？我们知道，松江是元朝至元十五年从华亭府改称松江府的，而在12年后的至元二十七年，将松江府下辖的华亭县的一部分划出来，建立了上海县。也就是说，松江府和上海县都是元初才出现的概念，而将松江府上海县两词连用，则必是至元二十七年以后的事情。这个时间点正符合我们依据文献所知道的、刘猛将信仰开始出现的那个时期，也符合我将在后面论证的，在文献中出现较多水上人上岸的情况的那个时期。

在小地名中，lùo 字是共同的，只是口传文字记录时会出现异文而已。"落云墩"这个说法过于文雅，应该是进入说唱文学后的修辞；"洛墩"是口语中经常会出现的吃字现象，即读快或未听清时会失去中间的字，所以"骆驼墩"比较像一个真实存在的地名。

不出所料，骆驼墩的确存在，就在今天上海青浦区的重固镇街道。

20世纪50~70年代在这里进行过考古发掘，发现有西周、春秋、西汉三个时期的墓葬，说明该地自先秦以来便有聚落。据说南宋初韩世忠抗金时也在这一带建立过墩台，也有很多人说是明代为了防倭建的烽火墩。这种说法在地方志中偶有提到，但语气往往不确定。如：

> 前代设此联络境内，皆以防倭警，今即所存者书之，备修复也。
>
> 龁烟墩，在四十五保□区十三图；青墩二，坐落四十五保四区，在入固，一在南九图；蓬尘墩，在四十五保二区□龙南，又名逢陈墩；骆驼墩，在四十五保四区，又云即林妃墓。①

较早的方志都没有烟墩的说法，如弘治《上海志》说："簳山县西五十里，周三里，高五十丈，下有福泉山、骆驼墩。《嘉禾志》作竹干，俗呼北干，旧云上宜美箭而名，今弗产焉。"② 又如正德《松江府志》说："理宗妃林氏墓，相传即骆驼墩。"③ 这是说骆驼墩就是地势较高的冈，或者传说骆驼墩就是南宋理宗的妃子林氏墓的封土。而万历《青浦县志》又记载"浙东宣慰副使任仁发墓，在骆驼墩，四十五保四区，凡七座"，④ 这似乎是说任氏的墓有7座，又或是说像这样的墩有7个。总之，到明代中后期，当地人已经说不清骆驼墩到底是什么。如果是明代为了防倭修建的烟墩，本朝的方志不应该不清楚。

---

① 万历《青浦县志》卷五《烟墩》，明万历刊本，第42页下。
② 弘治《上海志》卷二《山川志·山类》，明弘治刻本，第1页下。
③ 正德《松江府志》卷一七《冢墓》，明正德七年刊本，第7页上。
④ 万历《青浦县志》卷三《冢墓》，第27页下。

到清代的方志里，人们干脆从自然地理的角度去解释它：

> 福泉山在崿山北，下皆黄土，隆然而起，仅十余亩，殆古所谓息壤也。初因形似，号覆船，后以井泉甘美易今名。前分县以福泉名本此。……又北为骆驼墩，亦以形似名，又称落弹墩。[1]

从其所在的位置看，我猜测这些高冈就是前文提到的作为高乡与低乡分界的冈身西部余绪，[2]我甚至怀疑元明时期重固所在的上海或青浦的新江乡，就得名于宋人《吴郡图经续记》中提到的引吴淞江水灌溉冈身的新洋江。

那为什么宝卷中把大地名说成上海县，而不是青浦县呢？原因就在于青浦县是到了明嘉靖二十一年才从华亭和上海两县中析分出来的，而重固镇在元初上海设县后就属于当时的新江乡，此时划归青浦县。这就证明了"松江府上海县骆驼墩"这个说法，一定是明嘉靖二十一年以前的。所以，无论宝卷本身的产生是在什么时代，这个表述应该是在元至元到明嘉靖之间被粘连起来，并逐渐进入和固化在百姓的记忆中的。

宝卷中把刘猛将的家乡说成这里大概并不是随意的。

明万历四十二年，在骆驼墩的西北建了一座猛将庙，乾隆《青浦县志》记述说，"神姓刘，年十三领兵破金兀术，故名猛将。万历四十二年

---

[1]　乾隆《青浦县志》卷二《山》，清乾隆五十三年刻本，第 18 页上下。

[2]　据新编《重固镇志》，"重固公社全境是处于冈身内侧边缘低平洼地延伸的中间地带"，见该书第 3 章 "资源"，上海社会科学院出版社，2007，第 84 页。

建，张以诚、陆万钟皆有署额"。① 这一方面是采信了刘猛将是个少年的说法，另一方面又把士大夫的抗金将领刘锜的版本嫁接了上去。张以诚是松江人，万历二十九年状元；陆万钟也是松江人，官至江西参政，证明这个庙是得到了士大夫的认可的。但这并不能证明万历修建此庙之前，本地没有一个较长的刘猛将信仰的传播时期。

到清代刘猛将被列入正祀之后，这个地方的猛将庙获得了更大的发展空间："刘猛将军庙在骆驼墩西北，明万历四十二年建。一在重固南市，乾隆十九年建。俗称南庙、北庙。"② 到道光十五年，"南庙住持僧洪开募资重修，立碑以纪。自后两庙同经兵燹，屡有修葺之工。神初封保康，同治四年、七年，光绪四年、五年、六年、十三年，又六次敕加普佑、显应、灵惠、襄济、翊化、灵孚封号"。到这个时候，刘猛将庙已在本地拥有一些地产：

> 南庙田数：四十五保四区八图，庙基四亩二分一厘六毫；昆圩一号，二亩二分八厘七毫；十五、十六号，共六亩四分一厘九毫；一区三并十二图东吊圩三十二号，九分三厘五毫又九分三四毫；三十八号，七分二厘五毫；西吊圩三十三号，一亩三分九厘二毫。
>
> 北庙田数：四十五保三区一并图，庙基五亩；洪圩十九号，一亩四分九厘六毫五丝；二十一号，六分三厘五丝二十四号七分四厘八毫三丝。

---

① 乾隆《青浦县志》卷一四《坛庙》，第 21 页下。

② 光绪《青浦县志》卷三《建置·坛庙》，清光绪四年刊本，第 13 页上。

按，在重固镇南市者俗称南庙，在骆驼墩西北者俗称北庙。

附记，一在西坪区四十二保三区十五图，一在金泽区四十二保一区二十八图，一在商洋区四十二保六区四十九、五十图，又一在四十六并图，一在黄渡区陆家巷镇北市，又一在崇寿寺寺东，光绪二十四年重建。[1]

我们不是很清楚，除了各猛将庙庙基即庙址所在占有土地外，上述土地数字是否还包括了其他土地，但至少有一点很清楚，就是大多数猛将庙及其地产，都建立在新开发的圩田之上。这必然把我们的思路引向刘猛将与圩田开发的关系上来。

除了骆驼墩这个地名之外，还有一个真实的地名出现在宝卷中：

家住松江上海县，四十五保北横京。钟鼓桥豆（头）造大宅，后门相对骆驼墩。[2]

家住松江上海县，四十五堡北横经。钟鼓桥头造大宅，后门相对落坛墩。[3]

其中"北横京"或"北横经"实际上应该是"北横泾"，而四十五保与北横泾应该也不是一个同时的概念。在正德《松江府志》中，"新江乡，县西北八十五里，四十四至四十六保附焉"，"青龙镇，在四十五保"。[4]这时尚无青浦县，该地属上海县；当时也已出现了重固这个地名，但尚

① 民国《青浦县续志》卷三《建置·坛庙》，1934 年刊本，第 11 页上~13 页上。

② 《猛将宝卷》一卷。

③ 《神歌》一卷。

④ 正德《松江府志》卷九《城池·镇市》，第 19 页下、20 页下。

未形成镇或市："崧宅市，在四十六保。续志称，唐行东南小镇即此……青龙盛时已称。章庙高塔，魗魍崧宅，亲臣巨室，邻烛辉赫，今皆萧条。"① 可知重固当时是青龙镇下的一个聚落。到崇祯《松江府志》时，已设青浦县，"魗魍镇，在四十五保"。②前面也提到任仁发墓在骆驼墩，四十五保四区，说明无论是重固还是骆驼墩，都在明代的四十五保。

北横泾则是今虹桥机场西侧一条南北向的河，向北汇入苏州河（吴淞江上海段），向西接入流向青浦的徐泾江。实际上，重固在虹桥机场西侧，距北横泾只有十几公里，历史上都属于青浦，但在明代各有关方志中未出现北横泾这个地名。民国《青浦县续志》记载："骆驼桥，四区二图北横泾。"③ 说明骆驼墩与北横泾属于同一区域。根据前面的庙产记录，明朝所建猛将庙（北庙）的庙产就在四十五保三区，可以证明更早的地名骆驼墩，与清代的地名四十五保北横泾是同一个地方，也证明宝卷中的许多说法并非虚构。

除了时代和地点之外，宝卷中关于刘猛将的故事中有很多鲜活的细节，这是文人文献的记录所不能比拟的。

几乎所有猛将故事都有刘猛将受后母虐待的情节，在此之前是他的父母求子、母亲病逝和父亲续弦的情节，这在故事中似乎是不可或缺的环节，不如此就无法引出受父母迫害致死或几乎致死的结果，刘猛将也就无法少年成神。一般的民间故事没有太多这类细节，但宝卷是善书，是向百姓宣讲善恶果报的，因此需要做许多铺垫来吸引听众的兴趣。但

---

① 正德《松江府志》卷九《城池·镇市》，第21页下。

② 崇祯《松江府志》卷三《镇市》，第15页下。

③ 民国《青浦县续志》卷五《山川下·桥梁表》，第20页下。

对我们重要的是，为什么会有他死于水、放鹅、放鸭的情节，这使我们想到这是一种水边的人群的生活。

宝卷中还有他外公造粮船、刘猛将行使法力让船开动或不能开动的情节，这当然也反映了明清江南漕运对社会生活的影响。故事中讲到漕船造好却开不动，刘猛将用他的神通法术让船开动，但在这个过程中他不小心头碰到船上，流了血，所以现在很多猛将神像的头上都系着一条红色的带子。江南漕粮的问题是明清史上的大问题，特别是漕帮水手暂居的庵堂，在清代曾因罗教的原因被多次清查，后来也一直成为民间宣卷（即宣讲宝卷）的场所。至今参与莲泗荡刘王会的渔民也多会提到明清漕运的事情，所以刘猛将信仰的散播可能也与清末漕运停罢后水手失业的情境有关。

另一种宝卷说刘猛将的父亲是个赘婿，被赶出去做生意。这种表达可以被视为某类无法立足于特定社会的人群，需要接受比较低贱的身份以加入主流人群。宝卷中叙述他都是乘船沿水路在江苏、浙江、湖广等地经商，与洞庭商人的活动范围很类似。这与其他宝卷开始就说刘家是个大富翁的情节不同，一方面说明这种经商致富的情境对宣卷活动的听众来说非常熟悉，另一方面这些听众中可能有不少具有类似的经历，容易产生同情理解。

还有一份宝卷讲到玉帝封神时也颇为有趣。除了刘猛将之外，他的父亲和亲生母亲被封为松江府的都土地和夫人，外公和外婆被封为田公和田婆，而舅舅被封为金元七总管。对后者及江南的周孝子，滨岛敦俊有专书研究，[1] 他认为对对元代海上漕运有护佑之功的总管神金元七等的

---

① 滨岛敦俊『総管信仰——近世江南農村社會と民間宗教』。亦可见前引中译本。

信仰是与江南的漕运问题息息相关的。而我关注的是，民间在讲述作为大团圆结局的封神故事时，把刘猛将一家人都赋予了地方土神的身份，都未在神统中享有更为崇高的地位，分别只是礼制系统中的土地神或作为古老传统遗留下来的各种聚落的社，似乎这揭示的主题是郑振满曾经讨论过的、时代变化和制度变革冲击下人群和社区秩序的重新调适。

今天看到的宝卷、神歌大多是较晚近的版本，也主要是岸上人的仪式歌，在这些文本中，更多地反映了近两百年来岸上人的观念和情感，其中在多大程度上保留了更古老的或者是水上人的信息，还需要深入研究。苏州吴江区的地方文史工作者张舫澜等人记录和编辑了一本《太湖渔歌》，[①] 收录的多是水上人的仪式歌，比如徐家公门老兴隆社的《祭神仪式歌》《徐家公门扬歌》等，也有几首比较长篇的都是唱刘猛将故事的，只不过称刘猛将为刘官宝。所以岸上人的仪式歌（宝卷、神歌）与水上人的仪式歌（渔歌）有怎样的渊源关系？前者可能在清代，甚至晚明就有了文字文本，而后者直到很晚近还只是口头的文本，近几年才逐渐被人记录，是不是就说明前者一定就更早？

与宝卷相比，《太湖渔歌》中的《刘官宝》即刘猛将故事有很多相似的情节，比如讲刘猛将的父亲刘三官原来是个商人，做一些黄豆或者米的生意，到包家村上岸居住；也讲到八月十八涨潮的时候，父亲把刘官宝骗去看潮水，然后把他推到水里，刘官宝变成一个小浮尸在水上漂。

> 别人家小小个浮尸顺风顺水滔滔行，那刘家里向出着么一个怪妖精，小小个浮尸逆风逆水滔滔行，马公桥落水扬歌就算第三

---

① 金健康、孙俊良、查旭东主编《太湖渔歌》，上海文艺出版社，2014。

格段哎。①

宝卷虽然也透露出不少民间的内容，但被文人改造的痕迹还是清晰可见，而渔歌则带有非常强烈的民间口头叙事色彩，这也与不同时代的记录者观念不同有关。

《刘官宝》和宝卷之间的差别首先在于，渔歌是口头演唱直接记录本，宝卷是已经成为文字的作品，是讲唱文学或者宣卷的一个底本；第二个区别是渔歌保留的内容有较多生活化的元素，基本上很少有宝卷中大量的与儒、释、道有关的道德说教内容；第三个区别是《刘官宝》的情节比宝卷简单，但在每一个情节主题里细节的描写更多，每件事情都掰开揉碎来讲，每一个主题都特别长，里面神话的内容特别少。所以它并不是想讲一个跌宕起伏的传奇故事，或者是要进行道德说教，好像既缺乏强烈的"文学性"，也缺乏深刻的"思想性"，更多的是生活中遇到的日常琐事，所以更具生活性或民间性。

《太湖渔歌》里记录了好几个长短不同的猛将故事，其中一个讲上天王成神的道路要经过四十九个接官亭，文武百官接大人到青龙江立庙场：

> 那么个上天王么历代到如今，经过四十九个接官亭，文武百官接大人到莲三、莲泗荡，青龙江立庙扬歌么一格段哎。②

---

① 金健康、孙俊良、查旭东主编《太湖渔歌》，第182页。
② 金健康、孙俊良、查旭东主编《太湖渔歌》，第228页。

青龙镇在北宋时是一个海商荟萃、非常繁华的大港口，但到元代，海船就已经进不来了，再到明嘉靖时，青龙江已被视为"沟浍"。渔歌中提到这里建了刘猛将的庙，根据前面的分析，这个刘猛将的庙应该就是指重固的刘猛将庙。莲泗荡的刘猛将庙和渔民的仪式活动至今还在，所以"青龙江立庙"的说法并不是无稽之谈。

渔歌《北雪泾》，据说讲的是苏州吴县北雪泾姚家村的两个渔民五公公（张纪高）和陆太爷（陆永祥）的故事。这两个渔民都是香头，被官兵误认为两个强盗而将其杀死。因为他们是落水的浮尸，所以不能随便上岸：

> 日里勿敢上岸行么格夜头要想上岸行，
> 土地菩萨管得格紧啊，
> 说："俉俩格两个落水亡人要摸两年零六十日，
> 三斗三升格螺蛳勒拉摸起格水。"

土地菩萨让他们去求城隍菩萨，城隍菩萨又让他们去求观音菩萨，观音菩萨说：

> 若要但么格扫扫地来格点点烛么格香烟之中，
> 要到莲泗荡么格刘王菩萨去分路配啊。①

这表明刘猛将是江南渔民最认可的神之一。

---

① 金健康、孙俊良、查旭东主编《太湖渔歌》，第36~57页。

北雪泾姚家村在今天的苏州相城区，地近漕湖和阳澄湖，这里本来有个城隍庙，拜张巡，现为佛寺。庙前有一片水，庙会时有大量船只泊于庙前码头。按渔歌《北雪泾》的说法，这里的渔民也会去莲泗荡的猛将庙烧香的，这个庙也属于前面提到的太湖渔民"南北四朝"中的"北朝"。民国《吴县志》记载："二十四图，离城三十二里。坟堂浜、陆家桥头、多场岸、瓦屋村、南浜、网船头、查家浜、姚家村。"① 由于下面提到的碑刻，我们知道这个属于二十四图的姚家村就是北雪泾寺所在的姚家村。从这些地名便可看出，这一带原来应该是渔民聚集的水乡地区。地方志还专门注出，坟堂浜等几个村是前志中就有记载的，而网船头、查家浜、姚家村是新增补的，说明这几个村很可能是晚清时期才出现的渔民聚落。

同治七年三月二十八日，长洲知县曾发告示：

> 照得下十四都二十四图姚家村城隍庙于三月二十八日出会，有马德芳轮值，同年借众敛钱；林阿早等装扮活抬阁、高跷诸项名目助导肇衅。查迎神赛会，聚众滋事，本干例禁，令本县捐廉勒石饬发，竖立该村城隍庙头门永禁。为此示仰居民及住持、经保人等知悉，嗣后不准再有迎神赛会、聚众游境以及借端敛钱情事。倘敢阳奉阴违，一经查出或被告发，定将首事人并该住持、经保严办，决不宽贷，其各凛遵。②

---

① 民国《吴县志》卷二二下《舆地考·乡镇四》，第24页上。
② 《为出示永禁事碑》（同治七年），碑在北雪泾寺天王殿外左侧墙壁上。

我未及对这一事件的诱因做进一步深究，但我倾向于将其置于太平天国战后江南社会秩序的纷乱与重建的框架中去理解，原有的地权关系遭到冲击，甚至出现混乱，水上人上岸的进程进一步加速，官府对迎神赛会的管控也更加严格。

本来我对为什么姚家村的城隍庙以张巡为城隍百思不得其解，因为人多所知张巡、许远崇拜是潮汕地区的双忠公信仰，颇受韩愈的推崇，后来亦盛于闽台，与江南似乎没有什么关系。但上面的事实却提示我，由于张巡是在睢阳之战中尽忠，而晚清至民国时期大量像南苏北地区人口迁徙江南，所以这个城隍有没有可能是江淮移民的创造？尽管自南宋以来，由于传说张巡在宋高宗四处逃难时曾显灵保佑，故朝廷于临安等处立庙崇祀，也尽管由于传说张巡守睢阳时曾血食三万人，故为民间视为厉鬼，[1] 或演化为斩鬼张真君，但都可能是造成这里将张巡塑造为城隍的因素，但同时由于明清时期张巡在江淮地区的有漕省份，特别是运河沿线多被尊为水神，或许与这里的情况有更直接的关系。

虽然如今姚家村城隍庙已经变为佛寺，但从空间格局上，佛寺和原来的城隍庙差不多各占一半。佛寺的一侧是天王殿和大雄宝殿，两旁的偏殿分别供千手观音和地藏王。城隍庙能保留部分地盘已算不错。目前这一侧有城隍殿，内有"三城隍、三夫人、老太爷"的神像，旁边有五通的母亲太母娘娘殿，神像前牌位署"上方山太母"，再侧还有一间小殿，里面有一二十尊神像，据说是刘猛将。这是前曾提到的猛将堂与乡村城隍庙之间关系的又一例。

---

① "余尝过无锡，适州人出郭迓神，赤发青面，吻出四牙，状极诡异，旗旌鼓吹，卫从而异之。予尝讶而问焉，人曰：此主疫之神张巡也。且言公死时自谓当作厉鬼，故世人称公为疫疠之神而崇奉焉。"见谢应芳《辨惑编》卷一《疠鬼辨》，中华书局，1985，第4页。

图 2-24 北雪泾寺山门

图 2-25 城隍殿与太母娘娘殿

图 2-26 三城隍

图 2-27 三夫人神像

总之，这些口述传统不仅让我将东山的刘猛将和一个更加广阔的江南地域联系起来，而且给出了一个有具体生活地点和生活境遇的刘猛将，特别是这些说法的大同小异，使我们可以从乡土生活的世界出发，而非从官府和士大夫制造出来的刘猛将故事出发，去理解刘猛将仪式活动的存在。从这些口述文本的叙事结构中，我们看到的刘猛将成为驱蝗神的情节，是故事的大圆满结局，而故事是从刘猛将的父亲是一个具有赘婿身份的商人开始，再从刘猛将被后母淹死成为浮尸，进而在外婆家的水乡生产活动中显示神力展开，最终通过帮助外公建造漕船来到京城，这似乎隐喻的是一个水上人上岸的历时性过程。如果我们将此对应士大夫的或国家的刘猛将故事版本，看到的只是口述文本的结局部分。这些故事文本的结构，也许正反映了生活世界的社会－文化结构。

刘猛将究竟是什么人的神？按照上述逻辑，如果将其置于一个历时性的过程中，他既可以是岸上定居的农民的社神，也可以是尚未在岸上定居的水上人的神，因为在后者逐渐转变为前者，但后者又依然存在的时候，对这个神的信仰依然可以延续下来，其职能也会保持或随之转变。其实不仅刘猛将如此，像五通神、伍子胥等也无不如此。清代金匮的一个士绅这样感慨：

> 余尝游常熟，见其缙绅子弟习俗尚浮奢，每岁赛神，以绮縠缠身，涂面作鬼怪状，有若所谓方相氏者，创见者骇焉。而海疆沙民犷悍椎鲁，往往贩盐为盗。余以为仲雍文身，胶鬲鬻贩，巫氏之诣，渎其流弊，一至于此。[1]

仲雍，或称虞仲，与其兄泰伯一起避位奔吴。所谓文身，是说仲雍放弃了教化，反而去适应本地风俗。胶鬲是商纣王的臣子，传说在泰州经营鱼盐，后来死于无锡胶山。巫氏应该是指商王太戊的大臣巫咸，据说虞山是巫咸所出，也有的说巫咸冢及其子巫贤冢都在虞山。这三个典故都与无锡、常熟有关：第一个意思是说北方过来的人不得不在地化，"断发文身，裸以为饰"；第二个是说这一带的人以鱼盐为业，是化外之民；第三个是说这样的风土，会产生著名的巫。作者的意思，就是说这里尚

---

[1]　汪海平：《常熟席处士传》，《席氏世谱载记》卷五《传》，清光绪敦睦堂刻本，第1页上~3页下。

鬼神的传统源远流长，即使时过，未必境迁。因此，这个解释用来说明刘猛将是什么人的神的问题，也非常契合。

有些学者未必愿意接受刘猛将是水上人的神的看法，是因为他们既看到历史文献上记载——至晚在明末，刘猛将就已作为驱蝗的社神存在，也看到现在拜刘猛将的很多是岸上人，以刘猛将为题材的宝卷也是岸上人的仪式文献。还有人提出，是否可以把刘猛将信仰视为"水陆同构"。① 之所以如此，是因为他们忘记把水上人上岸视为一个连续不断的动态过程。刘猛将及其他水上人神祇不断地被重新定义为水上人上岸后的社神也是一个连续不断的动态过程，因为明代的文献记录并不能证明那时上岸的水上人不拜已经是驱蝗神的刘猛将。这也就是为什么无论在清代文献还是在现实观察中我们都能同时看到水上人和岸上人在拜刘猛将，并产生上述困惑，因为今天的岸上人就是昨天的水上人啊！

当然，有人会质疑说，水上人上了岸，那就算岸上人了，他拜的神当然就该算岸上人的神。从表面上看，这个逻辑很有道理，但我们所讨论的他是什么人的神的问题，是在讨论他是什么社会情境或什么文化情境的创造物。伍子胥后来也是岸上人的神了，但在王充的讨论中他是潮神或者水神。从王充的批评来看应该不是士大夫创造出来的，我想应该是起源于水上社会的。前面提到过的柳毅是岸上人创造出来的神吗？也不太像。水上人也有拜关帝的，但肯定不是水上人的创造物。甚至像龙王、大禹这样与水有密切关系的神，都未必是水上人创造出来的。尤为重要的是，本书是以刘猛将作为切入点，讨论江南水上人上岸的历史过程，脱离这个动态过程去纠结的话，并没有太大意义。

---

① 　裘兆远、赵世瑜：《对〈民间口头叙事不止是文学——从猛将宝卷、猛将神歌谈起〉的问答、评议与讨论》，《民族艺术》2021 年第 2 期。

三

从水上人到岸上人

东山人以经商闻名，因此在关于地方和家族的记载中，并不讳言其经商致富的经历。相比而言，关于水上人生活的记录就显得很少了。

在本书的序篇中，我提到 2019 年 7 月到东山看从水路"抬猛将"的仪式。由于神像上船前还有许多准备工作要做，所以我们夜里跑到东高田的猛将堂的时候，一些妇女已经在那里忙了。临到神像上船时，才有一些壮年男子加入，一起将神像连神座一起抬到船上。到开船的时候，已经形成了一条络绎不绝的船队。

当地人说，由于从 2017 年开始，太湖沿岸的水上捕捞和养殖业要全部停止，渔民们都要被迫转产。① 这种经济结构的变化带来的一个影响是，渔民们或以水为生的人们要进入工厂，就要按照近代以来的工厂制度制定的作息时间来重新安排生活。过去捕捞或养殖对人们来说，时间是相对自由的，但如果在工厂工作，游神影响到工作，可能就要请假。他们担心，有可能一些村民就不来参加这个活动了。按当时的规

---

① 根据苏州吴江区人民政府 2019 年 3 月下发的《关于全区太湖渔民自愿退出捕捞作业的实施办法》(吴政办〔2019〕38 号)，要在 2019 年 8 月 31 日前，完成全区的自愿退捕工作，对自愿退捕人员收回并注销"三证合一"证书，给予 3.96 万元一次性奖励，并根据船体性质给予补偿。

划，政府的这项工作要在 2020 年内完成，最迟从 2020 年 1 月开始，整个长江流域十年禁渔，不知道会不会在那以后，六月二十四从水路抬猛将到莳山寺的盛况就看不到了。

据报道，"岸边不少人家世代以渔业为生。养殖池塘退养后，渔民们该何去何从成为摆在政府面前的难题"。东山镇养殖池塘退养区域面积达 3.3 万亩，镇上正在东大圩与西大圩两个区域进行池塘标准化改造项目，总面积 10560 亩，其中东大圩 6980 亩，西大圩 3580 亩，项目总投资 1.13 亿元人民币，主旨是池塘养殖水循环利用。但是还有很多私人承包的，如前面提到的双湾村，"现在全村每家每户基本上都在改造自家的鱼塘"。①2021 年 7 月我最近一次到东山，感觉镇上和村里都更为冷清，不知是否与此有关。

这里提到的东大圩和西大圩，据《东山镇志》记载，是 1969 年兴修农田水利时筑成大堤包括的区域，又筑东、西包圩和鱼池大包圩，合起来包括东大圩和西大圩在内的大小 12 个圩。除清代以来已有的圩田外，新拓垦 11000 亩土地，改为稻田，改变了原来东山"五山二水二地一田"的状态，从而为水上人的逐渐陆居或棚居提供了更大的空间。②

上岸渔民的口述故事

东山的席家湖村原是太湖的一个港湾，据《席家湖村志》，这里在

---

① 《太湖渔民"蟹"甲归田，种植经济林木年收入有望翻番》，中国新闻网，2019 年 9 月 24 日。
② 《东山镇志》第 9 卷《农业》，东南大学出版社，2002。

明代的时候尚无人居住，时有船只在这里避风或停泊。明代中叶后席家和翁家先后在这里修建塘堤，后来逐渐成为一个码头，清代以后才有人在滩涂上搭建棚屋居住，所以棚居的水上人是这里最早的居民。席家湖港南侧还有一片水，称为馀家湖，比席家湖这个地名出现得更早，当地人传说这个地方的人生计复杂，生活贫困，不能与当地大族并论，"馀家"即"剩余的人家"之意。这个地名虽未必来源于此，但也反映了当地人对生活在这一地带的人群有这样的轻蔑态度。这也让我想起社会史研究初起时，被人讥笑为研究"剩余的历史"（rest of history），因此，为那些"剩余的"人群代言，自是社会史研究当仁不让的责任。

直到 20 世纪 50 年代，这里还没有稳定的聚落和村的建置。1952年全太湖的渔民单独管理，形成五个区，1958 年改为震泽县渔民公社，席家湖渔民都属于其下的光明社或光明大队，1969 年从太湖公社划出，归东山洞庭公社，这不仅是个行政归属问题，也是一个从水上人的管理组织改归岸上人的管理组织的问题。1984 年，光明大队改为光明村，次年再改为馀家湖村，直到 1995 年才又改为席家湖村。2003 年12 月，席家湖村、光荣村和湖新村合并，改名为太湖村。因此，席家湖村是个非常"年轻"的行政村落，现在只能算作太湖村下的一个自然村了。

不过，将今天的席家湖村视为一个渔民村落似乎是比较晚近的东山人的看法。因为文献中的上席、中席、下席就在席家湖附近，这些地方也在明清之际东山大族翁氏和席氏聚居地的附近。在乾隆时修的翁氏族谱中，清代以后翁、席两家不断联姻，其中生于雍正年间的翁道仪

图 3-1　今太湖村村委会

图 3-2　席家湖的妇女在补网

即"配席家湖席克昌女"，①说明席家湖这个地名当时就已存在，而且显然是席氏居住的聚落。所以在直到清代中叶的某个时期，水上人应该是居住在席家湖濒湖的地方，甚至可能主要还是船居，到更晚近的某个时期，上、中、下三席衰落下来，这些水上人才逐渐上岸，占据了原来席家的地盘，从棚居渐而陆居，于是今天席家湖村的口述史中便渐无席家的踪迹，而都是渔家的故事。这个例子说明，不仅文献可以遮蔽口述史中保留的史实，口述史也同样可以遮蔽文献中保留的史实。

　　不过，绝不能僵化地理解"水上人"或者"渔民"的"上岸"，不能把船居和岸居看作截然两分的两种生存方式，更不能把这样的区分普

①　乾隆《洞庭东山翁氏宗谱》卷四，第 38 页上。

遍化。清初西山人王维德称，"若夫以渔为业者，不过二三为侣，操舟鼓枻，皆有庐舍，非若他处渔户，挈妻孥与外姓为伍者"。[1]他说这里即便渔民也是岸居的，与其他地方人家在船上、四处漂泊的渔民不同。这种情况，可能与他们住在岛上有关，也可能更早的时期并非如此，总之不能一概而论。

在席家湖的渔民中，流传着一个关于踏网船先祖的故事。传说在席家湖出口处的菱湖南岸有一户渔家，女儿被人称作芦苇姑娘。有次芦苇姑娘去芦苇荡采芦叶，发觉自己的辫子被绕到了芦苇上，芦叶上的露水淌到了她的嘴里，她觉得清爽甘甜，后来就经常在采芦叶时吃芦叶上面的露水。结果发现怀孕并产下一子，被父母关在柴间，不许外出。后来村里来了一个风水先生，听了姑娘的叙说，发现芦苇荡里有一龙穴，芦苇姑娘的儿子可能是龙穴传种，最后发现姑娘常吃露水的那枝芦苇竟然是长在一具人尸的肚脐上。姑娘父母连忙将男尸移葬。几年后风水先生再来，发现这里一片凄凉，便让芦苇姑娘将尸骨回葬原地。姑娘的儿子潜到湖底，发现一条卧龙，急忙把装尸骨的包裹往龙角上一挂，回到家里向先生和母亲禀报。此后，这个孩子白天与自己的兄弟们一起下湖捕鱼，晚上读书写字，最后考中了进士，晚年又当了朝廷的阁老。而那帮弟兄们还是靠打鱼度日，逐渐形成了后来的踏网帮捕鱼业，芦苇姑娘的儿子便被尊为踏网帮的祖师爷。[2]

这个故事的隐喻，一是水上人的社会如何延续，二是水上人如何改

[1]　王维德等：《林屋民风》（外三种），附录二《民风·渔船》，《四库全书存目丛书》所收《林屋民风》抄录本卷七，上海古籍出版社，2018，第303~304页。

[2]　参见薛利华主编《席家湖村志》，香港文汇出版社，2004，第214~216页。

变自己的身份，可以看作水上人对如何转变为岸居或陆居的一种说法。我在下一章还要详述，对于那些较早岸居或陆居、通过经商发财致富甚至读书考科举的人来说，他们可以通过编纂族谱来"制造"祖先来历，比如南宋护驾说，但对于多数一直在水上生活，很晚近才上岸居住，甚至一直没有脱离水上生计的人来说，他们通常只能通过创作具有神秘色彩的灵异故事来达到这一目的。因为他们居无定所，无法也没有必要追溯自己的祖先，所以他们只需要确定他们在水上维持生计方式的合法性。

直到今天，在人们的记忆里，这里的渔民由于受到岸上人的歧视，婚姻圈十分狭小，近亲结婚的现象较多。[①] 如果试图跳出这个怪圈，男性还有可能通过赘婿的方式加入岸上人群，从而从水上人变为岸上人，但也因此脱离了水上社会；女性面临的环境就更为艰难，所以在较早的时期，就可能存在较多非婚生子女的现象，以使水上社会健康延续。

《申报》癸酉年（1873）二月二十九日的《尊闻阁笔记》刊载了一则逸闻，题为《记网船女子奇缘》。说的是有个叫阿巧的女子，出生后父母不愿意养活，就被一个网船上的妇女收养为童养媳。阿巧不仅漂亮，而且讨人喜欢，"某妪颇钟爱之，不令作船上生活，凡拖罾、打桨诸务，皆不问也"。后来生活好些，就"另置一艇，使阿巧守之，而自与

---

① 在最近的记者采访中有这样的内容："因为没有房产，渔民的儿子往往娶不上媳妇，女儿出去了就不回来。姚国庆说，因为圈子小，'岸上的好人家也不愿意女儿嫁到船上来'，过去渔民近亲结婚多。年轻人但凡能读书出去的，一般不再回来。"见沈晴《渔民上岸，湖州十年变迁》，第一财经，2018 年 4 月 22 日。文中采访的浙江湖州小梅村渔民是 1960 年被湖州渔业联社动员来的苏州籍渔民，可见当时水上人的迁徙还是比较自由的。《席家湖村志》也记录说："旧时渔民的近亲婚配现象十分严重，所以其体质智商一般都比较差，血缘关系始终围绕在徐、沈、孙、夏、姚、宓、张几个大姓之间。直到改革开放，渔村经济面貌发生了巨大变化之后，才与外姓人互通嫁娶。"（第 34~35 页）

其子驾旧船出谋食，盖以其子亦将弱冠，故令远之也"。他们的船停靠在嘉兴东门，正好在某生楼下，该生"少尝学书，中更丧乱，遂弃儒而贾，设肆于禾城之东郭。每当清晨市未集时，则居楼槛而读"，偶然见到船上的阿巧，惊为天人，"遂登其舟，自隐于芦箔之内，长跪而请，愿自附于婚姻"，阿巧拒之不果，数月后发现怀孕，双方决定私奔，"赁宅于岳庙之村中，迎女而居焉"。该生偷偷告诉了网船妇女，答应给她重金，"媪叹曰：吾固疑此儿太艳，乃尤物，非舟人子所能堪也。一接而孕，岂非天乎！受其金，而令仍以母女往还焉"。①

已有学者对此逸闻做过分析，认为这一是反映了渔民贫困，通常采用童养媳的方式解决儿子的婚姻问题；二是三个人物分别代表渔妇、童养媳和陆上商贾三种不同的社会身份，在社会上地位都很低下，但阿巧还是更倾心商贾，愿意摆脱渔民身份；三是渔妇无力坚持儿子的婚姻关系，愿意成全阿巧两人，表明一种对命运的无奈。②的确，这个故事仍然反映出水上人家的婚姻困境，以及水上女子摆脱水上人身份的意愿；但在另一方面，这位弃儒经商的男子非常类似我在前面提到过的东山人的例子，而且显然并不在意阿巧的水上人出身，可能暗示着水乡地区的商人与水上人之间的传统关系。在故事的最后，渔妇要阿巧与她之间变成母女关系，也即形成两家的姻亲关系，也许表明水上人可以由此找到一条成为岸上人的渠道。

在席家湖，到清朝中晚期只有徐、沈、孙、夏、宓、姚、张氏的7条船，不满20人在这里居住。现在孙姓是村里的第一大姓，其原是苏

---

① 《记网船女子奇缘》，《申报》1873 年 3 月 27 日。

② 王华：《幻象与认同：历史上太湖流域渔民身份的底边印象》，《云南民族大学学报》2018 年第 1 期。

州人，据说老四常去网船浜钓鱼，与当地的一户陆姓渔民的女儿相爱，遭到家长反对，就与渔家女私奔到横泾张家浜捕鱼，改姓陆，在横泾生四子，因为常去吴江捕鱼，四个孩子中就有一个娶了吴江庙港孙家女为妻，并迁到庙港定居，以张簖为生。大约在清同治年间，席家湖孙氏改回本姓，但留在横泾的还是姓陆，现在老一辈还记得两姓本为一家的关系。①

　　孙氏后人的这个描述有点类似阿巧的故事，由于改姓陆，所以可能成为赘婿；后其中一支归宗，所谓"归宗"，就是复归本姓，未必一定有宗族。同时，横泾一支又与吴江庙港孙氏渔民联姻，而庙港正是太湖渔民通往汾湖和淀山湖的那条重要水道的起点。所以，席家湖孙氏的家族经历似乎佐证了自元代至清代太湖水上人登岸的某种模式，以及婚姻网络在这一过程中所起的作用。而且，至少在明代中晚期，在太湖—长江三角洲地区构成了一个由东山、吴江腹地湖区和青浦三个支点连接起来的三角形，这一点我们已在前面的两章中提出了假设，并将在后面一章中做进一步的论证。

　　沈姓是这个村的第二大姓，据后人回忆说是很早的时候因为避难到这里，以打鱼为生。第三大姓姚氏，始迁祖是从吴县的蠡墅镇入赘到这里。他们与村中的夏姓、徐姓据说都是150~200年前迁居此处的。也就是说，这些水上人有可能是在太平天国时期东山受到冲击后，特别是利用同治时期国家重新确定地权的机会而上岸的。

---

① 薛利华主编《席家湖村志》，第31、37~38页。

无法确知的渔民人口与“湖权”

上述婚姻困境，有可能导致水上人的生育率较高。据席家湖村在20世纪90年代对本村75岁以上，包括已经丧偶的老年妇女在内的调查，女性平均生育7.7胎，最多的达12胎。[1]假如江南地区水上人在特定历史时段妇女生育率都这么高的话，一方面我们对以往关于明清江南地区节制生育的观点需要加以重新考察，另一方面其结果可能是更为严重的婚姻困境，而这种婚姻困境又可能导致水上人形成更大范围的婚姻网络和更为多样化的婚姻关系。当然，由于生活的艰辛，上述调查中还提到小孩的平均死亡率达到2.7人，成活5人，这应该也是高生育率的动因之一。

我们几乎无法得到关于明清时期江南地区水上人的人口数据和生育水平数据。明初以河泊所管理渔户，征收渔课，应该有个数字，但一方面渔民四处捕鱼，居无定所，另一方面正如明中叶有的官员说到福建福清旧额鱼粮时，称“历年多旧户日消，而新户日长，弗登于籍”，[2]很难掌握确切数字，各地渔课往往变成额办，即每年按洪武初旧额征派。如苏州府渔课摊到吴江县为64两，嘉靖十三年均粮后减掉20两。“又按：渔课既派于丁田均徭，今豪家棍子尚多谋充头目名色，白取诸渔家，动

---

① 薛利华主编《席家湖村志》，附《席家湖村部分七十五岁以上老年妇女过去生育情况调查》，第44页。

② 罗钦顺：《整庵存稿》卷一一《大卿徐公传》，清文渊阁四库全书本，第19页上。

以百计，而渔人不知，犹谓输课，可哀也。"①可见地方赋役制度改革后，渔课也并不只由渔户承担，这样对渔户的统计就更不重要了。当然，即使有渔户的户头数字，如果不能找到一定数量的户帖，也就不能知道渔民家庭的具体口数。

《乡志类稿》综合了明清至民国几个不同时期东山的户口数字。

表 3-1　明中叶至民国时期东山户口数

时间 / 类项	户数	口数	出处
明弘治间	7359	45754	《震泽编》
清康熙间	8325	43342	《具区志》
清同治间		20000 余	
清宣统间		60000 余	《洞庭物产考》
民国 8 年		33418	东山警察所调查
民国 19 年	7199	31203	《吴县特刊》
民国 24 年		35061	《吴县县政概况》

资料来源：民国《乡志类稿·官政类四·户口》，《中国地方志集成·乡镇志专辑8》，第 173~174 页。

在这些数据中，只有民国 8 年的警察所调查列出除本地人口外，还有客民、渔户 2381 人，侨居苏、沪者 15200 余人和侨居他处的五六千人。姑且忽略上述数字统计的性质、用途上的差异和统计误差等因素，除同治间数字倍减是受太平天国战乱的影响，宣统时的数字激增主要是因为战后生育高峰和清末新政的影响外，明朝中叶以来东山的人口规模变化不大，总体呈递减的趋势。

---

① 沈启撰，黄象曦辑《吴江水考增辑》卷二《水官考》，沈氏家藏本，第 75 页下。沈启为明嘉靖时吴江人，曾任湖广按察司副使；黄象曦为清光绪时人。

　　总体人口规模的相对稳定，主因应该是东山的生活空间比较狭小，一旦家族人口繁衍较快，就必须考虑迁到岛外，这也是东山人从事商业贸易的重要动因，在前面提到的个案中亦有说明。民国8年统计在外地生活的东山人有两万多，占到总人口的40%左右。在三个有户数统计的时期，平均每户人口分别为：6.22、5.21和4.33，亦呈递减趋势。一般认为明代中叶以来的赋役改革会造成人口登记数字的增加，但东山的户头人口规模缩小可能与定居后类似赘婿入户方式的减少有关，也可能与经商人口不断脱离本户外出有关。

　　民国8年的统计中包含了客民和渔户的人口数字。假如两者各半的话，渔户也在千人以上。我猜测这些渔户是相对稳定地居住在东山、以捕鱼为业的水上人，因为不断漂泊迁移的连家渔船是很难由地方警察统计的。这在当时东山37000多总人口当中（包括客民），约占2.7%，比例不算很大。但是，一方面，如果从宋元时期以来的长时段看，民国初的这个比例可能是不断缩小的；另一方面，东山的非渔民人口直到今天也还在从事水上养殖业。明代的《震泽编》说东山人“以舟楫为艺，出入江湖，动必以舟，故老稚皆善操舟，又能泅水”；清康熙时的《具区志》说“居人生长湖中，得水族之性，故多善渔”，[1]这应该是针对东山人整体来说的。因此，东山的岸上人与水上人或棚居人之间的社会身份既有明显的区别，也有密切的联系。

　　近年来由于地方文书的大量发现，明清经济史领域对地权的关注又掀热潮，由此带动了山区研究对山林产权、湖区研究对湖权的关注。刘

---

① 康熙《具区志》卷七《风俗》，第10页上。

诗古利用鄱阳湖地区的一些文书，对湖权及其分化进行了研究，徐斌也专门就该问题对刘诗古的书进行了评论，提出了一些不同意见和值得进一步思考的问题。[①] 由于所谓"水无硬界"的道理在所有水域都是相同的，尽管我既不愿意更无能力研究这个问题，对太湖水上人的讨论却不能对此问题完全置之不理。

我对刘诗古所说明初（或前后）渔民通过纳渔课，以渔户身份入籍并获得湖权的叙述完全赞同，也理解他所说的"湖权"可以分为水面权和湖底权。无论学者们将这个"湖权"的内容分解为多少项，从生计和生产来说，还是可以简化为两项：捕捞权和耕作权。前者是水面，后者是那些时淹时涸的草洲、荡田——为了便于理解和申明观点，先不要把问题的复杂性呈现出来——在我的叙事逻辑里，前者就是水上人的生活，后者是朝向岸上人定居农业过渡的生活。

由于"水无定界"和水域权利的公共性特点，界定特定水域的捕捞权是极为困难的。刘诗古书中所举案例，从国家的角度来说，就是通过交纳渔课获得捕捞权。其中一个渔场纠纷的案例，是关于某方是否有权在某湖区捕捞，或者说有无某个水域的使用权或水面权。这与土地产权中的所有权有极大区别，因此在法律上来说，只要交纳渔课，就不能禁止其捕捞。更为有趣的是，该方获得官府对其捕捞权的认可，是因为他

---

① 参见刘诗古《资源、产权与秩序：明清渔课制度与水域社会》、徐斌《江湖真的远吗？——读〈资源、产权与秩序：明清渔课制度与水域社会〉有感》（《区域史研究》2020 年第 2 期）。我多年前率先提出山西用水权公共性的问题，以图在人地关系解释模式外另辟蹊径，但在被误解之后，我就不再触碰产权问题。至于张小军在其后提出的"复合产权"概念，我当然是赞同的。但在具体的产权交易中，财产权仍然是处置的焦点，那些社会－文化要素是否随着交易而打包让渡，仍需加以实证性探讨。

首先拥有了"泥湖"的产权，[①]这似乎意味着捕捞权是绑定在或附着于土地产权之上的。也就是说，没有这类纠纷便罢，如果有，那首先要看你是否有土地产权，或者说，定居权。也许有人会说，草洲、荡田的产权也属"湖权"，这样讲当然没错，但也会引发纠缠不清的讨论，比如说，珠江三角洲的沙田、江南的圩田最初是否也是同样的性质？到底属于水权还是地（陆）权？所以对"湖权"这种模糊不清的概念可以从两个角度加以处理，一个是看国家对其收的是渔课还是田赋，另一个是看它们是水上人还是岸上人的主要生计方式。

也许较早的相关研究是张小也对湖北汉川黄氏族谱中所收《湖案》的分析。[②]在她的访谈和地方文献中，有"湖是野的，占就是了"或"插草为标"的说法，用来证明其湖权或湖分。这是一个没有边界的含混说法，与山区居民对山林产权的申明颇为类似。随着人口渐增，开发日甚，湖分才变得日益重要，但因"水无硬界"，水面的划界依然困难，官府面对纠纷也常无确定之法。从所引湖契可见，湖分的四至定界都是以山岭、土地、堤岸等陆地为标志的，这对一个较小的水面来说比较容易确定，但对烟波浩渺、一望无际，又分属不同府县甚至省份的大水面如太湖来说，就比较困难。这也是为什么张文中所说因为发水三个小湖连成一片，当地人却依然以各自原名称之。

迄今为止，学界还未在太湖地区发现类似长江中游湖区那样的河泊所材料及湖分文书。从苏州府属各县的渔课记录来看，明初渔课的数字不是很大，后来也逐渐裁撤，我怀疑这里以渔户身份入籍并据此获得

---

① 参见刘诗古《资源、产权与秩序：明清渔课制度与水域社会》，第257页。

② 张小也：《官、民与法：明清国家与基层社会》，中华书局，2007，第131~169页。

捕捞权的人数不是太多，不知道这是否因为许多水上人从事商业运输，而没有形成鄱阳湖区那样的水面权租佃和交易现象。所以像席家湖这样的渔村在1950年土（渔）改时没有一户地主和富农，成分最高的是中农。①

也有学者提及明初有丈量水域之举，此"水域"究竟何指、如何丈量，没有确切的证据。论者举清代震泽人赵王佐的《丈湖行》为证，其诗曰："太湖四万八千顷，处处波涛漾藻荇。滩浅间将牛牧放，灏漾不见芦花影。是草出没故无常，居民樵采邀天幸。皇帝三年秋七月，惊闻大舫湖滨歇。里长遣甯甲首出，相将荡漾水晶窟。上下从流细丈量，长绳细算牛毛密。较昔霍公田间丈，十存其半二已逸。吁嗟乎！湖泊编氓居釜底，天赐青青一苇水。"其实从文字上看，这里的"丈湖"指的是丈量草洲，是涸出水面、可以放牛和伐割柴草的荡地，并非水面。诗中的"霍公"，指明万历吴江知县霍维华，后文将引述的赵鸣阳的诗《平沙谣》，就叙述了当时官府丈量长满芦苇的荡地并中止的情况。附带说，本诗最后一句中的"湖泊"，在乾隆《太湖备考》录此诗时作"河泊"，征引后一版本可能会引起读者对明初河泊所以及渔户的错误联想。②

在《太湖备考》中，只记有"田赋"，未提及渔课。有关田赋数字，均照雍正十年吴县全面清丈留下的底册。除记录田地山荡总数和征派本色粮米数字外，还有田地山荡各类土地等则及田赋细目。其间特别注明，在某都下本朝均出空图若干里，"并入水乡"，③即空有图名，应

① 薛利华主编《席家湖村志》，第119页。

② 乾隆《吴江县志》卷五〇《集诗四》，民国石印本，第26页下。又乾隆《太湖备考》卷一一《集诗二》，第30页上，《中国方志丛书》华中地方第40号，第783页。

③ 乾隆《太湖备考》卷五《田赋》，第20页下，《中国方志丛书》华中地方第40号，第378页。

该也不在丈量数内，即便纳入实征，可能也是确定一个定额，摊于其他实有人户都图中，或即免征。因此，太湖地区的水上人是否经常陷入产权纠纷，目前尚无史可征，现存清代太湖厅档案中，也完全不存在这样的案件。如果这不是资料的问题，而是太湖地区的真实情况，就需要对长江下游湖区与中游湖区的差异进行解释，这当然不是此处能够完成的任务。

总之，当我们看到大量开垦草洲、荡田之类的活动时，就意味着水上人已经向岸上人过渡，甚至他们有可能已经在岸上定居，反过来再向水域经营扩展。

东太湖的渔民生活

朱明川在他的研究中反思了田野调查、口述历史等方法的不足，认为材料的有限造成了方法的局限，以至于很难了解 20 世纪以前水上人的社会组织和信仰生活。[1] 这无疑指出了水上人研究的困境，但同时也提示了历史人类学方法的可能性。

《太湖备考》是乾隆年间东山人金友理编写的，他对太湖中的岛屿所做的描述并不像一般的地方志那样完全从官府角度出发，比如在描述岛上居民的时候，并不是只记录编户或纳税人口。书中记录东山"居民二万余家"，并说与《震泽编》所记数千家相比，"盖今滋生日盛矣"，这个数字如果属实，那就是康熙《具区志》所记八千多户的近三倍。但

---

① 朱明川：《船与岸：东太湖流域民间信仰中的两种传统》，《民俗曲艺》204 期，2019 年 6 月。

书中收有另一位东山人吴庄的文章，其中又说"东洞庭五十余里，居民一万户"。[①]吴庄（1675～1750）生活年代跨康雍乾三朝，这个数字可能是雍乾间的数字，比康熙《具区志》的数字多约 1700 户，应是在籍户数的合理增长，但还是比金友理的数字少一半。这样，可能有一半东山人口不是在籍人口，而是以商人和水上人为主的流动人口，当然也不能不考虑太湖厅设立之后在籍人口有进一步增加的可能性。

同样的，书中记录西山有 15000 多家，马迹山居民"万余家"，武山与东山一桥之隔，"居民六百余家"，鼋山、渡渚山各与西山有桥相连，分别有"居民二百余家"和"百余家"，长沙山"居民六百余家"，等等。更重要的是书中还记述了岛上居民的生业，如叶余山，"居民百余家，以桑麻花果为业"；横山居民三百余家，阴山"居民百余家，以舟贩为业，与横山同"；余山"居民二百余家，无田，以舟楫为业，熟行湖湘"；漫山"居民百余家，以造篷为业"；冲山"居民百余家，业同漫山"；等等。这些太湖岛民到乾隆时应该有相当部分纳入编户，但还是应该有许多非在籍人口，他们主要从事种植业、水上运输以及造船业，在严格意义上，他们也许不能算是船居的水上人，但生计多与水上相关。

还有一些无人居住的小岛，《太湖备考》说湖中的大小山和大小洲、渚、矶、浮一共 91 个，其中 71 个是无人居住的。但有些无人岛上修有庙宇，比如用头洲有禹庙，众安洲有水平王庙等，这些庙当然都是水上人的庙。[②]

---

① 吴庄：《山分三等说》，乾隆《太湖备考》卷一二《集文》，第 22 页上，《中国方志丛书》华中地方第 40 号，第 833 页。

② 乾隆《太湖备考》卷五《湖中山》，《中国方志丛书》华中地方第 40 号，第 339～361 页。有人研究过民国及更早时期渔民到这里举办禹王庙会的情况，见陈俊才《太湖渔民信仰夏禹民俗事象的浅析》，《古今农业》2002 年第 1 期。

金友理编纂《太湖备考》的态度很认真，经常指出如今和过去的变化，也经常质疑以前本地文献如《震泽编》《具区志》，甚至《吴县志》的说法。比如说过去湖中诸山皆种橘，"今桔产甚少"；太湖地区多务蚕桑，但东山"则好逸恶劳，育蚕之家十无二三矣"。他还批评《震泽编》记东山人"以舟楫为艺，出入江湖，动必以舟，故老稚皆善操舟，又能泅水"的说法不准确，"此亦就滨湖船户而言，山人不尽然也"。^①不能一概而论当然是对的，但王鏊也是东山人，不能说他的记录就是不实之词。何况清中叶如此，二百多年之前不一定也如此，二三百年中水上人不断定居、逐渐脱离水上生计，应该是事实。

正是因此，在明嘉靖"倭乱"波及本地的时候，有人建议将太湖渔民和渔船组织起来，编成抗倭防盗的武装力量。如郑若曾就有"编集渔船为兵船之论"，《具区志》也附录了清初的《防湖论略》五条，提出"熟知湖中之境与风波之性，非渔网船不可也"，要将其"平时籍之于官，蠲其重役，给以奖赏"。^②但金友理提出五条反对意见。一是说渔民善于操船，但不会作战。二是如果只是用他们做船夫，他们以船为家，家人如何安置？如果送他们上岸居住，他们就不会回来了。三是说渔民以打鱼为生，如果不打鱼就要饿肚子，如果付报酬的话，除了要征兵饷外还要征渔饷。四是说如果让他们平时以捕鱼为生，需要时再征集，那太湖水面三万六千顷，一时如何征集。五是说太湖渔船有大型的网罟船，中型的江边船、厂稍船，小型的小鲜船、剪网船、丝网船和划船等类，适合于各种太湖水战，但如果都征集来，渔民失业，就会"激而致变"。

①　乾隆《太湖备考》卷六《风俗》，第28页下~29页上，《中国方志丛书》华中地方第40号，第474~475页。

②　康熙《具区志》卷九《官署》附《防湖论略》，第2页下~第7页上。

所以他总结说："邑志载之，似成典故，当事者慎无为其所惑哉！"①

　　无论是明朝人的提议，还是乾隆时金友理的驳论，其实都证明了太湖渔民的众多。其实金友理的说法看似有理，实际上也是书生之见，因为无论是元末朱元璋和陈友谅的鄱阳湖之战，明初在沿海岛屿垛籍为军，还是清初珠江三角洲的战争，都征用了大批水上人作为水师官兵，至于其他问题，各有解决之道。不过，他的意见中却带出了水上人生活的重要特点，一个是渔船在广阔的水域上游弋不定，官府很难加以控制和管理；另一个是渔民如果上岸定居，"则无归"，就是说他们是很愿意岸居的。同时，岸居也是不易实现的。这就会让我们回过头来再思考东山或太湖水上人上岸的过程。

　　后文将会讲到武山吴氏的定居过程。清康乾时期吴氏族人吴庄曾作《六桅渔船竹枝词》，共20首。大体上可以分为六类，一是关于太湖渔民的生存环境，二是他们的渔船、渔具和生产技能，三是他们在清初经历的重要事件，四是他们的社会关系，五是他们的信仰生活，六是作者所认为的他们对自己生活方式的认同。② 由于作者生长的环境与渔民息息相关，所以他的视角与一般文人颇有不同。以下根据上述分类，打乱原来的排列顺序，对竹枝词中描述的清代前期太湖大船渔民社会与文化略做解读。

　　　　怀山灾淡免其鱼，横目方能有定居。浸薮永教分震泽《史记正

---

① 乾隆《太湖备考》卷四《兵防》附录《湖防论说》，第26页上~27页上，《中国方志丛书》华中地方第40号，第313~315页。

② 道光《苏州府志》卷一四七《杂记三》，第25页上~26页下。

义》：余州浸薮各异，而扬州同处。叶少蕴云：凡言薮者，皆人之所资以为利，故曰薮；以富得民，而浸则但水之所钟也。今北太湖、西太湖水极深广，不风而波，正古之震泽所谓浸也。南太湖、东太湖水极滩浅，多产芰芦莲芡，所谓薮也，四民之外乐为渔。

吴庄一开始就谈及水上人与岸上人的分别，说虽然住在山中（即岛上或岸上）可以免为鱼鳖，但只有很厉害的人才能过上定居的生活，所以做渔民不比做士农工商差。太湖的西北和东南其实有很大不同，西北水深而宽阔，故称为浸；东南水急滩浅，多芦荡，称为薮，所以在前者多大船渔民，在后者多小船渔民。

少伯功成早见几，杜圻洲上岂忘归。遗将六扇移家具，尽与渔郎觅食衣相传六桡船式是范大夫遗制。

少伯就是范蠡，杜圻洲是太湖中的一个湖心洲，上有拜大禹的庙，系太湖渔民祭神的四崓中的北崓。范蠡和大禹都是太湖地区传说中的重要人物，前者是洞庭商人的祖师爷，后者是太湖渔民的保护神。后两句是说，六桡或"六扇子"船是范蠡搬家的用具，所以是范蠡留下来的遗产，给渔民提供了生活来源。这好比说后人是吃祖师爷赏的饭，所以不能忘记他们的恩德。那么"吃饭的家伙"是怎样的呢？

凭仗天风纵与横，更无桨橹可飞行。芦花深处难为泊，带得方舟便送迎船不能近岸，各有一小船随之以便行。

渔具中最重要的当然就是渔船。六桅渔船又称罛船，金友理《太湖备考》卷一六《杂记》记载："罛船之制，不知其所自始。其船形身长八丈四五尺，面梁阔一丈五六尺，落舱深丈许。中立三大桅，五丈高者一，四丈五尺者二。提头桅一，三丈许；梢桅二，各二丈许。其制造也，择时日，配八字。其造船之处，在胥口之下场湾、西山之东村、五龙桥之蠡墅、光福之铜坑。"船行不靠桨橹，全凭风帆，所以完全不惧风浪。但由于船体大，吃水深，无法停泊在港湾浅水地区，所以大船要拖带一条小船随行，以便于与岸上往来。根据前述水域特点，东太湖地区似乎不适合大船捕捞，多是小船渔民，但无论是大船的建造修缮，还是当代调查中大船渔民的聚集地，都是在东太湖沿岸地区。[1]大船渔民，更是以船为家，"其父子兄弟食粗衣恶，无膏粱纨绮之费；其母妻子女椎髻操作，无金珠首饰之费；其冠婚丧祭无繁文"。[2]

> 一年生计三冬好，吃饭穿衣望有余。牵得九囊多饱满，北嵩山上献头鱼北嵩禹庙网船冬月致祭，以网中第一大鱼致献。

在生产方面，一年之中，大船捕鱼最好的季节是农历十至十二月，如果收获不错，那除了吃穿之外还会有剩余。这与农耕人群的生计恰好有别，因为这时正好是农闲时节。祭祀北嵩禹庙是在十月，即生产旺季开始的时节，这时以最大的鱼来献祭，是希望这个捕鱼季有个好收成。同时，这也让我们更好地理解了正月抬猛将的传统是水上人的习俗，因

---

[1]　参见周群华等《苏州及附近地区太湖水域传统木帆船调查报告》，《国家航海》第2辑，上海古籍出版社，2012，第167~174页。

[2]　道光《苏州府志》卷一四七《杂记三》，第24页下~25页上。

为正月是这个最重要的捕鱼季的结束，故在此时酬神。所以，尽管与岸上人的过大年巧遇，但并不是同一个传统。

　　　　渔税丁钱岁额征，蠲除恩出大中丞。至今尸祝存名姓，此后官人总弗称康熙二十三年苏抚汤公斌奏免苏州府渔税刊碑。

　　与农民一样，一旦成为国家的编户之后，生产之外，就要面对赋役征派的问题。由于水上人的流动性，尽管从唐代就有渔户的编制，但难于管理和控制，所以一直以来处于半管半放的状态。已有学者做过统计，长江三角洲地区各府在明代共设有 36 个河泊所，但自明中叶始便先后裁革。[①] 但对渔户所收的渔课并未立即裁革。《太湖备考》记："眔船向征鱼税、丁钱，一船准以一亩田之赋，一户完一人丁。康熙二十年间，江南巡抚汤公斌以渔船冒风波之险而觅衣食，煞为艰苦，援古泽梁无禁之意，奏免之。"[②] 前述东山轩辕宫有城隍神像，祭拜汤斌。本来那里是祭祀五显和猛将的显灵庙，在汤斌奏毁五通等淫祀之后被拆毁，改祭汤斌，看来是由于汤斌奏免渔课，对渔民也有实际好处，竹枝词中说的"至今尸祝"应即指此。我们无法搞清当时的渔民在捣毁自己崇拜的神祇与免除赋役之间的心理抉择，大概还是以现实利益的考量为重，但至少可以知道，无论是五通、猛将，还是清代以后的汤斌，都是水上人的祭拜对象。

---

① 尹玲玲：《明清时期太湖流域的渔业生产——以苏州、松江、常州地区为例》，《古今农业》2004 年第 2 期。

② 乾隆《太湖备考》卷一六《杂记》，第 19 页上，《中国方志丛书》华中地方第 40 号，第 1037 页。

非常难得的是，有好几首竹枝词都涉及这些水上人的社会关系和社会结构，如：

> 相呼尔汝没寒温，半是朱陈半弟昆。带带往来争唱晚，水心烟火百家村船以四只为一带。

大船渔民之间的关系是非常密切的，没有明显的亲疏。"朱陈"语出白居易诗《朱陈村》："一村唯两姓，世世为婚姻。"他们之间不是姻亲关系，就是称兄道弟。大船捕鱼时，四船为一带，并排拉网，停船时往往也相连停靠，相互走动往来，形成独特的水面聚落。这样一种社会关系，是由生产协作关系形成的；而互为婚姻的关系，又强固了他们的生产协作关系，从而造就了水上人的"合伙制社会"。在水上人上岸的过程中，他们又把这种社会关系模式复制到岸上，而岸上人或此前的水上人对这样的传统也不陌生，故而容易接受，所以像礼法制度下的父系传承模式不太认可的赘婿方式，在他们看来只是一种对合伙有利的姻亲关系；像某某公门那样的没有血缘的拟亲属关系，也是这种合伙制社会的反映。

但是，这并不意味着水上人姻亲关系的结成就是比较随意的，因为姻亲关系所带来的合伙协作关系也是很重要的：

> 婚男嫁女费商量，当网完成也不妨六梡渔网三样，每样三副，遇有急用，则以网典质。看日过船歌却扇，便将翁媪叫爹娘。

在这种实际利益更为重要的婚姻关系缔结中，礼仪形式就会变得比较简单。一方面，如果钱财达不到要求，可以将渔网交给对方做抵押。这里注明的三种渔网，一般每种都会配三副，应该就是前面的竹枝词中提到的"九囊"，除渔船外，渔网就是渔民最重要的生产工具。所以婚姻前的谈判在这个过程中是重头戏，一旦择日成婚，事情就简单了，女（或男）过船去，直接就对老人改称呼了。

这种合伙关系，使婚姻为双方提供了劳动力，所以女子和男子扮演着同样的角色：

> 扯索看篷仗阿婆，元妻把舵去如梭。兴来自唱渔家傲，不学吴娃荡桨歌。

母亲负责升降篷帆，妻子负责把舵。她们高兴时唱的渔歌，粗犷、直率，而不像湖荡河港中小船女子那种细腻、婉转。还是因为这种合伙关系，各种拟亲属关系最容易形成，包括明代罗教易于在运河漕帮中传播，也与此不无关系。

> 几家骨肉一家人，泥饮船头任率真。礼法岂为吾辈设，不妨蓬跣对尊亲。

没有血缘关系，却是一家人；面对长辈，头发蓬乱光着脚也没关系。作者虽然以渔民的口吻说"礼法岂为吾辈设"，但还是一种士大夫的眼光，因为对于渔民来说，就无所谓"礼法"，或者有其自己的"礼法"。这种"礼法"不仅指面见长辈或妆容打扮的规矩，而且指赘婿、出继、抱养、结义等各种异姓成为一家人的规矩，这就是水上人的社会结构。

这种社会结构同样可以传承下去。

> 餐风宿水等闲过，不出江洋居有那。十叶相传渔世业，故家乔
> 木又何多吴县渔人世相传有九代、十代者。

"居有那"，语出《诗经·小雅·鱼藻》："鱼在在藻，依于其蒲。王
在在镐，有那其居。"[1] 以周天子居于镐京，生活在舒适的地方，比附鱼
儿生息在水藻中，依附于周围的蒲草。"故家乔木"语出《孟子·梁惠
王下》："所谓故国者，非谓有乔木之谓也，有世臣之谓也。"[2] 吴庄认为，
渔民捕鱼时虽然"餐风宿水"，但如果不外出捕鱼，日子还是过得很安
逸的，这似乎表明他们已经岸居。后面说吴县的渔民代代相传，有达九
代、十代的，说明水上人也有记录世系的办法。故家乔木本是指世家中
的人杰，吴庄似乎是暗示，在世代从事渔业的人家中，出现人才也是很
常见的。反过来说，就是出现人才的人家中，也有不少是世世代代的水
上人。

这让我们回到水上人与岸上人的动态关系。很多时候，水上人与岸
上人的二元标签是被刻意强调的。无论从他者还是自己的角度看，虽然
二者间的认同的确不同，但二者间的互动还是持续和随处可见的。

> 那无疾病使心焦，龟卜看来纸马饶渔舟疑事，多灼龟以定吉凶。巫
> 女跳神神降语，北朝圣众答南朝湖神有南朝圣众、北朝圣众之分。

---

① 《毛诗正义》卷一五《小雅·鱼藻》，阮元校刻《十三经注疏》，中华书局，1980，第488页。
② 《孟子注疏》卷二下《梁惠王章句下》，阮元校刻《十三经注疏》，第2679页。

> 寻衣觅食利希微，仗得神明水上飞。三月廿三逢社祭，角头山
> 下拜天妃天妃生日，渔户毕集。

太湖渔民本有自己的神灵信仰。按吴江渔民的说法，"北朝"是上方山太母，"南朝"是莲泗荡刘猛将。我们不清楚在清前期是不是这样，但上方山太母是五通神的系统，与渔民的关系至少从宋代就开始了。但角头天后宫在洞庭西山，是康熙间的太湖游击、福建晋江人胡宗明所建。三月二十三日天后诞这个东南沿海的传统，自然也是这时带到这里来的，太湖渔民接受了这个外来的新传统，说明随着他们不断岸居，与岸上的官府也形成一定的关系。

> 百年托命在浮舟，物化偏能遂首邱。湖上青山好埋骨，羞它水
> 葬用绵兜浙人水葬，以绵兜盛骨灰，悬于桥下，听其自堕水中。

按照吴庄的说法，虽然太湖渔民的生业在水上，去世后却能归葬故土。浙江的水上人死后将尸体火化，装在绵兜中，任其落入水中，为太湖居民看不起。这一方面说明太湖上的许多岛屿土地长期未经确权，因此可供渔民埋葬；另一方面说明太湖渔民有与岸上人同样的土葬习俗，这应该是受到岸上人文化的影响，也可能表明他们从事捕捞行业时已经岸居。这自然会导致他们与从事农业的岸上人以及官府发生更密切的联系。

于是，当康熙南巡把身居九五的天子与社会底层的渔民联系起来的时候，这种联系从不同的层面进一步得到了强化：

　　翠华临幸太湖渍，网出银鱼效献芹。有喜天颜传赐钞，至今藏
篚耀花纹康熙三十八年，圣祖幸东山太湖，六桅渔人蒋汉冲、蒋荣甫、陶君
显、王于发网银鱼以献，赐白金二十七两。

　　赐钞藏来敢使令，子孙传掌似兰亭。驱除疟鬼同符箓，渔户
家家荷宠灵蒋汉冲珍藏赐金分授子孙，戒勿妄用。其孙文达、文彬等尚守之，
舟人有病疟者，以缚臂上，即止。

　　康熙三十八年四月，康熙皇帝第三次南巡，驾临东山，成为当地一
件大事，各种地方文献纷纷记录，接驾的东山席氏的族谱中对此记录得
也颇为详细。《太湖备考》把"巡幸"列为卷首，其中记载康熙皇帝从
胥口乘船入太湖，有渔民献上馈鱼、银鱼，还兴致勃勃地亲自下网，最
后"命赏渔人元宝"。这样的活动当然是地方官的安排，也是康熙皇帝
的亲民表演，造成了类似"耤耕"那样的文化象征。但只有当地人吴庄
才能记述这场表演给当地人带来的"神迹"——皇帝赏赐的银锭成为富
有神力的疗疾物品。

　　在其《国王神迹》一书中，布洛赫描述了中世纪英法的普遍信仰，
即国王的触摸可以治疗臣民的淋巴结核，王权的神话由此得到强化。[1]
而东山的例子说明，这种帝王神话实际上是宫廷和民间的共谋。令人感
兴趣的是，按照吴庄的记录，这种治疗疟疾的办法似乎只是被用于渔民
身上，说明渔民试图利用此类神话的制造提高自己的身份。

　　最后一首竹枝词又回到水上人对岸居的看法：

---

① 马克·布洛赫：《国王神迹：英法王权所谓超自然性研究》，张绪山译，商务印书馆，2018。

　　樵夫招隐指岩阿，掉首船头不一瞬。漫说此中堪架屋，怕他平地有风波。

词中描述渔民对岸上居民的招揽不屑一顾，认为居住在岸上虽然有好处，但也有无法避免的麻烦。我想这或许反映了吴庄自己的看法，既有对渔民自由自在生活的浪漫想象，也有对岸上生活各种不安的不满。不过在我对东山渔民关于禁止养殖和休渔期捕捞的访谈中，发现渔民的确不愿从事岸上的工作（如去工厂），认为很不自由，故而吴庄的这种感慨，也可能在一定程度上表现了部分水上人的想法。

　　吴庄所述，应系大船渔民的生活与社会，而大船渔民主要在西太湖劳作。东太湖与西太湖的区分，中古时期就已出现，文献上普遍记录，包山（即洞庭西山）以西的太湖水域即为西太湖。又有南太湖、北太湖之分［见前引叶梦得（少蕴）言］，大体的分界是一条从东北到西南的斜线，即从今无锡市东缘到湖州长兴。该线的东南即东太湖或东、南太湖，水浅，多小船渔民；西北即西太湖或西、北太湖，水深，多大船渔民。大船渔民的社会、生活与小船渔民不尽相同，后者的流动性更大，参与商业运输和沿岸土地开发的程度更高，但二者间还是有不少共性，故可从上面的描述中对东太湖渔民的生活状况和社会组织得出一定的认识。

水上人如何上岸

　　西山的禹期山普济寺有座铁香炉，李根源认为，"据其文辞观之，乃鼋山嘴屯山墩萧天君庙中物也，未知何时移之于此"，也就是说，此香炉应原属萧天君庙，即渔民拜的五老爷庙。该神在当地又称"网船五"（详见后文）。香炉炉座上有元代的铭文：

> 　　姑苏乡三十二都元山保居住奉圣弟子金亮为家眷等所伸情旨，伏为至正九年八月初七日，为自身在外，夜梦告许通天都府五显灵观大帝星源灵顺祖殿心香一炷，保安平善，人志不贞，元许信心，镌造香炉一座，入祈福保安，议会惟愿永充殿上供养，专祈圣力保庇家居清吉，人口安宁，四席三元，常逢吉庆。至正十年二月日奉圣弟子金亮镌。①

由此可知，如今元山的萧天君殿早在元末就已存在，当时或是拜五通神即五显的庙，或是该庙有拜五通的殿。李根源记萧天君庙中还有明万历四十六年六月炉座铭文，书"吴县三十二都一图信士朱天禄、朱天悦、朱应涛"的名字；②清顺治十七年三月神案刻字，书"吴县二十二都八图陈彝、李应元、李仲华、陈光祖、朱茂章供奉圣殿案前"等字样；同年四月神座刻字，书"吴县三十二都一图朱守仁、陈光相、沈以成、张士伦、章成学、张佐明、张成彦、张文礼、张忭、张应惠、朱子奎、张凤翔、张成智、张成相、金存礼、柴思才供奉"字样。③此外还有明万历间和清乾隆间的其他碑刻。我们不清楚前述捐献的香炉、桌椅是给

---

① 李根源：《洞庭山金石》卷一上，第13页上下。文中"五显灵观"应为"五显灵官"，不知是原铭文有误还是李根源抄录时误写。

② 李根源：《洞庭山金石》卷一中，第46页。

③ 李根源：《洞庭山金石》卷一下，第1页上下。

哪个神的，但无论如何这里曾有拜五通的传统，同时也应该是本地的社庙。有可能因为清康熙时奏毁淫祠，五通、五显、刘猛将等无法继续存在，于是人们改拜传为梁昭明太子曾孙的萧天君，这可能也是前述那个香炉被移到禹期山普济寺的原因。前已述及，五通和刘猛将等本是太湖渔民所拜之神，后来水上人上岸定居后则继续建庙崇祀。捐献香炉的金氏应该已经上岸居住，但仍然可能是以经商或捕鱼为业。

在如今重修的萧天君殿的前后庙堂中有林林总总的神像，比如有"夏氏全福老先锋"牌位的神像，殿前的香炉上镌有太湖公义社、太湖老兴隆社、太湖新兴社等字样，还有湖州钱新社香客捐款的记录，表明从元代直至今天，鼋山嘴屯山墩的这座庙宇一直是东太湖地区渔民的庙，这是一个长达约 670 年的、连续不断的传统。将元代碑记与今天的田野调查结合起来看，这可能是太湖两山地区关于水上人上岸的最早记录。

较早对水上人的社会生活状况进行调查研究的，一个是燕京大学社会学系许地山教授的团队，1928 年，他们完成了《福州疍民调查》和《福州市台江区小船户各种统计及其生活状况的调查》；另一个是岭南大学社会研究所伍锐麟、陈序经教授的团队，1933~1934 年，他们完成了《沙南疍民调查》和《三水河口疍民调查报告》。在《沙南疍民调查》中，还提到了美国人类学者 H. J. Shapiro 所著的 *The River Life of Canton*，以及教会所作 *Reports of South China Boat Mission* 两书。[①]

---

① 吴高梓：《福州疍民调查》；邹德珂、项孝挺：《福州市台江区小船户各种统计及其生活状况的调查》；岭南社会研究所：《沙南疍民调查》；伍锐麟：《三水河口疍民调查报告》，均收于李文海主编《民国时期社会调查丛编·底边社会卷》（下），福建教育出版社，2004，第565~696 页。

　　由于这些调查都是社会学者做的，对于水上人上岸的历史过程没有特别关注。在《福州疍民调查》中提到民国以前疍民不许居陆，所以"运货、搭客、家居都在一个舟上"，到民国后便没有这些约束，仅此而已。岭南大学对广州二沙岛沙南疍民的调查比较详细，但这些人大多已经岸居，从事水上职业的人在受调查的129户人家中大约只占四分之一，"已不能完全叫做水上居民"。根据调查，这里有的人说自己来自黄埔，也有的说来自东莞或肇庆，因常在沙南停泊，逐渐登岸居住。传说最早有一位"剃头佬"在岸旁棚居。后来在这里出现了土地庙，逐渐成为每年二月初二"土地诞"附近居民集聚的地方，也慢慢开始有了南雄珠玑巷的说法。这些信息虽然不能告诉我们这些疍民上岸的动因和途径，但他们上岸后建起表示定居岸上的土地（社）庙，开始将流行的祖先定居传说写入族谱，与我们以前写过的水上人上岸的过程完全一样。

　　对水上人上岸的问题，民国时期的现实调查都语焉不详，要想了解更早的历史状况就更为困难。在关于中古时期滨海地区水上人群的研究中，鲁西奇专门提及了水上人的入籍与上岸的关系。他称，中古时期水上人群的"上岸"就意味着他们以不同方式被纳入版籍，并指出他们所入之籍具有不同属性，如乡里编户、夷户、海户、盐户、疍户等。[1]徐斌、杨培娜等分别对明代湖区和沿海人群被纳入河泊所管理的过程进行了说明，[2]虽然他们的问题指向是国家对这一人群的制度管控，而不是水上人的上岸过程，但基本认识是与鲁西奇相同的，即在这一过程中，被

---

①　鲁西奇：《中古时代滨海地域的"水上人群"》，《历史研究》2015 年第 2 期。

②　参见徐斌《明代河泊所的变迁与渔户管理——以湖广地区为中心》，《江汉论坛》2008 年第 12 期；杨培娜《从"籍民入所"到"以舟系人"：明清华南沿海渔民管理机制的演变》，《历史研究》2019 年第 3 期。

纳入国家编户系统是水上人上岸的重要途径。

需要指出，这些人仍是交纳渔课的渔户和疍户，虽然编制在类似里甲制度的体系中，但与民户和军户仍有不同。在人群分类上，编入民户和军户的水上人可以说是完全的岸上人，他们可以拥有耕地等事产；渔（疍）户顶多是"半"岸上人，甚至仍是完全的水上人，他们往往没有土地，所以徐斌文章中举出的渔户户帖上，事产一项仅有"茅屋"三间而无他。杨培娜也说，随着明中叶以来沿海沙田、滩涂的开发，陆上家族势力的扩展，水上人的生活和生产空间被日益压缩，他们要么上岸，要么向深海区域发展。在这个意义上，入籍虽然是水上人上岸的重要条件，却并不完全等于上岸。

在不同的时代，水上人上岸的动因有所不同。在贺喜和科大卫对20世纪中国渔民上岸的研究中，他们指出，到20世纪末，生活在船上的生活方式面临终结，其背后的动因有三个。首先是机械化带来的渔船、拖网和捕鱼技术的变化，其次是市场化的资本运作导致了城市鱼市的集中，再次是政府的城市化政策、卫生和教育政策，以及对无籍人口流动危险性的宣传，[①]这三条显然都是现代性的重要表征。进入21世纪，这些动因之外又增加了新的一条，即生态环境保护导致的限制和禁止水上养殖和捕捞，这又多少带有"后现代"的特质。

与20世纪以前的社会相比，水上人上岸的驱动形式虽然发生了变化，但最终都是走向上岸定居。就贺喜和科大卫提到的第三条来说，前现代社会的入籍驱动几乎具有同样的性质。此外，对前现代社会的太湖

---

① He Xi and David Faure, "Mechanization, Market and Moving Ashore," in Xi He and David Faure, eds., *The Fisher Folk of Late Imperial and Modern China: An Historical Anthropology of Boat-and-Shed Living People*, Routledge, 2016, pp.186–198.

水上人来说，农业开发和商业化同样导致他们上岸。在刘志伟对珠江三角洲沙田开发，[①]徐斌、刘诗古等学者对长江中游垸田、草洲的开发，[②]以及滨岛敦俊等学者对江南圩田开发的研究中，已经充分展示了许多水上人对这一过程的参与，他们或作为佃户，或作为奴仆，逐渐落地生根，形成聚落，甚至建立宗族。虽然相当部分材料没有清晰明确地指明他们曾经拥有的水上人身份，但在各地漫长的水乡成陆过程中，这种情况的存在几乎是无可怀疑的。在江南等地的历史发展中，水上人还利用自己的先天优势获取商业利润，然后借此上岸，并形成了某种商业网络和经营模式，这种网络和模式也许是与陆地定居居民发展起来的那种不同的。

在《沙南疍民调查》中，研究者认为珠江和闽江流域的疍民人口至少在 200 万以上，而广州的疍民至少在 10 万~15 万，大约占当时广州人口总数的十分之一。这些人在不到 100 年的时间里已经"消失"殆尽。在 20 世纪之前，虽然这种"消失"的速度没有 20 世纪那么迅速，但就全国来看，绝对规模的缩小也很明显。虽然我们知道，在前现代的历史上，也时有岸上人转变为水上人的现象，但从总的趋势来看，这种现象越来越少，水上人变为岸上人似乎成为他们的唯一归宿。因此，在江南地区这一过程究竟是如何实现的、其对水乡社会产生了什么影响，是一个非常值得探讨的问题。

可以说，近年来的水上人研究多与江河流域或湖区研究相联系，其

---

① 参见刘志伟《珠江口水上人的历史人类学》，《溪畔灯微》，北京师范大学出版社，2020，第135、139 页。

② 参见徐斌《制度、经济与社会：明清两湖渔业、渔民与水域社会》；刘诗古《资源、产权与秩序：明清鄱阳湖区的渔课制度与水域社会》。

超越前人之处在于对水域开发过程中的定居入籍，特别是产权获取进行了深入具体的描述和分析，这当然也是水上人如何和为何上岸问题中的应有之义，也是珠江三角洲沙田开发研究的自然拓展。但是，对于太湖岛屿这样的无地、少地，甚至荡地开发都比较有限的地方，这一过程就会与上述研究所论有所不同。特别是，当我们把这个问题放到脍炙人口的从宋代的"苏湖熟，天下足"到明代的"湖广熟，天下足"的转变过程中去看，也即江南地区日益商业化而两湖地区日益农业化，水上人上岸的取向差异就变得易于理解了。

前面已经说过，明清东山人的文字中可以讲到祖先经商的经历，但几无提及祖先从水上上岸的历史；前面也已假设，入赘是水上人上岸、获得岸居权利的一种方式，虽然他们入赘后从事商业贸易，未必成为完全岸居的居民，但在致富之后定居岸上却是常见的现象。无论如何，我们对族谱的分析也只能假设，而不能确定其祖先的水上人身份。

晚明时华亭人陈继儒有一种文学化的说法：

> 往游太湖，振衣缥缈、莫厘之巅，谈说故实，始知宋室南辕后，士大夫少壮者扈驾仕于朝，老者则混迹渔樵，种鱼满陂，艺果满林，至白首不见郡邑长吏。故今山中旧姓，礼义彬彬，家有谱，墓有铭，子孙多欲不朽其亲，而首以文章之可重。①

他说到了洞庭两山才知道有这样的故事，岛上的老人家看起来就

---

① 陈继儒：《明故处士云门严公暨元配叶孺人亚配杨孺人行状》，民国《六修江苏洞庭安仁里严氏族谱》卷八《传志》，上海中华书局，1923，第17页下。

是渔民、樵夫，实际上是随宋室南迁而来的隐士，所以这里颇有文化传统，编纂家谱，撰刻墓铭，还特别重视请人写文章记述先人的生平。假如我们从另外的角度去理解这段文字，也可能正是因为后世子孙不愿人们知道他们的祖先就是渔民、樵夫，所以才通过族谱、碑铭等文章加以重构。

东山严氏的一世和二世生卒年代缺考，三世世昌生于永乐二年，这样始迁祖伯成公大约就是元末明初的人。同时，伯成公和二世严肃都葬在埱字号地，可能是到清代才在圩上建的墓，[①]从三世直到明末都葬在天津湾。我没有在有关东山的文献中找到天津湾这个地名，但族谱中又记载其三世严昱葬在"天津窑灶"，他的两个儿子又都绝嗣。所以我怀疑其先祖有可能是长芦盐场的灶户。其二世严让之子严世杰还葬在天津湾，其孙四世严文瑛便葬在东山的俞坞福兴山。就是这样一个前三世还记述模糊含混的家族，到五世严经却异军突起，成为严氏家族在明代最有名的人：

> 　　严经，字道卿，东洞庭人。父文瑛，以孝友惇朴，里中推为长者。母梦星殒庭，生经，少贾于沛，先达贺元忠谓曰：曷不就进士举？挈之京师，又之南京，淬励问学。弘治乙卯、丙辰联第，授南京刑部主事，进员外郎、郎中。遇事裁决如流，尚书张敷华亟称之，招拟悉出经手。擢知吉安府，命下，宅艰，后补彰德。[②]

---

① 据乾隆《太湖备考》卷五《都图地名》，东山只有二十八都十图的书字圩、三十都二图的庶字圩与之音相近。见《中国方志丛书》华中地方第 40 号，第 374、375 页。

② 崇祯《吴县志》卷四五《人物》，第 23 页上 ~24 页上。

严经年轻时还去安徽苏北一带经商，贺元忠系东山槎湾人，成化八年进士，将其先后带至北京和南京，但很快连考连捷，亦属罕见之事。到严经的儿子严滂时已经是"困于赋役，且食指繁众，家绪中落"，孙子严棨便"易业计什一，征贵贱，鼓掌遨游，若齐鲁，若梁蔡，若荆楚湖湘，罔弗遍及"。① 所谓"自曾大父芥舟公登弘治丙辰进士，为彰德守，有廉名。大父逸山公以清白世其业，子孙众多，鲜克自立矣。至渔溪公始弃诗书，学白圭之术游四方，以转输饶其家，家用渐饶"。渔溪公即严棨，其子鹿门公也"从父游，舟车之迹靡不遍"，后来定居在棠邑（江苏六合）发展贸易。② 可见这也是一个具有经商传统的家族，而且可能主要以运输业致富。

严经在科举仕途上的昙花一现毕竟给家族的发展带来一定影响，据说其孙严果始编族谱，到明末时又重修。在陈继儒给严果谱所写序中，他说"诬祖之罪，莫过于家谱"，所谓诬祖之罪，就是攀附。所以"公以为古老传袭之言难于凭据，近自十世以上汇成一帙，而悠谬虚无者屏弗书"。"谱立，而生者不至路人，殁者不至馁鬼，舆台贱隶不至僭冒，窜入于同姓同宗之间。"③ 九世严昌禄写于"崇祯乙卯"（应为己卯之误）的重修谱序中，又重申其先世"世远年湮，已无从稽考"，并批评许多族谱"多以伪而续真，有自掩其先世而窃附于德门华阀"。④ 绍兴人王

---

① 严允弘:《渔溪严翁暨叶硕人墓志铭》，民国《六修江苏洞庭安仁里严氏族谱》卷八《传志》，第 10 页下 ~11 页上。

② 归昌世:《明处士鹿门严公暨配陆孺人合葬墓志铭》，民国《六修江苏洞庭安仁里严氏族谱》卷八《传志》，第 16 页上。

③ 陈继儒:《洞庭严氏家谱叙》，民国《六修江苏洞庭安仁里严氏族谱》卷首《原序》，第 2 页上。

④ 严昌禄:《重修安仁里严氏家谱序》，民国《六修江苏洞庭安仁里严氏族谱》卷首《原序》，第 2 页下。

思任在序中说，把传说宋建炎中始居洞庭的宁波鄞县四十八公视为"影祖"，"影而形矣，为此说者，疑确不可知"。严果认为，"吾所可知者，吾祖伯成、彰德公耳。祖伯成、彰德公，犹之乎空洞之祖贞义也"。[①]在严果看来，能认可的一个是始祖伯成，另一个就是做过彰德府知府的祖父严经，实际上就是承认元末以前的家族历史是不可知的，甚至五世严经之前的历史也是模糊的。这样的叙述很像水上人上岸定居的历史过程。

严氏家谱在明末的几篇谱序似乎都很集中地关注祖先"造假"的问题，有些言辞还很激烈。我猜测是看到周围的很多家族在修族谱时都有这种做法，而实际上这些家族的经历与严氏也差不多，故有此愤激之论。

《万氏宗谱》中有一段文字也颇值得注意：

> 溯惟宋时吾始祖虞恺公自汴南迁，携仲子禹思公居山后张巷，仅止两茔。八传至元季，咸五公因赘于叶，遂居山前叶巷。其间十四世以内，传多失绪。自明景泰以来，惟十五世祖应明公以下竹泉公支子孙稍盛，传之于今，每于清明祭墓，只有秦家坞缨缘字圩柏树坟石碣上镌"万氏先茔"。按昔金传此坟多葬骨殖甏者，兹阅本山沈氏宗谱，起自晋代，其始祖驸马原方公坟墓葬于二十六都一图才字圩，连璧桥之东，同坟葬有二世至二十二世，书明各表号配氏，挨昭穆穴小葬者，据传俱是骨殖甏也。
>
> 以此论之，则吾柏屏坟必系迁山前，……上至八世咸五公，谱

---

① 王思任：《安仁里严氏家谱序》，民国《六修江苏洞庭安仁里严氏族谱》卷首《原序》，第3页上下。

书俱葬思家山第一茔，且亦相传俱葬骨殖甏者，与沈坟事同一辙可凭。况墓碣不书始祖，只称先茔，是咸五公坟下至廷举公并为小葬于坟无疑也。[①]

　　文中所提缨缘字圩在二十九都十四图，又沈家祖墓所在才字圩属二十六都一图无误，应都是新建或迁葬的结果。按同治年间记录的传说，这些坟墓都是瓮棺葬或二次葬。这里不牵扯与儿童有关的瓮棺葬，也不牵扯上古或史前时期的瓮棺葬或二次葬。一种可能是东南族群比较普遍的二次捡骨葬习俗，另一种可能是沿岸棚居渔民的葬俗，二者背后的原因都是土地资源匮乏，在文化上也没有儒家礼制的约束。万氏从八世到十五世，即从元末到明中叶，以及沈氏号称二世到二十二世，都是密集的瓮棺葬，甚至怀疑所谓柏树坟或柏屏坟的瓮棺葬是万氏迁到东山以前的墓葬。无论是否刚刚上岸定居的水上人，当时他们应该是生活在比较底层的人群，至少是还没有深受儒家丧葬礼仪约束的人群。

　　东山长坼张氏自称唐代张巡的后代，"忆先大夫言，吾族本居太湖之厥山，自五世祖瑞十三公入赘东山董氏，是为迁居东山之始祖"。[②]从民国6年谱序作者为二十世来推算，其移居东山的时间大致应在晚明时期。厥山在太湖中，是距三山不远的小岛，按《太湖备考》，当时的"居民六七十家，以花果为业"。[③]在湖中一个小岛上是很难长期生存的，

---

① 万时遇：《集资备祭祖茔说》，同治《洞庭东山万氏宗谱》卷后《附录》，蔼吉堂刻本，犹他家谱中心藏。

② 张文均：《张氏家谱序》，民国《东山张氏家谱》，第1页上。前曾提及苏州相城区的北雪泾寺原来是村城隍庙，以张巡为城隍，是一座渔民的庙，也许民国《东山张氏家谱》以张巡为始祖，与此有关。

③ 乾隆《太湖备考》卷五《湖中山》，第6页下，《中国方志丛书》第40号，第350页。

所以张氏的族谱非常清楚地说明，他们的祖先是通过入赘定居东山的。

张氏迁居东山后，定居于长圻，到两代以后，又分居于长圻的寺前和湾里。长圻位于东山最西南端，突入太湖处称为长圻嘴，明代设有长圻哨，但山前濒湖地势很低，至今在发水时仍会将沿湖的环山公路淹没，所以长期以来并不适合人居住。但这里距离三山、泽山、厥山最近，是从这些岛屿登东山后的第一站。据民国初其二十一世张武铺回忆，其曾祖九皋公曾在寺前有20多间房，太平天国运动时"长圻一处，一变而为荒凉之地，居家稀少，未能居住"。于是他父亲和叔叔等商议将这些房屋改建为祠堂，神主除始祖张巡外，一世到十七世只祭本支，从他曾祖父一辈才祭兄弟的子孙。"祠中一切规模，无如作客时，多未暇顾及，不识何日得息肩还里"，[①]说明张氏祠堂也是在外经商的东山人支持修建的。

张氏定居东山后做何生业，未见记载。根据子侄辈为谱序作者张文均所写《行述》，其于道光年间"年十有五，家贫辍读来沪，就潘氏所设之绸缎号习商业，执贽于先祖挺云公之门"，咸丰九年上海动乱时，"同人星散，公独与先祖陆续运货，冒险出城，交还主人，得免损失"。到同治二年为避太平天国之乱，张文均迁到上海，"先严营缎业，公营盛绸业，遇事互商"。从这个个案来看，张氏还是以经商为业的，这也符合新中国成立之初所做的调查，称从事果树种植业者往往去店铺做学徒。

张氏并非东山的显赫大族，定居东山的时间相对较晚，清末修建祠堂，民初编纂族谱，但却是水上人岸居东山的一个典型。他们在晚明通过赘婿的方式定居东山长圻，有可能是以果木种植兼营商业，到清中叶

---

① 张武铺：《张氏家祠记》，民国《东山张氏家谱》，第8页上~9页下。

或晚清时积累了一定财富。在太平天国战后一片萧条之际，他们趁机占有土地，并通过建立祠堂加以确权。张武镛说"坟墓在长圻者居多，无如历世以来从未记载，以致大半竟无考处，即询及本支，亦皆茫然"，说明张氏在晚清之前是没有自己明确的坟地的。他也很明白，"况近代生齿日繁，堪为营葬之地日少，稍不注意，难免不为人所占夺"，于是迅速在族谱中标明坟地位置、户名等。如窑上坟在二十九都一图辇字圩，特别注明同治清丈时"适天如公在山"，领了方单，现在其兼祧子如增公的妻子耿氏手中。光绪年间族中曾与耿氏商议此方单"归公收管"，但遭到拒绝。民国5年张知筌为自己和儿孙建五穴生圹，花费三千金有奇，[①] 可见清末以降东山土地占有的争夺变得日益激烈。这种举措，在东山著姓中也很普遍，包括在各地建立义庄，都是如出一辙。

当然，定居后因经商致富，然后通过宗族建设在岸上拥有土地，只是上岸水上人中的一部分，且是在文献中被记录下来的那一部分。多数人，特别是更晚上岸的水上人，往往是开发圩田的佃户，或者虽然岸居，但依旧从事水产养殖和捕鱼。

上岸后仍从事捕鱼或水产养殖的人，往往有自己的社会组织。关于这些社会组织在历史上的活动，除了清代运河漕帮及其庵堂有一些文献记录外，是很少有文字记载的，但这些组织及其活动恰恰可以帮助我们了解水上人上岸的过程。在后面章节的叙述中，我展示了一些渔民组织及其在社会冲突中的活动，但失于笼统，不够具体，因此只能借助20世纪的资料，让我们可以对此有一些较清晰的印象。[②]

① 《坟墓记》，民国《东山张氏家谱》，第1页上~11页下。
② 北京大学中国语言文学系的博士后研究人员裘兆远先生向我提供了他搜集的一些基层政府单位的材料，特此致谢。出于众所周知的原因，这里不能注明资料来源，敬请谅解。

至晚在 20 世纪上半叶，太湖地区存在着不少渔民的祭祀组织，称为老公门社、太湖公义社、太湖长生社、太湖兴隆社、先锋社、大锣班、石湖大社等，各有"道头"（会首），成员少者数户，多者 100 多户。在新中国成立后，这些组织先后停止活动。

各个会社的仪式用具中包括各种神像，在公门或堂门中既有与渔民关系密切的刘猛将（刘王）、李王、五圣、禹王、天后等，也有常见的玉皇、东岳、关帝、真武、三官等。此外还有先锋，如范老先锋、徐老先锋等。在船上或住家中奉有家堂菩萨，有轴画，也有泥、木、瓷的神像。大船户有大王、五圣、上方山太母、西山五老爷夫妻、观音、三官、宋相、马公和本船亡人，小船户有刘猛将、上方山太母、西山五老爷、北雪泾城隍、杭州观音。如果身任童子、先生的，家堂里还要加一个先锋。

最重要的用具是"筶笤"。筶就是珓，笤就是筲，占卜时童子有青龙、白虎、朱雀、玄武四只，先生有青龙、白虎两只。苏北人用两只大筶笤，本地人用两只小的。此外还有堂锣和各种仪仗。

主要的庙会每年有十次，见表 3-2。

表 3-2 20 世纪上半叶太湖渔民庙会一览

地点	神灵	时间
杨湾庙	西海四亲伯	正月十二、七月十二
北雪泾	北堂小城隍	三月二十八
王江泾	南堂大老爷	三月清明前、八月十三
上方山	太母	八月十八
西山鼋山	五老爷	三月

续表

地点	神灵	时间
湖州南家桥	黑虎大王	正月十二、七月十二
杭州	观音	二月十九、九月十九
平台山	禹王	十月、正月初八上峁
衙里	天后	三月二十三
蒲桃湾	三大先锋	七月初七

　　小船户要参加其中的五次香汛，即正月十二和七月十二的西海四亲伯、清明前和八月十三的南堂大老爷、三月二十八的北堂小城隍，这三个神灵对他们最重要。大船户要参加的四次香汛是：早秋路头香、冬抬五老爷（接太保）、结冰抬老爷、上峁抬禹王。大船户的仪式要一带四船参与。从前面提到的竹枝词来看，这些香汛至晚是从清代中叶流传下来的，而以一带四船参与仪式又是来自捕鱼生产的组织形式，这一点对证明我所谓"合伙制社会"至关重要。

　　到 1965 年 9 月，根据有关调查，在太湖公社所辖地区的祭祀组织和骨干，只有堂门 2 个、先生 14 人、童子 6 人、仙姑 7 人、徒弟 3 人、帮手 10 人、香头 6 人、祭司先生 34 人。"骨干分子"的"迷信"活动主要是看筶、念经、跳菩萨、看病、唱神歌、烧太平路头、干长年抬老爷，少数人可以老爷上身或观音上身。他们家里大多有神歌簿、筶筶、神轴，有的人还有一些锣鼓仪仗。这些在今天的庙会、宣卷等"非遗"活动中依然是常见的。

　　20 世纪中叶的政治运动将渔民的这些组织行为视为"迷信"或者是某些人的"骗术"，但在相当程度上忽视了渔民的生活困境，没有重视渔民为何有此需求。在旧抄本《五圣笤诗》（即签诗）中所问之事有以下几类：家宅、婚姻、讼事、生意、求财、求名、失物、交易、六甲生育、占病、丧祭、造葬、捕捉、六畜、田园、蚕花、行人、人口。由此可见，家宅、婚姻、讼事、生意以及怀孕生子是渔民最为关切的，或者说是最不稳定或容易出问题的，丧葬以及与定居农业有关的事则排位靠后。

水上人在上岸过程中，与已经定居的岸上人存在紧张关系，因此他们往往拜自己的神，建立自己的祭祀组织，并尽量在自己的组织中解决生活中遇到的困难。像堂门、公门这样的组织并不只是单纯的祭祀组织，像下面还会讲到的那样，也是一种拟亲属关系的社会组织，是以祭祀组织的形式出现的共同体。

潦里：一个过渡带社区

今天东山镇下辖的潦里行政村由潦里和高（茭）田两个行政村合并而成，包括港西、桥西、中横、上横、施巷港（原属潦里）、东高田、西高田、前门头、后门头、银湖新村、高田新村（原属高田）共11个自然村，本书开始描述的半夜参加乘船走水路抬猛将就是这里的仪式活动。

潦里何时形成聚落不太清楚，明代的地方志中还没有出现，但在清初的文献中便有了。在康熙时翁澍纂《具区志》中，潦里被写作簝里，虽是一字之差，却分别说明了这里的自然状况和聚落状况的变迁，即曾处在沿湖洼地，逐渐出现暂居的茅簝。茭田这个地名说明当年这里长满"茭芦"，宋代以来人们往往在圩田的堤围外面种植茭芦，来抵御湖水的冲击。另外，不仅茭芦可以出售，而且种植茭芦的地方日益淤积，可以逐渐形成新的圩。因此，这两个村在清代之前大概还属于"荡"。

关于潦里，当地传说与辽国有关。北宋年间，宋辽时常征战，有一支辽军撤退北上时，在太湖中迷失方向，就滞留在太湖岸边，从事渔业生产，并落地生根。这个传说虽然意在表明"潦"字的来源，却说明潦里人的认同是与东山本地人不同的，甚至在人群的来源和政治立场上是对立的。上一章曾提到正月抬猛将时前山各村抬猛将到潦里，又说夜间打灯笼称为"潦反"（即潦里造反），暗示潦里人与前山各村存在着紧张关系。

在东山叶氏的族谱中有这样一段描述：

> 长公山，石林长子栋所居也。予尝疑之，访之故老，言前宋之世，民居于山坳，濒湖少有居者，故今山岩时有阶砌之形、磙砆之遗，后有井厕，则长公山、程公墩者，皆其居也。不知何时渐徙而下，而山中空无人居，或以为金元之乱时，有零盗入湖，民居邻湖，卒遭杀掳，故深居如此。其说亦可听云。[①]

族谱编者听到传说长公山是叶梦得长子叶栋居住的地方，颇感怀疑。他听老人说，宋代的时候东山人多住在山坳里，很少住在湖边，并怀疑是为了躲避金元时期湖盗的骚扰，后来则逐渐迁至山下。实际上前面引述

---

① 《长公山事实》，康熙《吴中叶氏族谱》壬集《纪一》。

的明代文献也提到，东山的早期居民主要从事种橘子等业，到明代的时候已经相对衰落了，而关于元代东山人经商活动的记载大大增加，一方面是生计方式的改变，另一方面是致富导致人口增加，对街巷、房宅的需求也改变了，人们向相对平缓的山麓移居。同时也说明，东山的山居聚落与濒湖的棚户聚落是两个不同的世界，濒湖地带定居聚落的出现，是伴随着荡田、鱼池开发，在对太湖水灾有了一定抵御能力之后才有可能的。

在今天东山紫金路以东直至环山公路—洞庭路—207县道的地区，自南至北分布着新潦、潦里、渡桥、新渔等行政村，前面提及的席家湖也在这个范围。在这个区域内，既有现在仍然自称渔村的村落，也有清代中叶至20世纪90年代逐渐形成的、现在已不称自己是渔村的聚落。可以说，这里在相当长的时间内，总体上是棚居聚落，较早是沿着一条条港居住，20世纪90年代前，沿港居住在船上的现象还比较普遍。在此过程中，人们逐渐上岸居住，又因沿港住满，逐渐在港与港之间建屋居住，由此形成窄巷密布、布局杂乱的居住区，是前山东、西街地区以下的第二台阶，以18世纪以后逐渐上岸的人群为主。

在渡桥村的洞庭路以南，今天还保留了"渡桥村网泾浜"这样的地名。在这里的一条港桥的旁边，有个很小的猛将堂，在外表上完全看不出来。里面有个很小的猛将神像，这应该就是水上人刚刚上岸后比较常见的那种猛将庙。老人非常自豪地告诉我，这个猛将是十个旗中的老大。传说原来的黄大舵旗上有乾隆皇帝的敕文，我请他把所说的"旗"拿出来看，上书"锡嘉桥刘府中天王"，我猜测可能是"席家桥"的改

图 3-3　锡嘉桥刘府中天王旗

写。今天拜这个庙的是东荄田八组、晨光村网泾浜、张家下脚、兵沿村等聚落的居民。老人说，所谓十个旗就是十个大队，包括震东大队（摆渡口村）、团结大队（漾家桥村）、新建大队（新建村）、渡桥大队（光荣村）、晨光大队（晨光村）、光明大队（席家湖村）、红星大队（高田村）等。这些大队（行政村）都是1958年成立的洞庭人民公社下属，都在东山的西侧，靠近太湖东岸。

　　我又问老人，所谓前山的七个大猛将和这十个旗是什么关系？老人说，那七个大猛将比他们这十个旗更早。我立刻明白，所谓前山七个大猛将（井上阿大、殿前阿二、渡桥阿三、潦里阿四、漾桥头阿五、席家湖阿六、吴巷阿七）是较早的聚落——从明代中叶以降就大体分布在西街、东街、翁巷、武山的吴巷等聚落逐渐形成的仪式联盟，而这十个旗是较晚上岸的水上人，即上述从清中叶至今逐渐形成的聚落之间的仪式联盟。在老人的记忆中，这个地域人群之间的区别是很清

图 3-4　猛将堂中的神像

晰的。

但这样一个时空结构又不是绝对的和简单划一的。因为在七个大猛将的系统中，渡桥阿三和席家湖阿六在地理空间上属于十个旗的范围，原因在于渡桥和席家湖比较靠北，邻近通往苏州内陆的大缺口和最早有聚落的武山，所以有个别聚落出现的时间较早，但这一带的多数聚落是清代以后出现的。尽管如此，在七个大猛将的系统中，渡桥猛将被戏称为"烟猛将"（这里的人多吸食鸦片），可见它在这个系统中的地位。

据重修碑记，渡桥猛将堂始建于光绪二十四年（1898），20世纪中期被毁，近年利用原晨光大队仓库重建。在这个猛将堂中，还保留着一块光绪二十四年的碑记，但内容是关于修路的：

> 渡水桥为此山水路一大市镇，帆樯云集，商贾辐辏。桥之上首，有南西回环横街一条，铺户林立，行人亦常拥挤。其街面向以石砖铺成，年久失修，有低陷成坎者，有油滑招跌者，过此有蜀道难行之叹。月槎等与二三同志劝集资款，得以大功告成，凡吾□□人共履坦途，咸登大道。是为序。

其后题名除席氏捐洋50元外，为各商号捐洋10元及以下不等。但在支出项中开列：

> 付猛将堂起，至棋杆石止，新砖工料计洋二百十五元。
> 付棋杆石起，至薛家桥止，旧砖工料计洋一百三十元。
> 付渡水桥、莲滨桥桥面□工洋二十六元。
> 付扫街箕帚等器洋二元五角。

付扫街雇工洋两元。

付勒碑工料洋七元八角。

共付洋三百八十三元三角。

除付应存捐洋十七元七角。①

这说明在光绪二十四年八月立碑时，猛将堂已存在，并地处碑文中所称的回环路上，同时路上有旗杆石。由于这是进出东山的要道，又是水陆码头，所以清末时商业繁兴。但今日周边全无当日的繁华景象，新渔村就在附近，考虑到碑文所述修路情形，这一带应该是一个较大的水路货运码头和鱼市，是商铺和船居的渔民共生共存的区域，既有富人在这里，也有大批穷人在这里。

图3-5 渡桥猛将堂（阿三或三阿爷）

---

① 原碑在东山银湖路拐角处猛将堂院内。碑文中的月槎即叶月槎。

早期的东山岸上居民

究竟哪些人是目前可知最早在东山定居，即不是主要以渔业为生的居民呢？前面我们提到的那些大姓，虽然都声称自己的祖先是伴随宋室南迁来到东山的，但比较可信的历史是他们在元代中晚期的活动。我们当然不认为到了这时东山才有定居居民，但又苦于没有比较确凿的更早的证据。

后面还会详述，王鏊的祖先在元明之际先后入赘于陆氏和叶氏，翁氏的祖先先后入赘于周氏和叶氏，我们是否可以找到后者这些大姓定居的蛛丝马迹？

我没有看到东山陆氏的族谱之类的文献。周氏有民国《洞庭东山周氏支谱》存世，按谱中的说法，其先祖两浙宣抚使周望扈跸南下，有七子，"曰七子公者，即公第七子也，始占籍为洞庭东山人。年代久远，书缺有间，遗事莫可考矣。明季有曰效山公者，是为周氏发祥支祖，子孙繁衍，簪缨累世不绝，为时望族"。① 所以周氏是以明末的效山公为东山始祖的，祠堂中的神主也以效山公为一世祖。但谱中也有另一种说法："姓周讳望者，生四子，其三四两子隐于洞庭东山，一住周湾，一住杨湾，今之周氏即其后也。……自前明间，我世祖芝岩公始逸迹于东山周家巷，一传其后，静古公再传，大祚公三传，效山公四传，楚台公入赘叶氏，遂迁于俞坞，传至公如公，又传渭臣公，乃迁松江华亭，再迁于

① 陆润庠：《洞庭东山周氏支谱谱序一》，民国《洞庭东山周氏支谱》。

东山山后山趾，又迁于杨湾卜筑，乃定宅也。"① 在没有清晰记录之后和效山公之前还有三代，时间应该也是在明代，不像更早居住在这里的本地人。

我所见康熙《吴中叶氏族谱》似乎是一部联宗谱，包括了东山、西山、苏州郡城、昆山、吴江汾湖等不同支派的内容，既有所谓"南叶"的子孙，也有所谓"北叶"的后裔。在东山，也有山前叶氏与山后叶氏的区别，也许他们并不是同一祖先的子孙。这个谱的说法是两宋之交的叶梦得开始修族谱，而他又溯源到浙江松阳，即著名的唐代道士叶法善所在之族。叶梦得据说是他父亲叶助到东山朱巷去祭拜先祖时，其母晁氏（晁补之之妹）梦到龙盘梁上所生。到元代，东山人叶伯昂续修族谱。由于这些人及其活动还有其他文献记载，所以叶氏极有可能是东山较早定居的大姓。

族谱中说叶梦得"退闲林下，优游于莫厘山水间"，恐怕是东山后人的说法，因为他晚年居住在湖州卞山石林谷，号石林居士，但后世各宗族支派之间的关系，完全是一个宗族建构的问题，还是有可能反映了一个到处流动的水上人群形成的某种社会网络，并形成了岸居后建构一个联宗关系的历史基础？族谱中记录了这样一个故事：

> 庆十四翁，失其讳，系出八九公房。父承信君，母王氏，承信产翁兄弟九人，而家中落，翁乃为吴江王氏馆甥。翁与妻以操舟为业，而居于富土，今之同里也。翁夫妇敦厚，敬事神明，虽舟居，未尝以秽物弃水中，如是积有年矣。一日叙于京口，有美丈夫

① 周奕钤：《溯源》（道光十九年二月），民国《洞庭东山周氏支谱》。

三四辈，负囊篋来赁其舟，言将之浙中，须更待数日。时媪有娠，期归家伺产，恐日久不便，辞之。其人言：数日倘不至，尔竟载囊篋归，吾自能觅尔。翁候其人数日，果不至，乃与媪归，入门而产子，因字之曰骑门。及长，乃名震宗焉。骑门年十三，浴于河，若有物刺其足。泅得之，则匙一握，持以启向所载囊篋，合如旧试，满中白镪，悉镌"天赐叶骑门"五字。邻里疑其且盗，执翁于官，官验字叹异，还以付翁，遂富甲江左。

太祖有天下，徙江南富民实京师。当是时，骑门已老，不肯徙，且多与金钱饷诸贵人，求为居间。太祖稍廉得之，震怒，籍没骑门家，并更富土名曰同里。骑门有四子，长与骑门祸，仲还居山中，叔早卒，季方周岁，从狗窦传出，以归汾湖陆氏。陆故骑门死友也，因更姓陆氏。久之禁解，乃复姓，而子且以人材举焉。[1]

这个很像笔记小说的故事，传递了大历史和小历史两层意思，并将其叠合在一起。大历史说，同里原名富土，因为朱元璋痛恨这里的富户欺瞒他，所以改名同里，因为富和土上下相连后再腰斩，就是同里。另有说法是唐代这里就叫铜里，到宋代改称同里。[2] 联系到故事中元代官府的体恤人情和明初徙富户实京师的背景，可以证明这样的说法和关于沈万三的故事一样，是江南元代遗民创造出来的，体现了对朱元璋和明初政策的仇视。

小历史中的叶庆十四是元代人，因为他的儿子骑门在洪武年间出

---

① 康熙《吴中叶氏族谱》，《列传一》庚集《贤传》。

② "唐初名铜，宋改为同，旧名富土，后析田加土为同里。"见嘉庆《同里志》卷一《地舆志上·沿革》，《中国地方志集成·乡镇志专辑12》，江苏古籍出版社，1992，第11页。

事时他已经年老。据说他由于家道中落做了吴江王氏的赘婿，这当然可能只是族谱中的掩饰性语言。由于他夫妇都是船居的水上人，所以他的岳父家也完全有可能是水上人。他们以运输为业，可以北上镇江，也可以南下浙江。后因某种偶然机会致富，叶骑门摸到钥匙的情节说明那时他还是水上人，此后便岸居了，表明元末明初水上人岸居是个比较普遍的现象，也可能与明初编户入籍的诸多举措有关。骑门老年时又因明太祖的富户役而破家，其四子中有两个儿子活了下来，其中老二返回了东山，小儿子留在了吴江。显然，这便是日后族谱中的东山派与汾湖派关系的背景，也说明了水上人的流动性，造就了形成某种社会网络的机制。

在今天同里的口述传统中也有这个故事，说承信名叶百七，住东山叶巷，儿子庆十四叫叶可大，后来娶了王氏船家女为妻。致富之后，开始买了两条同里最大的船，五年后又添置 10 条大木船，雇了 200 多人搞运输。还说叶骑门死后葬在东山的俞坞祖茔，还立有大碑，上书"天赐叶骑门"。[1] 这个故事一是佐证了我所说的水上人与商人身份一体化，二是在谈及同里或汾湖与东山关系时那种随意和自然，体现了两地之间某些人群的密切关系。族谱中记载"振宗（即骑门）籍没后诛死，亦祔焉。墓旁有祠宇，名望云庵，俗谓之卧佛寺。由墓至湖滨，悉以砖甃路，阔丈余，中道树石华表二。成、弘间汾湖尚有人来扫墓，尝遭覆舟，男妇俱溺，后遂不至。今墓旁地为庵僧所卖，王氏冢焉"。[2]

[1] 《同里镇志》第 22 卷《丛录》第 1 章"传说故事·叶氏暴富的传说"，广陵书社，2007。这个传说也不完全是无稽之谈，在蔡昇《震泽编》中就记载了"叶骑门坟，在俞坞西"（第 24 页），说明这也是王鏊认可的。

[2] 康熙《吴中叶氏族谱》，《墓纪三·庆十四翁墓》。

《叶氏族谱》中保存了据说是宋、元时期的各一份分家文书，赘录如下：

> 宋世分书
>
> 山头巷住人叶廿八同妻某氏，请到亲族杨三十一秀、徐十八秀、叶廿四秀等写立遗嘱，有身正室某氏生长男叶椿、次男叶柏、三男叶桂、七男叶枢，侧室某室生四男叶槐、五男叶榆、六男叶梅，七男俱已娶妻完聚。不幸叶梅早卒无后。有身仰赖祖宗遗荫，颇成家业，今将现在房屋、山地、家私、什物均作十分，除叶柏出赘外，叶椿嫡长得二分，余四子各得一分。叶桂早卒，遗孙叶堂孤苦，同叶梅妻某氏共又得一分，余三分老身养赡送终，并应门户，待老身天年之后，所遗三分照前均分。此系出于至公，并无私曲，亦无更分不尽之财。既分之后，荣枯得失，听由天命。所有家私明写分书之上，永远为照。

从其内容来看，显然叶氏在宋代就已在东山定居，并有一定的家产规模。虽然不清楚他们的主要生计是什么，但除房屋等外，主要的不动产是山地。但与已知的宋代分家文书相比，此文书对财产罗列得比较含糊，不知是否另有清单。

> 元世分书
>
> 立遗嘱山头巷住人叶茂一郎娶妻王氏，生二子华一郎、华三郎，庶妻王氏所生一子华二郎，三子俱已娶妻。子当不幸，华二郎早卒无后，今本身年老，请到族长叶庆十等，将所遗家私肥瘦牵

搭，分作二分，另有分单。自分之后，并无分不尽之财，其粮役两分轮当，人情礼节各分自备，老身同妻两分轮供。此系当众公分，并无偏曲，永远和同，不得争竞。恐后无凭，立此遗嘱为照。①

由于另有分单明细，所以在这份析产遗嘱中看不出其所营生业。但从粮役轮当的要求来看，他们此时已然是在籍的定居人口。

仁井田陞曾引用过这两份分家文书，讨论了宋元时期分家文书的格式与内容。他指出宋元时期的析产必有家族成员在场见证，分书以遗嘱的形式出现，有家产均分，以及关于养老的说明。② 除了仁井指出的这两份分家文书的一些区别外，宋代文书中不提妻子姓氏，也许意在说明析产与妻族无干；宋代分书留下十分之三用作养老，老人死后再行均分，而元代分书将财产全部分尽，由两子分别承担赡养义务；宋代分书没有说明析产后赋役义务的承担问题，而后者正说明东山叶氏在元代已是国家编户；宋代分书也没有说明逢年过节及婚丧嫁娶等人际交往中需要承担的"人情礼节"，而这恰恰说明了元代叶氏已经生活在了一个具有密切交往的"熟人社会"中。

此外，谱中还抄录了一份元末张士诚统治时期的户帖：

元户帖

平江路总管府恭奉

太尉诚王令旨，清查民户。一户，叶奎，男妇五丁，山地若

---

① 康熙《吴中叶氏族谱》壬集《纪一》。
② 仁井田陞『唐宋法律文書の研究』13 章 4 节、東京大学出版会、1983、603~604 頁。

干，每年应纳役粮银若干，依期上纳，执帖为照。

据学者的研究，宋代户帖包含的内容有业主姓名、乡贯，资产位置、面积、税额、千字文编号，等等。[①]另有学者研究了其在族谱中发现的据说是迄今第一份宋代户帖，即宝庆元年户帖，[②]这份户帖实际上更像是土地买卖后的执照，因为没有户下人丁的记录，所以还有进一步考辨的必要。也有学者涉及元代的户帖，虽说无法看到元代户帖的实物或直接记载，但依然认定户帖中包含人丁、事产等项。[③]

族谱中抄录的这份元代户帖是张士诚给所据地区发的，因未见元朝政府颁发的户帖，不知道这个户帖是否有所简化，但其仍包括了人丁、事产、应纳赋役等要素。由于是抄录，所以数字、位置等都被省略了，而且除交纳实物外，纳钞在一个以贸易为主要生业的地方是否也可能改为纳银，特别是"役粮银"这个说法，在元代是否有可能，都值得进一步探究。不过宋元时期东山的基层组织在文献上未见记载，假如能基本确定这份户帖是元末的，那至少说明在张士诚治下，东山是进行过户籍登记的。至元二十六年，奉圣旨："不以是何投下大小人户，若居山林畲洞，或于江河湖海船居浮户，并赴拘该府州司县一体抄数，毋得隐漏。据抄数讫户计，有司随即出给印押户贴，付各户收执。"[④]此道圣旨是专门向江南地区下发的，试图将居住在东南山地的族群和水上无籍人口纳入政府户籍，虽然不知其效果如何，但像东山这样的太湖岛屿显然已经

---

① 刘云、刁培俊：《宋代户帖制度的变迁》，《江西师范大学学报》2009 年第 6 期。

② 冯剑辉：《宋代户帖的个案研究》，《安徽史学》2018 年第 3 期。

③ 郑旭东：《元代户籍文书系统再检讨》，《中国史研究》2018 年第 3 期。

④ 《元典章》卷一七《籍册》，"抄数户计事产"，中华书局，2011，第 594~595 页。

进入元朝版籍。

我们不敢说像叶氏这样的在籍人口在宋元时期的东山有多少。

> 德闻，吴东洞庭震泽里人也。系出南叶，从兄德新为周右相，明皇帝破周，诛周主士诚，并磔德新。德新故善理财，贾怨于民，死之日，民咸称快，而其族讳言德新楚人。德闻当至正间从其父宁商淮上，因乱不得归，遂家淮上。①

叶德新曾在张士诚手下做高官，因此他的家族是在籍人口并不奇怪。叶德闻曾官至明陕西左布政使，在《震泽编》中也有记载，后因被人诬告受贿，被朱元璋杀掉。

同一时期的叶颙（伯昂）是"东洞庭山后人"。其父叶国英"与金陵大帅耿炳文友善"，耿炳文后来成为朱元璋麾下大将，是张士诚的主要对手。看来东山的两个叶氏在元末抱了不同的大腿。国英"欲教子，乡无硕儒，时缑山王九万寓山前叶氏，国英令颙从王游。叶以富傲国英，国英曰：齐奴，不足齿也"②齐奴是西晋石崇的小名，夸富的代表，而叶颙曾赴浙担任和靖书院山长，又赴大都，路梗返乡，家徒四壁。由此亦可知两个叶氏在元末明初一贫一富，关系不睦。

所以在元明交替之际，东山叶氏的情况显得错综复杂，但他们的确可以说是东山较早的居民。在后代的族谱编修者看来，这些叶氏属于不同的支派，比如上面提到的宋代分家文书中的廿八公（叶垫）属"细

---

① 《陕西左布政使叶德闻传》，康熙《吴中叶氏族谱》庚集《贵传》。

② 吴敏：《山长伯昂先生传》，康熙《吴中叶氏族谱》，《列传四》。

湖头总派"，从九世开始，廿八公系十一世；到其孙辈又析分为细湖头、支头岭、茅园、蒋湾、前巷、大湖头等支派；前述吴江汾湖派是从九世开始的中巷派中分出的，系十三世百七公，前面元末明初故事中的庆十四公为十五世；同一派中的十三世百二公又开始了中巷派，到十六世的茂一就是元代分书中的叶茂一郎。叶国英、叶颙属"八二公茅园房"，茅园派是从廿八公的孙子十一世叶世育开始的，叶颙便属这一支，第十五世。但在谱图中，叶颙之父名士才，而在《列传》中称国英讳士才，合为一人，所以修谱的人在这里加注说，"凡例言，无考者弗图，此胡以图也？重伯昂公也。且存之以须后之考者，所谓变例是也"。也就是说，叶颙确是东山人，但出自何处却不清楚，因为有名，所以就被放进谱系里。同样，我没有在谱图中找到前面提到的叶德新、叶德闻堂兄弟，也没有发现元代户帖中的叶奎。

在这里，我并不试图纠缠于这些叶姓人物是同一祖先的开枝散叶，还是后人编纂族谱时将不同的叶姓或他姓纳入统谱之中，而是看到叶氏从第九世开始析分出几个"总派"，到第十三世又在东山各自析分出若干支派。我们看到的元末明初人物都是十五世或十六世，而所谓分派是以别居他处为标志，所以可以知道，在元初（十三世），被后世冠以"叶氏"之名的人群已经在东山的不同聚落中分散居住，甚至分布在西山和吴江汾湖等地。如果按照岸上定居居民的情况看，这多半会被解释为后世编谱联宗的结果，但如果将其视为船居浮荡的水上人，又未必不可能是真实状况的反映。

如果我们笼统地将族谱中提到的叶姓视为在宋元时期就定居东山的陆上人，就需要对前面提出的赘婿问题再加讨论。《叶氏族谱》中专门写了一篇《各宗入赘事实》，表明对这个问题的重视：

荣三生谦四，四生长五，无子，赘周景贤为婿。景贤传一世，后绝，乃赘吴某为婿，生子宸宠。前巷阊门派讳某者无子，入赘梁家濑许叔谅为婿，许故长圻人也。后某又生子，与叔谅仍同居。叔谅生五子，第五子宸年百二岁乃卒，亦人瑞云。后巷万一生室，室无子，女赘丁喜三。喜三后无子，赘朱巷朱文华。文华生四子，敏、昌、瑞、珪。中巷讳元某者无子，赘沈某为婿，今其子孙冒姓叶氏。前巷讳良辅者，女赘寒山周穆，穆生子叶介，介生叶可学、可适、可立、可权。可学生叶有祥、有祯，可适生有福，可立生有祈，可权生有禧。有祯生叶同，有福绝，有祈生同纶、同　、同　，有禧生同　。后巷讳罢者，女赘施蠡，蠡生叶三元，更名施逢春，今有声庠序间。[①]

这段文字列举了叶氏各支派出赘和招赘的若干事例，似乎都是选择的有代表性的个案。文中第一个个案是说叶长五无子，招了周某为赘婿，但周某在一代之后又无子，又招了吴某为赘婿。其实这两人是否真的无子并不重要，重要的是先后有姓周的和姓吴的入赘叶氏，对叶氏荣三这一支来说就延续了血脉，而周某、吴某则加入了叶氏这个共同体。第二个个案是说前巷叶氏某初无子，招许某为赘婿，但他后来又生了儿子，也未让许某归宗，结果许某又生了五个儿子，其中一个还很长寿。这是说无论是否有亲生儿子，招婿都可以扩大这个共同体。后面的个案几乎都是以招赘为途径，繁衍出许多后代，有的还考中了科举，甚至有的赘婿所来自的家族还冒姓叶。

---

① 康熙《吴中叶氏族谱》壬集《纪一》。

故此，在《叶氏族谱》的《凡例》中规定，"出赘"是三必书之一，"入赘婿"是五不书之一。赘婿为别姓，不入谱较易理解，但所生子女即为叶姓，必在谱中，上文便有许多这样的例子，可能是为指出某些叶氏族人系赘婿所生，因此在这里特别加以说明。出赘必书，显然是不将本姓子弟做他姓赘婿视为受人轻视的行为，反而可以证明某些他姓子孙实际上也是叶氏的后代，一旦出赘者归宗，甚至是携子孙一起归宗，更使其成为血脉扩张或关系网络扩大的方式。但也会出现上面所说的现象，即某姓入赘叶氏后，由于其子女姓叶，所以该姓后裔也会由此而冒叶姓。

> 苗，字秀实，大全之子。初，大全公著《冰壶赋》献郡守，戒益守饷，以米百斛得买宅。公少赘七保周家泾金元六总管家，延祐四年始买宅，居沈安泾东。[①]

周家泾与沈安泾均在苏州昆山，西南邻淀山湖，东南接青浦，是与东山人关系很密切的水乡地区。滨岛敦俊已经对昆山民间的金元七总管信仰做了研究，他举出了明中叶昆山人叶盛所撰《水东日记》记载的毛澳邵氏与金元七家联姻的例子，该例与上举材料的描述颇为类似。

官至侍郎的叶盛被《叶氏族谱》认为同属东山叶氏族人，但他在述及自己家族的时候，并未提及与东山叶氏的关系，似乎也不认为与两宋之际的叶梦得一系有何瓜葛。不过在谈到秀实时说，"寒宗中衰以来，虽宦业之盛，颇著传闻，而其曲折事实，则一无可考。止知讳秀实公，元

---

① 《义士秀实公传略》，康熙《吴中叶氏族谱》续庚集一《贤传一》。

季婿昆山之周泾碛奥金家，莫可知其为何处人，其父、祖某某，兄弟、族属无有，皆不可知"。[1] 这一方面说明昆山叶氏与东山叶氏之间的亲族关系，也许是日后才建构起来的；另一方面也说明这位秀实公可能并不是出自昆山本族的祖先。

滨岛敦俊指出，被后世奉为神灵的金元七等总管神是该地区的漕运庇护神，他还非常敏感地猜测"总管"是商船上的一种职事。[2] 而叶盛在提及本地著姓的时候，还提到元代萧墅张氏有大总把秋岩、小总把大官人、大总把千十四郎、小总把千七郎这样的名目，这也同样有可能是船上的职事。由此我进一步认为，金元六或金元七所属的这个金氏家族在元代是水上人，所谓叶大全和叶苗先后"买宅"，则是水上人陆居或濒湖棚居的隐晦表达，而叶苗入赘金家，是身份和生计方式相同却上岸有先后的人群间的联姻，并借此开始岸居。

东山吴氏也是较早的居民，居住在东北部的武山。乾隆《洞庭吴氏家谱》中收有一篇写于元至大二年的《世谱通考》，置于该谱首篇，作者是自称范仲淹后人的范寅。在这篇文章中，范寅称吴氏的祖先是春秋战国时期的濮娄。濮娄本是吴季札的孙子，因越国灭吴而躲到东山，"度地开垦，树艺自食"。到宋室南迁时，大量北方人口迁到太湖诸山，濮氏"恐此辈将来生长日繁有徒，势重力强，难以义服"，就跑去朝廷请求复姓。"本路勘得具区风月渡南一带平原高阜，人烟稀少，赖得濮百上祖累世历年开垦，渐成阡陌，且崇宁以前濮肇已曾输粟赈荒，……奉

---

① 叶盛：《水东日记》卷一八，中华书局，1980。

② 参见滨岛敦俊《明清江南农村社会与民间信仰》第1章第1节、第3章第3节。

旨：今将濮氏仍复姓吴，其所垦田地尽行编立字号，示以当差。"这看起来是吴氏在申明自己对这一地区的土地所有权，与后来的移民划清界限。

文章中征引的官府公文是很具体的：

> 酌听乘凉山四亩六分依免税粮，以报其祖垦辟之功。其地号吴巷，前列斗鸡、财鸦二山，后带炼墩、渡口、厩马之处，东曰洪、荒二字圩，东湖，官庄；西曰黜、陟二字圩，西金，具区，北止风月渡。据志书洞庭山舆图，属湖州路，今濮百世系季札之裔，庙貌在吴，籍当从吴。已申，观察使议割改属平江路版籍当差，其随驾南来新附居人只令耕种渡北荒地，姑待沟洫成熟，编号起科，不得侵扰渡南吴氏当差者。[1]

考诸文献，查不到濮百（族谱中又作濮百生）其人，亦不见范寅其人；按范仲淹有一曾孙名范寅孙，但他在南宋绍兴十七年做平阳县丞，不可能是元初的人。另外，宋元时期的文献谈及圩田编定字号的措施，但多不是具体到某地某字圩，因此还不知道上述记载是不是元代的文字，记录的是不是南宋官府的文件。

明嘉靖十一年，南京国子监祭酒沈云为吴氏写了一篇《重修墓祠纪略》，其中说到，吴氏在其祖茔旁边修建一祠，该祠创建于元至正三年，初名寿宁庵，应系吴氏香火庙。明成化间重修，至此再修，中祀始祖季

---

① 范寅：《世谱通考》，乾隆《洞庭吴氏家谱》卷一，第5页上~7页上。引文中的"已申"原文如此。据文中所述洞庭山改属平江路之事，应在至元十三年后，有可能是至元二十一年甲申，也可能是至元二十六年己丑。

札，旁祀始迁祖濮十翁，以下为高、曾、祖、祢。[①]濮十翁是宣教公即吴泽的高祖，吴泽生于南宋宝庆元年，卒于元皇庆二年，据谱序说，"吾吴氏之谱，自宣教公记载详备"。[②]以后人的说法，这个寿宁庵就是季子祠，也许开始时并没有其他祖先的牌位，[③]借春秋时著名的吴国贤人季札的名目，可能可以获得一块免税的祭田。

明崇祯年间的《重修墓碑记》说到，在"旧号吴氏东园，按鱼鳞图即厥字号地，吾五十四世祖万三公暨张氏孺人合葬于此"。万三公即宣教公的父亲，生于嘉泰四年，死于景炎三年，到明末已"化为榛莽一拳矣"。[④]这样明确的记录，可以证明吴氏是这里较早的居民。

族谱中又收有一份祠堂基券，撰写年代不详。因与上述情形有关，兹赘录全文如下：

> 平江府吴县莫厘峰东一十五里乘凉山下居民吴氏，系泰伯之后，原封延陵季子之裔，隐名变姓，住居于此。四十世姓濮，故所居之山曰濮公墩，旁结濮公庵，供奉祖宗神主，后火焚。宋嘉泰间南渡，人来甚广，咸称濮为仁义山长。因具陈先因，奏白于朝，蒙旨复姓归吴，议属平江路吴县当差。
>
> 先君讳泽，妣刘氏，千一安人所生。寿字行安、宁、昌、盛四子。考终，葬于祗字三十六号地，原筑华表石柱、砖石幽堂，山茶

---

① 沈云：《重修墓祠纪略》，乾隆《洞庭吴氏家谱》卷一，第77页上下。

② 吴永锡：《序》（雍正乙卯），乾隆《洞庭吴氏家谱》卷一，第55页上。

③ "武山吴延陵季子祠，其始盖不可考。……乃肖季子像，而合族人岁时以祀之。招僧看守，别名为庵。"徐乾学：《吴南村重建季子祠碑记》，乾隆《洞庭吴氏家谱》卷一，第85页下。

④ 乾隆《洞庭吴氏家谱》卷一《重修墓碑记》（崇祯壬申），第95页上下。

古柏。皇庆元年，作荣、华、富、贵四字分析，各受田地二十顷有奇，饶厚传家，里人俗呼为山长。吴寿宁因濮公庵故墟建立家庙，曰延陵季子祠。背南向北，前连明堂，旁造僧房，曰寿宁庵，请法海寺僧柏庭、随伴古道在庵奉祀。

旧有石碑一座，乃文正公孙范希庵所撰，题名延陵祠堂兰若。其碑阴镌摽发与僧田地、租米、佃户、农具、祭器，及铜筑佛像、古炉、花瓶、家私、什物。计民田十亩，坐落黜、南、音、理四字圩；佃户某某，山地四亩六分，拨付柏庭收受。其田地租利，支办春秋祭祀、晨昏香烛之费应用之外，余存积蓄，预防祠堂年深朽坏，即便修理。每遇春秋祭扫，庵僧承应。本庵师徒，谨择良善之家、两相情愿者为徒，不得招惹外来无籍之人、德行有亏者在庵搅扰，务须公同吴氏尊长酌量行之。吴氏子孙亦不得侵占拨与庵僧田地、移丘换段等情，倘如僧俗不遵祖约，故违生事，执此送官，论伊不孝之罪。恐后无据，故立摽发文书，一样二本，僧俗各执一本，永远为照。

大元至正八年岁次乙酉三月太平吉日立

父吴逢辰

伯吴逢寅

叔吴逢午

叔吴逢申

泊子天祥、天祐、天禧、天祚

守庵僧柏庭、道人古道①

---

① 乾隆《洞庭吴氏家谱》卷二，第9页上~10页上。

所谓祠堂基券，应该是祠堂地基归属的确权文书，文字中有些常识错误，行文逻辑亦不畅。比如起首的平江府是北宋时的建置，在后文中又改称平江路，即元代的建置，可能是误写。再如嘉泰间南渡，应为建炎南渡，其间相差约80年，不知何故。第2段"先君"及妣的称呼，表明这份基券是吴泽即宣教公的儿子写的，但后文又以第三人称描述吴寿宁即吴逢辰的事迹。另外，所录元至正八年碑文，撰者范希庵据说是范仲淹的孙子。范仲淹的孙子均为正字辈，表字均以子行，直系中应无此人。

吴泽是在元皇庆二年去世的，去世前一年他进行了析产。按文意应是4个儿子各获20顷即共8000亩土地，这在东山是完全不可想象的，故我解为"各受田地，二十顷有奇"，即共20顷，数量也已经很大了。由此看，文末的题名应该是所录碑阴那份合同的签名，包括了吴寿宁即吴逢辰和他的三个兄弟及四个儿子，父、伯、叔这样的称谓可能表明该合同是以他的四个儿子的名义立的，而整个基券可能是后人写的，因为文中称那块至正八年碑为"旧碑"。

此份合同立于至正八年，而在族谱中提及历代修谱，其中有"元至正八年春五十六世孙寿宁重修"，[①]所以修谱和立合同可能是有关的。碑阴所录合同提到的山地四亩六分，就应是前引官府文书中提到优免的那部分祭田；另提到民田十亩，应该也是香火田。族谱另附《延陵祠祭田（旧存）》，开列了位于南字圩、业字圩（"在祭图吴义宗户下办粮"）、聆字圩、大中字圩、貌字圩（"在祭图吴会宗户下办粮"）、貌字圩、淑甚字圩、亩字圩（"在祭图吴祠宗户下办粮"）的祭田共二十七亩四分七厘

---

①　乾隆《洞庭吴氏家谱》卷二《历代修谱名实》，第17页上。

五毫，租米四十石九斗八升，①应该是在此后继续扩大了祭田的规模。在先后两份文献提到的圩田中，除了黜字圩外，其他都可以在乾隆《太湖备考》中找到，大多位于三十都，个别在二十六都，只是不能确定它们始自何时。

我不敢确定这份基券的书写年代，它的重要性主要在于那份元代的合同，表明的是那些祭田的权属。我猜到后来就是由吴义宗、吴会宗和吴祠宗这三个户头来控制。

刘志伟在对广州"姑嫂坟"传说的研究中，提到珠江三角洲地区的女性祖先崇拜问题。他发现，不少宗族的定居传说都与女性祖先有关，而这有可能是因为外来的居民往往是通过入赘的方式而定居下来，并继承了妻家的财产。②这种情况与东山如出一辙，而这又与普遍存在于中古僚人和越人中的产翁习俗同属一个文化传统。

传说吴氏到东山的始迁祖濮婪"有随来同伴何，其母顾氏，三人住于山北成家。婪室仇氏有孕，何氏亦然，二姓各指腹为婚。婪生子名濮午，其生女名秀，二家瓜葛至亲。濮母与何母创一草庐于濮公山下，供奉祖宗神主。……濮母享年一百二十有八，终葬于山北土垄，子孙百千万世，永以长守"。在后世的宗族语言中，这个故事并未将两位女性奉为祖先，但说这两位女性开启了祖先祭祀，而活了128岁的濮母的墓也的确成为后世子孙的拜祭之地，这个故事也就被后人当作"吴氏族谱缘起"。③

---

① 乾隆《洞庭吴氏家谱》卷二《延陵祠祭田（旧存）》，第16页上下。

② 刘志伟：《女性形象的重塑——"姑嫂坟"及其传说》，刘永华主编《中国社会文化史读本》，北京大学出版社，2011，第316页。

③ 乾隆《洞庭吴氏家谱》卷二《吴氏族谱缘起》，第7页上~8页上。

到了后世，又产生了新的故事。濮十翁的哥哥叫濮十翥，据说生于北宋政和元年。他的姑姑嫁给了查湾（今槎湾）的查君瑞，后者对濮十翥"见而爱之，抚为己子。长而孝友，常思归水源木本之地"。[①] 即濮十翥被过继给了查氏，"元至正间，裔孙通海公为翁巷翁官一婿，乃迁居翁巷，复姓吴"。[②] 濮十翥的八世孙通海公在元末为翁氏的赘婿，从查姓恢复为吴姓。所以，后来吴氏的小宗翁巷吴氏，是从濮十翥、濮十翁兄弟的姑姑开始的。或者说，翁巷吴氏在元末明初加入武山吴巷吴氏大宗中，是以这位吴氏姑婆为契机的。

由于这个小宗的祠堂（延陵小宗祠，永思堂）是通海公的孙子南楼公（吴铠）所建，而南楼公又是王鏊的表弟，所以王鏊为这个祠堂写了碑记，成为一个新的宗族出现的见证者。"予曰：悲夫！居是堂者，皆子孙所欲孝而不可得焉者。则其思将何以乎？言之而无与接，视之而无与存，听之而无与传，夫安得不思乎？定省无所与施，温清无所与时，出入无所告，行无所受命也，夫安得不思乎？"[③] 这似乎是暗示，以濮十翁一系为代表的吴氏大宗对这个先被过继、后又出赘的支系是不承认的作者，后者是不可以去大宗祠堂的。

吴氏对于赘婿的态度，在族谱中有不同的反映，原因应该是它们是不同时期的文献。在《增修凡例》中有一条：

> 谱例，出赘之子世系图上即行黜去，以其弃祖宗之香火而顶妻家之门户，近于忘本，故立法特严。如施宗铭公状元及第，而未

---

① 吴时明：《谱序》，乾隆《洞庭吴氏家谱》卷六，第 4 页上 ~5 页上。

② 吴定周：《重建永思堂记》（雍正十年），乾隆《洞庭吴氏家谱》卷二，第 9 页上。

③ 王鏊：《延陵小宗祠永思堂记》（正德丙子），乾隆《洞庭吴氏家谱》卷二，第 2 页上下。

归宗复姓，身后不得送主入祠从祀先贤。今倘有先世出赘他姓，而其子孙不忘源本，能复姓归宗者，详书支派原委，本人亲赴宗祠核实，择吉告庙入谱。①

这是乾隆重修族谱时吴永锡所撰，所举状元及第者即前所提及之正统状元施槃，其五世祖本吴氏，入赘施氏。王鏊在为施氏族谱所写谱序中说："元季有讳华二府君者，自武山之吴巷来为施氏馆甥，生子俾承施姓。"后来过继给施槃的施凤希望归宗复姓，其生父遵道府君说，施槃"名在天下，改之谁知者？"王鏊说，无论改与不改，二者都合于义，②采取了含糊其词的态度。这与清代人的看法是不尽相同的。

在为家谱所写序中，施凤亦明确以吴氏后裔自居：

> 吾家先世出自武山吴巷吴氏，吴自宋元以来宗族茂蕃，世以上宅、下宅称之。六世祖华二府君，所谓下宅者也，始自吴巷赘金塔下施氏，遂以施姓。盖施氏初有讳俊一者，家颇饶，生子士廉，幼多疾，女长且贤，故赘吾六世祖于家，俾从其姓。与士廉如兄弟，而凡所有资产亦与士廉均之，由是人皆以施称。子孙相仍，虽邻里亦莫知为吴氏出也。③

这段话看起来是讲吴姓赘婿与施姓的儿子关系很好，甚至以为他本人即已改姓施，但重要的是施俊一是个富翁，而吴华二入赘后分掉了他一半

① 乾隆《洞庭吴氏家谱》卷一《增修凡例》，第73页下。
② 王鏊：《修撰家谱序》（正德六年四月），乾隆《洞庭吴氏家谱》卷六，第46页上下。
③ 施凤：《谱序》（正德三年八月），乾隆《洞庭吴氏家谱》卷六，第48页上下。

的家产。更为重要的是，吴氏家谱中仍将王鏊和施凤所写施氏家谱的序收入，表明这段赘婿的历史对吴氏仍是有意义的。

同样，在谱图第五十九世下注："潮三，娶周氏，生晅、昉。晅娶朱氏，生茂荣，赘婿叶时杰；昉赘婿施茂显，茂显复赘昌祖下吴魁。"寿宁公的曾孙、第五十九世昂六有四子，其中伦五赘婿叶氏，伦六赘婿卜氏。[1]族谱还是把出赘者记录在了世系图上。相反的例子是通海公入赘翁氏后，又从查氏复姓为吴，但似乎并未受到大宗的欢迎。他们这一系是另外编了族谱，以通海公为翁巷的始迁祖，被整部收入乾隆《吴氏家谱》中，而不是纳入原有的大宗世系图里。

武山吴氏族谱的叙事看起来像两个吴氏故事的拼接，一个在南宋时就已有了比较明确的定居记录，由于这里移民渐增，便通过某些方式对自己的领地不断申明主权，即所谓上宅吴氏的故事。另一个故事是明初之后入赘施氏的下宅吴氏。最后在某一时期双方完成联宗，所以出现在同一部族谱中。但这也有可能是一个更为古老的水上人上岸的故事，吴氏自南宋定居此处，入明之后通过赘婿等方式与东山其他各姓建立关系，这是其原有的强势地位日益减弱的结果。王鏊家族与其支系联姻，施氏家族中的这一支终未复姓归宗，也许都是这一趋势的体现。

其实其他地区也有不少例子可为佐证，如湖北汉川湖区的黄氏在族谱中记载，洪武二年，其始祖吉甫公"转徙汉川，定居汈汊，赘向氏为婿，吉泰公卜居皂港河"。黄氏后人称向氏是这一带较早的定居者，黄氏是"外来无根之人"，向氏将湖产分为十股，其中四股作为陪嫁。而向氏后人虽然承认两姓间是姻亲关系，但说黄姓本是湖中打鱼的，强占

---

[1] 乾隆《洞庭吴氏家谱》卷三《世系图》，第13页下、19页下。

湖产后便说是陪嫁湖，而且越占越大。[①] 两种说法只是在黄姓湖产的来源问题上有分歧，但黄姓原来是水上人，通过做向姓的赘婿而定居该地，这一点则是无异议的。无论后来黄氏如何申明自己的湖权，这种湖权的获得是与入赘向氏有关的，这种湖权可能最初只是捕捞权，随着垸田的开发也逐渐扩及地权。

参照：回到当代渔民社会

夏一红对吴江庙港渔民的调查给我的历史假设提供了生动细致的当代证据。[②] 前面已经提到庙港与东山的东南部隔水相望，是通往汾湖和淀山湖水道（太浦河）的入口，可以说与东山属于同一地（水）域。

> 渔民重视父姓的延续，家里只有女儿的话，他们会想方设法招赘或以"两头挂"的方式保证自家的姓在阳间和阴间都能传承下去。并且即使实行招赘或者两头，也常常发生在同姓人家之间，以尽量保证双方"阴间亲人不争吵"。即使是上门女婿，他自家的人也会争取保证将来有孩子能在阴间继承他的香火。

在田野调查时，夏一红遇到吴江八都的徐明根请明阳像进徐家公门（拟宗族的家庙），同时还请进了自己母亲的像，因为"他母亲是招女

---

① 张小也：《官、民与法：明清国家与基层社会》，第134~135页。

② 见佐藤仁史、吴滔、张舫澜、夏一红《垂虹问俗——田野中的近现代江南社会与文化》第4章，广东人民出版社，2018。

婿"。从此香头徐金官在仪式中就加上了一位太公的名字，并说，"现在
不能说正龙太太公（等）三位太公了，要说四位太公"。

在关于什么人可以加入徐家公门老兴隆社的访谈中，夏一红发现，
并不是只有徐姓才可以加入香社。近年来，老兴隆社一直在不断扩张，
甚至既可以接纳已经在岸上居住了很多年的人，也可以接纳苏北的人，
而唯一的理由就是他们的祖上是"船上人"。

此外，根据她对"鲁家公门老花山社"的调查，渔民在船上生活，
举行仪式时或用画有各种神灵和先锋（去世的香社先辈）布图，或用神
码，或用小神像。渔民上岸居住后在水边修建小庙，除将船上的这些移
入庙宇外，还会新塑香社重要成员的祖先像和渔民崇拜的神灵像。香社
的成员并非同姓，却将香社视为一个"大家"。①

受到上述田野经验的启示，我认为某种形式的姻亲关系的缔结，不
仅出现在水上人的内部，也出现在水上人和岸上人之间，成为水上人上
岸的一种重要方式。由此，我们会注意到文献中的以往不为人注意的
描述。

这里所谓祖先是"船上人"，说明现在庙港以及太湖东岸地区许
多从事农业的居民，还有着祖先是水上人的记忆。今天的庙港镇，包
括著名的开弦弓，在清代雍正以后属震泽县。在乾隆《震泽县志》中，
庙港、梅里港、五方港等被描述为"湖中一十八港"，而今天梅里村
早已成为距太湖数公里的聚落，五方更是不复为港。当时"诸港枢纽

---

① 参见夏一红《上岸的船上人——太湖小船渔民上岸过程中社会文化转变研究》，《田野与文
献：华南研究资料中心通讯》第 67 期，香港科技大学华南研究中心，2012 年。所谓"两头
挂"，指夫妻分别保留原家庭中的名分，子女根据协商选择随父姓或母姓，去世后各在父家
或母家立牌位。

湖心，朝夕吞吐，利害最大。其西之田日蚀于湖者，谓之坍湖；其东之沙日涨为田者，谓之新涨，各以万计"。[①] 所以这里在清中叶之前还很难形成聚落。乾隆志将这一带记为五都，但其下只开列了四个村名："邱泽（一名西邱）、荒浦（以上今存。按今迷其处）、赵泽（今迷其处。凡徐志所云存者，今亦存；所云迷其处者，今亦迷其处，异同甚少，故并从之）、儒林（本史志。按儒林村，史志列于五都，莫、徐二志列于六都，久而彼此莫辨，互称儒林。前知县邓圭定在五都者为东儒林村，在六都者为西儒林村云）。"[②] 仅有的四个村名，还有两个已经找不到在哪里。

因此在沿太湖地区，甚至在更东的溇港地区，清代的水上人也还是不少的。"邑中惟湖滨诸溇居民多以贸迁为业，往来楚蜀，经年不返，习以为常，与他处之重去其乡者异。邑西南皆滨太湖，此外湖荡，或广十余里，或广三四五里者以百数。小民生长波涛中，其行舟便利巧捷，他处不能及，古称习流，又云使船如使马也。"[③] 或者以捕鱼为业，或者以经商或运输为业，所以水上人的大量上岸是比较晚近的事。

无论如何，这些事例不仅让我联想到东山族谱中关于元明之际频繁的"赘婿"记录，而且让我设想这是一种常见的水上人社会关系的联结方式。我还明白了女性祖先之所以也成为"太公"，是因为赘婿。只不过在族谱中那样的书写，完全是因为族谱是父系传统的宗族语言，而通过拟宗族式的香社组织把据说祖先是水上人的各色人等联系在一起，形成一个范围日益广大的社会网络，就是我在后面将要进一步论证的"合

---

① 乾隆《震泽县志》卷二《疆土二·水》，清光绪重刊本，第3页上。

② 乾隆《震泽县志》卷四《疆土四·镇市村》，第3页上下。

③ 乾隆《震泽县志》卷二五《风俗一·生业》，第18页下。

伙制社会"。随后，这样的社会便被移上了岸。

东山西南端的铜鼓山一带，是 20 世纪中叶出现的西大圩，这里的湖新村是渔民村，与本章开始讲到的席家湖村一起，现被归并为太湖村，二者一南一北，相距遥远，主要就是因为都是渔民村。原湖新村的一部分渔民在距离杨湾不远的湖沙建了楼房，也在那里建了自己的庙，与湖沙村的猛将堂等三座庙密迩相接。

在湖沙附近但更近太湖的澄湾和屯湾，在正德《姑苏志》和嘉靖《吴邑志》里就有记载，湖沙也出现于崇祯《吴县志》，说明这一带虽然近湖，却是东山较早的聚落，应是宋元时期就已人口聚集的山麓聚落杨湾向湖扩展的结果。由于近湖，虽然这些聚落兴起较早，但在西大圩出现之前，这里的居民仍然多从事渔业和养殖。今天这里还有人在船上居住，我访谈的一位 77 岁的老人，说他世代都在这里，三个儿子则在另外的船上。

图 3-6　湖沙村下的船上人家

　　湖沙的小山山腰有一座渔民的庙宇，匾上书"湖界堂朝王"，又简称湖沙庙。我猜测庙名原应是湖沙堂，"朝王"的意思或许与太湖渔民的"南北四朝"有关系，就是说，湖沙堂可能是"四朝"中某一个神庙的分庙。因为这里的人介绍说，他们是会去上方山、莲泗荡和湖州的。同时匾上还写有"太湖兴隆社"字样，说明他们与前述夏一红调查的吴江庙港兴隆社属于同一个系统。根据捐款碑文，除兴隆社徐家公门（徐氏堂门）外，还有秦氏堂门秦祥根社，太湖北缘公议长胜社、沈家社，太湖长生社周氏堂门，太湖兴隆社周家堂门及太湖兴隆社等不同渔民香社参与。

　　负责这个庙的人也姓徐，也是从吴江来的。他介绍庙中一排大大小小的神像，正中的神像就是"湖界堂四亲伯"。

图 3-7　湖沙的渔民庙宇

图 3-8　捐款碑

　　在庙中，还有一些镶在镜框中的祖先像，说明水上人登岸建庙之后，不仅把各条船上的神像放到庙里，而且把各自祖先也供奉到庙里，显示了各自分离的家（船）整合成了一个社会。附近另外一座渔民庙宇墙壁上的祖先像分别写着夫妻的名字，有的只写男性祖先的名字，女性

图 3-9 湖沙庙中的神像和祖先像
说明：右图中右下像即在男性祖先旁只书"丈夫"。

祖先注明"夫人"而不书名；也有的只写女性祖先的名字，男性祖先注明"丈夫"而不书名，说明后者是赘婿的身份。当这些水上人与岸上人的社会身份界限基本弥合并受到儒家礼仪影响之后，就会出现庙中以一位神为主、神庙与拜祖先的祠堂分离的结局。

朱明川的研究中也提到了这个湖沙庙。他称"四亲伯"系太湖十二湖盗中的老四，于20世纪30年代后期在这里得到奉祀。在2006年前后，杨湾村路口的猛将堂和湖沙庙同时开始修复。在调查中，他看到，杨湾村村民也会去湖沙庙烧香，但渔民却无法参与到猛将会中。[1]2018年7月，我在杨湾猛将堂（上天王）门上看到当年的会启，第1张是本庙通知村民，猛将菩萨于年初三7点半出行；第2张是上湾（即上杨湾村）

---

① 朱明川：《船与岸：东太湖流域民间信仰中的两种传统》，《民俗曲艺》第204期，2019年6月，第167~169页。

刘王堂通知，猛将于初三 8 点出行；第 3 张则是通知正月十二湖沙庙四亲伯出会。这说明抬猛将与抬四亲伯是不同的人群。但后者的会启贴在猛将堂，欢迎村民参与，又说明二者开始整合。

同时，在杨湾猛将堂里，还张贴着 2016 年、2017 年参与莳山荷花节的开支表，2017 年菩萨生日捐款和捐面的名单。从名单中的姓名来看（如朱阿四、朱阿五、沈阿四、吴阿五、殷阿大等），应该不是杨湾古代居民的后裔，很可能是后来上岸的居民，说明他们也逐渐加入抬猛将的人群中。

图 3-10　湖沙庙中的四亲伯

显然，在特定的时空条件下，水上人和岸上人是两个相互分离的人群，拜祭的神灵具有不同的来历传说，但这种情况是相对的和富有弹性的。当水上人开始在岸上建庙，无论他们拜的是什么神，也无论他们的生业是否还是水上捕捞，都说明他们已经开启了岸居的过程。在某一个较短的时段中，祭拜刘猛将的岸上人群和祭拜另外的神的水上人群存在紧张关系；但从一个较长的时段看，当祭拜刘猛将的水上人群刚刚上岸时，他们也会与祭拜东岳、真武或者伍子胥等更早陆居的人群存在紧张关系；甚至共时性地看，在同样是拜祭刘猛将的人群之间，也存在差异。正如后文将讲到的，以刘猛将为农业神的人群和按照水上传统拜祭刘猛将的人群是不同的，简单地说，就是今天的我即昨天的你。

前章中提到湖沙的梁家濑有一座宋代的庙，由于这里像鸟嘴一样深入太湖，"其襟抱亏疏，浪石斗齿"，所以人们修庙"以镇其衡"。元末因战乱被毁，于是经常出现怪异之事，"行者相戒，莫敢出于其涂"。明成化复建其庙，名高真堂，祭祀真武，怪异便消失了。王鏊曾为此撰写《高真堂记》。真武是镇水的神，所以这里的"行者"和"涂"应该是指船行者和水路。在宋代这个庙是否拜真武不得而知，但是镇水的庙则无疑。前述附近的澄湾、屯湾在明代均已成聚落，纳入都图系统，重建的高真堂祭拜真武这个镇水的正统化神明亦颇合情理。今天这个高真堂已经不见踪影，但在同一地带存在的、更早上岸的居民的猛将堂和晚近上岸的渔民的湖沙庙，向我们揭示了比文献中保存的士大夫的解说更为复杂多元的社会图景。

在本章的开始和结尾，我提到的都是当代东山渔民的情况，这固然是因为获得19世纪以前的水上人社会的资料极为困难，也是因为我试图从当下的水上人社会中寻找一些与更早历史时期相连接的共性。这些20世纪下半叶逐渐上岸或尚未上岸的渔民的例子，虽然不能作为证明宋元到明清东山水上人上岸过程的证据，但其中仍有一些令人激动的发现，让我看到了上岸过程的某种机制的连续性，也证明了田野调查对历史研究的重要性。

不过，如果我们更加努力或者更为幸运，还是可以看到较晚近时期水上人上岸的文字证据，多少弥补一点当代与早期历史时期中间的缺环。常熟大湖甸村距离城区并不遥远，我相信在历史上，著名的虞山脚下就是尚湖。在村边靠湖的地方有座李王庙，庙门左侧的墙壁上有块民国告示碑：

　　□□嘉禾章常熟县知事朱为布告事。

　　案据渔业稽查员潘庆年呈称，窃奉钧令内开，以湖甸农民吴文培呈报渔户清册，请求免领烙照前来。查册列渔户较前增加，究竟是否悉系住居湖甸，仰即督同渔总甲华振安前赴该处，按户清查，具复核夺等因。奉此，委员遵即督同渔总甲华振安驰赴该处，按户查询，填明册内。除石寿观等陆拾玖户，据该处保正面称出外捕鱼，归无定期，无从查询外，其余各户确系住居湖甸。委员查询该处渔户，确系地瘠民贫，惟终岁捕鱼，与别处渔民兼事耕稼者有别。倘蒙□准，援例免领烙照，拟请给示布告。除此四百零三户之外，以后永远不得援以为例。如有增加，照章领照，以免日后纠纷，借平渔民负担。至援例核准，免领烙照，系属体恤贫民起见，倘有蠹役流氓向该处渔民借端需索，准予指名报县究办，并谕饬该处保正遵照，以杜流弊而恤贫民。是否有当，理合备文复请鉴核，仰祈指令示遵等情。据此，查册列渔户四百零三号，既据查明，均系住居湖甸，应准查照成案，免领烙照，另行编号给牌，并严禁蠹役流氓借端需索。此系为体恤贫民起见，此外渔户不得援以为例。除每户给发执照一纸，携带船上，以便稽查，给牌一方，钉立船旁，以免混杂外，合行布告，仰该处渔户一体知悉，特此布告。

中华民国十一年十一月十日

发 实贴

碑中所说事情的起因，是在1922年，住在湖甸村的一位农民声称自己是渔户，请求免领烙照，县政府于是派人清查，除了69户出外捕鱼找不到人以外，剩下的403户的确定居在湖甸村，但并非农民或者半农半渔，而是靠捕鱼维生的渔民。因此准许这些人免领烙照，"借平渔民负担"，但需要领一份捕鱼的执照和一块牌照。所谓烙照，应该是向定居农民颁发的征税执照。碑文说明，的确是有不少渔民已经上岸居住，只不过有的已转变为农民，有的是"兼事耕稼"，还有的继续以打鱼为业。这正反映了水上人上岸的过程。

庙中的神李王，或称"李府忠正王"，或称"长兴忠正王李"，在江南各地是非常普遍的水神。传说他叫李禄，是降金的李邦彦之子，家在浙江湖州长兴的霞城村童庄殿，因为救了逃难的康王赵构，违逆了父亲，只好投水而死（一说为赵构逼死），至今童庄殿村还保留着明成化年间的《重建童庄李侯庙记》残碑。这个同样附会于南宋偏安史的浮尸的故事，带有江南水上人传统的共同特点，所以李王庙与猛将堂一样，最初往往也是水上人的庙，后来有相当的部分逐渐转化为岸居者的社庙。

大湖甸村的李王庙目前仍然是渔民的庙，至今每年正月十八的李王生日，都有赛龙舟的习俗。不仅庙内有小神船，在庙门外的水上还停着大神船。民国时期的告示碑是关于渔民管理的，矗立在这里，是说明这个庙性质的可靠证据。

图 3-11　常熟大湖甸村李王庙

图 3-12　李王庙前湖边的神船

当下的东山渔民也有自己的庙宇，他们和抬猛将的人群之间是有身份区隔的，在他们希望参与抬猛将的活动时，往往会遇到后者的拒斥，在这个意义上，猛将堂是岸上人的庙，或前文所说的社庙。但这只是结构化的、绝对的、即时性的分别。萧凤霞和刘志伟在讨论广东潮连地区的民、疍身份时，对其族群身份标签采取了动态的观察立场，决定他们身份的并非永远不变的生物学特征，而是他们在具体的历史情境中的文化选择。① 正如我们前面指出的，东山遍布街巷村落的猛将堂大多是清代中叶以后，特别是晚清的产物，潦里等地的人群正是通过猛将堂这样的礼仪标识争取他们在岸上的地位，但仍然会被前山（街上）的人群看不起。历时性地看，更古老的山村居民还是会把前者视为水上人的。而在一个现在的东山人已经无法说清的时代，许多山村居民，包括前山和后山，也多是从水中上岸的。即使上岸，他们也会在一个相当长的时期里从事船上的生计。这就是萧凤霞、刘志伟二人所说的自称和他称的问题，其背后是一个被国家和士绅的"族群语言"掩盖的、复杂的社会－文化过程。我们对东山及整个江南地区水上人上岸的各种"社会事实"，也当做如是解。

---

① 萧凤霞、刘志伟:《宗族、市场、盗寇与蛋民——明以后珠江三角洲的族群与社会》,《中国社会经济史研究》2004 年第 3 期。

四

洞庭商人与东山宗族

明末清初苏州太仓人陈瑚回顾历史，说："五湖之俗，自春秋时越范蠡用计然策霸其主，而施其余于家，于是人人好以治生，见其才不尔，则侧目笑之，盖久矣而独是。"① 他说太湖地区自春秋时期始经商的风气便很浓厚，除了可以富国强兵，还可以使家给民足。人们都以生意做得好坏来评价人才，如果经商无能就会被人看不起。虽然不敢说陈瑚对两千年前太湖风俗的把握一定准确，但这至少是对他身处时代的观察和体验的结果。或者可以说，湖区的人，天生就是商人。②

不同文献都提及洞庭两山的商人，《震泽编》记：

> 土狭民稠，民生十七八，即挟资出商楚、卫、齐、鲁，靡远不
> 到，有数年不归者。

接下来又说：

---

① 乾隆《洞庭东山翁氏宗谱》卷一一《传·载郁公传》，第12页上。

② 关于洞庭商人，除了本书开始时提到的傅衣凌的研究外，稍早还有两部著作，即马学强《钻天洞庭》（福建人民出版社，1998）、周伟主编《钻天洞庭之苏商解析》（光明日报出版社，2004）。前者以一半以上的篇幅叙述洞庭商人在晚清以后的情况，后者则有一半篇幅叙述洞庭商人以外的情况。

出入江湖，动必以舟，故老稚皆善操舟，又能泅水。[1]

前面说洞庭两山的人只要到十七八岁就出去经商了，常常是数年不回家。又说他们既善划船，水性也很好。两段话连起来，就是这里的人在水上除了打鱼之外，经商也往往凭借水路。甚至可以说，渔民可以成为最好的商人。明末时的江西九江湖口县知县谢所举说："古之贾隐，多杂处湘皋渔浦间。"[2]

其实，这种特点也不是洞庭两山的人所独有。苏州昆山的叶芳曾向周忱和况钟先后进言，其中说："苏松游惰之民，多舟载妻孥资产，贸易远方，至累世不返，宜禁约。"[3] 这里说的不在籍之人，多是水上人，也是商人。这话当然是针对当时的赋役改革而提出的，但也提示我们注意周忱或况钟是否对水上人／商人做了什么。

在著名的《与行在户部诸公书》中，周忱明确指出：

伏闻治民之道，在于禁惰游，以一其志；劝耕稼，以敦其业。盖惰游禁则土著固，而避劳就逸者无所容；耕稼劝则农业崇，而弃本逐末者不得纵。……

盖苏松之逃民，其始也，皆因艰窘，不得已而逋逃。及其后也，见流寓者之胜于土著，故相扇成风，接踵而去，不复再怀乡土。……

---

① 蔡昇辑，王鏊修《震泽编》卷三《风俗》，第25页。

② 谢所举：《明故礼部冠带儒士谦宇万公墓志铭》，同治《万氏宗谱》卷后《墓志铭》，第20页上。

③ 康熙《吴中叶氏族谱》续庚集一《贤传一》。

天下之民，常怀土而重迁；苏松之民，则常轻其乡而乐于转徙。天下之民，出其乡则无所容其身；苏松之民，出其乡则足以售其巧。忱尝历询其弊，盖有七焉。何谓七弊？一曰大户苞荫，二曰豪匠冒合，三曰船居浮荡，四曰军囚牵引，五曰屯营隐占，六曰邻境蔽匿，七曰僧道招诱。……

其所谓船居浮荡者，苏松乃五湖三泖积水之乡，海洋海套，无有津涯，载舟者莫知踪迹。近年以来，又因各处关隘废弛，流移之人挈家于舟，以买卖办课为名，冒给邻境文引及河泊所由帖，往来于南北二京、湖广、河南、淮安等处停泊，脱免粮差，长子老孙，不识乡里，暖衣饱食，陶然无忧。乡都之里甲无处根寻，外处之巡司不复诘问，由是船居之丁口日蕃，而南亩之农夫日以削矣。……

忱尝以大〔太〕仓一城之户口考之，洪武年间见丁授田十六亩。二十四年黄册，原该六十七里，八千九百八十六户，今宣德七年造册，止有一十里，一千五百六十九户，核实又止有见户七百三十八户，其余又皆逃绝虚报之数。户虽耗而原授之田俱在，夫以七百三十八户而当洪武年间八千九百八十六户之税粮，欲望其输纳足备而不逃去，其可得乎？①

以往学者们对周忱在江南进行的赋役改革已多有精到论述，兹不赘言。这篇文章因旨在如何稳定在籍人口、保证国家的财政收入，所以具体分析了造成江南人口逋逃脱籍的诸多原因。一方面，周忱指出了苏松之民"乐于转徙"的传统；另一方面，文中所谓"七弊"除"大户

---

① 周忱：《双崖文集》卷三，清光绪四年山前崇恩堂刻本，第4页下~9页下。

苞荫"已多为人论及外，其他六条还是值得进一步讨论的。这里摘引的"船居浮荡"一段，一是说江南水乡的水上人本来就四处游荡，没法用"画地为牢"的办法把他们固着在土地上；二是说他们可以"买卖办课为名"，即以经商并缴纳商税为借口，拿到官府的"特许状"，在都城和沿江、沿河、沿湖城镇世代居住，无论原籍还是居住地的官府都难以管理；三是说因此无籍的船民人口日益增加，这一点虽然很难有具体的数据加以证明，也不敢说太仓州明初在籍户口锐减过程中有多少是跑去从事水上行业，但也恰恰因此，不能过于低估靠水上生计维生的人口规模。

周忱希望"奏请将苏、松等府逃移人户不拘通例，别立一法，以清理而检制之"，①这个"法"就是"盖以一切差银，不分有无役占，随田征收，而里甲科派无复充，补优免人户之累"。② 这样的做法有利于水上人和商人，当然也有可能刺激水上人上岸，成为水上人上岸务农、变为国家编户的拉力之一。

无论如何，周忱的说法证实了江南的水上人与商人的重合关系，由此，本书对江南水上人的讨论也许给以往的江南商人与商业史研究提供了一个新的角度。③ 事实上，我想在这里申明的是，由生计模式造成的流动人群，在中国古代的历史上主要是游牧人群和水上人群，这也是最

---

① 周忱：《双崖文集》卷三，第9页下。

② 桂萼：《请修复旧制以足国安民疏》，陈子龙等选辑《明经世文编》卷一八〇，明崇祯平露堂刻本，第4页上。

③ 佐藤仁史对浙江建德、桐庐地区的调查，关注了钱塘江流域的九姓渔户明清以来从事航运业的情况。由于他关注的水上运输主要是运送山林资源，所以考虑较多的是这些水上人与山区的关系。他的调查对象包括从事水上运输业的商人，不过在调查中提出"这里有没有一些真正经商的人，参与运货这件事"这样的问题，表明作者可能认为商人和运货者是二分的。被调查者的回答可能会令人出乎意料："大的商人也是农民。"参见杜正贞、佐藤仁史主编《山林、山民与山村——中国东南山区的历史研究》，浙江大学出版社，2020，第112~139页。我确信，在不同时期、不同地域或不同人群中，运货和贩货有可能是同一批人从事的。

大的两个商人人群，他们的共性就在于他们的社会都是流动性的，同时因此受到定居人群或定居社会的敌视。

洞庭商人与赘婿

《震泽编》记载，北宋元丰年间，西洞庭山长寿乡慈东保有个叫夏元富的人，16岁就"贾于四方"，到38岁就积累了大笔财富。他某天做了个梦，梦到凤凰停在房檐上，莲花在庭院中绽放。他后来生了双胞胎，一个长大后做了官，另一个学佛，曾在皇帝面前演法，后任东山翠峰寺的住持。[1]这段记载抄自夏元富的《生圹记》，说明洞庭山人以经商致富，其后人或因此做官掌握权力，或以不同方式控制地产，而这两类人的确是唐宋以后的江南发展史上最重要的两股力量。

元代的洞庭山人继续以经商为业。据说西山有个叫秦伯龄的人，"洪武中商淮北，以貌擢监察御史，巡按山东"，[2]在淮北做生意的时候因为长相当了官，可谓奇遇。东山人施槃是正统中状元，他"本姓吴，祖赘于施，仍其姓"，[3]"幼随父商于淮上，从师读书主罗铎家"。[4]当然东山最有名的人是大学士王鏊，王鏊的曾祖王彦祥也有着类似的经历：

　　当元季，比巷有陆子敬者游淮西，值兵乱，莫知所终。遗孤

---

① 蔡昇辑，王鏊修《震泽编》卷三《人物》，第30页。

② 蔡昇辑，王鏊修《震泽编》卷三《人物》，第30页。

③ 乾隆《太湖备考》卷八《人物》，第2页下，《中国方志丛书》华中地方第40号，第540页。

④ 蔡昇辑，王鏊修《震泽编·辑补四·杂记》，第128页。

女，慧而孝，因馆大父，以后子敬氏。陆富宗强，彦祥旅其间，上
下宜也。……时法网峻密，民稍秀者选为郡县庠生，辄至通显，而
亦旋罹于祸，或及其宗。陆氏长者始欲大父还宗，而难于言。大父
知其意指，则幡然去之。……乃则〔择〕隙地，得陆巷之口家焉。
斩草莽，披瓦砾，与诸子戮力治生，数年而家业大昌。①

文中的"馆"即馆甥，赘婿之意。与施槃的先祖一样，王鏊的曾祖也是
以赘婿的身份，随妻家经商，逐渐独立发展起来的。事实上，王彦祥
"归宗"后就在陆巷旁边定居下来，直至今天陆巷仍以陆、王两姓为主。
这便是为什么人们称有着陆氏宗祠的陆巷为"王鏊故里"，也是为什么
到王鏊的父亲时因中试得官，就搬去吴县县城居住，建立王氏祠堂。

王彦祥的墓表文字，至少传递出以下信息：第一，王彦祥入赘到了
一个经商者的家庭；第二，明初被选为"郡县庠生"却容易"罹于祸"，
是一种掩饰性的语言，掩盖的是承担粮里之役有破家风险的明初江南史；
第三，无论是否陆氏有意，王彦祥由此归宗，但王氏仍与陆氏居住在同
一聚落，也即继续保持着密切关系。

已有学者对元代普遍存在的赘婿现象进行研究，②元代法律文献中

① 王朝用：《伯英公墓表》，民国《莫厘王氏家谱》卷一三《述德上》，第1页上。
② 如王晓清《试论元代的赘婿婚制》，《史学月刊》1990年第6期。也有学者讨论了南宋赘婿
的财产继承权问题，认为无子家庭赘婿的财产继承是受法律保护的，有子家庭的财产分割
就比较复杂，参见初晓旭、王壹《从〈名公书判清明集〉看南宋赘婿的财产继承权》，《学
术交流》2013年第10期。郭松义则利用契约文书和档案判例讨论了清代赘婿引发的家庭
关系问题，核心也在财产继承，见其《从赘婿地位看入赘的家庭关系——以清代为例》，
《清史研究》2002年第4期。

自赞

噫嘻先生何如其人窮年劬書壹結
髮勵行白首于道茫然無聞者乎
爵厠公孤官居臺閣志懷抒忠幾
昧納約卒無以致君澤民者平貴
戚羞不能附鷹權璐璐狂猘不能
捋阿一有違言趄然去之不屑其
身者乎遇事直前不知顧思見利
思後不知規畫歸卧空山家徒立
壁晏然居之以志其貧者乎斯人
也其量則隘其才則庸曾無禪補
于世兩幸自潔其躬跡其所至盖
知慕首陽之挑而不知柱下之工
知希止旦之疏傳而不能為應變
之姚崇有乎

乾隆元年丙辰十月七世孫奕首拜敬錄

图4-1　王鏊像

亦有许多条款和事例涉及赘婿的问题，人们基本认为赘婿现象主要是"家贫子壮则出赘"的结果，但入赘后从妻姓的情况不普遍。但东山这两位名人的先祖之例，表明是从妻姓的，王氏据称是因为陆氏害怕明初法律严苛而令其归宗的。由于王彦祥生了五个儿子，所以事实上是否因为财产继承或是户役承担的问题令其归宗别居，甚至是某种传统，尚需研究，因为王彦祥的第三个儿子也去叶氏那里做了赘婿：

> 自小历览江湖，深谙积著之术，江湖豪雄，尊为客师，至今言善理财者，必曰惟贞公之言，曰：有所借而致富，非善理财者也，无借而财自阜，斯谓之善理财。故王氏世以居积致产不赀，中乃稍微。至公复振其业，亦见其术之有征也。……公讳敏，字惟贞，曾为里中叶氏馆甥。[①]

这篇文字是施槃所写，相同的家世使他对商人的经历和事迹并不讳言，因此也会比较客观。大概在王彦祥起家之后，到王敏这一代才发达起来。这似乎是说，王氏在八世之前也是经商的，但一直不太成功，而王敏虽然也曾做叶氏的赘婿，但致富后却表示，有所凭借而致富者，并非"善理财者"，暗示作为赘婿与经商成功存在某种联系。

学者们大多是从全国范围内去寻找例证，探讨的主要是法律史的问题。虽然各地各时期赘婿习俗的形成有不同的原因，但正如上一章所述，由于现当代社会学、人类学的调查和我前面提到的各种民间口头叙事，我倾向于认为族谱中对太湖地区元明时期的赘婿记录是一种特别的

---

① 施槃：《惟贞公阡表》，民国《莫厘王氏宗谱》卷一三《述德上》，第 4 页下。

表达，它们暗示赘婿这种姻契关系是水上人上岸定居、加入陆上社会的一种方式。

对此最为敏感的是滨岛敦俊，他在 1997 年发表的《农村社会——研究笔记》一文中明确提出：

> 在三角洲开发的过程中，劳动力是如何来的呢？在珠江三角洲的调查中查明，一般的过程是从船上生活（捕鱼和打工，称做"水流柴"）到半定居（居住棚屋，补充农忙时的劳动力不足＝短工），然后成为定居（落户）的农民。在这一过程的第一和第二阶段（有时甚至在到达第三阶段以后），是完全可逆的。在江南三角洲，如前所述低地开发已经在明末清初完成，有关移居"开村"的由来，农民们的记忆早已消失在遥远的远方，但是在江南也可以找到同样的痕迹。在地势最低的青浦县中也属于地势最低的朱家角镇沙家埭行政村金家沙，是来自苏北、绍兴（也包括来自苏北的重新移居）的移居村落，经历了从船上生活（捕鱼＋短工）、草棚居住，到成为农民（同时继续打鱼）的过程。在江南三角洲，属于开发晚期的东部微高地，这种记忆就更为鲜明。嘉定县最北面的娄塘镇，是地势较高的植棉地带，农民的移居传说，大都是在坐船漂流途中，因为碗掉下来，所以就停下定居。三角洲既是定居农民的世界，同时也是非定居的船民的世界。……
>
> 明代，稍有财富，能为父母、祖父母定制墓志铭的江南三角洲农民（乡居地主），在他们的家谱记载中，往往是格式化的始祖传说"扈从宋南渡"云云。这种传说姑且不论，在一些稍具体的始迁祖传承中，大致从浙东、苏州等西部往东迁的较多。作为移居的缘

由，往往是"入赘"，因此"本姓"某某等记载频繁出现。单纯的婚姻"入赘"可能是成为定居农民的契机。①

他后来在关于松江何氏的研究中指出，柘林何氏的始迁祖何清"初赘柘林李氏，故子孙遂居柘林"，而何清死后，其妻并非李氏之女，却连同其子何复一同被李氏抚养。滨岛敦俊认为，这是因为他们实际上是以奴仆（义男）的身份在李氏那里做佃仆的，因此"入赘"往往是"养子"或"义男"在后世自立并编修族谱后的"美称"。②很明显，滨岛敦俊也是从田野调查中受到启发，然后重新去理解族谱、笔记中的相关记述。不过，他主要关心的是这些人在"分圩"前后农业开发中的作用，而较少关注这些人与江南的商业运输之间的关系。

江西清江县即今樟树市，位于赣江边。乾隆县志里收了一组诗叫《四诫歌》，其中一诫是"诫恩子、赘婿"：

江滨有奇俗，积习伤雅化。生男事他人，生女不出嫁。男去离膝前，婿来寄庑下。如登傀儡场，骨肉缘皆假。③

在长江边上的仪征：

---

① 浜島敦俊「農村社会　覚書」明清時代史の基本問題編集委員会（編）『明清時代史の基本問題』汲古書院、1997；沈中琦中译文载《近代中国的乡村社会》，上海古籍出版社，2005，第254~279页。

② 滨岛敦俊：《明代松江何氏之变迁》，陈支平主编《相聚休休亭——傅衣凌教授诞辰100周年纪念文集》，厦门大学出版社，2011，第113~114页。

③ 秦镛：《四诫歌》，乾隆《清江县志》卷二〇《艺文一》，清乾隆四十五年刻本，第21页上。

林氏，仪征民林凤女，赘婿贺美明，操舟为生。赘三载，贺病殁，氏悲号三日不食。①

而在我们所讨论的太湖洞庭山，清初朱彝尊专门写过《太湖罛船竹枝词》十首，描述太湖渔民的生活情景，兹引其中三首如下：

村外村连滩外滩，舟居翻比陆居安。平江渔艇瓜皮小，谁信罛船万斛宽。

黄梅白雨太湖棱，锦鬣银刀率满罾。盼取湖东贩船至，量鱼论斗不论秤。

棹郎野饭饱青菰，自唱吴歈入太湖。但得罛船为赘婿，千金不羡陆家姑。②

文人雅兴，当然不乏夸大浪漫之辞，但这几首竹枝词，描绘了太湖大船巨网捕鱼的景象。渔民捕鱼之后即与鱼贩交易，交易量也是很大的。看到船夫随意吃着湖中的水产，哼唱着吴歌，诗人不禁生出感慨，宁愿在罛船上做赘婿，给我千金也不羡慕陆上的女子。对于水上人来说，妇女是很重要的劳动力，外嫁到他船的损失很大，而对赘婿来说不存在宗法继嗣的问题，因此这类现象比较常见。

除了上一章提到的由于生产活动造成的亲缘关系，水上人的经商活

---

① 雍正《扬州府志》卷三四《人物·列女》，清雍正十一年刻本，第59页上。

② 同治《苏州府志》卷一四八《杂记五》，第30页下~31页上。

动也需要缔结诸如赘婿这样的姻契关系。一方面，出外经商有较大的风险性；另一方面，出外经商者需要对家族有较高忠诚度，赘婿的身份恰好适合这种微妙的要求。不论是施槃、王鏊的先祖，还是前述宝卷中讲的刘猛将先祖，都有以赘婿身份经商的经历。新喻当地黄氏族谱序中记载，南宋乾道五年进士黄光宗的先祖就是作为赘婿经商的：

> 鹄山之始祖曰元祚，为乌山高氏赘婿，本宦家子，而以鬻茶至于是，知其由分宁而徙也。[1]

虽然没有太多材料，但我们还是可以看出，通过赘婿并进而通过经商取得的成功，成为原来较为贫贱的人改变身份的机会；而对招赘之家来说，赘婿则成为家中从事较具风险的生业的得力帮手。前述王彦祥自为陆氏赘婿之后，又将第三子王敏（惟贞公）送去蒋湾叶氏做赘婿，然后再归宗；王鏊之侄王延相，亦惟贞公支，入赘寒山周氏，可能因其无嗣或寒山周氏去世，再娶白沙周氏；他自己的孙子有翼入赘南京汤氏，有承入赘松江某氏；再下一世的王国秀，也是赘于前山金塔村施氏，即施槃之侄女婿。他们所生子嗣仍列于后，且依同辈排行，[2]应该也是归宗了的。所以赘婿应该是相熟之家之间的某种约定，类似一种契约关系，而非纯粹的婚姻关系。

---

① 梁寅：《鹄山黄氏族谱序》，道光《新喻县志》卷九《选举》，清道光五年刻本，第6页下~7页上。新喻即今江西新余。

② 民国《莫厘王氏家谱》卷二《世系表甲·希振公支》，第8页上；《世系表甲·光化公支》，第10页上；《世系表甲·孟方公支》，第4页上。

表 4-1　民国《莫厘王氏族谱》记录的部分出赘和入赘情况

五世	寿一	赘查湾贺氏	八世	女	赘北巷徐文杰
六世	华三	出赘	九世	女	赘金文聪
六世	华五	出赘	十世	鼐	赘周氏
六世	华十	出赘	十世	永宁	赘韩山叶氏
七世	执中	赘查湾	十世	永昭	赘卜氏
七世	义二	赘蒋湾陈氏	十一世	延瑶	赘宅前周氏
七世	彦瑛	赘韩山周氏	十一世	延恕	赘陆巷陆氏
七世	彦祥	赘陆巷陆子敬	十一世	延淮	赘杨湾□氏
七世	女	赘金福二秀	十一世	延密	赘山头叶氏
七世	女	赘陆氏泰二	十一世	延相	赘韩山周以信
八世	敏	赘蒋湾叶氏	十一世	延楷	赘北叶叶氏
八世	必通	赘王舍叶氏	十一世	延珮	赘本处叶镇
八世	胜通	赘王舍叶氏	十一世	女	赘杨湾姜□
八世	公衡	赘严巷严氏			

　　表 4-1 列至十一世，即王鏊的下一代，大约在 150~180 年的时段内。王鏊生于 1450 年，死于 1524 年，所以表 4-1 反映的大致上是元代前期到明代中叶的情况。

　　有个很有意思的故事：东山葛氏在明初有个孟宏公，没有儿子，只有一个女儿，"族人劝之赘，公毅然正色曰：徒乱宗耳，吾弗为也"。于是，"葛氏之宗，世无赘婿，视公为之法程"。于是传记的作者在最后专门把这种行为凸显出来加以称赞："有女不赘，大异秦族。"①这说明在当时的东山，这是件非常稀罕的事情，反过来证明了明代东山人赘婿的普

———————

① 吴文之：《孟宏公传赞》，民国《洞庭东山葛氏第四次重修宗谱》乙册，第 14 页上。

遍。但事实上，就在葛氏族谱的世系图中，明确记载属于泰三公支的第十世葛键，"赘朱公井头邱氏，生二子尚舜、尚卿"。[①]

东山万氏"禹思公历宋，入胜国，时至寿一公，居于山后张巷，自咸五公赘于今之叶巷，遂定居焉。在上世至宗南公皆单传，至曾大父、大父行稍盛。至显皇帝时子姓始加繁衍"。[②]前文曾提到万阿令即万观暎，为第十世，元末明初人，禹思公在族谱中为二世，是万氏的东山开基祖，所以这里的"胜国"应该是指元朝。无论如何，这里明确说是在咸五公入赘叶巷叶氏之后，万氏才开始定居。咸五公即万愈，系第八世。此后自明嘉靖时期起，家族人口开始增加，暗示入赘是其得以定居的方式。

东山翁氏在明代中叶也是靠经商起家致富的大族，他们与王鏊家族一样，从元代到明中叶有多人出为赘婿。成十一公，生于元泰定甲子元年，卒于明洪武戊申元年，他的第三子保三公，"出嗣中席周氏，后还宗"。其后如：

> 瑞，友谅三子，字良秀，号松盘，出赘周湾周氏。
>
> 武，瓘五子，……出赘白沙周氏。
>
> 迪，仲昇四子，出赘张师殿前周氏。
>
> 璞，友贤次子，出赘叶巷叶氏。

---

① 民国《洞庭东山葛氏第四次重修宗谱》辛册，第1页上。朱公井即今西街诸公井。

② 万潏：《族谱叙》（万历二十年八月），道光重辑《万氏宗谱·原序》，第11页上。到了晚清时重修的《万氏宗谱》中，又说一世虞恺公迁到东山后即"卜宅张巷"，见同治《洞庭东山万氏宗谱》卷一，第1页上~2页下。我猜测寿一、咸五、阿令可能是原来的名字，到后世编族谱的时候，为他们分别起了诵、愈、观暎这样比较有文化的名字，原来的名字就变成他们的表字，因为在前引洪武户帖上写的名字是万阿令而非万观暎。

世廉，士奇次子，出赘坊前吴氏。

士昌，杰四子，……出赘唐景新，葬薛家山旁。

敏信，士昌三子，……出赘舍山周范六为婿。

永实，毅三子，出赘永长巷陆氏。①

这些人生活的年代都在明初到正德、嘉靖时期，最后一位翁永实的四弟翁永福（又作翁福），即后面还会提到的隆万间大商人翁笾的祖父。这一现象多见于元末明初，但从晚明直到清代中叶，翁氏的族谱中就再不见赘婿的记录。在东山来看，由于这些记录出于族谱，其记录的消失基本上与该族开始兴盛的时间一致，无论这是否与水上人上岸的途径有关，至少应与该族在该地稳定定居下来并结成了更广泛的社会关系网络有关。至于在那些没有文字记录留下来的人群中，在更晚的时期（比如晚明直至整个清代和民国时期）是否还有较多的赘婿现象，根据学者们对水上人的田野调查，答案也还是肯定的。②

如此之多的赘婿记录说明了什么呢？傅衣凌先生早就发现文献中有这样的记载：漳州人"或得篓子弃儿，抚如己出，长使通番"；③"或以

---

① 乾隆《洞庭东山翁氏宗谱》卷一，第 2 页下、3 页上、4 页下、5 页下、6 页上；卷三，第 3 页上；卷四，第 5 页上；卷五，第 2 页下~3 页上。

② 民国时期及近年来学者们对水上人婚姻状况的调查，本书已在前章述及。另外，杜正贞曾对民国时期浙江龙泉的招赘婚书及招赘婚诉讼进行过讨论，主要论及招赘婚与财产继承关系在时代变革中的认定，以及相关法律与民间习惯之间的张力，但也同时指出了这些现象的普遍存在。由于所论对象处于浙南山区，我们不太清楚山区人群的招赘婚与其他地区有何不同，以及招赘婚与这些人群的生计模式有何关系。参见杜正贞《近代山区社会的习惯、契约和权利——龙泉司法档案的社会史研究》，中华书局，2018，第 193~221 页。

③ 何乔远：《闽书》卷三八《风俗》，明崇祯刻本，第 10 页上。

他人子为子，不以窜宗为嫌，其在商贾之家，则使之挟资四方"。[1]虽然他意在为"蓄奴经商"举证，却无疑证明了福建沿海的水上人通过收养的方式，建立一种亲属关系，四出经商。我确信这种养子、赘婿的方式是相当普遍的，而对后者来说，也就获得了定居甚至发家的机会。当然，在许多地方的族谱记录中，都能找到类似的赘婿的记录，看起来是一种表示定居入籍的说法，不一定只局限于水上人的上岸。但像东山族谱中一姓之内有如此多的赘婿记录，还常常与他们的经商事迹联系起来，还是不多见的。江南地区此类记录的普遍，说明"赘婿"或其可能代指的养子、义男，掩盖的不仅是用于土地开发的佃仆身份，而且可以是用于出外经商的伙计身份，这就是"赘婿"作为宗族语言的意义。

以赘婿方式定居与合伙经商可能是一件事的两个方面。

> 未几，前场派襄文弟奉尊甫命，持其先世之遗笔及分书、交单之属，揖余而言曰：熙之高祖讳承远，少赘本图朱家巷周宗源为婿。而周之业在金陵，翁婿共铺为业。宗源卒，承远公出外另创业于浦口，家眷遂迁焉。[2]

这寥寥数语不足以让我们知道更多的细节。我们看到叶氏子弟出赘周氏后，与岳父一起在南京经商，因为是赘婿，所以既可以视为正常的类似父子家庭经营的那种关系，也可以视为合伙经营的关系。因为在岳父死后，无论出于什么原因，赘婿并未继承岳父的产业继续经营，而是跑到

---

① 乾隆《龙溪县志》卷一〇《风俗》，清乾隆二十七年刻本，第 3 页下。

② 叶长馥：《续前巷前场派纪》，康熙《吴中叶氏族谱》纪一。

南京附近的江浦县另起炉灶。也就是说，在事实上，这个叶氏子弟借赘婿的方式获得了独立创业的资本，而此前在岳父的铺子里打工，就是为了获得这个资本所付出的代价。而此后承远公二子一留浦口，一归东山，后人认为已经归宗，便应写入族谱。

在后文中，因涉及东山宗族的建构和水上人上岸的问题，我还会不断地提供赘婿的例子，这里只是提出东山在元明之际的赘婿现象及其与洞庭商人商业经营的关系。刘志伟提醒说，族谱中的赘婿记录可能也是一种"宗族语言"，表明的可能是某种不按父系原则组织社会的方式。赘婿这种结契关系的形成不一定是这种社会组织方式的出发点，而可能是其中的一个环节。① 这个提醒帮助我超越对赘婿现象的单纯功能主义解释，在后面的相关叙述中会不断有所体现。

有意思的是，2021 年 4 月，《南方周末》的记者采写了一篇新闻，讲述浙江萧山的"赘婿故事"，称萧山区已有"中国赘婿之都"的美号。据说在 21 世纪初，这里的招婿文化就引发过一轮大规模媒体报道，据当地一家婚介所的负责人说，"如果说上次的火爆程度是 100%，那么这次是 300%！"据说，前来应征的主体是"杭漂男大学毕业生"，还有博士生、阿联酋华裔、特型演员等。这里的富家女通常会给选中的男子路虎揽胜车和 2 万元彩礼。女方家里通常有好几套房，她们因为觉得外地条件不如本地，所以不愿意嫁出去，而作为独生子女，父母也不愿意她们外嫁。在新闻故事中写道，"80 后""90 后"的赘婿入赘后，不愿意让老家知道这个身份，因为害怕丢人。同时，双方家庭之间对小孩跟谁

① 见于 2021 年 4 月 21 日笔者在北京大学文研院"文研讲座"第 197 期对刘志伟教授评论的个人记录。

姓的问题也时有纠纷，到二孩政策实行后，则采用"两头挂"的方式。在家庭关系中，"虎妈猫爸"的现象较为多见。

记者提到，"萧山的'东片'，也即瓜沥、党湾、义蓬、宁围、南阳等地，一直有招赘的传统"。[1]但没有进一步追踪这一区域这个传统是怎么来的。所谓"东片"指旧萧山以东、钱塘江以南的片区，上述乡镇多沿钱塘江南岸分布（钱塘江在彭埠大桥和九堡大桥由南向东转弯，在历史上这一带的江面要比今天宽阔得多，转弯也没那么明显）。另外，今天萧山国际机场以西以南的地区，也曾经是一块很大的水面，隔钱塘江就是西湖，二者可以看作一个整体的水域。六朝时期这里有一块很大的水面叫临浦，到两宋时期已基本被开发成陆，只剩下湘湖和浦阳江口上下的破碎水面，包括白马湖、詹家湖等，至今除大为缩小的湘湖外，余均消失不见。[2]所以在这一带地区，曾经生活着大量水上人。虽然当下的赘婚现象与新的时代特点有关，但可能也与水上人社会的传统有渊源关系。

在这里，这个当下存在的现象仍然说明的是较为弱势的外来流动人口通过与较为强势的本地人联姻从而获得定居权的问题，这和我们前面讨论的历史在本质上并无二致。特别是新闻采写中提到一个能干的赘婿替老丈人打理工厂的情节，不能不使我产生有趣的古今联想。

滨岛敦俊强调的江南水上人借由"赘婿"（养子、义男）开发圩田，与本书强调的他们在经商网络中的作用，是明清江南社会发展中的一体两面。这两个方面既可能是同时发生的，在一个较长期的过程中，亦有

---

[1]　付子洋：《萧山赘婚故事：一份婚姻社会学样本》，《南方周末》2021年4月24日。

[2]　参见斯波义信《宋代江南经济史研究》第3部分"绍兴的地域开发"，方健、何忠礼译，江苏人民出版社，2012。

可能是历时性地发生的，即通过经商致富，后开始投资土地开发。既然同一种方式在江南社会岸上（土地）经营和水上（商业）经营同时发挥作用，就不得不让我们把目光投向"赘婿"现象在江南社会结构中扮演的角色。

东山翁氏

东山翁氏是个有趣的例子。

在乾隆末编的族谱中，无论传记、墓志铭，还是别的材料，多说始迁祖"承事公"是在南宋时从开封扈跸南渡，率领千百个家族成员定居在东山的。但在光绪时另一个版本的《翁氏世谱》中，一个说法是"二公故吴中旧姓，十七世祖承勋公自建武初扈跸南来，有功社稷，官至都统，性耽山水，见具区湖山之胜，卜筑莫厘"，①而建武是两晋、南朝时期几个政权的年号。另一个说法是"吾翁氏自宋之承勋公者，因金人入寇，率承事等子弟辈扈跸南渡，或随驾任职，或散处临安、海虞，独承勋公甘致林泉，不乐仕进，悦莫厘之胜，遂隐白沙之坞焉，迄今五百四十余年"。②虽把始迁时代置于南宋，但又在"承事公"前面加了一代"承勋公"。这两个族谱所记述的翁氏究竟是不是一家人呢？

如前述，将祖先故事定于扈跸南渡是江南宗族的一个套路，也多为人所因袭，即族人也多想当然耳。明代著名史学家王世贞所写墓志铭

① 沈筌：《翁氏族谱序》，《洞庭翁氏世谱》。
② 翁启元：《翁氏族谱小引》（康熙七年），《洞庭翁氏世谱》卷一。

说，"翁之先为大梁人，宋中叶有承事公者，逸其讳，以千夫长从扈跸南渡，慕东洞庭之胜，聚其族百余人居焉，遂甲其乡"，①将"承事公"定为北宋中期人。而稍晚的申时行所写的墓志铭则回归套路："宋建炎朝有官承事郎者，以其族从南渡，散处海虞、临安，而身自居洞庭之东山。"② 关于这位承事公的事迹，一般都语焉不详，但在另一篇墓志铭中则有了一点故事："按状，翁先来自南宋扈跸，元季始祖承事挈万金镪入上都，逢乱道梗，还其资，贾五湖间。曰：吾择其利轻而济博，则布帛可递。"③ 按这个说法，翁氏祖先的来历是南宋扈跸，但那个人并非承事公，承事公是元末来到东山的始祖，而且曾在元明交替时跑去上都开平做生意，因战乱无法成行，就回到太湖经商。

这个说法和始迁祖为"承勋公"的说法，可能都是在计算世代的时候时间对不上所致。在乾隆末年翁氏建立祠堂后，将始迁祖定为承事公，八世祖云亭公翁福，④即后面会提到的翁参之父、翁笾之祖。而申时行所撰墓志铭中说承事公"十传为福，福生参，号春山"，中间差了两代。云亭公大约是弘治、正德间人（他的儿子翁参死于隆庆六年），逆推八代的话承事公应该生活在元代中晚期（约 14 世纪初），如果逆推十代则应生活在南宋晚期（13 世纪中叶），与南宋扈跸的时间点均不合，但到翁福，其间世代越多，就越会与这个附会相合。又，定成十一公为

---

① 王世贞：《春山公暨配吴孺人合葬墓志铭》，乾隆《洞庭东山翁氏宗谱》卷一一《墓志铭》，第 25 页上 ~27 页上。

② 申时行：《少山公墓志铭》，乾隆《洞庭东山翁氏宗谱》卷一一《墓志铭》，第 30 页上 ~31 页下。

③ 张萧：《见沧公墓志铭》，乾隆《洞庭东山翁氏宗谱》卷一一《墓志铭》，第 42 页上下。张萧，松江华亭人，万历三十二年进士。

④ 乾隆《洞庭东山翁氏宗谱》卷一二《宗祠祭文》，第 5 页下。

四世，族谱称生于元泰定甲子，卒于洪武元年（1324~1368），逆推三代，始祖亦可推定为生活在 13 世纪中前期。我猜测，"承事公"虽然不一定是在这一带活动的翁氏第一人，却可能是在东山定居或半定居从事经商活动的第一人，这个时间不会早于元代中晚期。

在两个翁氏的族谱中，都有此前他们在临安（杭州）、海虞（常熟）、平江（苏州）居住的说法，更早则在莆田。到清代，常熟翁氏编《广族谱图》，从莆田翁氏那里抄到了更早的元代世系，于是将上述各地的翁氏联为一谱，并将洞庭东山派作为吴郡派的一支，将常熟派作为另一支。东山翁氏是如何与常熟派联宗，并进而联到吴郡派的，没有详细记载，但似乎其比较被人轻看，也有花钱买的可能。《广族谱图》中是这样说的：

> 东山始祖承事公系景文公六世孙也，自吴郡迁东山，子孙繁衍，因俗尚逐末，操奇赢经营四方，以资雄世间，尊异路，登仕籍。虽列序总图，终有愧于浙、闽、常熟诸贤，厥后之子孙，振起书香，显功名于正途，为家乘光，孰不愧名贤谱之命名也。

意思是东山翁氏虽然有钱，但联到我们这里还是高攀了，只有以后读书做官才配得上做翁氏的支派。这说明东山翁氏的地位是不高的，虽然表面上看来原因是其以经商起家，但江南地区素有重商的氛围，明清时期也有不少士大夫为他家写墓志铭、传记和寿序，因此这样说可能是由于其出身低下。

谱中还说道：

　　东山另有白沙派，相传有官承勋郎者，扈宋南迁，家于白沙村
为始祖。因历系各祖，其祖后人不敢妄为牵合，只就广谱所载东山
派中博士德新，及登科与有职者入续总图。[1]

显然住在东山白沙的翁氏与东山翁巷翁氏并非一族，根据该族谱中的谱
序，康熙间修族谱时有把两族祖先故事混淆，即联宗的意向，但可能最
终因某种原因并未达成一致，谱中所记世系人物均不相同。

　　明末清初人翁启元于清代康熙时开始纂修白沙翁氏的族谱，他的经
历是这样的：

　　公讳启元，于万历三十四年生，性朴古，恬淡有志气。不妄
作，无妄语。怜贫好施，幼孤，甫十年，又失恃，田园屋产悉被螟
蛉兄荡废萧然，孑然无怨无尤。……益思旧业，奋客江河，往还齐
鲁间，时年二十有八，创店古徐，与居仁台同事。[2]

他自幼就是孤儿，家产又被过继来的哥哥挥霍殆尽，所以青年时出外经
商，在苏北的泗洪（古徐）开店。但据其后人的记载，到晚清时其家再
度衰败，宗族也已混乱无序。那时上海已然发展起来，翁古复去上海经
商创业，并定居于距今南京西路不远的绿杨：

　　复自幼寒素，家道萧然，萱亲在堂，时有菜色。复童子时，唱

---

① 乾隆《洞庭东山翁氏宗谱》卷一《广族谱图》，第 43 页下 ~44 页上。

② 陈世德：《震初公履历》（康熙戊申），《洞庭翁氏世谱》卷二。

然而叹曰：大丈夫何患久困？即依食市井，竭尽心力，贸易经营。策不二十年，积金似巨，创业申浦，声名稍著，枝叶渐蕃，置居绿杨，乐善好施……①

　　翁巷翁氏的发家似乎是因在北方做生意，除了提到承事公曾跑到蒙古地区经商未成外，八世云亭公"贾于京，其交善者属以宦中橐，公度间关不可举，则为之计，易载他物以归。俯拾仰取，彼己饩益，利以百倍。寻遇贩舶中败缯，易而渍之五色，携至都下，会需彩缯犒军士，急则鬻，利又百倍，盖翁氏素封所从来也"。②按申时行所撰翁笾墓志铭，"春山公家世农业，间出为小贾，又倦游"，③即说此前翁氏的生意规模都不大，但到翁福去北京时，碰巧做了一笔政府采购的生意，于是开始发家。

　　此后翁氏的经商范围扩大到全国，但在明代中叶以后，山东临清是其主要据点。翁福之子翁参"因挟其从季赞南浮湘、汉，止江、广二陵，北徇燕、赵，所至获辄倍。既而息于清源，曰是绾货咽矣"。④翁参子翁笾则是翁氏鼎盛商业的缔造者：

　　　　乃挟资渡江逾淮，客清源。清源百货之凑，河济海岱间一都会也。隐君治邸四出，临九边，招徕四方贾人，至者楅属。业蒸蒸起已。察子弟僮仆有心计强干者，指授规略，使贾荆襄、建业、闽

---

① 翁古复：《翁氏重修宗谱跋》（光绪七年），《洞庭翁氏世谱》卷二。

② 张萧：《见沧公墓志铭》，乾隆《洞庭东山翁氏宗谱》卷一一《墓志铭》，第42页上下。

③ 申时行：《少山公墓志铭》，乾隆《洞庭东山翁氏宗谱》卷一一《墓志铭》，第30页上~31页下。

④ 申时行：《少山公墓志铭》，乾隆《洞庭东山翁氏宗谱》卷一一《墓志铭》，第30页上~31页下。

粤、吴会间，各有事任，大都遂时俯仰。权子母为出入，而又时时戒之：无胺求，无罔取，无杂良楮。人人遵用其教，所至常获倍息云。……诸少年禀受筹英，数千里如目睹。[1]

　　翁笼建立了一个全国性的商业网络，将其从东山带出的亲属下人分派到各地的分店，根据他了解的全国市场的情况，下达不同的指令，做不同的生意，而临清成为其商业网络的大本营。如翁笼的弟弟翁曡为"春山翁壮之，命游清源。公建一议、处一事，能惊其老辈"；[2]堂兄弟翁鼎"乃弃章句，挟资游清源"，以至"里人客清源者甚夥，会疫作，死者无所厝"。翁参还在临清"独力创建东岳行祠，落成而壮丽弘敞，延耆宿其中，以朔望训诲闾左子弟，善声益振齐鲁间，而子姓得以经术占籍清源，补博士弟子员"。[3]即创建东岳庙为会馆兼学塾，既讨好了本地人，又为乡人在当地落籍并取得学额。可以说东山商帮以临清为中心，形成了一个很大的势力。[4]在今天的轩辕宫那里，明代有座碧霞元君庙，我猜就是东山人在临清做生意的结果。

　　湖湘地区是洞庭商人另一个主要的商业目的地，特别是长江中游当时逐渐成为重要的米粮产地，而江南地区的手工业乡镇对其极为依赖，洞庭商人就成为江南的纺织品与两湖的粮食互为贸易的重要中介。因此，不仅翁氏，东山的许多商人家族都有去两湖地区贸易的记录，如葛

---

①　王世贞：《春山公暨配吴孺人合葬墓志铭》，乾隆《洞庭东山翁氏宗谱》卷一一《墓志铭》，第25页上~27页上。

②　陈继儒：《洞湖公暨配严孺人合葬墓志铭》，乾隆《洞庭东山翁氏宗谱》卷一一《墓志铭》，第33页下。

③　冯梦祯：《九州公墓志铭》，乾隆《洞庭东山翁氏宗谱》卷一一《墓志铭》，第37页上下。

④　冯梦祯：《九州公墓志铭》，乾隆《洞庭东山翁氏宗谱》卷一一《墓志铭》，第37页上下。

氏友竹公，"壮尝贾游齐鲁、荆襄之区"；[①] 王氏惟道公"少亦尝与其侪至湖湘间"；[②] 等等，说明洞庭商人主要的贸易途径是水路，即进入长江后或向上游进入两湖地区，或向北进入运河沿线。两湖地区是可以继续深入华南和西南地区的枢纽，而临清是连接江南与京师水路的中心，所谓"清源为齐鲁燕赵之冲，万货所聚"。如果洞庭商人在较早的时候就是经常在这个水网中游走，甚至是来自那些地区，那后来开辟出这样的贸易路线也就很自然了。

东山老家似乎也是翁氏商业网络的中心。翁启明是翁笾的长子，据董其昌的记述，他一直在家掌控调度，没有外出经商："是时，少山公年逾五十，亦厌苦治生，尽以委公。公善心计，尤长于治人，所任百金之士以千数，千金之士以百数，不出户而知万货之情，不杼轴而以东南之女工衣被半海内，盖资雄倍往时，少山公喜可知也。"[③] 虽然翁笾把生意的事交给他，虽然他不出东山，却网罗了数百上千有一定资本的商人替他去各地经营，使得江南地区的纺织品覆盖了半个国家。这看起来很像是一种层层发包、委托经营的方式。

合伙制经营与"合伙制社会"

范金民通过阅读大量东山族谱及相关资料，对明中叶以降该地的主

① 葛文林：《大父友竹公传赞》，民国《洞庭东山葛氏第四次重修宗谱》乙册，第 18 页上下。

② 王朝用：《惟道公阡表》，民国《莫厘王氏家谱》卷一三《述德上》，第 6 页上下。

③ 董其昌：《见源公暨配石孺人墓志铭》，乾隆《洞庭东山翁氏宗谱》卷一一《墓志铭》，第 39 页上~40 页上。

要商人家族做了统计分析。他发现这些家族往往互为姻娅，使财富的集聚和流动都在亲族的内部。他发现，翁氏自翁笾一代起下五代，108 人中结成婚姻关系的共有 30 姓，只嫁不娶的 14 姓 24 人，而与其中 8 姓结成婚姻关系的共 64 人，超过 10 人的集中于叶、席、周三姓，而这些大姓多是本地的商人世家。[①] 这也许能说明衰落的某姓将产业转卖给有姻亲关系的某姓这一现象，从而出现前者居住的聚落与后者居住的聚落同在一处或相近的现象。这可能使前者不致立即破败，由此形成东山社会结构在一定时期内的相对稳定。

在康熙末、雍正中有几次涉及多方的房产交易。康熙五十年，席氏族人席钦明将祖遗得得馆等一部分房产、地产卖给堂兄席东序（东至敦宁堂屋，西至敦和堂园，南至敦宁堂屋，北至官路）；[②] 次年，席钦明再将位于仁和里的祖遗 13 间房产卖与沈氏（东至将军坟，南至公同大门，西至本宅敦和堂，北至本宅厨房。敦和堂即席氏曾与翁氏交易过的房产）；[③] 康熙五十七年，席景秦将坐落敦宁堂后的几间房产卖给哥哥揆序，[④] 可知这几桩交易涉及的房产都在邻近，即在中席一带。到雍正九年六月，相关亲族在一起立了一张议单：

> **立合同议单**
>
> 亲族翁云章、吴尔和、金锡陈、席世延、席良器、席方叔今因

---

① 范金民：《洞庭商人的经营方式与经营手段》，《史学月刊》1996 年第 3 期。事实上，同一姓氏是否即表明是同一本地始祖的子孙，还需要仔细辨别，比如东山叶氏在明初就分居在不同的聚落，我们还不知道他们是否同一祖先的子孙。前面提到的两个翁氏也是如此。

② 日本京都大学藏清代太湖厅档案，档案号：2566-03、2565-06、2565-07。

③ 日本京都大学藏清代太湖厅档案，档案号：2565-10。

④ 日本京都大学藏清代太湖厅档案，档案号：2568-02。

席世留同男汇升、以贞、翰旬、孙子正初有分授敦和堂房屋一所，其房屋间数、装折另有细帐开明，凭中估价绝卖与席廷美名下永远为业。此系两厢情愿，并非勉强成交，先将交易事宜议明，方始成交，一一开列于左。

一、议得正契银一千两，推收、杜绝、加叹三契共银三百两正。

一、议得银色九七平，九九足兑。

一、议得起神堂迁移共银五十两正。

一、议得九月内立契成交。

一、议得立议日即交银一百两，立契日先支银四百两，交房日交银三百五十两。余银五百两存廷美处，按年一分三厘起息，另出典中存折。

一、议得卖与沈处房屋，其间数装折悉照原契交点，仍在席世留处赎出，同大屋一并交卸。

一、议得上手各契尽行交出，毋得存留。

一、议得弄堂内有得得馆及小屋不在此议内，因上手契共同一纸，一并交与席廷美处，欲后有凭，此为据。

一、议得交屋日期，准于雍正十年二月中交。

一、议得沈处房屋倘于十年二月不交，其银在三百四十两内扣存三百两正。

一、议得地基、钱粮、户名丈明过户交纳。

一、议得点明装折俱照帐交卸，如有缺少，在席世留处补足。

一、议得悔议者罚银一百两，与不悔者得。

　　允议　席廷美（押）

　　席世留（押）、汇升（押）、以正（押）、翰旬（押）、正初（押）

雍正九年六月　日 ①

　　根据这份议单，除了卖给席东序的得得馆等处房屋外，还涉及康熙五十一年卖给沈氏的房屋，卖者要求席世留先行赎回，才能整体打包卖给席廷美，这可能是因为席氏不愿祖业因族人生计困难而流入外姓之手，故动员本族人实行内部流转。比较蹊跷的是康熙末年三宗交易售价较低，只有数十两至百余两不等，虽然不知其面积大小、质量高低，但与前后房产交易相比差距颇大，不知是否与族内成员之间交易有关。参与此商议的亲族有翁云章，此人是卖方孙辈席正初的大舅，当然也正是此前将大批房产转售席氏的翁氏族人。这可以证明东山大族确有金钱在亲族内部流动的现象存在。

　　联系到前面讨论过的赘婿经商现象，如果在经商过程中的资金流动也同样存在这种情形的话，我们可以将其理解为范金民所讲的"委托经营"方式，或者是"领本经营"方式（在经营者实力不足的时期可能体现为"领本经营"，在其变强之后可能转换为"委托经营"）。② 比如万澔"尝代中表翁氏操百万利权，金钱满床头，恒等身，肃然若不涉者，

---

① 日本京都大学藏清代太湖厅档案，档案号：2575-00。

② 谈到洞庭商人领本经营和合伙经营的，还有马学强的《江南席家——中国一个经商大族的变迁》（商务印书馆，2007，第40~44页）。其中特别提到这两种经营方式中的信用问题，并同样提到亲属关系在这个问题上的重要性。我认为，在一个较早的阶段，赘婿、义子、养子、家奴等拟亲属关系可能更为重要，后来还包括宗族扮演的角色等问题。

翁借君富倍于昔",①即以表亲身份作为经理人。但是，我们也可以不将其视为一种单纯从商业经营方式考虑的行为，而是将其视为一种社会结构化的现象。或者说，一种商业经营方式，只能由盈利的需求理性地产生出来，而不可能由社会和文化的关系演化出来吗？

这就会让我们回到马克斯·韦伯。我们对《新教伦理与资本主义精神》的观点已非常熟悉，简单地说，他把对文化因素的考虑引入了对现代商业模式的研究中。但也正如科大卫指出的，韦伯在后来的《经济与社会》一书中，提出了资本主义商业产生和发展的更为多样而复杂的可能性。譬如，科大卫在讨论 19 世纪香港的传统合伙制向现代公司法的转型时，暗示体现为家族经营的人际关系网络并不必定与现代企业制度的公开、透明相冲突，后者更依赖于一个完善的金融市场。②

由此，我们可以设想，东山商人之家的资金往来与姻契关系之间可能存在某种关联，也即缔结姻契关系并进而形成合作的方式可以用于商业，也可以用于运输，还可以用于社会网络的建立。如果其背后体现的基本上是一种利益关系，那么它就是一种"合伙制社会"，其稍晚近的体现就是宗族。郑振满的福建"合同式宗族"，是其继承式宗族的发展，是一种以互利为基础、按股份形成的组织，但正如他所说，合同式宗族只注重族人之间的互利关系，而不注重他们之间的血缘和地缘关系。③

---

① 葛一龙：《明隐君万养浩先生行状》，《洞庭东山万氏宗谱》卷后《行状》，道光重辑《万氏宗谱》，第 42 页上~43 页上。

② 科大卫：《透明性是否意味着人际网络的终结？——香港华人商业立法一个世纪的回顾》《作为公司的宗族——中国商业发展中的庇护关系与法律》，《近代中国商业的发展》，周琳、李旭佳译，浙江大学出版社，2010，第 61~76、79~104 页；《韦伯有所不知：明清时期中国的市镇与经济发展》，《明清社会和礼仪》，曾宪冠译，北京师范大学出版社，2016，第 216~234 页。

③ 郑振满：《清代福建合同式宗族的发展》，《中国社会经济史研究》1991 年第 4 期。

这种关系模式的出现应该是更大范围的、商业化社会的影响。由于合伙制社会的本质也是互利关系——尽管最初不一定是通过股份的形式出现的，所以合同式宗族也是一种合伙制社会的形态。但我想指出的是，宗族不是"合伙制社会"的滥觞，而是它的发展和成熟，也就是说，"合伙"是一种社会机制，在互利的基础上，既可以形成水上人上岸的早期社会，可以形成商业经营的模式，也可以导致"合同式宗族"。

由于元代到明初的户役制度使得赘婿、女户、义子之类名义成为人们分担赋役的一种相当普遍的方式，又由于山区、湖区等地的开发使得少数豪强以赘婿、养子、家人等名义获取类似佃仆那样的劳动力，而后者由此获得定居权，更由于洞庭两山少地而又有大量极具流动性的水上人，所以"合伙制社会"的形成具有了充分的条件。这不仅体现为"赘婿""继子"的加入，也体现为各个经商世家的联姻关系，甚至是宗族的建构，这亦可从贺喜对粤西鉴江流域上岸水上人宗族的研究中得到佐证。[①]进而，这种"合伙制社会"的特点自然而然地衍生出其商业经营的模式，而这种模式在近代上海担任洋行买办的东山人中得到延续并经历着转变，对此，我在后文中还将继续讨论。

从翁氏到席氏

清代东山人有个说法，叫作"翁、许衰而席氏遂兴"。[②]翁巷翁氏

---

①　贺喜：《从家屋到宗族——广东西南地区上岸水上人的社会》，《民俗研究》2010 年第 2 期。

②　汪琬：《皇清乡饮宾八十翁席公仲远墓志铭》，席彬重辑《席氏世谱载记》卷六《铭志》，清光绪敦睦堂刻本，第 2 页上。

在翁笾的时代达到鼎盛，"往来荆襄、建业、闽粤间，甚至辽左、江北闻其名，非翁少山布，勿衣勿被。于是南北转毂无算，海内有翁百万之称。同时许志问，字冲宇，善治产积居，随时而逐利，家亦不赀，即所居创大第，至今言富者，必首称翁、许云"。[1] 翁笾生于嘉靖四年，万历三十五年卒，比席左源、右源兄弟发家的时间早数十年，其衰落大概在清初。《具区志》是康熙年间编纂的，到这时翁氏应已中衰，但到晚清翁氏再因经商起，则是编者翁澍见不到的了。

不过，不复鼎盛的翁氏在明清之际也不是一般家户所能比拟的。清前期的东山人吴庄曾写下这样一篇生动优美的文字：

> 翁之族多雄于资，喜豪举，有亘□者，输金助边饷，授光禄寺署丞。筑名园于湖亭，凿龙渚石垒为三峰，灵奇秀削，浑若天成，可与徐园之瑞云相伯仲。有登之者，蓄骏马名姬，择翠峰居处构楼阁十二，诸姬分曹掌之。按日宴，赏月夜，拥诸姬，从十八盘，折涧桥，至金牛岭，于马上奏《龙女还宫曲》，灯火之光，丝管之声，彻夜在林谷间。有孝先者，好水嬉，命机匠造飞舸，一日能行三百余里。又散财结客，募死士欲出山海关，夺辽东以还报天子。有小伯者，辇金于旧院，征歌买笑，久而不归，其主管伙计转徙货贿，必至金陵秉出纳。时挟妓登长干塔，有伙计自粤中来，诣塔言事，

---

① 康熙《具区志》卷一三《人物·货殖》，第10页下。该文中清源即山东临清，汉置清源县。2021年7月，我们在新潠庙场头遇到一位姓许的先生，他说许家的祠堂过去很大，但已经被拆了。他本来是可以去当兵的，但因家庭成分是中农而未获批准。他还说他们村过去只有一户地主，原来是在湖边种植和贩卖芦苇的，致富后不久就遇到新中国的土改，被划为地主。我猜想这位许先生可能就是明代与翁氏齐名的许氏后人，因为根据记载，明代许氏就住在后来的潠里附近。

日赤金若干、沉檀珈楠若干，袖中出赤金一帖呈样，适风吹，金箔飞落天间，日光照耀，彩色异常。妓顾之欢笑，乃命尽取舟中金，令数十人于塔之上下八门飚之，随风飘洒，金色满空，夕阳西下，塔已成黄金相矣。迨夜，命取诸品香薰塔，芬芳郁烈之气，闻二十里外。有群鹤盘旋其上，比晓不散，直入云上，如弹丸聚，观者千人。①

一方面可见翁氏后人挥金如土，奢靡无度，是为此后家业衰败的征兆；另一方面也可看到翁氏于明清之际以南京为中心，生意远至广东，贸易规模似乎并未急剧缩水。

声称唐末席温后代的东山席氏，②虽是到了明洪武之后的第十一世右源公时，才通过经商致富。但的确是在此之前便有了上、中、下三席的聚落，族谱称系席温三子席尚、席常、席当三支各自聚居的地方，但此后的情况并不清楚。"常传二十余世，讳伯清者赘武峰，卜筑西金席家桥，桥之得名昉此，而席遂为武峰鼎族矣。再数传至永昭公，与王文恪为姻娅。"由此可知伯清大约是在明初入赘到武山，西金即今之西泾，席家桥应即上一章提到的今日之锡嘉桥，属于东山，亦可知席氏也是在明初前后才有了比较确切的历史，先是入赘于武山，后自立于东山。

到明嘉万间人席森时，"趣装浮长淮，溯大江，……更远而望云梦，

---

① 吴庄：《非彦公传》，乾隆《洞庭东山翁氏宗谱》卷一一《传》，第14页上~15页上。
② 关于东山席氏，马学强已有专门的研究，见马学强《江南望族——洞庭席氏家族人物传》《江南席家——中国一个经商大族的变迁》。

涉彭蠡，瞻九疑之芊绵，盼巫山之嵯峨，北过大梁之墟、邹鲁之都"。①
这大约是席氏经商发家之始。到二十八世端攀（右源公）时，

> 至十五，念母春秋高，家渐落，乃弃儒业，与同母兄端樊跳
> 而从前母兄端懋于青溪，始习为贾。……又以念母故，不忍远贾于
> 外，乃复就青溪更辟业，与端樊共榷子母，逐什一之息。……盖戮
> 力经营者二十年，而家累千金，于东山为素封首称。……因而建宗
> 祠，修先茔，百年废绪，无不备举。逾五十而始与端樊析产，辞赢
> 受少，人皆以孝悌归之。……葬于莫厘三茅峰之阳唐殷里。②

这就印证了其父席洙所作《居家杂仪》中的话：

> 凡生子未冠之时，上不能攻书，下不能务农，年及十五六岁，
> 须烦亲识带外出。自幼琢磨，庶肯受人之教，他日必有成也。若从
> 幼不习生意，及冠婚之后，年已长成，不肯下气。亲友见教，反坐
> 嗔怒，不久而散。

由此可知《震泽编》中所言不虚，甚至席家要求出外学做生意的年龄还
要更小。席洙的经验是，如果没有自幼获得社会经验，不能与亲族成员
形成密切关系，家业就会衰败，这证明了前述"合伙制社会"对经商乃
至宗族延续的重要性。根据族谱，正德、嘉靖间左源、右源的祖父辈已

---

① 孔贞运：《处士苇洲席翁暨配郑孺人合葬墓志铭》，席彬重辑《席氏世谱载记》卷六，第1
　页下~2页下。
② 江用世：《赠冏卿右源公传》，清《洞庭东山席氏支谱》（不分卷）残本。

经将祖先追至席温，而且曾与王鏊作诗唱和，父辈则撰写了《居家杂仪》这样的家训。他们应该在东山已有一定地位，但很快还是不能避免家道中落，需要靠经商重振。

端樊，即右源公同母兄左源公，又经过二十年的经营，才真正致富，在东山首屈一指。也即到了晚明，才开始重建宗族，并大力参与家乡的公共建设。明末做过苏州府推官的福建闽县人周之夔记载：

> 修治道路、桥梁，若由拳之龙和、龙安及谢历港诸石桥，若本山之施巷，至于山岭及平岭大路，履道坦坦，共由垂悠久之功。建造祇园梵舍，若虎丘之原明庵，皋亭之佛日寺，天竺之白云房，松之淀山寺、明远寺，本山之灵祐、翠峰、莳山、法海，及真武、玄极、关壮缪之诸楼阁殿宇，黄金布地，不一而足。①

也正是这样一种有所取舍的状态为清初席家接待康熙南巡奠定了基础。

我不清楚嘉靖间的"倭乱"是否中断了洞庭两山商业发展的原因。至少地方志的编者是这样认为的：

> （西洞庭）稍有资畜，则商贩荆襄，涉水不避险阻。正德以前家户饶给，父老多不识城市，有"西山富"之谣。嘉靖倭残，鳌篐

---

① 周之夔：《诰赠亚中大夫太仆寺少卿加一级乡饮大宾右源席公行状》，清《洞庭东山席氏支谱》（不分卷）残本。

赍盗，山径荒芜，致额粮虚宕，民力不堪，竟思逃徙。①

（东洞庭）编民亦苦田少，不得耕耨而食，并商游江南北以迨
齐、鲁、燕、豫，随处设肆，博锱铢于四方，以供吴之赋税。兼办
徭役，好义急公，兹山有焉。嘉靖倭变，已析皮毛，仅存髓骨。②

所谓"嘉靖倭变"，指的嘉靖三十三年、三十四年的江浙"倭乱"。前一
次"贼由石湖入太湖"，后一次"自海虞由木渎入太湖……掠洞庭西山
殆尽"。③但这是否能导致因其人在外经商而致富的洞庭两山一蹶不振
呢？一种说法是，这样一种动荡破坏了经商环境，时人说"今贼杀害人
民，摇动畿辅，苏、松内地，城门经月不开，百姓喁喁"。④华亭人冯恩
在给知府的信中也说："商贩断绝，乡氓纺织俱废，市民贸易不通。"⑤另
一种说法是官府为御倭而征发民力，亦是华亭人的徐宗鲁说：

造海船、鸢船、兵船之大户，动费亿万，而多弃于烈焰；起
盖营、填港、钉桩之工作，动经岁月，而多毁于贼手；征海防、丁
田、乡兵之杂税，动及疲民，而多冒于巨奸；定籴米、夫马、支应
之诸差，动累赔偿，而多困于妄报。遭贼残破之余，又苦繁役之
扰，弱者思逃，强者思乱，此民病之可虑者二也。

---

① 崇祯《吴县志》卷前《图》，《西洞庭图说》，第16页下~17页上。
② 崇祯《吴县志》卷前《图》，《东洞庭山图说》，第18页下~19页上。
③ 蔡昇辑，王鏊修《震泽编》卷八《辑补五》，第133页。
④ 崇祯《松江府志》卷四九《兵燹》引归有光《备倭事略》，第38页下。
⑤ 崇祯《松江府志》卷四九《兵燹》引冯恩《上方太守书》，第42页上。

后一说法可能对商人的打击更重，特别是对号称"急公好义"、经常替县里解决赋役问题的东山商人来说，更是如此。

不过，考虑到"倭乱"背后的私人贸易因素，我们其实可以想见，"防倭""剿贼"对商业贸易的打击可能更大。徐宗鲁就非常清楚：

> 寇起四年，初以十计，渐至数百、数千之众，今则聚而为几万矣。始寇一方，次沿乡邑□郡之间，犹怀顾忌，今岁则满于浙之东西、江之南北矣。名虽倭寇，实由漳、泉、宁、绍之民勾引为乱，今岁则多客兵之附党、乡民之投入矣。①

张世美说得更清楚：

> 下海虽禁，势家大族捕鱼取利，艨艟巨舰，千百相衔而莫之制；私通虽缉，奸雄巨猾通番交货，投托势要，回互隐蔽而莫之问。怀奸挟势者，公为鬻贩于海中之国；为牙作侩者，公肆买卖于所至之地；脱罪亡命之徒，附托而为奸；恶少无籍之流，结纳以成党，勾引各岛之倭，向导中国之地。②

所以嘉靖时期官府备倭、防倭断绝了东南沿海商人的获利渠道，反而以冠冕堂皇的理由迫使他们将所获之利上缴给官府，再给他们戴上一顶"急公好义"的桂冠。这大概就是地方文献提到却语焉不详、嘉靖以

---

① 崇祯《松江府志》卷四九《兵燹》引徐宗鲁《论倭变始末》，第62页上下。
② 崇祯《松江府志》卷四九《兵燹》引张世美《倭变论》，第59页上。

后东山大伤元气的主因。像席氏家族也是到万历时才再度"下海"发家，并由此知道了官府的厉害。晚明席家的公益事业和清初接待南巡，都可以由此得到理解。

我没有在东山人自己的记述中看到他们在嘉靖"倭乱"前后的遭遇，但可以看到他们经营海外贸易的一些痕迹：

> 东山傅永纪，正德初商游广东，泛海被溺，获附舟木，三日夜流至孤岛。岛为叠石碌珂，遍无纤草，所服之衣，啮吞殆尽。度不能存，呼天泣曰："居于山，饥必至死；附于木，或可得生。"乃复附木，没于波涛。七日至海滨，见一渔翁，张网独立，乃拜书询，为某处渔翁，书示曰：佛郎机国。永纪又书曰："吾夏人也，覆舟随波至此，赖君可以生乎？"渔遂允为馆谷。久之，意气弥笃，以女妻之。永纪善为纸竹扇，一扇鬻金钱一文，不二年，至于巨富。佛郎王召见，授以爵。正德末年，佛郎太子以永纪为通事，进刀剑于华夏，武宗礼遇优渥，永纪遂勿复去。嘉靖初，罪其私通，乃致之瘐死，时年四十八。①

这篇文字的风格很像明清笔记中常见的传奇故事，其内容很难说是真是假。抛开细节不论，有几个背景方面的描述确属事实：一是明中叶东山人去广东经商；二是正德时作为火器的佛郎机已传入中国，东南沿海与葡萄牙人已有贸易往来；三是嘉靖初由于"倭乱"，私人海上贸易收紧。故事最后以东山商人被官府以与欧洲人私通的罪名杀害为结尾，似乎透

---

① 蔡昇辑，王鏊修《震泽编》卷八《辑补四》，第131页。

露出某种不满情绪。

东山商人的倏忽起落，彼此更代，似乎是"司空见惯浑常事"。东山翁巷是明中叶翁氏兴起以后，买下中席的从坪磐到更楼的一段，说明曾经居住在中席的席氏那时进入低潮期。这里的坪磐在前面提到石桥村的时候也曾提及，是所有较大村落举行公共仪式的地方，坪磐和更楼的存在说明明代时这里已是颇有规模的聚落。翁巷出现后，先后建起数十处大宅。但他们的衰落又是一个缓慢的过程，并非立即一贫如洗，而且常常又在某一代重振家声。

图 4-2 鹅潭头庙

在今天的湖湾路一直向北，接近莫厘峰麓的地方，即明清时期的中席一带，有个地方土名鹅潭头，现在已经完全看不到有一汪潭水的样子。竹木掩映下有一座小庙，里面的神像据称为柳毅，上面的帐子上写着"总理三乡"四字，问庙中妇女，答曰不知，我猜测是城隍或者某个社神。但庙墙上有块署明崇祯十七年六月甲子的碑，题为《净志庵碑记》，可知此地曾是一个尼庵：

> ……有法名净志者，育于席，适于吴，孝敬之名，自幼著闻。至四旬寡而无嗣，即思大士香山现身，惟是苦心修行而成。于是弃却鸠鹭，择一清净安身立命之所。适有席处老妪基房，切邻吴墓之侧，曰是可以隐身修习传道。后来信女为法徒矣。……只恐老逝，而徒孙不晓世守，便坏佛门大体，失檀越之本心。况为善与众□共士行，犹且难之，其开信善舍愿于后，授记徒子徒孙，苦心苦行，守吾法门于不朽。
>
> 计开众信乐助：
>
> 吴伯玉室人汤氏十两，席左源瓦一万，席宁侯母吴氏、室人吴氏十两，翁器之室人席氏五两，翁冲素室人席氏一两，吴公申室人席氏一两，翁亘寰室人叶氏一两，席华□一两，席伯宏室人翁氏三两，席仲远室人姜氏三两，席允来一两，翁约之室人周氏一两，翁谦遵室人一两，翁非彦三两，席慎一一两，席慎寰一两，席慎华一两，叶昆仑一两，叶寰瀛室人翁氏一两，吴白门室人叶氏一两，吴良叔一两，吴尚智一两。
>
> 席洪江、朱君佐等共助银二十五两，细刊于旁。
>
> 崇祯十七年六月甲子日，吴县二十六都一图里长翁标、席淳，族长吴有性、云路等仝立。

事实上，此时已是清顺治元年，南明弘光政权也已在此前的五月建立，这块未及时表明正朔的碑能够保留至今，是因为东山足够偏

图4-3 鹅潭头庙神龛与牌匾

僻。此时有位嫁与武山吴氏的席家女子出家，得到了以席氏和翁氏为主的东山著姓成员的支持，其中也可以看到席氏兴起的重要代表人物席左源的名字。

这位无后的女子出家的真实原因固然不得而知，但从捐款题名来看，住在这附近的席氏、翁氏、吴氏、叶氏都是捐款的主要参与者，而且的确互为姻亲，甚至如席宁侯的母亲和妻子均出自吴氏，可见是世代联姻。由于翁、席两姓都是本地大户，所以里长也由两姓承担，这个捐款建庵的举动不仅有里长出面，也有净志的夫家吴氏族长见证，可能是因为这个庵的房基产权属于席氏，以防万一为此出现纠纷。

清康熙十七年正月，席氏和翁氏之间进行了一场交易，晚明中席的一处翁氏房产再度易手。

立绝卖房屋楼园地文契人翁子敦系吴县廿六都二图籍，因钱粮无办并经营计，切将祖遗分授住房半所，连前后更楼、园地，细列经帐、门窗、装折俱全，及前后墙垛间角隙地无存，下连基地　亩　分宽窄在内，坐落中席巷地方，情愿央中说合，绝卖与本图席名下永远为业。三面议定，时值价银一千一百五十两整，契下一并收足，并无低当私债准折，亦无重叠交易，并门房有分人争执等情。如有此情，出主自行理直，与置主无干。自卖之后，听凭置主拆卸补造，永无异言，待造黄册，即便推收过户办粮。恐后无凭，立此绝卖房屋文契为照。①

此契上署名的除卖房父子三人外，尚有包括族长在内的翁氏族人 32 人，至亲吴、许、席、汪、刘五姓 8 人，可见其事甚大，牵连甚广。六月，再立推收契，得席氏银 115 两；八月，又立杜绝契，得席氏银 115 两；十一月，立加叹契，得席氏银 120 两，共计银 1500 两。

但这似乎并不能缓解翁氏的困境。康熙二十年三月，翁氏只好将另一半住房卖给席氏。契中文字与前契基本相同，卖价也是 1150 两。此契列出四至（东至将军坟，南至官路，西至文远屋，北至官路），列出包括族长在内的翁氏族人 33 人，及至亲吴、许、席、陆、叶、汪六姓 10 人。② 此后同样凭借推收、杜绝、加叹，得银 350 两。三年间，以 3000 两白银的价格，席氏将中席翁氏的大宅收归己手。此例可以作为席氏兴盛而翁氏始衰的证明。

除此之外，根据现存契约，席氏族人也在东山以外的地方扩展势力。如康熙十年在嘉定：

> 立卖契。陈求章同弟建纯、析五，为因粮银无措，有祖遗在城三图朝南楼房一所，下连地基　亩　分，凭中印景裴、姚克生等卖与　席处为业。三面议定，时价银一千两正，立契之日一并收足，其房任从拆卸改造，永远管业，并无门房上下争阻、他处重交等情，恐后无凭，立此为照。

---

① 日本京都大学藏清代太湖厅档案，档案号：2565-01。
② 日本京都大学藏清代太湖厅档案，档案号：2565-03。

　　银色九五足兑，秤入山号并照。

　　计粘房屋间数交单一纸。

康熙十年五月　日
嘉字二百五十九号业户席宁

另有康熙十三年添契及康熙十六年添绝契，前后交易共 1400 两白银。①

与此同时，席氏又购买了嘉定张姓的一处房产，同样也在嘉定三图：

　　立卖契。张屏侯、新侯为因粮银无措，有祖遗在城三图朝南房屋一所，随屋基地一亩　分，凭中金治文等卖与　席处为业。三面议定，时值价银四百五十两整，当日一并收足，其房任从拆卸改造，永远管业，并无门房上下争阻、他处重交，恐后无凭，立此卖契为照。

　　计开

　　一应交卸细账另开粘内，其基地坐落重字圩。

康熙十年五月　日
嘉字二百六十二号业户席永②

附带说，在这次交易发生时，卖主与中人还立下一纸议单，说明了

---

① 日本京都大学藏清代太湖厅档案，档案号：2566-01、2566-02、2549-06。
② 日本京都大学藏清代太湖厅档案，档案号：2566-02。

本地加价的规矩:

> 立议单。亲友金治文、时去华、姚克生等议得,张屏侯、张新侯有在城三图朝南房屋一所,从各姓回赎,契卖 席处为业。凭中议定时值价银四百五十两,照嘉邑一卖三添旧例,每迟三年一添,必至数年后方完。俗例从无先期议加、一并割绝之理。兹因屏侯昆仲有葬亲大举,而正契银两分赎殆尽,若非曲为设处,何以济此急需?为此,凭兄德符会同居间,至亲曲劝,席氏随契并添,以完三添之例,盖以数年迟久之局,而为一旦杜绝之举,在恒情所万万不可得者。惟席氏世敦古道,与屏侯昆仲夙有交谊,故不复按年,先期找付。自议之后,永远杜绝,不得再生枝节,以负席氏至情,并忘吾等公议。恐后无凭,立此为照。
>
> 康熙十年五月　日 [①]

按嘉定当地俗例,房地产买卖为"一卖三添",每三年一添,前后持续九年。之所以没有"先期议加,一并割绝",是为了能够使买卖双方根据三年间市场价格的浮动临时议定加价数额。学术界通常认为加价(加添、加叹)现象体现了一种长期被习惯和法律认可的土地的非经济价值,是有利于原土地所有者的,而三年一添的乡例似乎又是一种对购买方的相对保护,使购买方不致一时负担过重。此次交易属于例外,是一般情况下"万万不可得者",这次的一次性买断是张家承了"席氏至情"。故此又立"添绝文契",加添绝银 30 两。[②]

---

① 日本京都大学藏清代太湖厅档案,档案号: 2568-02。

② 日本京都大学藏清代太湖厅档案,档案号: 2549-04。

不过，在此次添绝之后，尽管席氏已在康熙十年十月于嘉定县衙门办理了过户手续，交纳了契税，但在康熙十四年和十七年又有两次加添，共添银160两，[①]仿佛又是仍按照三年一添的乡例。议单记录的决定似乎是无效的，交易不利于购买者的状况依旧。

清顺治十四年，就是发生了著名的科场案的那一年的秋天，遗民归庄跑去东山游玩，[②]结识了翁元闻兄弟，并写下一篇《湘云阁记》。按归庄的描述，"其居古木交罗，名花奇石，左右错列；崇台高馆，曲廊深院，入焉而迷西东。其尤绝者为湘云阁，盖板屋，而铺以湘妃竹，斑然可爱"。阁中陈列着家里收藏的三代、秦汉乃至宋元的古董书画，"目鉴手玩，应接不暇"。元闻说此阁是他父亲建造的，希望能有一篇文字来表达他父亲的志向。于是归庄写道，他父亲用湘妃竹建屋，是因为想到虞舜的二妃对虞舜的怀念之情："翁氏世以资雄于山中，虽其力所自致，顾非国家熙洽，休养涵育，使四民各安其业、享其利，何以至此？然则望之不见，思慕从之，不可谓之迂也。"[③]这个说法只是归庄的想象，其实翁氏经商的足迹已涉湖湘地区，湘云阁之建更可能是元闻兄弟之父对在那一地区所结某种情谊的纪念。不过，我们亦借此可知翁氏致富后不仅大修园林，而且购买了大批古玩，收藏于家中，且在清初战乱之后，并没有受到损失。

康熙二十七年，昆山人徐乾学因事被劾，自请罢官，康熙皇帝允许他携书局归里，继续编纂《大清一统志》。徐乾学想找一个远离喧嚣的

①　日本京都大学藏清代太湖厅档案，档案号：2567-01、2549-05。

②　赵经达：《归玄恭先生年谱》，民国刻又满楼丛书本，第29页上。

③　归庄：《湘云阁记》，《归玄恭遗著》，上海中华书局，1923，第61页上～62页上。

幽静之处，便来到东山的桔社，借住于翁家的别墅，并在此期间为翁天浩书写了墓志，我们亦由此了解翁氏在清初的状况：

> 具区中，包山东二十余里有山焉。隔水相望，世称为东山，而因目包山曰西山。东山有数大姓，最著者翁氏，君翁姓，讳天浩，字元直，别号养斋，国学生，考授县丞，性孝友，无他好。惟僻志泉石，乃择地于桔社之西、其先人欲筑圃未果者，营别墅焉。每遇良辰，集群从昆弟及朋旧觞咏为乐，四方人士闻而慕之，亦以时拿舟过访，宾主流连尽欢，题诗叹赏而去。自昔翁氏盛时，其族人园林台榭甲于东南，数十年间渐衰落矣。惟此社西数亩地为翁氏别业，流水周阶，青山在牖，不事此者，期无陨旧业而已。

徐乾学也讲到此时的翁氏已经衰落了，其园与当年盛时甲于江南的园林无法相比。现在翁天浩建造的这所别墅，也还算是把祖宗的遗产保存下来。只是第二年翁天浩就病逝了，年仅48岁。于是徐乾学记述了翁氏的家世：

> 君之先讳参者，明嘉靖中以御倭功旌其庐。参之子讳筵，有奇智，善居积，家益以饶，是为君曾祖。祖讳启阳，父讳彦博，豁达有才干。及君兄弟种学树行，士林咸归重焉。元配席孺人，同里太仆少卿本桢女也。先君卒，年二十七，君痛孺人之贤而早世〔逝〕，不再娶。子男八人，长曰文权，监生；次曰文模，岁贡生；文楠，监生；皆席出。君母弟云汭夫妇早亡，以文模为其后。次曰文榜、文楫、文枢、文枞、文栩。女一，幼未字。孙男女各五人。君卒之

明年，文权等将以十一月戊申合葬于山后之周湾，而以云汭夫妇祔焉，君遗命也。前事文权、文模走吾里，持叔父季霖状哭，再拜请铭。①

翁筮是翁天浩的曾祖，三四代后"余威"尚在，所以天浩娶了席本祯的女儿。席本祯就是在家中接待了康熙皇帝的席启寓之父，而且当时其家族正处在上升的势头，应该还是属于门当户对的状态。天浩有8子，在康熙中期已有数人具有监生、贡生的身份，显然不能算作微末之家。

翁、席两家虽然关系密切，但在势力消长之际，也会发生纠纷。在前述鹅潭头庙即清初净志庵的院中地上，还有一块清乾隆年间的告示碑，其文曰：

特授江南苏松常等处太湖水利督捕分府管理洞庭等山民事杨，为欲垂善政宪鉴下情事。案准前苏州府正堂申批，据监生席绍裘具呈前事，呈称长泾浜介福庵尼不守清规，改为义学，条潴膏火，向与翁在中公捐合办。在中物故，独任修葺，费用多金，今在中之弟翁连山仍愿合办，呈请合其捐资归学，交官经理，以杜日后两姓子孙觊觎等情。准批送太湖厅查议复等因。即经查议间，旋据生监吴有光、刘有章、金喻源、席文飞、席德孚、席仁昭、翁文宪、翁方筠、翁会嘉等以善政业经处明等事请息前来，即经据情转请本府去后，今准前任苏州府申批，闻席、翁二姓所捐房屋改作义馆，由来已久。今两姓互争，既据刘有章等议处，签立界址，改立户名，另

---

① 徐乾学：《翁元直暨配席孺人合葬墓志铭》，《憺园文集》卷二九，清康熙刻冠山堂印本，第28页下~30页上。

举里民董理，已属允洽。烦即亲堪立界，将房屋、地亩、树木等项查点造册存档，勒石永垂，毋许纷争，仍刷碑摹通，送备案可也，此复。等因。准此，除另候亲勘立界，查点房屋、地亩、树木、花息等项造册存档外，合行勒石示禁，为此事仰该地居民及翁、席两姓，阖山人等知悉，嗣后长泾浜义学房屋、地亩、树木、花息俱作公产，选择诚实董事经手管理，延师课读，凡有志读书，皆许附学肄业，阖山子弟皆叨翁、习两姓梓谊也。馆内地亩立明界址，改立义学户名，所产花息，该董事逐一登记，年终三面开铺，禀报本分府备查，地方人等不许骚扰，即翁、席两姓子孙亦不得私擅动用。倘有地棍恃强及不肖子孙觊觎者，许董事人等指名禀府，以凭法究，各宜凛遵毋违。须至碑者遵。

乾隆三十三年十月二十九日示

目前还不清楚碑中所说长泾浜介福庵是否就是以前的净志庵、是否此碑后由他处移至该庙，但至少同样是翁、席两家捐赠的庙产。净志庵碑记中所表明的态度是，徒子徒孙不能传承师教，产权拥有者可以将庵收回。大约是在某个时候，翁、席两家人不愿意此处再当作尼庵，便以尼僧不守清规为由将其收回，改作义学。看来办义学还是有点钱赚，碑中有"所产花息"的说法，也有用于纳税的户名，所以两家人便产生了纠纷。大约一直相持不下，最后妥协的结果是干脆在名义上交公并撤诉，从此该处与翁、席两姓无干。

从这个案子来看，到清代中叶，翁、席两家在东山的势力并未显现出明显的强弱差别，或者席氏因康熙南巡地位陡升便事事凌驾于其他大族之上，相反，双方在发生纠纷后还是可以找到妥协的办法。我们在有限的清代太湖厅（太湖理民府）档案中，所见诉讼记录多是生活琐细之事，较少财产纠纷案件，这可能是因为东山人大多在外地经商，本地资源有限，并不值得撕破脸皮，反而因此需要彼此配合，共同维持一个稳定的老家秩序；也可能是因为这些商人著姓之间存在多重复杂的姻亲关系，甚至也可能因其存在生意上的合作关系，需要保持某种力量的平衡。告示中提到的席、翁、吴、金、刘等姓生、监，显然是作为本族和相熟的外族的调解人出现的，这些人就是这个平衡机制的一部分。

随着家业的发展，也因为经商需要较多人手，这些大族人口增长很快。随后，或是因为出外不归，或是因为东山或者家族内部的发展空间已经不大，族人也在不断外迁，形成了一个个"快速增长又迅速减少"的循环。人们发现，东山人"乃重迁徙，上席外徙其族者四，中席外徙其族者九，下席外徙其族者三，谨书之也，冀其返也"。① 按这个说法，席氏在清中叶修谱时收入的各个房支，其实已有不少不在东山居住了。可以说，东山人因为环境的限制和经商的需要，不断有人迁出。

比如翁恺生于康熙十六年，卒于乾隆二十年，"年甫及冠，即来吾棠。当是时，先君子方以歉岁失怙，值家道中落，弃去帖括，为经营四方计。而公适后先君子数岁生，因相与，订金石之好。……窃见公与先君子交，有不在区区子母管算间者。……初公来棠，实借戚某氏以处，厥后公克自

---

① 倪长玗:《原序》，清《洞庭东山席氏支谱》（不分卷）残本。

树立，所业日隆隆起".① 作者贺鸣谐是乾隆二年进士，说他父亲家道中落，只好去经商，成为翁恺的生意伙伴，而翁恺少年时就到六合投奔亲戚，并落籍于此，凭借经商发家。这样的情况在东山人中是非常常见的。

但根据上面的案例可知，直到清代的大部分时间里，著姓大族在东山留居的人还是不少。我们今天看到的情况，比如上、中、下三席之地现在大多为他姓所居，主要是太平天国运动以后的变化造成的。

概括地说，清代的东山商人似乎与明代的东山商人呈现出明显的不同：明代中晚期东山往往有一些非常著名、经营规模较大、资本积累较丰的大商人，但到了清代，不能说经商的人少了或者商业萧条了，但确实没有人所共知的那种富商巨贾，也很少见在家乡起建亭台楼阁的商人家族，大多是四出经商、分散经营的小商人。这有可能是因为大的营商环境发生了变化，也有可能是原有的经营模式出现了困境，甚至有可能是与后面要提到的"义举"有直接关系。无论如何，这样的变化有可能就是下面所要讲的清代东山宗族建构的背景。

因此，我们从各姓族谱的记录中看到，清代迁出东山、落籍外地的东山人与祖籍地的联系并不十分紧密，由于生存的需要，他们往往与居住地的关系更为密切。他们在新的生活地区往往靠自己的打拼，并未得到多少家族资金的支持，最终也未能形成一个巨大的地域性资本集团。在某种意义上，东山像是一个孵化器，其水上的和经商的传统不断把人变成定居的商人，然后这些人又不断地脱离这个狭小的母体，成为分布在江南各地甚至更大范围内的离散人群。各姓自晚明或清代开始纷纷建构宗族，似乎是试图改变这种离散的社会机制的一种努力。

---

① 贺鸣谐:《愚谷公暨元配葛孺人合葬墓志铭》，乾隆《洞庭东山翁氏宗谱》卷一一《墓志铭》，第95页上~96页上。

东山宗族的建构

在人们的印象中，宋代以降的宗族是士大夫根据儒家理念和规矩组织起来的，也是无须结合具体的历史条件加以论证的，这种看法经弗里德曼以来的华南宗族研究，已经被证明是简单化的和想当然的。正如前面提出的"合伙制社会"所揭示的，宗族在某种意义上并不是一种原生形态，而是一种衍生形态。所以，我假设宗族并非"合伙制社会"的滥觞，而是它的成熟与发展，或者说，是它的一种表现形态。

明代隆庆时席洙在《居家杂仪》中写道："乡间巨族不肯修葺家谱，视为末务，不知正名分、叙伦理，别族之远近、同宗与否，咸系于此。"[①] 说明到晚明时期，东山一带大族编纂族谱的还不多，而在此之后，修族谱、建祠堂之事日渐增多，这便涉及东山宗族的建构及其与经商的关系。

在清乾隆《郑氏世谱》的最前面，收有昆山朱用纯写的一篇谱序。朱用纯，明末清初人，为诸生。其父在昆山城破时投河死。用纯入清不仕，曾四处流离，是为遗民。他在这篇谱序中议论说：

> 世皆以多富少贵为东山少（"少"字疑衍——引者注）之谓，人习陶顿之业，鲜诗书之泽，故自王少傅、施修撰而后，科第阔疏。此则狃于侨俗，而非富贵之论。先王为政，司徒之教不先食

---

① 席洙:《居家杂仪》,《虞阳席氏世谱》卷上, 清光绪敦睦堂刻本, 第6页下。

货；圣贤论治，必阜民财以兴礼乐。谷深而水归之，人富而仁义

附，富亦安可少哉！但勿暗于义命，徒自卑辱耳。

他在强调了财富的重要性之后，又进一步申论，不能以高官显贵为贵，道德之贵才是"良贵"。族谱的修纂者"今者修明先训而凶德，亦书以惩恶而劝善，是欲均贵其族人也，孰谓东山多富而少贵哉！潜溪先生云：'非修谱之难，而修身之难。'念庵先生云：'治谱者非治族谱，乃治其人之谱。'"①这番话的意思是，富与贵本身并没有好坏优劣之分，关键在人是否有道德，族谱编纂的目的就应该是培养有道德的人，特别是富有而又有道德的人。

这番话当然不是无的放矢。经历了晚明的世风大变和明清易代时的"人心不古"，许多人会比以前更深切地意识到道德的重要性。朱用纯显然对紫服驷马那种显贵是不屑的，推崇的是道德之贵，但没有财富作为支撑，道德之贵就难以践行；仅有财富而不修身，亦不能成为"良贵"。因此他希望找到某种途径，使有钱的商人具有道德之贵。

编修族谱是否可以达成这个目标呢？按明末吴县人文震孟所写的谱序，"东山有郑，郑有谱，一修再修，裒集虽多，然止书系书名，若籍民数然。而先人寸善，悉付子虚，此恐不足以垂休媺而昭奖励"。②即说郑氏早期的族谱只有世系人名，好像政府的户口册，并不能达到教化的目的。他接下来说：

---

① 朱用纯：《东山郑氏重修族谱序》，乾隆《郑氏世谱》卷首，苏州市吴中区档案馆藏。

② 文震孟：《郑氏重修族谱原序》，乾隆《郑氏世谱》卷首。

> 于是，族有"四南"之分，聚庐而托处，有金塔、阳桥、西金、施巷，以及游远方而即家焉之别。余惟洞庭为族，无耕可借，以致计然之策行，而诗书之道绌。其右程、卓而轻邹、鲁，时也，亦势也。时非施宗铭、王文恪之时，势不得不商其业而糊其口于四方。然诗书以范俗也，欲人之为孝子，为悌弟也；叙谱以淳俗也，欲族之人之为孝子，为悌弟也。

他说东山人在明中叶以后纷纷经商，是时势所致，完全可以理解。但恰因经商之家四方流散，更需要建构宗族来增强归属感。因此，他把族谱比作《诗》《书》，是用来纯洁风俗的。

文震孟是文徵明的曾孙，天启时因与阉党对立而被杖，崇祯初又因得罪温体仁而被黜，所以对道德有严格的标尺。他与朱用纯同样，以施槃和王鏊的时代，即正统到正德为分界线，认为之前还是重诗书的，此后便在大的时势之下重视经商，并不留心施槃和王鏊的祖辈亦以经商起家。但对洞庭商人来说，无论是否真的认同文人给修谱之举贴上的道德教化标签，加强族人的归属感都是必要的。乾隆时吴江人沈裕云在谱序中说到修此谱时，"虽家业皆已中落，而孰绌孰赢，谁肥谁瘠，兄弟三人殆均之矣"，[①]说明郑氏在不复鼎盛之时，通过修谱而联络散居各地的家族成员，应有其实际的考量。

前已述及王鏊的先祖自元代以来就经商起家，但到其祖、父两代时，逐渐开始转型。按照时人的追忆，明初东山人是很畏惧为官府做事的，但王鏊的祖、父却反其道而行。王鏊的父亲在给其父写的墓志中说：

---

① 沈裕云：《东山郑氏族谱序》，乾隆《郑氏世谱》卷首。

"洪熙、宣德以来,天下日趋于朴,包山在太湖中,故其民尤重犯法,不肯禄仕,闻有为弟子员者,恐惧逃匿。"这是说洞庭山人害怕因为做官而容易触犯刑律,而一旦有了生员的身份,就有可能被任命为官。但到王鏊的祖父时,其已入官府做粮长:

> 山之人多逐什一之利,少亦尝与其侪至湖、湘间,其侪殖鱼豕,利不赀,而伤生动以千万。即命舟还之,曰:若是得利,若业凌,吾不为也。积著于山,称贷者与之,不能偿者复与之,卒不能偿,对其人取券焚之,山之人归之如流水,卒无不偿者。长万石于乡,不督税而赋集,君子以为仁。①

这是说王鏊的祖父年轻时与人合伙去两湖地区做买卖鱼和猪的生意,有可能他们是把太湖地区的水产卖去湖广,再把那边的猪买回吴地销售,获利不菲。但他认为这样杀生太多,于是就回到东山通过贱买贵卖赚差价,同时兼营放贷,因对人宽厚而很得人心。由于财产较多,担任粮长,不用督催即可完成任务。到王鏊的父亲时,便以贡生的身份被选为湖广光化知县,其在成化荆襄流民之变时主张招抚,后因王鏊入朝而主动辞官,另居于苏州城西。由此王氏家族另辟仕宦一途,当然这在东山也不是唯一一例。

前引材料中所谓"积著"之理,语出《史记·货殖列传》,讲究经商要"务完物,无息币",就是要保证货物的质量,同时使货币始终处在流动的状态。我们都知道东山商人在晚清时有不少在上海、苏州经营

---

① 王朝用:《惟道公阡表》,民国《莫厘王氏家谱》卷一三《述德上》,第6页上下。

钱庄，如席氏后亦成为洋人开办的银行的买办，不知道王鏊祖父回到东山后所做的是否就是类似钱庄的业务。如是，哪怕只是偶然的或一时的，也说明东山商人经营钱庄具有很早的源头，而且与以赘婿、家仆这类人领本经营的方式是一脉相承的。

王氏弃商从儒入仕的选择并未改变东山的经商传统。王鏊的子孙靠荫官很快就式微了，到其在东山的曾孙那一辈，即明末清初的时候，为了解决生计问题，他们还是回归经商："德和先生……惟道公七世孙……先生值鼎革，隐居陆巷，淡于仕进，寄志货殖。尝训子孙曰：起家之道如筑室然，基之厚者屋自久。第其道非徒恃心计也，要在俭以自奉，厚以待人。"到他的孙子"长君槐亭先生，字奕枫，时孺怀公捐馆，两弟一业儒，一幼冲，公独总理家政，擘画井然，不数年，家业倍徙于前"。① 到这一支再过三代，即孺怀公的曾孙时，已是清乾隆年间，"大父以先世有贾肆在虞山，命府君至肆理其事，处置有条，人皆服之。……中岁为四方之避，由豫入潼关，抵甘肃兰州，既复自豫章至粤东，胸襟益壮。自粤迁，挈家侨居于松江景家堰"。② 这个大父即指槐亭先生，家族在常熟的虞山开有店铺，曾让他去打理；壮年后则经商足迹遍于河南、陕西、甘肃、江西、广东，最后定居于松江。

迁至苏州城西的族支后来还偶有科举入仕者："吴郡望家，称城西王氏，其先居吴县之洞庭山，称忠厚王家，遂以名其里。明成化中，少傅文恪公始迁郡城之西偏，子孙以荫叙，历官卿寺，至承天守阅溪公，复由科第，进著声迹。又累传至给谏耳溪公，约身厚志。"③ 但与东

---

① 蒋元益：《德和公三世墓表》，民国《莫厘王氏家谱》卷一四《述德中》，第1页上~2页上。

② 王仲涝：《爱闻公行略》，民国《莫厘王氏家谱》卷一五《述德下》，第3页上~4页上。

③ 陈元龙：《耳溪公墓志铭》，民国《莫厘王氏家谱》卷一四《述德中》，第18页上。

山的情境已经没有了关系。

东山王氏经商一直延续到清末，且在清末民国时期并非最成功的东山商人，但仍可视为东山经商传统的一个缩影。这说明，王鏊在仕途上达致荣显，但从整体上看，应属东山传统中的异数。到清中叶之后，虽然不乏读书人，但因宦途壅塞，许多拥有低级功名的人纷纷选择做幕僚："东西两洞庭并峙太湖中，山多田少，民皆外服贾，或出而佐官，而文士多操笔以糊口四方，故吾宗之远游者，虽数千里□然也。"① 出外经商和担任幕宾被视为清代东山人——无论是否读书——的两种谋生方式，共同特点在于出外远游。所以在大约700年的时间里，经商以及由此形成的社会结构是东山人，特别是定居较久的那批东山人的主流，因此从总体上说，这是一个流散社会。在这个意义上，本书并不是在一个或若干个定居社会的框架内思考历史上中国社会的整合，而是从流动的或流散的人群出发去思考这个问题。

王氏以经商起家，然后编纂族谱、营建祠堂，到明代中期族中子弟进入仕途。从表面上看，这与中国汉人社会大部分地区宗族建构的情形并无二致：

> 我王氏于宋建炎初由汴迁吴，至明宏治间，先十五世祖光化公，及先十四世文恪公始撰家谱。国朝乾隆、嘉庆间，六世族祖晚璧公两度修之，道光间族高祖亮生公修之，宣统初族祖谷村公修

---

① 王仲浚:《□□公墓志铭》，民国《莫厘王氏家谱》卷一五《述德下》，第19页上。另据道光《王氏家谱》卷一六，王仲鎏《从兄蘧园府君墓志铭》，文字基本相同，未知孰是。

之，距今二十余年矣。[①]

从王鏊父子初修到这个民国的版本，一共六修。但在初修之后还有一些房支编纂了支谱，民国谱就收有康熙修各支谱序跋。其中王介《安隐公支谱跋》中说："介偶阅吾王氏家谱而有感焉。由宏治至今未二百年，所见森然者，惟伯英公之后而已，其他几于涣散，亲疏莫辨矣。"除了王鏊这一支外，到清康熙时，其他各支的内部关系都已相当疏离。这对于多人出外经商甚至移居外地的东山人来说，应该是不令人惊奇的。

按民国谱序，清乾隆时晚鏊公重修族谱时改名《太原王氏家谱》；至此时，谱序作者认为"我家先世属于何望，已无从考，故文恪公撰谱，仅标王氏，不系郡望，盖不敢强定所自出，以昭郑重也"。道光时亮生公再修，名为《洞庭王氏谱略》，"而我家世居东山，初无居西山者，则以洞庭王氏名我谱牒，犹嫌含西山在内，兹以莫厘二字题我王氏之家谱"。所以在王鏊初修族谱时比较谨慎，到清中叶再修时则受广泛联宗之风的影响，到晚近又特别注重本地的认同。在该谱世系后注明，初修时"先刊五世"，即从二世千七将军到伯英公即从陆氏归宗的彦祥。虽然世系中有一世百三、百八两人，但其他文字都记载是从千七将军开始落籍东山的。其子有三，长子称万六将军，这个称呼大概是为了呼应建炎扈跸的说法。在这五世中，到二世时只有老三万八有后，而且记录非常模糊。所以对于初修族谱的王鏊父子来说，前五世是一段语焉不详的历史。

在族谱中，有关族产的记录不太丰富（包括族产继承、纠纷与诉讼

---

① 　王季烈：《莫厘王氏家谱序》，民国《莫厘王氏家谱》卷一《序例》。

等资料），祠堂也很少，因缺乏照管和经营很快破败的例子倒很多，几乎看不到经常性的举行祭祖仪式的记录，这种情况与学者们以往关注的三角洲地区和山区形成对比。这与东山没有什么土地有关，但也可能有其他的原因。在《莫厘王氏家谱》中，较多记录的是社区内部而非族内的慈善、公益事业，另外对祖墓的记录比较详细，但这些墓地比较分散，也经常出现无人祭扫而荒废的局面。这种状况让我们想起滨岛敦俊关于"江南无宗族"的观点。①

从王氏宗族的情况来看，好像符合滨岛敦俊所谓江南"伪宗族"的特征，但与珠江三角洲宗族初建时的情况也没有太大差异。在此后各地宗族的发展过程中，由于中国各个地区的历史发展非常多样，其后续发展的动因也会不同，因此，既不能说哪个地区的宗族就是"标准的"宗族，也不能说哪一类宗族就不是认识该地区社会需要重视的社会组织。我们需要做的是认识某一地区为什么也会出现编纂族谱、建造祠堂的活动以及各种宗族语言，是认识这种貌似共同的文化建构事实上出自何种动机、掩盖了怎样的真实目的。我想，滨岛敦俊真正想说的是，江南研究不应满足于描述一种表面的共性，不应停留在一种同质性的研究上，而应像华南研究那样，通过这些共性的行为和语言，揭示出区域结构过程的多样性。揭示宗族是否"推定"或"想象"并不重要——这仍是一种相当普遍的现象，但为何与如何"推定"和"想象"就不一定举国皆同了。

关于经商与宗族的关系，已有许多学者论及，此不赘述。对于这些商人世家来说，宗族之于商业和家乡社会的意义虽有联系，但应分开

---

① 滨岛敦俊：《江南无"宗族"》，邹振环、黄敬斌执行主编《明清以来江南城市发展与文化交流》，复旦大学出版社，2011，第281~292页。

讨论；就后者而论，其实不是商业强固了还是弱化了原乡的宗族的问题（也不是反过来），而是其商业经营成功与否的问题。清初吴伟业在给席氏的族谱所写序中说：

> 若夫转移执事，以陈□郡国为俗者，惟徽之新安为甚。而吾乡洞庭两山与之差较，其人手指作业，率周海内，凡贯贷废居，绾毂百货，方船楼艕，灌输都会者，北极燕岱，南逾五岭，所至鳞集，棋置谣俗，被服饮食，五方杂处，宜乎易去其乡，而宗党之不相为矣。[①]

按他的看法，徽州人与洞庭山人外出经商是不利于乡族凝聚的。[②] 表面上看的确如此，但这里要说明的是，宗族建设的作用并不一定体现在原乡，而可能更多地体现于他们在各地的营商网络。

从我所读过的东山族谱来看，东山宗族的建构主要是商人致富的结果，像王鏊家族那样的情况是极少数，而且也与经商致富有着间接的关系。

如沈氏，在民国刊、康熙三十八年修的族谱中收有明代著名乡官吴惠、王鏊、申时行的序，可见沈氏是当地望族。王鏊序中还称，"吾山世族之久者，莫过于具区桥之沈氏"，也许沈氏确是东山较早的居民，但

---

① 吴伟业：《原序》（康熙元年），清《洞庭东山席氏支谱》残本（不分卷）。

② 关于苏州与徽州宗族之间的比较，唐力行在多年前就已有论述。参见其《明清以来徽州区域社会经济研究》第 4 编第 2 目 "明清以来苏州与徽州两地社会发展的差异"，安徽大学出版社，1999；唐力行主编《苏州与徽州：16~20 世纪两地互动与社会变迁的比较研究》，商务印书馆，2007。

他们也都提到"其世谱遗失，不能悉录"。① 据称"其鼻祖讳坤，字原方，仕晋，尚朝英公主，封历阳公。惠帝时以直谏不纳，挂冠隐于苏之洞庭"，即说沈氏在西晋末便迁至东山。

在族谱的世系中，记载了二世沈继鹏的一个故事，说他年幼时和小朋友一起玩耍，淹死在具区桥下，这时来了三个人，给他吃了一丸药，他就苏醒了过来。沈坤要给他们金帛报答，他们不要，说这里是福地，适合建一座三官祠，然后就不见。于是沈坤就舍宅建祠，后来又建家庙附于祠。② 这个故事应该是后世的编造，因为在西晋末时东山还没有具区桥，是否有三官庙也未可知，其后几世分别与周氏、金氏、席氏等联姻，这些都是明清时期东山的著姓，应该是以后世的情况附会到早期的系谱之上。不过，这里讲述了一个小孩淹死，然后建庙，再后祠庙合一的故事，也很像是常见的水上人上岸的历史建构。

康熙时的谱序称："姑苏沈氏族故有谱，元末毁于兵燹者过半矣，一时征核无据。爰谱讳胜一者为始祖，前此三十余世则阙焉。"③ 所以按照口传记忆，沈氏应该是在元末迁到东山，所以在康熙三十八年编族谱时，编者也说"传至胥塘公凡三十二世，历千有余载，止存胥塘公一支，谱仅一纸，曰此煨烬余谱也，云不敢知"。④ 胥塘公名沛，前引胜一即其长子。族谱中又收有一份隆庆四年的《复姓呈词批案》，有张本称其祖父张惠本系沈兴五嫡孙（沈兴五系胜二之子），"有勘合、户由、文契存证"，因幼孤为张氏收养为子，现在请求归宗复姓，得到海瑞的

---

① 王鏊：《沈氏谱序》，民国《洞庭东山沈氏宗谱》卷一，第4页上。
② 民国《洞庭东山沈氏宗谱》卷二，第1页上下。
③ 陆实著：《沈氏族谱序》，民国《洞庭东山沈氏宗谱》卷一，第9页上~11页下。
④ 沈登云：《叙》，民国《洞庭东山沈氏宗谱》卷一，第12页上~14页下。

批准。① 这或许说明沈氏从嘉隆时期开始富裕起来，即申时行在其序中所称之"富而好礼"。沈登云说，"云少失怙，随严君行贾于邠，坐失儒业"。谱中的家训还专门列有"货殖类"，包括"行商伴侣""雇船""雇牲口""投行""买卖"等几个部分，传授经商经验。沈氏至清末民国时期仍在上海经商，设有旅沪东山沈氏干事部，并创建了至今驰名的老字号恒源祥，确证东山沈氏是以经商起家的家族。

再如前面提到过的葛氏：

> 葛先世籍汴梁，南宋后始卜居吴县之洞庭东山，六传至明，以应富民之选移京师，又分为燕、吴二籍。燕籍不可考，自吴之洞庭分居于江宁、于六合、于徐州者，所在子姓皆繁衍，其家谱实创自九世祖世旸公，其世系则纂自万五公以下。②

据说万五公是南迁的第一代，至少从元代开始，葛氏即以经商为业："时逢元季，俱不出应试，日惟经史自课，舍旁筑一小室，衔之曰桃园书屋，若有避世之意。……二公皆有子贡之才，暇则经营事产，是以家业日饶。"③

其间，有月桂公"善治家人生业，贸迁有无，以资雄里闬"；友竹

---

① 《复姓呈词批案》，民国《洞庭东山沈氏宗谱》卷一，第24页上~25页上。

② 韩国钧：《苏州洞庭东山葛氏四修族谱序》（1924年），民国《洞庭东山葛氏第四次重修宗谱》甲册，第2页上下。

③ 葛永宁：《通二公通三公传》，民国《洞庭东山葛氏第四次重修宗谱》乙册，第7页上。通二公、通三公为第四世。

公"武宗朝，客游下邳。……壮尝贾游齐鲁荆襄之区，惟以不得朝夕瞻依自憾"；友筠公"迨弱冠即俾之服贾四方，权子母精算，画缗少而获息多。历涉江湖，驰驱南北，殆无宁日。……由此家日隆而业日拓，皆公勤劳所致耳"；[1] 等等。到成化年间，第九世世旸公才开始编纂族谱，而他本人并未入仕。

又如万氏：

> 独吾万氏自宋时虞恺公签判和州，靖康之乱避地包山，定居山后张巷，迁山前叶巷，单传十四世，至应明公支派稍多，始为家谱。其后日益繁众，谱牒屡修，未经付梓。

按万氏子孙对族谱序的作者所说，"与吾万氏世通婚姻者三十余族，若翁，若席，若许，其先世皆有陶朱、猗顿之富"，颇带有一点炫耀的口气，这也说明万家自认并不能跻身于东山最富有的商人家族之列。[2]

改变了十四世单传状况的应明公是做什么的呢？"十五世廷璧公讳章，号应明。……廷奎公卒后，家无蓄积，公作客二十年，辛勤来归，筑室三楹。"所谓"作客"就是经商；他还带着下一辈外出："十六世竹溪公讳荣，字希仁，曾从应明公服贾，有膂力，尝之阊门，遇歙人售绫绮之属，恶其饰价，诟之市中。"[3] 而在万历年间开始编纂族谱的万澍，

---

[1] 严经：《月桂公传赞》；葛文林：《大父友竹公传赞》《友筠公传赞》，民国《洞庭东山葛氏第四次重修宗谱》乙册，第15页上、18页上下、20页上下。

[2] 李在谨：《万氏续修宗谱序》（道光二十三年五月），道光重辑《万氏宗谱》。

[3] 《洞庭东山万氏宗谱》卷后《家传》，道光重辑《万氏宗谱》，第3页下~4页上、4页下~5页上。

"尝代中表翁氏操百万利权，金钱满床头，恒等身，肃然若不涉者，翁借君富倍于昔。……尝遇暴客舟中，知其为万君，亟归所夺，盖其行素闻之"，[1] 可见是一个在商人圈子里非常有名的人。

　　这些商人为什么在家业扩大之后多有编族谱、修祠堂之举呢？东山族谱中对以宗族为单位举行的活动，如祭祖、续修族谱、补葺祠堂等，记录并不太多，有时甚而是居住外地的族人更为积极主动。不过，并不能由此就对东山的商业传统与宗族建设的关系做出一个简单的回答。葛世旸在谱序中特别强调祖先的两个支脉问题：

　　　　……六传至于泰二公之长子怀，字孟宽，皇明永乐间，选举富民填实京师，与叔泰四公同赴燕京，当富户三十余年。泰四公初娶蒋氏，生三子懋、恩、恕，在燕；又娶陆氏，生一子熹，字孟庸。孟庸在京娶张氏，生三子苓、芸、兰，遂世居京师。孟宽公复归原籍，是为吴燕两籍矣。念吾一祖而两籍，若无谱以传后，则南北相距且几千余里，历世弥久，苗裔弥繁，必有茫乎不知其所自者，此谱之所以不得不汲汲也。[2]

　　他的意思是，由于老二的儿子和老四一起去京师服役，老二的儿子后来回了老家，老四一支留在京师，形成"一祖两籍"，不修谱就说不清了。

---

① 葛一龙：《明隐君万养浩先生行状》，《洞庭东山万氏宗谱》卷后《行状》，道光重辑《万氏宗谱》，第42页上~43页上。

② 葛世旸：《宗谱自序》（成化十九年二月），民国《洞庭东山葛氏第四次重修宗谱》甲册，第30页上。

关于明初佥充富户实京师，已有学者做过研究，[①]原则是"拣选无田粮及有田粮并田粮不及五石殷实大户"，这很符合东山以经商为业者的情况。问题在于根据什么来出人充役，以及事后的影响，这才是族谱强调此事的关键。

> 泰二公讳允忠，字葵赤，号半湖。……后值皇明成祖定鼎于燕，选天下殷富良民徙实京师，以办王事。有司以泰二公及其同祖弟泰四公应诏。……公曰：……我将使长男忭代我偕弟而北，以应君命；留我于南，以主祖宗祭祀。两家婚假、王事所费，我当渐运而北。弟年尚壮，勿以家有子而不娶，娶则生育，即为北民；忭男虽少，然勿令其娶，或一年而请，或三年再请，假以月日，使得南来省我，以慰我念。[②]

作者葛钦即前面提到的友筠公，第十世，泰二公次子慷的后代，所以他应该是站在泰二公的立场上来描述的。首先，按理，富户役是按户佥派的，户下全体成员要一同前去。但这个描述是泰二公和泰四公两兄弟被佥派，未涉及泰一公、泰三公及其子孙，可能不在同一户下；其次，泰二公自己可以不去应役，让儿子代役，泰四公与泰二公同户，故一同赴役；再次，泰二公不去的理由是"主祖宗祭祀"，唯一的可能就是上一辈的通二公、通三公及长兄泰一公都已不在世；最后，作为代价，泰二

---

① 如李龙潜《明初迁徙富户考释》，《中国社会经济史研究》1988 年第 3 期。近有冯剑辉《明代京师富户之役考论》（《史学月刊》2015 年第 1 期），利用新发现的派役文书，提出了一些新的解释。

② 葛钦：《泰二公传》，民国《洞庭东山葛氏第四次重修宗谱》乙册，第 9 页上 ~10 页下。

公要支付去京师服役的两家人所需的费用。这里没有描述到的是，第一，按规定该户在原籍五年免役；第二，该役按规定须世袭，即类似军户、灶户、匠户等。

这段描述中有许多蹊跷之处。在世系图中，葛钰是第十世，但他在所撰《泰二公传》后的署名则为"六世孙"，这说明他是将五世祖泰二公视为始祖的，就是从"吴燕两籍"开始起算的。后人在对祠堂的回忆中也说：

> 我葛氏自南宋占籍东山，旧有祠在葛家溇，相传为明代所建。更二百余年，清咸丰间，发匪陷苏州，进掠东山，而旧祠遂毁于火。时丧乱之后，间里荡然，此事益无暇置议，会族有万育者，传世中绝，从叔梧轩公以重建无力，乃即其旧宅，迁万五公与泰二、泰四两公于其中，即今之葛氏宗祠是也。[1]

他们在重建祠堂的时候，只是供奉南迁始祖万五公和五世泰二、泰四两公的牌位。这看起来是采取小宗祭祀的做法，又像是支祠的搞法，但族谱中却列入了泰一、泰三两公的子孙世系。设若是支祠，泰二、泰四两兄弟也应分开。假如前面假设四兄弟并非同一户下是正确的话，那么这个宗族的延续便是以明初的户头为原则的。

无论这背后有多少我们至今不清楚的故事，这个族谱编纂的目的似是为了和京师的那一支清楚地划清界限，明中叶以后富户役改为以银代役，好像又有与泰三公支划清界限的意思（泰一公支传至十二世绝）。

---

[1]　葛能载：《葛氏宗祠记》（1921年），民国《洞庭东山葛氏第四次重修宗谱》丁册，第18页上。

不过，通过讲述家族历史强调族支界限，只是简单回顾历史吗？强调这个界限对于编纂族谱的现实意义在哪里呢？

东山郑氏在明末清初大力建构宗族，按十九世孙郑茂协的说法，其族谱于明万历二十七年始修，崇祯十六年续修。至清康熙时筹备再修，[①]经雍正至乾隆初年修成时，又经历了数十年时间。大约与族谱修成同时，郑氏开始重视祖墓和祠堂。在此谱中收有署名明前期长洲人吴宽的《郑氏墓祠记》，吴宽《家藏集》中未见此文，但吴宽确曾到过东山，《家藏集》中有"与李贞伯游东洞庭"诗六首，故无法确定这篇文字是否托名之作。这篇墓祠记说自始迁祖郑钊建炎间落籍武山后，直至七世孙华一均葬于陈岭，至十世国祥迁金塔后，死葬杨家村西（在该谱世系表中，华一为八世，国祥为九世）。据乾隆谱序，正是这之后，郑氏析分为四支。于是在这里"建屋数楹，岁时设祭"，其理由是"都尉葬陈岭而建祠，则世世奉以为主，然族滋繁而世滋远，以旧祠不足以妥先灵"，于是"始建驸马公祠堂于顾坞"。到十四世郑埙又"增其构而缭之垣，题其楣曰郑氏墓祠"，并派儿子郑震去请吴宽作记。[②]有趣的是，根据世系表，直到国祥，郑氏都是一脉单传，到国祥的儿子郑春（秀卿）才有五子，并从此开枝散叶，所以还不应该存在吴宽所说的"族滋繁"的状况。我猜测，在国祥和秀卿的时代是否真有"建屋数楹"也未可知，而到十四世郑埙才用建立郑氏墓祠的办法，建构起与传说中住在武山的宋代驸马都尉郑钊的关系。

在晚明长洲人陈仁锡所写《郑氏重修墓祠记》中，提到"今嗣孙垄

---

① 郑茂协：《重修族谱引》（雍正十二年），乾隆《郑氏世谱》卷首，第6页上。
② 吴宽：《郑氏墓祠记》，乾隆《郑氏世谱》卷八，第1页上~2页上；卷一《世系表》，第2页上下。

等以旧制卑狭……议欲增其构而加楹焉",但在世系表中坚为十六世,"纂集族谱,修理祠堂";又记十七世伉号慕椿者在万历癸亥重修过墓祠,康熙三十四年十八世登杰在《重修祠宇记》中也这样说,此举与陈仁锡所处的时代比较一致。虽看不出这是修的同一祠堂还是两个,但该文主要表达的是,虽然祭祀始迁祖是遵循礼制,"祭从其先,世世奉之,罔敢或替。缘情制礼,岂显悖乎先王之制哉?"这其实就是说的"大礼议"以来各家自祭四代祖先的做法是否合乎礼法的问题。该文认为,应该顺乎人情,就像治水必须顺乎水性,所以用大禹治水的办法去治千古以下之水,"则不合者多",这显然是为郑氏在顾坞建造墓祠寻找合理性,也即时人常说的"礼以义起"。康熙《重修祠宇记》与同时的《重修祠宇歌》也继续重申这个说法,并在东侧再"构堂三楹"。[①]

正是在十七世到二十世生活的清前期,郑氏族人大量外迁至江宁、盱眙、苏州、睢宁、徐州、六合、宿迁、淮安、上河、虹县等地。当然,族谱中的这类记录也可能是族谱编纂时联宗的结果。无论如何,据十七世国隆(元吉)所撰《祠堂田记》,"始祖祠之有祀田,置自十七世孙元祐……田在毛圻碱、夜二圩",共十一亩七分,所收租米供四支子孙轮流承祭。由于此后钱米不敷,乾隆五年至乾隆八年,承祭各支需要自备祭品,暂停饮福,将每年租米存贮生息,增置祭田。到乾隆九年,积累了银六十六两五钱,置貌、学字圩田三亩八分七厘,龙、岩字圩田二亩二分等,共计十七亩七分七厘,供祭饮福。[②]

---

① 陈仁锡:《郑氏重修墓祠记》;郑登杰:《重修祠宇记》;许溶:《重修祠宇歌》,乾隆《郑氏世谱》卷八,第3页上~6页下。

② 郑国隆:《祠堂田记》;郑茂功:《增置祠堂田议》,乾隆《郑氏世谱》卷八,第10页上下、11页上~12页下。

郑氏十世之后析分为四支，其中一支另营墓地于东曹坞。这一支的十七世海若公（元亨）有八个儿子，在康熙五十年前后分八股，各自捐资，生息八年，在原有坐落于岱字圩的四亩四分五厘祭田的基础上，增置岱、才字圩田五亩四分，属二十九都下扇十三图六甲郑祀田户下办粮。①

元亨的第八子登远在清初曾任州同，与此时兴起的东山席氏联姻；其子茂协为国子生，亦任州同，先后娶席氏和翁氏，是这份乾隆族谱的主要编纂者。由于身份的提高，茂协便在其父去世后将其葬在大墓坞，又将在主字圩的三亩三分田变为祭田，三兄弟分年承祭。墓在二十九都下扇十三图八甲郑大福户下办粮，田在二十九都下扇十三图七甲郑祭田户下办粮，所谓"取其产良而地近，无虞旱潦，便于收租"。他又在雍正时前妻席氏去世后，在犊伏山麓为自己营建生圹，并于乾隆七年以香井字圩田二亩二分为犊伏山墓田，交其子承祭。其墓在二十九都下扇十三图七甲郑大禄户下办粮，田在二十九都下扇十三图七甲郑书香户下办粮。②

由是可知，在一部分郑氏族人纷纷出外经商的同时或稍后，另一部分在东山的郑氏族人从晚明开始，特别是在康乾时期纷纷扩展墓地和祀田，其中既包括大宗祠祭田，也包括小宗的墓地和祭田；既包括购买他人的土地，也包括将原属自己的部分土地改变性质。在世系表中，在一些人名下专门注明"从徽客之陕，不归"，或"漂流异乡，父死不归"，或迁居某地、入籍某地等，从而明确祭祀权的掌控。

---

① 郑茂协：《东曹坞墓祭田记》，乾隆《郑氏世谱》卷八，第12页上~14页下。

② 郑茂协：《大墓坞墓祭田记》《附犊伏山墓田记》，乾隆《郑氏世谱》卷八，第15页上下。

如前述，东山一岛的土地毕竟少得可怜，因此有条件的家族将族产的扩张延伸到周边地区。根据20世纪50年代初的调查，东山的王、席、吴、翁、金、郑、周、严8个家族均创有义庄，有田7170亩，此外还有祠堂土地。其中在东山的土地为3942.6亩，其余分布在昆山、常熟、苏州、横泾和木渎；又其中坟地1085.8亩，占总数8119.8亩的13.37%。郑氏的义庄、祠堂土地在这时为100亩，而乾隆族谱记载的此类土地约30亩，可知70%的此类土地是乾隆时期及以后陆续添置的，族谱中记载的康乾时期应该是这一做法的开端。又据这项调查反映的民国时期情况，东山义庄田与工商业者关系密切，族长、支族长、庄正、总管都是商人；土地的耕种者多是外乡、外族人，东山本族人耕种的只有一户。[①] 这种状况反映出东山宗族建设一直与商业经营有密切联系，但更为重要的是，这些义庄的功能似乎并不在于赡族。

商人家族的特点就是前引吴伟业说的"易去其乡"，特别是具有水上人传统的商人，这是由其文化传统和生计方式决定的。一方面，族人多分散于各地，是许多东山人编纂族谱时的一种说辞。如葛氏，"厥后子孙蕃衍，除明初孟庸公一支徙家燕京外，其他犹多散处四方及流寓他省者"。[②] 另一方面，东山的空间狭小，也迫使人口增长后必须出外谋生，如周氏，"余家世族本在洞庭东山之杨湾，自我曾大父安士公筑室迁居于南望，名其堂曰登青，改其里为通德。继因孙支日茂，窄不能容，祖考

---

① 《苏南族有土地调查》《太湖东山义庄田情况调查》，华东军政委员会编《江苏省农村调查》，第235~236、253~258页。

② 葛绳正：《振玉公以降迁徙始末记》，民国《洞庭东山葛氏第四次重修宗谱》丁册，第50页上。

皓亭公迁往前山郑屋济美堂内，越数载，移于翁巷礼本堂中。皓亭公偕先君子辈每于郡城往还，必由渎川经棹，爱其山川明秀，人物斯文，不逊于洞庭，而水陆往来较山尤便，是故卜邻结舍，挈眷居渎市东，额其堂曰德润"。[1] 因为家族繁衍，其一支先是在东山内不停搬迁，后来则移居木渎。

这种说法既是事实，也是一种"宗族语言"。流寓四方者越多，或者说离散的程度越高，在族谱中确定其宗支所属，或者借此明确外出者与老家族人之关系的必要性就越大。因为这除了涉及族产的利益分配，还在于创造和把握与外出族人之间交易的筹码。

不过，从所见各族族谱的记录来看，东山商人在明代可赴湖广、山东，甚至关外和岭南长途经商，但到清代其足迹则大多在江浙地区，特别是在江苏各地，所以"钻天洞庭"的说法，应该比较符合元明时期而非清代的情况。这种变化虽然可能与江南地区在全国的商业地位进一步提高有关，特别是与晚清以后上海的崛起有关，但也可能与东山商人的经营模式改变有关。

如果我们和徽商及福建族商进行比较，洞庭商人与宗族的关系有何特点呢？唐力行认为，徽商的商业资本强固了原乡的宗族结构，但在苏州，商业的发展却冲击着这里的宗族和大家庭。[2] 陈支平认为，福建的乡族传统在商人的经营活动中起着促进作用，传统的家族制度可以与时俱进地适应商业经济的发展。[3] 总体来看，东山的宗族势力是相当孱弱的，虽然商业利润为宗族的建构提供了条件，但并未造就东山宗族势力

---

① 周奕钤：《序二》（道光己亥二月），民国《洞庭东山周氏支谱》。

② 唐力行：《明清以来徽州区域社会经济研究》第 1 编及第 4 编。

③ 陈支平：《民间文书与明清东南族商研究》，中华书局，2009。

的强大；反过来，这样的宗族势力也并未给东山商人的经营带来更大的好处，所以我们看到的更多的是分散经营，潮起潮落。

造成这种状况的原因是多样的，比如像唐力行所说的那种江南社会的特点。在我看来，东山经商大族的宗族建构最初确有资本原始积累的需求，也是社会力量整合的一种做法，但以其成员领本经营的方式并不具有可持续性，并没有在被孵化之后对母体进行反哺，因此在晚明以降陆续编写族谱，再至清前期开始陆续修造祠堂，[①]以期对离散出去的人群加强整合，结果收效甚微。这就是在东山乃至在江南，祠堂早已不具生命力的缘故，似乎可以作为滨岛敦俊"江南无宗族"说的某种注脚。

不同地区水上人上岸后的宗族建构也可以作为我们的参照。胡小安对广西桂林毛村水上人岸居的研究表明，当地黄氏"逢水打鱼，遇水泊船"，于明代入籍成为渔户，同时从事运输业。黄氏在清代中叶开始宗族建设，按民国黄氏族谱的说法，与黄氏一同入桂的郑、马、丁三姓后来都改为黄姓，在同一祖庙里拜祭三位女性祖先。但族谱中所收嘉庆碑记有"保正之役""原以应渔户之役"等语，此时黄氏分为四房，每房轮流充役三年。[②]这种情况说明，水上人以编入国家户籍为由上岸居住，作为应役的方式，黄氏将其他三姓渔户整合为一个黄姓宗族，分为四房（即原来的四姓）轮流充役。

陈瑶对湖南湘乡涟水船户宗族的研究也显示了极大的相似性：陈、

---

① 根据族谱记载，东山的祠堂较早的是席氏的祠堂，据说建于明嘉靖年间；葛氏据说是在晚明时修了祠堂，到太平天国运动时被毁，乱后又重建；翁巷翁氏于康熙六十年建祠，长圻张氏祠堂建于清道光间。其余多数建于清代中后期。

② 胡小安：《亦渔亦耕：桂林毛村水上人的身份与王朝国家认同》，《广西民族大学学报》2020年第3期。

邓、潘三姓在明代入籍成为船户，到清代已对涟水流域的船运业形成垄断，其间为应对漕运等役而形成宗族。如潘氏族谱谱序中称："自明成化丁亥奉充船籍，分房轮值。"[①] 这显然是一种以承担政府徭役为代价，获得水运和码头控制权的策略，而宗族就是为了应役而建构起来的。其中白沙陈氏到晚明时才开始上岸定居，清代族谱记载的明前期祖先都是在不同地区埋葬，其后外姓、流浪者和孤儿也都可以改为陈姓，被写入族谱，至今如此。

虽然我们没有在东山的多数族谱中看到出于应役的目的而建立宗族的材料，但也还是有一些蛛丝马迹的，比如王氏的归宗是与明初承担粮里之役有关的，葛氏族谱中凸显出承担富户役一支的问题。但出外经商与应役之间实在是存在着高度的紧张关系，而明中叶到清中叶，江南的多次赋役改革又恰与东山宗族建构的时间相合，这二者之间是否存在因果联系，实在值得探究。对此我将在下节提及。在这个意义上，江南又的确是有"宗族"的。

如果说在明代，东山人比较头疼的是派役的问题，到清代中叶以后，令人头疼的则是四散于全国各地的人跑回东山来安葬先人。一是如何分辨他们究竟是否宗亲，二是有没有土地供他们安葬，在这背后也有以此为由占据土地的驱动。而这往往是很多较老的宗族在清代后期重修族谱，或一些较晚起的宗族开始创修族谱的重要动机。

民国初，葛氏在徐州的族人回东山组织重修族谱，在族谱中记录了清理老坟地的情况：

---

① 参见陈瑶《清代湖南涟水河运与船户宗族》，《中国经济史研究》2017 年第 4 期。

葛氏南渡始祖万五公讳乾，字万和，墓在洞庭东山之武山葛家渎宗祠后，地名荷花池。……系二十七都七图香井字圩二丘元、二两号，……两地并而为一，共地九分五厘三毫。旧无方单，或者从前未领，查鱼鳞册底簿，注明业户葛坟。经徐州族人揆中提议，设法补税完粮，以粮票为凭。①

葛氏五世祖泰四公之墓在洞庭东山之武山西金山之东北，名曰石家山，三十都三图山字圩三丘六十八号，坐西向东。仅泰四公一坟，墓碣题曰：葛氏五世祖泰四公，妣蒋孺人、陆孺人之墓。左傍有石塔七座，下有遗骨，据云系南渡后由汴梁迁来者，未知确否。此墓地于同治十年设局清丈时，其方单被坟丁施恒山冒领而去，计地四亩二分九厘四毫。经族人又梅调查后，乃将现存茔地清丈立界过户，计地仅七分五厘四毫，并偿还其粮税各费，将方单收回，与施恒山之后人施子卿成立合同，各执一纸存照。②

万五公传说是南宋时人，墓中是否万五公其人未可知；泰四公是元末明初人，传说附近也有南宋族人的遗骨，但后世对此是否属实也持保留态度。乾隆《太湖备考》记录，二十七都七图下确有东香井圩、西香井圩；但在三十都三图下却没有山字圩，其他各都图亦无山字圩，有可能该块土地在乾隆时还未被列入官府册籍。显然，元末就在东山定居的葛氏宗族，到清末在原乡已然衰微，墓地荒芜，连清丈后政府发的执照

---

① 《墓图说》，民国《洞庭东山葛氏第四次重修宗谱》丁册，第22页上。
② 《墓图说》，民国《洞庭东山葛氏第四次重修宗谱》丁册，第25页上。

都被外姓坟丁领走。

同样的还有葛氏祠堂的土地：

> 葛氏老祠堂，地在洞庭东山之武山荒场村银杏树，系二十七
> 都七图象嘴山字圩一丘九十八号，占地计二亩零八厘五毫。旧无方
> 单，或者从前未将方单领出。查鱼鳞册底簿，注明顾启发户，其人
> 早经物故，无从查考。经族人揆中提议，于民国十二年起，补税完
> 粮，以粮票为凭。①

《太湖备考》中在二十七都七图下也没有象嘴山字圩。

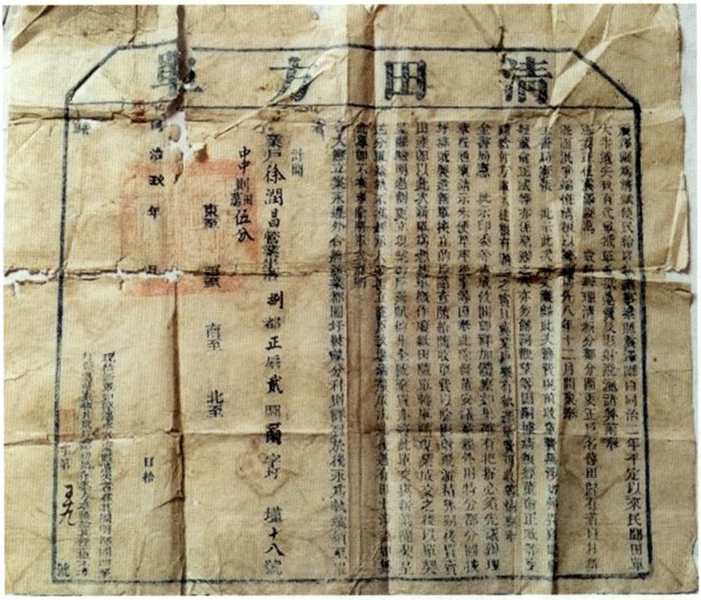

图4-4　同治二年震泽县的清田方单

---

① 《墓图说》，民国《洞庭东山葛氏第四次重修宗谱》丁册，第23页上。

文中所谓方单，即清田方单，是顺庄法实行后的纳税凭据，在邻近的震泽县从乾隆十年开始实行："自十年为始，版图以完钱粮，顺庄以发滚单，催输仍便，而田粮复清焉。清厘既毕，将业户所业各圩田边斗则亩数，每丘填注一纸，给业户收执，名曰清田方单。令民间嗣后买卖，概以方单为据。"[1] 按《天下郡国利病书》，明隆庆"三年己巳，金事郑元韶尽数清丈，悉去官民召佃之名分，作上、中、下三乡定额，田有字圩号数，册有鱼鳞、归户，至今田额以是为准"。[2] 即按相应地块确定赋额，此种做法在清初继续推行，最后进一步演化为顺庄法。葛氏这块祠产并无方单，鱼鳞册也不一定都能对上，可见一直并未纳税，此时试图通过补缴税粮的办法加以确权，而提出建议的正是此次重修族谱的主要发起者徐州族人葛揆中。这种情况的发生有可能是因为太平天国运动后许多东山人移居上海等地，为他人占据无主土地留下了机会。

类似的还有前述周氏，在族谱中也详细记录了坟地的产权情况：

《始祖墓地图》：地名俞坞阆坞芝藤花下，二十九都七图结字圩二丘二十七号。……的业粮户周继志始祖墓，单号……

《始祖墓添地图》：地名同上，二十九都七图结字圩二丘二十八号。……换原户洪井天办赋，本户分存山八分五厘九毫，单无积步图。……原粮户洪井天，今过准的业粮户周继志祠。此系始祖墓前添地。

《始祖墓添地图》：地名同上，二十九都七图结字圩二丘十一

---

① 乾隆《震泽县志》卷三〇《经略三·清田粮》，第9页下~10页上。

② 顾炎武：《天下郡国利病书》第6册，稿本，第73页下。

号。……此单两合，派本户九分六毫，系一升五合则；原户周如高，今过准的业粮户周继志祠。单号……此系始祖墓前添地。

《支祖效山公墓地图》：地名俞坞阔坞高坟，二十九都七图结字圩一丘三十二号。……的业粮户周效山墓。单号……

《高峰坞义地图》：地名俞坞，二十九都七图丁字圩一丘四十五号。……单户朱坟，金荣茂代，今过准的业粮户周继志祠。单号……①

族谱中的相关内容并未悉录于此，但已可知，在祖墓之外，清末民初也不断扩充墓地。二十九都七图在乾隆时有 13 个圩，其中确有结字圩和丁字圩。根据族谱，效山公是明末清初人，他的儿子楚台公入赘叶氏之后，他才迁到俞坞居住，所以上述墓地都在俞坞，包括存疑的始祖芝岩公之墓，应该都是在清前期才有的结果。实际上，根据族谱中的《洞庭东山周氏支表》，即使从效山公开始，后面的三世生卒亦皆无考，到第四世周江，始知其生于顺治二年二月初一日，卒于康熙四十年八月十四日。推测周氏也是通过入赘的方式，在明清之际入籍东山的。

"我家自效山公开族以来，绵延已三百年，世传诗礼，兼习商业，嘉、道间俨成巨富，漾村公于是乎有建祠之举。"② 上述墓地多是不断扩大的，也大多挂在周继志这个祠堂的户名下，说明土地扩张是在周氏清中叶发家致富并建立祠堂之后发生的，也说明在东山这个土地资源极其紧张的地方，通过宗族建构并以墓地的名义控产，是一种相当重要的方

---

① 民国《洞庭东山周氏支谱》。
② 周邦翰：《序三》，民国《洞庭东山周氏支谱》。

式；而清代东山荡圩的增加又为大批这样的定居者提供了机会。

王鏊的家族祖茔花龙池在族谱中的记录是在二十八都十五图唱字圩，根据《太湖备考》，该图只有这一个圩。该处墓地7块，共占地22亩4分4厘9毫。① 到光绪末年，族中号召族众捐款设置祭田，以供清明祭祀用度，结果又购置土地11亩5分，列王花龙户头，分别出租，位于二十八都八图移字圩八丘十四号，十八都磨字圩二十七、七十七等号。②

除祖茔外，其他子孙各支自乾隆时起，先后进行了重葺墓地的举动。比如纪革村的子本公墓，坐落二十八都十五图唱字圩十三丘廿六号，占地4亩6分多。据族谱所收乾隆五十三年的碑记载，祖茔先修之后，嘶马坞、俞坞的墓地也接连整修，而纪革子本公墓已被另支族人押给顾姓，只好两支族人各自捐钱将墓田方单赎回。③ 同村德和公的墓地共11个地块，占地共12亩8分多，另有祭田13亩4分；又桥公在花龙池的墓地4分多，后又买地4亩多，等等，大多位于唱字圩。

有一份乾隆十六年的契约说得很清楚："立绝卖杨梅山文契人韩惟新系吴县二十九都十五图籍，为因钱粮无办，将自己祖遗梅山一块，坐落北坞内地方，约有四亩宽窄在内。今情愿央中说合，绝卖与徐名下开垦金井，阴阳两用，永远为业。凭中三面言定，议得价银一十三两正，其银契下，一并收足，其山恁从开山取闪（疑为'任从开山取用'——引者注），永远管业。"④ 韩某将种植杨梅的一块山地卖给徐某，是用来

---

① 民国《莫厘王氏家谱》卷一九《坟茔上》，第5页下~6页下。

② 馨山公：《重捐花陇池祭项启》，民国《莫厘王氏家谱》卷一九《坟茔上》，第8页下~9页下。

③ 王仁莺：《赎回方单记》，民国《莫厘王氏家谱》卷一九《坟茔上》，第12页下。

④ 乾隆十六年正月《立绝卖杨梅山文契》，太湖理民府《据顾鼎扬控徐顺观等强伐坟树案》（咸丰二年），南京博物院藏。

做墓地（金井即墓穴之意）的，但也可以用作生产用地（所谓"阴阳两用"）。

这份契约的出现是因为咸丰二年间的一场官司，同时作为呈堂证供的还有徐氏的三张版串纳照，用来证明二十九都八图西坞的徐氏对这块山地的所有权。这件事的起因是顾氏控徐氏占据他家的坟地，不仅盗伐了他家地界上的三棵松树，还"约占三尺有余"。最后的结果是，顾氏的坟山和徐氏"等山毗界相连，所有旧址，年远日深，各自模糊，未有明界，致争讼端"，在双方亲友劝说下和息了事。不过在顾氏的诉状中提到，"恶知身祖遗无据，欺身贸懦"，"恶"指对方，"恶人"的意思，"身"即自己，是拿不出这块土地产权的证据的，而对方则是有的。这说明以前山林产权的确是极为模糊的，人们对此多以习惯认定。乾隆十六年的契约之所以重要，一是说明此时东山的山地价格仍十分低廉，与同时期的地价相差数倍；二是说明此时这里已经有人具有了山地产权意识。为什么在这种情况下官司可以和息结束，就是因为顾氏虽然没有证据，但邻里亲友都知道他们家的坟山确实是在那里。所以诉状中说，大家本来建议"徐顺观等于神前焚香了事"，就是在没有证据、只凭良心的情况下对鬼神起誓。

"欺身贸懦"似乎是说对方欺负他在外面打工，不常在家，所以怕事。在诉状中顾某也提到他当时"时值岁暮，帮伙不能回家"。[①] 说明东山人因常年在外经商或佣工，无法照料家中的产业，从而给产权纠纷的出现提供了机会。"在外地主"的情况在清代东山比较常见，有一个道光二十三年呈控，到咸丰二年尚未审结的案子，说有个祖籍洞庭的

---

① 以上所引均见太湖理民府《据顾鼎扬控徐顺观等强伐坟树案》（咸丰二年），南京博物院藏。

童生王某家住常熟，到吴县考试，顺路到东山去见叔祖王仲鉴"商办祠务"，并拜谒宗祠和祖墓，船到渡水桥时被巡司弓兵将船扣押，船户被打，行李物件失踪。由于该案久而未决，王仲鉴称"本童已回熟攻苦，职员亦欲游幕"，[①]可见东山人或不断移居，或经年在外，虽与原籍保持联系，但逐渐不被视为"山人"，这便造成其祖遗产业失控的可能性大增。

一个有趣的例子是关于席氏家族的。在今天的朱巷有个席氏支祠，有席氏后人在那里守祠。祠堂中有块宣统三年立的《新建席氏支祠始末记》碑，撰文者是席嘏卿的儿子席裕康（锡蕃）。本书最后还要讲到，近代上海的洋行里声名赫赫的买办席氏，就是从席嘏卿、席正甫兄弟四人开始的。碑文中说到，席家的祖祠原来在前山的翠峰坞，寝宫中的神主牌是"立始祖唐武卫上将军讳温公位居正，二世祖上席讳尚公居左，中席讳常公居右，下席讳当公居左之左，二十九世祖国朝太仆寺少卿讳本祯公居右之右，历年奉祀，至今不改"。就是说除唐代始祖和三位二世祖外，接下来就是二十九世祖席本祯，也就是清代在家中接待过康熙皇帝的席启寓之父。显然，由于席本祯在当时的地位，他就成了东山席氏的大宗。

前面说过，席氏是在晚明端樊（左源公）、端攀（右源公）时经商致富才逐渐显赫起来，但恰恰因为经商，他们后来一直在昆山等地发展，而不在东山。太平天国以后，左源公的后裔，"我严君偕诸叔父贸迁来沪，遂居沪上，顾岁时伏腊，回山祭扫以为常"，"我严君"即指席嘏

---

① 《王仁寿控东山巡司强扣船只行李案卷》（道光二十三年），南京博物院藏。

图 4-5　朱巷席氏支祠

卿。大概是由于四兄弟在上海有钱有势，所以他们提出在东山祖祠"增设二十八世本支支祖左源公栗主，序次宜列太仆公之上"，等于是对席本祯及其一支的大宗地位提出挑战。同时提出"嗣后各支后裔愿奉其支祖栗主入祠者，概不限止，输助若干金于祠，庶祭祀不虞缺乏，以资典守，而永孝思，法至善也"，但被族人拒绝。十多年后席嘏卿、席正甫兄弟计划营建本支支祠，并考虑安排把女性的神主牌也放进去，但在本支讨论中又多有分歧，集资都完成了，还是没搞成。

　　光绪三十二年的时候，席嘏卿为了给亡妻选择墓地回东山，希望其葬在自己未来的墓穴（穆穴）侧，但又遭到已故的弟弟席正甫的儿子们的反对。最后只好用 500 多两银子另外买了叶氏的五亩多地和两间房，以未来席嘏卿的墓穴为主穴，夫人的墓穴在侧，并营造了儿子和孙子的生圹。同时在墓地旁的一亩多地上，花费万余两白银建了支祠。其神主的安排是，从始祖到三十六世，每世一个神主牌；从席嘏卿这一代起，四个兄弟并列，等于是与以席本祯为大宗的祖祠分道扬镳。同时还商定，"嗣后子姓奉主入祠，惟严君名下后裔，无力者准予免费，有力者多多益善；其非严君名下本裔而为左源公本支之后，有愿以祖先栗主入祠者，仍遵前议，每进一主，助费百元"。①

这件事说明，即使在清末，宗族建设依然是有重要意义的。长期不在东山生活但因经商成功而积累了大量财富和权势的支系成员，希望在一个以士大夫为主体的宗族中占有一席之地（祖祠奉祀的神主并非常见的四代祖先，而是除了唐代的两代之外，直接就是二十九世席本祯的神主，中间和后面各代均无），甚至夺回对老家宗族的支配权（如建议将左源公神主列在唐代祖先之后和席本祯神主之前）。在未获成功、另辟支祠和墓地之后，每代立一神主，且严格后代神主入祠之制，更将神主入祠资格明码标价，希望借此积累资金，创办义庄和小学，作为宗族发展的基础。

上述各种情况说明，在清代东山的土地开发有所增长，而吴县又推行版图顺庄法的形势下，东山宗族的重修墓地之举可以以祖墓的名义，将过去权属不清的土地，尤其是山林和荡地占归名下。这种情况从乾隆后期开始，到太平天国乱后又经历了新的一波。在这个过程中，外出的（或自称是外出的）族人扮演了重要的角色，像纪革村王氏祖墓赎回墓地的王仁莺、前面提到的葛撰中，以及席骃卿兄弟，都是定居外地的族人，而留居本地的族人大多已破落，无力关注宗族的建设。而出外族人此后究竟在原乡具有怎样的话语权，则是另一个值得思考的问题。

---

① 以上相关引文均见《新建席氏支祠始末记》（宣统三年），碑在东山朱巷席氏宗祠。

图4-6 《新建席氏支祠始末记》碑局部

面对国家："急公好义"的东山商人

明嘉靖《吴县志》的编者这样描绘吴县和辖下的洞庭东、西山：

> 吴县与长洲附郭虽同，而所辖各异。吴之所分辖者，西南二
> 方也。多山少田，半为大湖。愚尝登西山之巅而览之，龙脉自建
> 康沿湖而来，崇冈大峡，不可胜纪，绝无溪峒箐菁可以窜贼，山
> 险不足患也，所患者惟太湖耳。西望阳羡，北号毗陵，南负乌程，
> 茫茫数百里，水光接天。七十二峰峙于其中，若荡若浮，盗舟凌
> 风驾涛，齐噪竞进，难于控御。且洞庭两山，富饶著天下，盗素
> 染指，备之不可不豫。①

这是从治安的角度强调吴县与长洲这两个苏州府附郭县的不同，但也说
明洞庭两山与水上人（湖盗）之间的关系。

在本书第一章中，我曾引用过"盖以濒湖之地，每沦于水，及山田
多瘠，民苦赋役，而流徙者众也"这段文字，其中虽确有地方官有意抱
怨的因素，但也说明太湖岛屿的人口流动性强、多从事商业的特点。在
一个基本上没有什么土地，也没有什么农业，且大量人口出外经商的地
方，明初"画地为牢"的制度必然使这里的编户苦于徭役。如果经商者

---

① 嘉靖《吴邑志·吴县总论》，嘉靖八年刻本，第1页上。

在籍，即使无地，也须按照人丁事产派役，故此他们会设法避役。虽然"嘉靖十七年，知府王仪立法编签粮解，照田多寡为轻重，凡大小差徭役，总计其均徭数目，一条鞭征充，费雇办役，累悉除"。[①] 但从实际情况看，东山人的境况也并未获得较大好转。

明崇祯时吴县知县牛若麟这样夸奖东山人：

> 凡山之往来于践更者，可航可趋，故居民较西洞庭为繁，聚族而处，久成巷陌，死徙无出境，其恋土之情与西洞庭无异。士喜勤学，累发鼎元。编民亦苦，田少不得耕耰而食，并商游江南北，以迨齐、鲁、燕、豫，随处设肆，博锱铢于四方，以供吴之赋税，兼办徭役，好义急公，兹山有焉。[②]

他说东山的人出去经商，赚了钱回来帮助吴县完纳赋税并包办徭役，因此有急公好义之风，这有点令人匪夷所思。

当然并非只有明末知县有此看法。清康熙间吴县人缪肜在《重建东山巡检司记》中说过类似的话：

> 予往时游洞庭东山，见其山川淳朴，民风愿悫。秀者谨事诗书，质者服贾四方，尽力农亩。求其即愉淫、扦法网者，未尝一二

---

① 道光《苏州府志》卷一〇《田赋三·徭役》，第6页下。

② 崇祯《吴县志》卷前《图》，第18页下~19页上。

见。岁时租赋力役，人能率先急公，不待征发期会而后赴。①

这个说得就更夸张，说东山人为国家考虑到什么程度呢？他们不需要官府征派，提前就去把赋役完纳了。

民国《乡志类稿》还从其他文献中节录晚明武山吴士奇的传记：

> 吴士奇，号文台，擅素封，习廉贾，为善乡里，尤明国家大义。时当皇衢阗荡，税无苛征，文台什六在私，什四在公，奔趋期会惟恐后。②

说吴士奇虽然是个商人，但深明大义，只把 60% 的精力用在经商上，而把 40% 的精力用于经营吴县的赋役交纳事务。

同是晚明东山人的郑庚，"隆庆间，知县刘应望委以为公正，多所建明。易里之贫不堪役者八十余家，岁每司赋于乡，率先成要，视有颠连无告者，蠲之不复。尝为族人代输转漕北上，冗费悉出橐中"。③他的这些义举被收入崇祯县志的《义侠传》中。到清康熙三十年重修县志时将此内容删除，其族人于乾隆四年联名上书县教谕，并提供旧志作为证据，要求将这部分内容补入，④不同时期的地方志的官方编者取舍增删，

① 洞庭东山旅沪同乡会卅周纪念委员会编《乡志类稿》，《风俗类六·习尚》，第311页，《民国文献类编续编》第35册，第3页。

② 洞庭东山旅沪同乡会卅周纪念委员会编《乡志类稿》，《人物类七·货殖》，第341~342页，《民国文献类编续编》第35册，第35~36页。

③ 崇祯《吴县志》卷四九《人物十三·义侠》，第40页下。

④ 《苏州府学廪膳生员郑尚忠呈县请以故祖御之公入县志稿》，乾隆《郑氏世谱》卷六《呈词》。

自然有多种因素，但重要的是晚明和清初的情况发生了一些变化。清代东山商人的义举主要是赈济，修建义渡、义冢这些，而不是应对国家赋役的那种"急公好义"了。

这种被描述为深明大义或者急公好义的行为，看起来都很不可思议。程思乐《太湖志略》中说：

> 其中田少人多，居民纷纷远贸，惟留妇女守家，其风颇与新安相近，最称淳朴易治。盖地本富饶，不惟外贸者素多殷实，即山居小民，亦莫不各有田园、花果、鱼池、蚕桑之类，除完纳之外，家给人足，鸡犬不惊。①

东山的社会状况被视为与徽州相近，联想到徽州商人经常向国家捐款，赞助公共事业，也可想见洞庭商人面对的压力。因为他们在外地经商，无须在户籍所在地纳税，所以他们需要或主动或被动地向本地官府示好，来换取一个更大的发展空间和本地的稳定。其中一种方式，就是支持苏州从嘉靖时实行一条鞭以后，雇役所需的开销。

与徽州另一个相似之处是，东山虽常有人出外经商并因此致富，但至少在明代岛内却显得比较封闭和保守，颇有一种自给自足的感觉。明中叶著名的公安派文人袁宏道说：

> 独东山民倍饶裕耳，所可恨者，民竞刀锥，俗鲜风雅。虽有奇峰峭壁，曾无一亭一阁跨踞石上。每置酒提壶，则盘坐荒草中，亦

---

① 洞庭东山旅沪同乡会卅周纪念委员会编《乡志类稿》,《风俗类六·习尚》, 第 313 页,《民国文献类编续编》第 35 册, 第 5 页。

无方丈之榭，可以布茵列席者。山下僧寺，湫隘不堪，荒凉如鬼室。两山之民其不好事如此哉！[①]

许多人从正面描述明代东山的风气是"淳朴"，但袁宏道则将其视为比较没有文化。从今天所留遗迹看，即使明中叶出了像王鏊这样的士大夫，其居室宅院和附近街巷都算比较狭小朴素。这其实说明，虽然从明中叶开始，东山商人就以富闻名，还出了王鏊这样的大官僚，但总体来说，东山还处在一个从水上社会向岸上社会转型的初期阶段，也从来没有转变为南京、苏州、杭州这样的都市社会。以至于无论贵富，许多人发迹后还是搬到岛外生活，比如移住苏州府城，近代以后则多迁往上海。

东山商人急公好义，经常帮助县里交纳役银，似乎是自愿的行为，实则不可理解。明末吴县知县牛若麟关于"东洞庭"有如下论说：

编民亦苦田少，不得耕耨而食，并商游江南北，以迄齐、鲁、燕、豫，随处设肆，博锱铢于四方，以供吴之赋税，兼办徭役，好义急公，兹山有焉。嘉靖倭变，已析皮毛，仅存髓骨，赖诸贤令休养生息，显皇之世，神气稍振，岁肩巨役，乃县有急需，犹屈首指以累之，民乃益困。矧今房寇交讧，居货、行货多遭焚劫，或雁屠惨，举山之民，嗟无宁宇，司牧者忧之。若蔓延之狱、无艺之征，务当宽恤，以节其余力，未必非根本之论也。[②]

---

① 袁宏道：《东洞庭》，《袁中郎全集》卷八《记述》，明崇祯刊本，第 11 页下~12 页上。

② 崇祯《吴县志》卷前《图》，《东洞庭山图说》，第 18 页下。

这里明确说东山的商人经商赚了钱后，以此收入为吴县提供赋税和徭役，而明末战乱对商人打击很大，无力继续承担。事实上，对于徭役负担过重的问题，江南地区的地方政府一直试图让富户来分忧，明初国家的粮长制和富户役的初衷并没有被彻底放弃。嘉靖二十七年，吴县知县宋仪望写了一篇很长的申文，建议置买公田助役，报给应天巡抚和直隶巡按。

该事的起因是因粮长役重，吴县"一等都粮塘里老李同烨等"联名上了一道呈文《为恳立公田以济民穷以全国税事》。其后，"乡都粮塘里老人等禀称，愿各公处役田以助差解使费，其在城人民亦愿助买役田，求免岁报粮长。又据乡都耆民陈熙等呈称，愿各随田多寡，量为征敛，其成公田，庶使粮役少苏，审编不致规避"。宋仪望认为：

> 苏州所属，惟吴县田地沿山近湖，水涝旱涸，无岁无之。如三、四、五、六、七及二十一、二等都，地多山阜，田鲜膏腴，人户稀少，富姓绝无。每岁编佥粮长，或连数名下户朋充，或告在城富民代当，有司计无所出，每每迁就曲处，以致在城人户屡屡告扰，在乡之人岁岁报害。且县属附郭，凡遇紧急事务，勒令应办，有司少不酌处，粮长即受骚扰。卑职稽考众论，审察下情，皆云目前可行之策，惟有处置役田一节，可苏粮长差解之烦。

虽然这里没有提及洞庭两山，但环境是一样的，问题有过之而无不及。宋仪望说，"盖本县田多硗薄，乡寡富实，惟在城人户专借贸迁，鲜置田业，是以编审粮役，乡民往往告苦，或累在城无田人户代充，法有未安"。而洞庭两山之民更是无地可耕，主要从事商业贸易，比吴县城中尤甚。此前，"太仓王氏，长洲陆氏、陈氏，各相措置田亩，以赡粮役，子姓轮流承当，得免破家之苦。比者昆山县亦尝举行，民颇受利"。① 虽然此处没有明说，但显然就是当地百姓自发地设置族产义庄，以收获物来补贴轮流应役之家，也就是说此时的义庄之设，甚至宗族的构建，就是为了解决应役的问题。这个例子，或可作为滨岛敦俊"江南无宗族说"的反证。宋仪望认为，这种做法尤其应该在吴县加以推广。

宋仪望为切实实施此法，提出了10条具体建议，此不赘述。大体上是抽取面积5%的土地作为役田，出租佃种，设立公庄进行管理。根据这个做法，与东山有关的二十八都划出役田106亩，牵摊秋粮平米若干，核实租米若干，在杨湾设立公庄；二十九都上扇田150亩1分3毫，牵摊秋粮平米若干，核实租米若干；二十九都下扇田162亩6分，牵摊秋粮平米若干，核实租米若干，在渡水桥左设立上下扇公庄。② 按他的建议，所谓公庄就是公户，办公地点就设在庙里（"且每都区分多有寺院庵观，欲少假闲房数间，立为公庄"）。

役田的来源都是富户的捐献，但究竟属于自愿还是官府强迫就不得而知了。"近据在城人户汤倬等自愿认出银两，欲为助买役田，以杜年年报扰粮长之害。本职查据认状，约有四千余两，欲令于附近区分择买上田。"③ 虽然尚未看到东山商人捐献银两助买役田的明确记录，但我估计地方文献中记录的那些急公好义的行为就是指这件事情。

义役田的创意并非出自明代的苏州人，借鉴的是南宋浙江人的做法。对此，已有多位学者进行过研究，也有学者对明代义役田的情况进

---

① 宋仪望:《详置公田申文》，崇祯《吴县志》卷九《役法》，第9页上~18页上。

② 崇祯《吴县志》卷九《役法》，第8页上下。

③ 宋仪望:《详置公田申文》，崇祯《吴县志》卷九《役法》，第9页上~18页上。

行过梳理。[①] 根据学者们的研究，这个做法是绍兴年间金华西山乡的汪灌首创的，也有的说是金华长仙乡的人在早几年创造的，但无论如何都首先出现在金华。后来范成大在松阳推行该法，并进而在乾道年间建议朝廷在全国实施。从后来的情况看，该法基本上实施于浙东南，渐及浙西、江西、福建诸道。但大家几乎都没有深究的是，义役田的实施地域首先是山区，而且是民间首创的。

在太湖流域，常熟人、南宋淳熙十一年进士张攀记录了当地归政乡的做法：

> 吾里正久阙，人往往坐此。将领葛君，号乡望族，慨焉倡为义役，甚盛举也。于是载盟凡十有七人，得田四百三十有八亩，岁计所收三百斛。捐产者计其资，受输者董其事，以岁之入，赡岁之费，使里无阙政，家无失业，人无竞心。[②]

常熟归政乡的义役田之设，是为了解决没人愿意做里正的问题，相当于有 17 户人家出钱雇一个人出来做里正，涉及的面不大。

到理宗嘉熙初年，常熟知县王爚"悯民之诛求，立义役庄，令富家出助役田共五万五百亩，岁收租二万五千石，分拨保正长，以供役

---

① 讨论过这个问题的，有日本学者曾我部静雄、大崎富士夫、周藤吉之等，有中国学者聂崇岐、王德毅、何高济、漆侠等，近年来则有刘云、刁培俊《南宋义役田的产权分析》，《史学月刊》2009 年第 4 期；葛金芳《从南宋义役看江南乡村治理秩序之重建》，《中华文史论丛》第 85 辑，上海古籍出版社，2007；李园《从义役看明代江南重役地区的应役实态——以苏州府模式为例》，《中国经济史研究》2009 年第 4 期；等等。

② 张攀：《归政乡义役记》，邵松年辑《海虞文征》卷一〇《记二·赋役》，广陵书社，2017，第 261 页。

费"。① 这是把上述民间的、互助性的做法变成官府的、强制性的做法，并落实到全境的职役。对此，曾在理宗朝做过籍田令的金坛人刘宰认为，"若义役之利，力公于众而不弊于偏，事定于豫而不失之骤，行之以不忍，人之心其庶乎？然非接之经界之后，则贫富之不得其平，而强弱之莫究其实，虽欲行之，不可得已"。即要想义役法取得实效，必须以经界法为基础。"抑余闻之，经界之与义役可以相因而行，亦易以相因而废……经界坏而义役随之，是田在官者不可复，而役之病民者且如故，吾为此惧焉。"② 刘宰在南宋末年已经看到南宋初实行的清丈土地的经界法不能维持，故而怀疑以此为前提的义役法是否能够延续，确为的论。

即使在邻近的华亭，南宋端平元年知县杨瑾也开始做义役田，所谓"纠钱置产，永蠲苗税，名曰官田。民岁收租，俾充役费，名曰义庄"。杨瑾发现，"因役而争，虽姻族不顾，今尚有之。……杜争端，均赋役，使比闾族党欢然有恩以相接，是吾志也。成吾志者，其惟义役乎！"③ 按这个说法，是官方动员建立义庄，通过这种方式来解决应役负担的均等问题。我们已经知道明清时期华南宗族及其房支的存在是与应役有直接关系的，但我尚未看到在对包括范氏义庄在内的宋代义庄的研究中有类似的看法，一般只是认为这是为"敬宗收族"而做的"普遍福利"，未涉及其与应役的关系。这又非孤立现象，如台州赵氏"出义庄田三百

① 张洪：《义役仓记》，邵松年辑《海虞文征》卷一〇《记二·赋役》，第 263~264 页。

② 刘宰：《义役田记》，邵松年辑《海虞文征》卷一〇《记二·赋役》，第 262~263 页。

③ 杨瑾：《义役始末序》（端平三年）；王万：《重建义役记》（嘉熙元年），正德《松江府志》卷六《徭役》，第 6 页上~9 页下，《天一阁藏明代方志选刊续编》第 5 册，上海书店，1990，第 269~274 页。

亩，以供义役，岁储粟千石以助乡之贫而无敛及婚丧无力者"，^①亦将应役指为义庄之设的目的之一。这样，我们就又发现了一条连接宋明的制度链条。不过，南宋设义庄行义役主要是乡里的行为，而不是宗族行为，这可能恰是义役之法在南宋渐衰而在明代复兴，但内在机制却发生了变化的原因。

进入元代，朝廷认为南宋的义役田土"收科入额之后，不可轻易开除"，江阴州就是"会集乡里和议，出义役田以助当役之人，至今行之，官民俱便"。至治三年，松江府便在华亭、上海诸县实行该法，有地百亩以上的上户共助田 1406 顷多，该米 63544 石多以助役。上海本来有市舶司在，商贾辐辏，应役还不成问题；后来市舶司迁移，人口顿减，应役变得艰难，故亦实行义役法。于是官府称"今上海之民犹能以义相率，而成斯举"。^②

自南宋至元明的做法都是由无地少地却又靠经商谋生的地区自下而上地发明出来，又由官府大力推进，都是为了解决职役难以承担的问题，也都是以富户捐献或官府强派土地的方式进行的。或者说，商业利润的存在构成了义役法推行的前提，不同时期不同地方推行此法的成败，在相当程度上取决于这一前提是否存在。南宋时的"按民产高下，各使出谷，名曰义庄，募人充户长"，^③或是"随家贫富输金买田，助当

---

① 雍正《浙江通志》卷一八八《台州府》，《中国地方志集成·省志辑·浙江 7》，凤凰出版社，2010，第 3242 页。前注中提到的葛金芳文内，亦有许多例子是设义庄行义役的。

② 余卓:《松江府助役田粮记》（泰定元年）；王艮:《上海县坊正助役义田记》（元统二年），正德《松江府志》卷六《徭役》，第 8 页下~11 页上，《天一阁藏明代方志选刊续编》第 5 册，第 274~279 页。

③ 《后村先生大全集》卷九六《德兴义田》，四部丛刊影印旧抄本，第 4 页下~5 页上。

役者"，①种种做法均为后人所效仿。南宋义役之法逐渐被破坏，在晚明也同样经历了波澜。

> 吴之有役田，自永丰宋公始。量各区之亩，割为公田以助役，随区之大小、亩之多寡而损益之，大率二十取一。山田瘠，其民贫，则令城中富人输金买田，而贷其役徭，城市郊野之民，莫不称便。盖五十余年来，吴民以长赋破家者鲜矣。后宋公官都宪，填〔镇〕抚至吴，首问役田犹在乎，众手额谢。公去未几，奸氓蚕食其赋，借口父兄捐田助役，子弟馁若翳桑矣。当事者不烛其奸，一切用姑息之政，于是宋公之良法美意骚然动摇，诸有田长赋家咸汹汹危惧。②

这是说吴县义役田的破坏在于捐献田产者的子孙借口先人捐献土地使他们生计变得困难，故侵吞了收获物。官府对此则予以默认。

到万历二十七年，知县孟习孔对义役田进行了整顿，"谓夫役田之子孙，昔尝以田佐役，获保其家，利于田者不赀矣。彼自为贫，非贫于助役。乃攘之以乱法，是儇民也。且以若父兄故勿罪，若不听者，令有三尺在"。在他看来，当年捐献义役田者，是获得了很大好处的，子孙变得贫困并非捐田所致。东山商人肯定无田可捐，他们应该是花钱买地以置公庄，所获得的好处可能是免役。所以王稚登说："海内徭赋以一苏州当天下半，吴县得十二焉。往者每一长赋费逾千金，素封之家立致覆

---

① 《宋史》卷三八六《范成大传》。

② 王稚登：《吴县清核役田记》，崇祯《吴县志》卷九《役法》，第 20 页下 ~22 页上。

败，视此役犹陷井。然自役田法立，民稍得息肩，他邑视吴称乐土。"①

　　但只过了五年，知县曾汝召又为此事出现的弊病向上级打报告。他认为百姓从此法沾不到什么实惠，原因是"粮长、差解调度不均"，就是承担粮长役的和实际承担差解之役的人享受补贴和负担的比例不恰当，而"吴民之最苦莫如差解，而差解之最重莫过北运收头"，②所以义役田的补贴不能尽归粮长：

> 如该年当粮长几分即领差几分，朋粮长几厘亦领差几厘，以致强凌弱，大压小。首名逼勒津贴，肆意苛求，犹不满溪壑，则曰尔我照数承当。及问公田义米，则曰是一画饼也。在昔立法井井有条，支销明晰，迫后公庄悲黍离，义米充私橐，大户争割腴田以尽本名，小户收拾其余绪，东领西支，什无一二，而义田之粮已入本户追并矣。此不惟无益而又害之。

　　对此，曾汝召采取的办法是把原来的粮长和差解合一的做法拆分开来："以差解则独点大户，以义米则悉贴领差。盖当初义田之设，原为贴差；又况领差者即系首名粮长并朋名大户，概粮长十分而言，彼已担当七八，就差解十分而言，彼已包括无遗。其余几厘，粮长与其如往年分虚名之义米，受贴差之实累，孰若将义米悉归大户，而毫不与相涉乎？是在小民不啻脱之汤火，而在大户亦得取此以偿彼。"这个建议得到巡

---

① 王稚登：《吴县清核役田记》，崇祯《吴县志》卷九《役法》，第 20 页下 ~22 页上。"长赋"应即指粮长役。
② 《隶苏州府吴县为裁冗役恤重差亟救民艰事》，崇祯《吴县志》卷九《役法》，第 28 页上。

抚、巡按的高度赞扬。①

到了万历三十八年，"巡抚都御史徐民式题准均役科甲贡儒分别限田，因核本县山多田少，人习经商，洞庭东西两山并家资、田地兼编粮差，仍分轻、重役为上、中、下三等，以田资多寡为差次"。这种无地者也要为解决徭役负担做贡献的做法，明显是针对洞庭两山的商人，只是不清楚如何对这些商人的"家资"进行清查及按什么标准派役。

> 吴邑西境多山，巨浸环之，无所得田。两洞庭居人多挟资经商，总计山乡、水乡洎诸荒瘠数不满五十一万亩。而昨岁清核花诡之田七千一百亩有奇，于其中岁编三等役，当用田四万余亩。有田免役者居其什七，而拥巨资者复役不及中产，窭户安得不并支？犹支之，安得不倾资疲困犹故也？……山乡田十亩以下、水乡二十亩以下者，终身不役也。终身不役则贫者苏，量资与田而代为役，则役者亦苏，吴邑之民从此息肩矣。然则不田而役，均乎？曰：是其所以均也。邑民田十亩以上，役有差，此独不及，不可谓均。夫以灵台之诗言之，民犹子也，家之事必使其子能者。公家有役，则需助于富民，而遣之富者，能也足以完课，无他虞可矣。则夫田而役，资而役，不亦肥瘠无偏，农商协济，而以补地方之不足者哉！如曰役有尝而资无尝，尝则田亦犹是也，柱不胶于五年之外也。夫虑始实难，久则习之。食茛苔之膏，啖野葛之乳，初而若芥，继乃若饴。行是法者，实能以经国救时为意，官课物力恒必

---

① 曾汝召：《详议清租贴役申文》，崇祯《吴县志》卷九《役法》，第22页上～25页上。

赖之。[①]

知县周尔发讲了一篇大道理，就是讲有地的人要承担徭役，有钱的人也要承担徭役，这就是国家需要富户做贡献的地方，这样就是"农商协济"。所以，东山商人成为明清时期江南地区一直力图解决的图差、粮里之役问题的重要帮手，而这也就是东山商人获得"急公好义"桂冠的真实背景。但是，这种"急公好义"不可能真的像文献中说的那样都由个人一力承担，即使是真的，也不可持续，必须形成机制加以应付。虽然没有太多直接的材料，但东山商人在明清之际开始宗族建构，应该不是偶然的，可能是对这种对在籍人户根据家产派役的做法的应对。

清雍正八年，为专治水利事务，朝廷设立了太湖同知，将衙门置于吴江的同里。在当时的大背景下，这个机构的设立所针对的不仅是单纯的水利事务，应该也与江南赋役的整顿有关系。到雍正十三年，清廷又将太湖同知移驻东山，并加督捕衔，令其专理东山民事，[②]可见国家不愿意看到洞庭两山继续处在一种"半化外"的状态下。

乾隆十一年，巡抚"陈大受题准，东、西二山钱粮归太湖厅征收。其题奏略云：'东、西洞庭两山地广粮多，催征与输将往来百余里，湖面风涛，险阻可虞，包揽侵蚀，势所难免。议归水利同知就近征收，即就近支放太湖营兵饷。'"[③]以往的文献都说东山土地很少，如乾隆七年东山士绅筹建社仓时还回顾说，"先是，东山绅士以山中田少民稠，户鲜盖

---

① 周尔发：《吴县均役书序》，崇祯《吴县志》卷九《役法》，第28页下~30页上。

② 民国《吴县志》卷三《职官表二》，第22页上。

③ 民国《吴县志》卷三一《舆地考·公署四》，第1页上下。

藏，偶遇歉岁，待哺可虞"，[①]这时却被江苏巡抚视为"地广粮多"之地，应该是税收原则改变之后的评估。

在他的题本中，东、西两山应征地、漕共银近 5300 两，米 5782 石多。根据《太湖备考》，"按吴县鱼鳞册毁于明季，本朝未曾核造。故都图中地亩之盈缩、钱粮之多少，推收出入，岁有不同。自来征输，亦止就人户问赋而已。《具区志》所载田地山荡若干，乃人户办粮之数，非尽都图坐落之数也。空图者，钱粮随人户去之谓也"。[②]即清前期东山并未按一条鞭法和摊丁入地的原则，田赋未按地亩征派，而将赋额摊入各户，4 个都摊入的赋额约为 533 顷，大概是延续了明代按家产征税的办法。由于陈大受这个建议，乾隆十二年七月重新对东山的土地进行清丈，十三年三月丈完，数字约为 760 顷，包括公田即义役田 427 亩，祭田即可优免土地 343 亩。

按《太湖备考》，这次清丈即在东山实行版图顺庄法。版图顺庄法是李卫于雍正五年在浙江推行的，目的是解决催收过程中的弊端。其具体做法先是造鱼鳞册，定版图；然后是将清查后分散各处的土地归并一户征收；最后是顺庄依次滚催。雍正十年吴县下令清丈，但未执行，直至乾隆十二年东西两山钱粮划归太湖厅征收后，才"饬造两山版图"。编者担心，"前之丈量，今之核造，皆出地总之手，稍或上下，执业者即分盈歉，虚赔隐占，未必尽无也"。[③]他认为以前也做过类似改革，但只清查了县额的亏盈，并未搞清花户的混淆赔累，反而增加了清丈的扰民，可作为前车之鉴。

---

① 乾隆《太湖备考》卷四《仓廒》，第 38 页上，《中国方志丛书》华中地方第 40 号，第 338 页。

② 乾隆《太湖备考》卷五《田赋》，第 22 页上，《中国方志丛书》华中地方第 40 号，第 381 页。

③ 乾隆《太湖备考》卷五《田赋》，第 39 页上，《中国方志丛书》华中地方第 40 号，第 415 页。

东山所处的新形势给当地人带来新的压力。称东山"岁时租赋力役，人能率先急公，不待征发期会而后赴"的缪彤，说为了重建巡检司和太湖营把总的衙署，有吴斌雯"慷慨任事，……出橐中装，率先倡导，里中诸右姓咸捐金佽助"。①但到乾隆时，新任太湖同知"见署仍旧"，便花了八个月时间重修衙署。有人认为不必搞得如此"巩固周密"，但他认为"遇事苟且而无慎重之思、久大之志，是蔑视一官，以衙署为传舍者也，是朘民以生，借官衙为贾肆者也"，批评前任官员在东山只是为了上传下达，从百姓这里搜刮钱财。②

乾隆十一年陈大受题准东西山钱粮归太湖厅征收后，在东山修造漕仓便提上日程。据高廷献所撰碑记："东山绅士王金增、席绍董等人言曰：'两山之民之输粟县仓者，久为风波所苦，兹荷皇仁宪德，俾得舍远就近，去险就夷，所以惠我乡梓者甚厚。夫同井士农，皆上赤子也；士之于农，尤昆弟也，父母恩及赤子，为之昆弟者竟袖手膜〔漠〕视，忍乎哉？区区建仓费，吾侪分任之，毋贻父母忧。'"③这个说法当然是东山人主动出面见官，表示愿意捐钱，但未必不是在压力之下的被迫之举。

义田、义庄、义渡、义冢等"义举"，对于东山的宗族或商人来说究竟意味着什么？范金民已经发现，苏州地区的义庄、义田在宋元明时期均不多见，直到清代中后期才如雨后春笋般出现，他明确指出这种现象并非出于"睦族""收族"的理念，而是在动乱之后地权频繁变动

---

① 缪彤：《重建东山巡检司创立太湖营把总公署碑记》，乾隆《太湖备考》卷一二《集文一》，第 26 页下 ~27 页上，《中国方志丛书》华中地方第 40 号，第 842~843 页。

② 高廷献：《太湖同知公署记》，乾隆《太湖备考》卷一二《集文一》，第 32 页下，《中国方志丛书》华中地方第 40 号，第 852 页。

③ 前人：《新建洞庭东山漕仓创记》，乾隆《太湖备考》卷一二《集文一》，第 32 页下 ~33 页上，《中国方志丛书》华中地方第 40 号，第 854~855 页。

的情况下，利用朝廷规则而采取的一种保证土地收益、防止土地外流的策略。[1]与宋元及明代大部分时期不同的是，这些义庄或义田是在宗族的框架内设立和运行的；而类似的是，采取的办法基本上是设立一个基金，然后用利息来支付某种共同的需求。无论是应役、赡族，还是投资，区别只在于是否有个"基金会"和这个"基金会"的机制是否可持续，清代的宗族就是这样一个具有可持续机制的"基金会"。[2]而且，如果它不能继续赚钱（包括获得捐款），它也不可持续。范金民也发现，东山的义庄、义田有不少是由商人家族建立的，其8119.8亩土地，分布在昆山、常熟、苏州、横泾、木渎的占51.7%，分布在本地的占48.3%。这说明这时的义庄已与前代名同而实异。

　　前面已经提及学术界有关水上人通过入籍得以上岸定居，并通过建立宗族以应役的研究，这使我们对地方志和族谱中关于晚明东山大族"急公好义"的理解有了很好的参照。这种"义行"的出现与其说是宗族建构的结果，不如说是宗族建构的原因。到清代中叶，东西两山成为单独的税收单位，东山宗族的发展则采取了另外的方式，即采用义庄、义田的方式，特别是在东山以外的地区进行控产。这让东山的宗族看起来只是一个空壳，但也有可能是一个"工作母机"。

　　太平天国运动是东山，当然也是江南的一个重要的"历史性时刻"。

---

① 范金民：《清代苏州宗族义田的发展》，《中国史研究》1995年第3期。此后虽有一些相关研究，但基本上没有超过该文的认识。

② 按科大卫的说法，宗族就是一个corporation。他极富启发性地指出，在宗族的贸易获得中，土地交易占了很大比重，同时宗族具有有效的庇护机制，使其更容易减少亏损。参见其《作为公司的宗族——中国商业发展中的庇护关系与法律》，《近代中国商业的发展》，第79~104页。

《严氏族谱》记载:

> 咸丰辛酉二月之朔，逆贼分党扰东山。山人之从逆者，恒假贼名括财物，其黠者更导贼肆扰，以报宿怨。我严氏族大丁繁，文献足征，历有伟人，宗祠巍峨，建立通衢，年数百余矣。凡春秋祭典，阖族裔孙，少长咸集，恭肃衣冠，行礼如仪。有族人无识者，嫣媚贼酋，诱引占居，贼一见觊觎，竟封为贼馆。

可见在晚清时期，东山社会的内部矛盾为太平天国运动所引发，也更为激化，即使在宗族内部，贫富之间、主从支系，矛盾也暴露出来。于是"兵燹以来，里人各徙异地，十室九空"。由于长期以来东山商人赴各地经商，在江南各地多有侨寓，所以老家的亲戚多可以前往投奔。反之，战后有大量流民涌入东山，也有原来的贫民趁机占据无主土地，出现了土地重新确权的需求。于是有乡绅"与诸当事一再筹划，联名刊单，访诸寓所，投寄劝导，归来故土，保守祖墓田产，山中始复旧观"。[①]

当然战乱同时也是商机。在明代，东山商人就有在九边、辽东做生意的经历，前引材料中也有翁氏子弟明末时招募"死士"出山海关，不知是真的为了与清军作战，还是为了保护家族生意。在这时，严潆"读书不成名，候时转物于淮泗间。军兴，襄办乡团有勋"。此后又因助赈被赏二品顶戴，成为胡雪岩那样的"红顶商人"。

> 先是，海禁既开，西人挟其机械之巧，驶楼船航行于我江海，

---

① 严国彪:《诰授奉政大夫同知衔候选知县显考湘泉府君行述》，民国《六修江苏洞庭安仁里严氏族谱》卷八《传志》，第34页上下。

以图利而漏卮。不亿朝廷因时制宜，招商股，集巨资，仿其制设船局于沪，以南北洋大臣统之，而官督商办，分曹治事，非为守兼优、谙练商务者，弗胜任也。合肥傅相李文忠知公才，畀以商董而主进。公擘画周详，劳来商旅，俾行李之往来，无所不利。凡蜀麻、吴盐、豫缔、赊布，悉源源委输无停滞，以利交通者。惠商即以攘夷，而挽回利权甚巨。然会计苟不当，则侵蚀必至于折阅，公乃立章程，颛若划一，详出内计，奇羡调赢虚；习诸葛君，簿计之冗，丝毫必载籍。期月详布于众以征信，百执事罔敢不实于亶。名其册曰《帐略》，李文忠谓可为世法。

当是时，航业蒸蒸，开中国所未有，初年基金仅二百万，厥后积财产乃四千余万，而股券价值亦利市三倍。清代新政之成绩卓著者惟招商局，公实辅相之也。[1]

严潆曾在淮河、淝水流域经商，应与淮系早有接触，此时他得李鸿章信任，参与轮船招商局的管理工作，担任董事三十余年，主要是通过各种物资的贸易扩大招商局的资本规模，被武进人盛宣怀倚为心腹。洞庭商人长于水上贸易，前引材料中也提到翁氏族人在明代就曾让工匠打造能日行三百里的"飞舸"，他们对西洋轮船在中国的发展应该具有浓厚的兴趣。当然洞庭商人最大的长处在于经营谋划，所以严潆对轮船招商局的最大贡献在于借经商集资。

另一位严氏族人严国藩在太平军打到东山时仅 13 岁，被叔叔严潆救到上海，"遂执钱业于沪"，后被推为襄董，又晋为董事。"光绪间，

---

① 严家炽:《诰授资政大夫二品顶戴候选道严公芝楣观察家传》，民国《六修江苏洞庭安仁里严氏族谱》卷八《传志》，第 35 页上下。

其业益大,委输挹注,实绾百业枢机。然商贾往来盈虚,亦恒起轇葛
〔辖〕。董事苟平亭无术,辄兴讼,讼则靡费旷业,因之折阅,一家破
产,波及数家。……当是时,沪市财源恒不匮者,实公无形斡旋也。……
际建北市会馆,力倡于馆中设养疴院,……立怀安会,……更鉴于外商
蚕食,与袁、谢诸君创办钱业水火保安会相抵制,法良意美。后以继志
无人中辍,论者惜之。"①

　　严国藩因办钱庄,成为上海钱业公会董事,后因太平军入上海和小刀
会起事,上海钱庄纷纷向租界所在的北市迁移,江浙富商也涌入沪北,导
致钱业分裂。光绪九年成立南市钱业公所,光绪十七年建成北市钱业公所,
即文中所提之北市会馆(位于今上海塘沽路与河南北路交叉路口)。到民
国初年,北市钱业成为上海钱业的主体。严国藩是北市钱业公所的骨干,
后来夭折的水火保安会实际上类似一种金融保险或互保机制。材料中的袁、
谢即袁联清、谢纶辉,均为北市钱业公所的董事。② 由此可知,太平天国
运动和晚清开埠及清政府的"洋务运动"为东山商人向现代商业和金融业
的转型提供了重要的契机,但是为什么是这些商人——比如江浙商人,而
不是那些——比如晋商,是与他们在前现代的传统有关的。

　　有一个同时体现现代转型和延续传统的例子是严国藩的弟弟严国
芬。严国芬也是在太平军打到东山时被接到上海去的,长大后"迭为天
津、营口两海关道,建平、永平金矿,开平煤矿各局署幕宾,治文书,
运筹算,相与有成,居停主深倚重"。他都是在现代企业或机构中就业,

① 严庆祺:《诰授中宪大夫严公价人先生家传》,民国《六修江苏洞庭安仁里严氏族谱》卷九
《传志》,第3页下~4页上。
② 参见邹晓昇《上海钱业公会研究(1917~1937)——以组织和内部管理制度为中心》,复旦
大学博士学位论文,2006。

可见是一个有一定现代眼光和知识的人。八国联军侵入京津时他才避难返乡。1924 年，江苏督军齐燮元与浙江督军卢永祥交战：

> 太湖素为逋逃薮，枭匪乘机蠢动，东山孤峙湖心，一夕数惊。乡父老设保安局，练团捍卫，推公主办，顾饷械缺而鲜实力。公仿路文贞隐居东山防倭寇法，立猛将会联络乡民，昼鸣锣、夜塔灯为号，一村有警，村村赴援故事，饬各乡如法踔行。声势张而盗不敢犯，邻境多蹂躏，而东山独安。①

猛将会应该不是严国芬所创。东山每年正月"六日，刘猛将巡湖滨，前山至席家湖，曰'冲湖嘴'。前山各猛将至潦里村，听村人肩而逛，曰'逛会'，晚有夜帮锣。八日，各村发锣一遍，曰'日帮锣'，又曰'沿锣'；是夜出灯，曰'燎燔'，或曰'潦反'。相传潦里村于前代集众抗议也"。② 以严国芬为代表的地方士绅无疑利用了这一曾被用作民众动员方式的仪式传统，形成地方自卫体系，证明这个具有现代生活经历，又把自己的儿子送去上海商科学校读书的转型期精英与乡土传统是水乳交融的。

重要的是，至晚在民国初年，东山各村已均有猛将会，并且已形成了能被动员起来发挥作用的社会网络。这不仅说明，刘猛将这个礼仪标识已经嵌入了东山以及周边地区的社会结构，而且表明，刘猛将已成为依托东山岛为生的岸上人和水上人相对于"湖寇""水匪"的认同表征。

---

① 严庆祺：《诰授资政大夫严公吾馨先生家传》，民国《六修江苏洞庭安仁里严氏族谱》卷九《传志》，第 5 页上～7 页上。

② 民国《乡志类稿》，《风俗类六·岁时》，《中国地方志集成·乡镇志专辑 8》，第 182 页。

五

社庙与圩庙

学者们的研究已经揭示了社庙与人们定居及其聚落生活的关系，这正是自上古时期以来，无论其形态如何改变，社庙一直存在的原因。江南圩田的长期开发，使大量水面变成陆地，也就或早或晚地形成了圩田上面的一个个聚落，在这些圩田聚落中也就出现了一个个社庙，被我称为"圩庙"。在一个特定的时期，由于这些圩庙的建立者是那些刚刚上岸的水上人或新迁来的外地人，这些圩庙与更早聚落的社庙有些不同，可以让我们更多地了解这些人群的社会－文化结构过程，包括他们与更早居民之间的关系。

江南圩田与东山的开发

对于江南的圩田，已有很多学者做过出色的研究。总的来看，唐代中叶以后，江南圩田有很大发展，特别是吴越时期，政府采取了更多措施疏浚水道，形成了一套圩田养护制度，和郏亶所谓"五里一纵浦，七里一横塘"的塘浦圩田格局。宋代以后，由于这一区域人口猛增，耕作方式日益精耕细作，官圩的管理方式逐渐被破坏；另外太湖以东的落淤加剧，所以较大规模的塘浦圩田向小型的泾浜圩田转变，这种"分圩"趋势到晚明达到高潮。①

洞庭东山并不在太湖平原之上，因此其早期圩田的情况既不同于高乡，也不同于低乡，甚至与太湖东岸的溇港圩田也不完全相同。但是，即使是这样一个孤隔于大陆、耕作农业比重很低的岛，也逐渐出现了圩田，主要体现为种植水生植物的荡田，而种植粮食作物的圩田则主要出现在更晚的时期。无论如何，这说明它的开发史与太湖平原的历史脉动是一致的，是同一个历史过程中的组成部分。

除后世族谱中的零星记载外，清代以前的文献对于东山的圩田未见任何记录。在前述乾隆《洞庭吴氏家谱》中，记录濮十翁于南宋宁宗嘉定六年去世，葬在柢字三十八号地；他的儿子吴（濮）百生死于嘉定元年，孙子吴千长死于景定甲子，也葬在同处；曾孙吴万三死于景炎三年，葬在厥字号地。联系到元代文献中说"其所垦田地尽行编立字号，示以当差"一句，这些土地字号有可能是南宋时期确定的。

元代文献也提到洪、荒、黜、陟、南、音、理等字圩。这有可能是宋元时期东山已有圩田的证据吗？宋徽宗崇宁三年，赵霖经营吴浙水利，"专切措置水利农田所。浙西诸县，各有陂、湖、沟、港、泾、洪、湖、浟，自来蓄水灌溉及官私舟船往还。今欲就委打量，官遍诣乡村，检踏应有似此去处，打量并见丈尺、四至、着望，用大石牌雕镌地名、丈尺、四至，以千字文为号，于界首分明标识，仍晓示地分、食利人户。常切照管，无令损动、堙塞、请占，县别置簿拘收。县尉遇下乡检

---

① 相关研究非常丰富，如王建革《水乡生态与江南社会（9~20世纪）》；吴俊范《水乡聚落——太湖以东家园生态史研究》，上海古籍出版社，2016；滨岛敦俊《关于江南"圩"的若干考察》，《历史地理》第7辑，上海人民出版社，1990；等等。

察，如有堙塞，即时开浚。从之"。① 说明北宋末已对江南地区包括圩田在内的土地用千字文编号登记，并立界碑。

15 年后，宣和元年八月，水利农田所又请求对浙西州县水退涸露的田土进行清查并招佃："乞每县选委水利司谙晓农田文武官同与知佐，分诣乡村，检视标记。除出人户已业外，其余远年逃田、天荒田、草葑、茭荡及湖泺、退滩、沙涂等地，并打量步亩，立四至、坐落、着望，乡村每围以千字文为号，置簿拘籍，以田邻见纳租课，比扑量减分数。出榜限一百日，召人实封投状，添租请佃，限满折封给租多之人。每户给户帖一纸，开具所佃田色、步亩、四至、着望、应纳租课。如将来典卖，听依系籍田法请买印契，书填交易。从之。"② 这里明确说浙西地区（宋代东山属湖州，亦属浙西）沿湖开发的土地，包括荡田、草洲之类也按千字文编立字号，而且因为是官圩，佃户系官佃，所以也发给户帖，在官府登记。

在明清江南地区的地方志中，有不少宋元时期的寺庙被记载建立在某字圩，例如，"吴江西鄙于氏有讳安者，于今为五世祖。有子六人，其季为僧于妙智寺，名益光，受田二十亩于乌程之矫字圩。既庵其上，以修祀事。其殁也，则瘗骨焉。至正间兵兴，田为有司所夺，庵亦毁"。③因此，在泛泛的意义上说，至少从北宋末开始，东山地区的某字圩的存在是有可能的，但可能首先出现在原武山地区，故而武山和东山渐渐连

---

① 徐松辑《宋会要辑稿·食货七之三七》，北平图书馆 1936 年影印本，原书页码不清。同书《食货六之一〇六》亦有此文。文字稍异。

② 徐松辑《宋会要辑稿·食货一之三三》，第 10 页上下。

③ 释妙声：《东皋录》卷中《于氏祠堂记》，清文渊阁四库全书本，第 48 页上~49 页上。释妙声系元末明初人，入明时已 60 多岁，所以他记录的是元代后期的情况，而元代的某字圩有很大可能继承的是南宋的制度。

为一体。

但圩田的登记在册，远比看起来的情况复杂。明代最早出现某字圩的地方文献是洪武《苏州府志》：

> 烽堠
>
> 本朝松江并海设置烽墩处所：
>
> 昆山县：巴城巡检司一十二座。状元泾、圆村、绅墩、真义、严家桥、夏去墩、景村、李长坟、俞港村、黄庵、徐公桥、新村。
>
> 昆山巡检司一十二座。日字圩、向字圩、露字圩、新塘、职字圩、空字圩、风塘、上社、寒字圩、同字圩、吴字圩、李字圩。①

在所列巡检司及烽墩所在位置中，只有昆山各巡检司所在地编了字圩，而且只有在这里记录了某字圩的存在，说明并非所有地方都编了某字圩。到正德《姑苏志》中，出现了一些变化：

> 江湾巡检司在县东南六十里，烟墩一十七座。沙浦、汤字圩、吕字圩、生字圩、南翔、周家浜里、周家浜外、衣有字圩、致字圩、东潜字圩、中潜字圩、西潜字圩、大场、胡陆湾、江湾、五圣庙、秦家店。
>
> 唐茜泾港口巡检司在州东北五十四里新安乡，即昆山镇巡检司。洪武七年设，成化间迁置东花浦口，烟墩十二座。日字圩、向字圩、露字圩、新字圩、职字圩、空字圩、风塘、上杜、寒字圩、

---

① 洪武《苏州府志》卷一四《兵卫》，明洪武十二年刊本，第9页上。

同字圩、吴字圩、李字圩。①

唐茜泾港口巡检司即洪武间的昆山巡检司，所列地名与洪武府志大体相同。此外，江湾巡检司所在位置出现了某字圩，这可能是在明前期新出现的，但也仅此而已。看来，即使是在苏州府境内，也并未将所有的圩编列字号。

北宋末在浙西的做法，是将包括圩田在内的所有土地按千字文编号。明嘉靖时首辅徐阶建议：

> 松之民往往田在低乡，而户在高乡；或田在高乡，而户在低乡，故岁值旱潦，照户而免之，未有能得实者。仆尝妄谓，高乡之田宜照常造册，以户统田，如曰一户某人，田若干亩是也；低乡之田则宜另造一册，以田统户，如曰某字圩田若干，内若干系某区某人之产、若干系某区某人之产是也。②

到隆庆三年，"金事郑元韶尽数清丈，悉去官民召佃之名分，作上中下三乡定额。田有字圩号数，册有鱼鳞、归户，至今田额以是为准"。③后人注释说，"每图以支河分画为圩，编立字号，一圩之田，又各以堤岸分画，自一号起至某号止""积号为圩，积圩成图"。④即如宋浙西制，将全部土地编为某字圩。在东山所属吴县，为达到清查荒田、

---

① 正德《姑苏志》卷二五《兵防》，第10页上下。
② 徐阶：《世经堂集》卷二四《复周三泉邑侯》，明万历刻本，第24页上下。
③ 崇祯《松江府志》卷八《田赋志》，第25页上。
④ 乾隆《金山县志》卷六《田赋二》，民国重印清乾隆刊本，第5页上。

免将熟田混入荒田以逃役的目的，要求"合着该区首名从公到图，循圩历号，沿丘踏勘查明，要见某都、某图、某字圩原额田若干，内被旱灾水灾田若干，备细开造"，[1] 说明圩已经成为都图之下的土地登记层级。即如丁元荐所见："予舟过吕山，岸畔有一石，高二尺许。上刻某字圩，共田若干亩。字画漫漶，当是每区每皆有之。就此清查，以圩合区，以区合县，则丈量之法简要明白。"[2] 即按照编定字号的圩来组成图或区，即粮区。这样组成的图或区再构成都，或直接到县，其性质和顺庄法是基本一致的。

虽然这样的做法是以太湖平原上圩田密布以及明中叶以后小圩替代了大圩为基础的，但我们可以大体上认为，这里的相当部分土地在长期的历史过程中都先后不同地做过真正的圩田。

东山的圩

在乾隆《太湖备考》卷五的《都图地名》中，只附列了东山和武山的"图圩字号细数"，并没有西山等湖中其他岛屿的这类信息。我们并不知道是否因为东山距离陆地最近，所以在土地清丈过程中按图圩编制了字号，而其他岛屿并未有此操作。

在清代太湖厅档案的土地契约中，吴县的土地坐落多在都、图之下

---

① 陈仁锡:《无梦园初集》,《劳集一·开河修塘》, 明崇祯六年刻本, 第 37 页上。陈仁锡系晚明苏州长洲人。

② 丁元荐:《西山日记》卷下, 清康熙先醒斋刻本, 第 81 页下 ~82 页上。丁元荐, 晚明湖州长兴人。吕山在长兴, 近太湖, 距东山南端不远。

标明了圩字，只有少数写到都、图为止。由于这些契约多是私下签订的承揽文书（即租地契约），故不一定非常严谨。有一份道光二十一年的承揽文书原书"坐落吴邑十二都十四图内，田一亩四分"，后又在"内"字后补上"惟字圩"三字，可见没有标明圩字的是漏写。

而在有关东山的契约文书中，有较多牵扯房产买卖，但这些房宅基本上没有标明圩字号，这表明东山和太湖平原上的其他地方确有很大不同，即直到明清之际，在圩荡地区也没有发展起成规模的聚落。在东山的土地租佃或买卖契约中，也没有所有土地都编了图圩字号的痕迹。如：

> 席双桂山房名下园地五方，平屋两间，坐落太湖厅治二十六都二图。①

再如：

> 钮门席氏为因年老无嗣，情愿央中说合，将祖坟后余地坐落太湖厅二十九都十图杨家坞地方，山地一块，三面眼同计丈见实地二分三厘三毫正，……永远绝卖与光裕堂席府名下永远为业。②

说明东山有很多地块，特别是山地，并未编入圩字号。

---

① 《立承租桑树园屋文契》（光绪七年），日本京都大学藏清代太湖厅档案，档案号：2552-00。

② 《立永远杜绝卖山地文契》（咸丰四年），日本京都大学藏清代太湖厅档案，档案号：2501-00。

另有一些与鱼塘的租售有关的契约，则反映出另外的信息，如：

> 将祖遗分授靠东鱼池一角，并连在池大小桑树、水面……坐落二十九都二十图五分头，地方四址分明。①

又如：

> 席垂裕名下鱼池一个，计三亩五分正，池梗、大小桑树、划头、缺口、水面、沙底，一切花息一应在内，坐落太湖厅治二十九都廿图直港西沿地方。②

图 5-1　太湖厅官颁卖契

---

① 《立卖鱼池文契》（道光二十八年），日本京都大学藏清代太湖厅档案，档案号：2501-00。
② 《立租鱼池文契》（光绪六年），日本京都大学藏清代太湖厅档案，档案号：2518-01。

再如：

> 席府名下鱼池一个，计陆亩正，并连池梗、大小桑树、划头一应在内，坐落厅治廿九都七图渡水港北沿地方。①

这些契约都没有写明该鱼池是否在某字圩内，不仅如此，具体的地点都不是约定俗成的土名，而只是大概的方位，因此应在邻湖浅水地带，即荡田。按二十九都二十图领云字圩和亭字圩，我猜测，既然编定字圩是承担田粮赋役的依据，有可能从事水产养殖的地方便未编立字圩。

图5-1这份光绪年间的契约说明，官府颁发的规范契纸是要按都、图、字圩填写的，也就是说这已成为一种普遍设置。但在东山的二十九都七图下的这个鱼池，没有坐落在某字圩，于是便在字圩的空白处如实填写为"西湾港亩荡"。实际上，在有限的东山土地契约中，几乎没有见到注明图圩字号的，而在吴县其他地方的土地契约则基本注明了，这说明了东山的特殊性。

东山都图之下村落名称一一对应的记录，是在民国《吴县志》中才出现的，但在记录村落的《舆地考·乡镇》中，二十九都下却没有二十图。由于二十九都位于东山的东侧临湖，而十九图下的村落在民国时分别是潦里、西港、余家舍、秦家港、孟家泾、马家港，即东山东部靠近内侧的区域，因此二十图的位置应在靠外侧即靠湖边。不过，在同书《食货二·吴县田圩》中又记录了二十图，下有云、亭、新补、荡，说

---

① 《立租鱼池文契》（光绪十年），日本京都大学藏清代太湖厅档案，档案号：2518-03。

明这里没有村落，只有两个字圩和湖荡。同时，民国志记载本都的十六图和十八图也被归并了。联系到今天东山人称从潦里到双湾一线以东的水产养殖区域为"传统圩"，说明这是东山较早的圩，可能有少部分地区曾被开垦成田，即原二十九都二十图的云、亭字圩，但后来完全成为用于水产养殖的圩。

由此我认为，从渡口村（即第三份契约中提到的二十九都七图渡水港一带）向南到潦里村这一线，包括前曾提到的席家湖村，直到双湾、杨湾山麓地带的聚落为止，是相对较晚形成的聚落，一些村落中的居民直到相当晚近的时期还在从事渔业和水产养殖业。

当代的《东山镇志》中描述东山土地类型时说："第一种，低洼圩田平原。分布在山麓西南向的新潦片6个村以及杨湾片部分村。地势四周高中间低，海拔一般在3米以下，大部分处在洪水位以下，边缘由水利圩堤，其内湖荡众多，河湖相通，鱼池成片。地面由小圩、大圩、东西大包圩联片。地面高度在正常水位上下，地面组成为河流冲积，湖积相物质围湖造田，土壤以湖积相—沼泽相沉积粘性土为主。第二种，滨湖水网平原。自木渎—东山公路以东，先后由东太湖淤积成陆，大部分地面成陆仅数百年，沉积物为湖沼相，由灰黄色粘土夹粉砂组成。"[①]

潦里及其西北的新潦村在其西北两公里处，就是清代二十九都十九图和二十图，"传统圩"就在这一片村落的东部。至于南端的东、中、西大圩，则是20世纪中期的产物。第二种地貌即木渎—东山公路以东，也就是武山以东以北，包括渡口村，根据上述地质、地貌的描述，该处应是北宋以后逐渐成陆的地方，也即明代以后的三十都。我认为这里是

---

① 《东山镇志》第2卷《地理》第2章"地貌"第5节"地形"。

宋以后也即东山（武山）最早的圩田，而吴巷吴氏就是这里已知最早的开发者。

前面提到的鱼池租约大多是东山大族席家与人签订的。晚明席家日渐兴旺后，可能控制了东山较多的地产，包括湖边的圩。控产者有席府、垂裕堂这样的家族单位，也有席绩记这样的个人或商号，我们可以在这些租约中看到，租鱼池者的姓氏有叶、朱、俞、张等。虽然只是不到 10 份契约，很难让我们做出假设，去试图了解这些租鱼池的是些什么人，但还是有很大的可能性，即一些外来人口是通过租东山大户在圩中的水面进行水产养殖，从而逐渐定居在东山的。

由于席氏在清代势力扩张，就会与东山的其他家族或其他人群产生矛盾冲突。《吴中叶氏族谱》中记载，有个叫叶敬峰（可觐）的，入赘到了张巷施氏。他的父亲"为里豪席儒所辱。死之日，执敬峰手曰：慎勿忘。……会里中不胜席氏毒，群欲攻之，来结敬峰。当是时，席氏势张甚，敬峰惧为所图，乃阳拒而阴与之合，卒灭席氏"。[1] 这里可能是指席氏的某一个支系，却说明席氏曾因势大成为乡里中的众矢之的。

在东山东北 30 多公里的横塘附近，有个友新六村，其中的新郭村流传一个故事，说他们村有个武将，见东山的席氏势大，可能有机会做皇帝，就经常去巴结他。但不知什么人惹恼了席家的老太太，她就用筷子敲着灶台说，如果他儿子当了皇帝，会把他们杀光。这件事被灶王爷汇报给了玉皇大帝，就取消了让她儿子做皇帝的安排。席少爷和那位武将密谋在乾隆皇帝下江南时行刺，结果未遂被逮。他的老婆和妹妹武功

---

① 康熙《吴中叶氏族谱》,《列传五》。

很高，乘着芦席飞过石湖去劫法场。下面正好有条拉粪的船经过，船夫说，武功好有什么用？席家少爷都被斩首了。两人听了心一惊，就从天上落到水里淹死了。[①] 这个村距离东山的位置已经不近，完全不属于同一个市镇或市场中心地，在这里流传着厌恶东山席氏的民间故事，说明席氏的势力已经超出了东山本岛。故事最后说是船夫无意中咒死了席氏姑嫂，也许暗喻着席氏与水上人或新上岸的水上人之间的紧张关系。

这种紧张关系依然可以在与东山一水之隔的近代渡村见到。据《渡村镇志》记载，当地居民经常与后来移民发生械斗。1932 年秋，三连村罗某与当地村民沈某为争田界发生纠纷，演成群体斗殴，乡董邱醴泉于年末提出，由当地出盘缠将移民于春节前一一送回原籍，因引起移民的强烈不满而未果。次年罗姓、任姓、沈姓等向国民政府上诉，迫使乡董承诺不再驱赶移民，但从此便以原来居民耕种的高田、半高田与移民开垦的小圩为界，互不牵涉。40 年代，河南移民还开了一家茶馆作为议事之所，以便互保互助，但双方关系何时得到缓和，就不得而知了。[②]

圩庙：圩上聚落的社庙

如果我们把圩田的开发，包括宋代以来大圩逐渐析分为小圩，视为宋代以来特别是明初以来江南社会发展的基本面，对人的定居与聚落（村落与市镇）的形成与发展就应在这个基本面上加以认识。

---

① 陆军主编《友新六村志·新郭村志》第 10 章 "奇闻逸事"，古吴轩出版社，2008，第 225 页。
② 《渡村镇志》第 3 章 "人口" 第 3 节，古吴轩出版社，2003。

对于江南聚落及其礼仪标识，滨岛敦俊曾做过深入的研究。他认为明初的里社是一种"新"的制度，而土地神则是更为古老的传统，比如总管神等就是聚落中的土地神。明清时人们不喜欢社坛，所以这个制度就逐渐衰落了，而土地神信仰则依然兴盛。对此，刘永华有所质疑，虽并未有针对性地讨论，却明确指出社坛和厉坛的制度传统是更为古老的。①事实上，滨岛敦俊是把国家礼仪制度和民间信仰系统截然对立起来了，因为明初里社坛的推行并不意味着乡村中的社祭传统是一直不存在的。社祭这个传统，无论人们是拜石头、树木还是人格神，同样是社神，而并非都要称之为土地神。明初的里社和乡厉制度，只不过是试图用儒家礼仪去改造或规范一直存在于乡土社会的社祭和厉祭，既是"神明的标准化"或文化大一统，又是明初"画地为牢"体制在社会文化上的体现。

滨岛敦俊还在同书中批评了川胜守将圩等同于聚落的看法，认为应该把作为地理形态的"圩"与作为赋役征派体系的"字圩"区分开来。后面的提醒无疑是正确的，不过编制字圩的目的的确与顺庄法有相同的意义，即在江南许多地方顺庄法就表现为顺"圩"法，因为随着大片水面被围成圩田，许多聚落就在这些"浮生的土地"上生长出来。当然正如吴滔所说，圩与聚落并非一一对应的，一村可以有几个小圩，一个大圩上也可以有数村，即如他的访谈对象形象地解释的："这个地基叫庄家圩。"②圩就是聚落脚下的那片土，用来居住的就是聚落，用来耕种的就

---

① 参见滨岛敦俊《明清江南农村社会与民间信仰》第4章第3节；刘永华《帝国缩影：明清时期的里社坛与乡厉坛》，北京师范大学出版社，2020，"自序"。

② 佐藤仁史、吴滔、张舫澜、夏一红《垂虹问俗——田野中的近现代江南社会与文化》，第179、181页。

是圩田。

《南浔镇志》记载了清道光十四年的一篇碑文：

> 世传莽将能驱蝗，而《居易录》直以为宋金坛刘宰漫堂者，岂不以神之所格不可度、不可射乎？不知人之是不必较，苟有所以御灾捍患，则无不同也。烝字五圩为乌程四十三都震泽下乡，圩有丛祠，颇著灵爽，祷无不应。春秋报赛，靡有虚日。相传神有封号，非汝南鲍鱼李核相比。道光癸巳冬，绅士周士坚等因耆老之请，谒文于邑人张鉴，将志岁月于石，乃为神弦之曲，著其土风焉。词曰：传芭代舞兮神林幽篁，灾祲无害兮稼穑不痒。神之来兮泰洁泉香，神之归兮途车乌航，神听和平兮民用乐康。
>
> 是年十一月里人金大鲲、孙钰、谈治邦、周士坚立石。
>
> 始缘信士龚天福[1]

乌程在太湖南岸，东邻江苏的吴江，根据崇祯《乌程县志》卷一的《县境图》，其四十三都即在两县（省）交界处，南浔亦属四十三都。乌程东部多为山地，西部在明代已是小圩密布。崇祯志记述说："年远古法隳坏，水田之堤防，或佃户行舟之便，破其圩岸，以为泾浜；或人射下脚而废其堤；或官中开挑，减少丈尺；或田主但收租课，不加修筑；或租户利于易田，故欲潴没；或张捕鱼虾，渐破古堤；或一圩虽完，旁圩无力，连延隳坏；或贫富同圩，出力不齐；或公私相吝，因循不治，故

---

[1] 同治《南浔镇志》卷二八《碑刻四》，清同治二年刻本，第30页上下。

低田漫然没在江水之下也。"①编者认为这些问题在郏亶的时代就已经提出来过，圩堤经常遭到破坏，所以明代当地不断有人改报田为荡，人们也长期在水沼中生活。

前引的碑记称《烝字五圩社庙记》，说明这是一个在烝字圩上的聚落里建立的社庙。据碑记的说明，这个社庙的位置在西庄村小圩五圣堂，说明这里原来是拜五通神的，大约是因为康熙时汤斌奏毁五通，而刘猛将又在雍正时列为正祀，就改拜刘猛将了，而在老百姓眼里，他们还是一回事，也许在庙中仍有五通神像，也未可知。鉴于此，志书编者又特加说明，认为五圣是《周礼》《汉仪》中的五方五帝，"或者以五圣为五通，非也，盖本朝政和元年正月，诏毁五通及石将军、姐妃淫祠；至宣和五年，适有通贶等侯之封，前后十余年，黜彼之邪，崇此之正，昭然甚明"。②无非是地方士绅为"淫祀"寻找正统借口罢了。

我想，到了碑记出现的清道光年间，乌程西部的小圩已经稳定下来了，有了比较稳定的聚落，因此圩上建起了社庙，而且百姓春祈秋报，香火旺盛，也引起了士大夫的关注。这些在圩上建立社庙的，有很多是新出现的聚落，也有很多是新定居的人口。对于这些在圩上新建的聚落中或聚落旁出现的社庙，或可将其称为"圩庙"，因为社是既管聚落，也管一境乡土的。在常熟的梅李镇曾有界圩庙，"在梅李南二里许，中纪周孝子、金总管二神。庭前有断碣一方，上刻佛头，下刻'风调雨顺，国泰民安'八字，旁纪建文二年月旦，应系明初修建。自永乐夺位后，

① 崇祯《乌程县志》卷二《圩》，明崇祯十年刻本，第12页下~13页上。
② 同治《南浔镇志》卷二八《碑刻四》，第30页上~31页下。

天下建文年号铲除净尽，此亦仅见也"。[1] 虽庙中的建文残碑未必就证明庙在建文时就存在，但周孝子、金总管却是常熟常见的社神。随着新居民在圩田上不断形成聚落，新的圩庙就会不断出现，与旧有的里社分庭抗礼，并构成这些新聚落的社庙。这里之所以将圩庙与社庙做出区分，并不是说它们在性质上有什么不同，而是说祭前者的更多的是水上人刚刚上岸定居，还从事水上生计，祭后者的则久已从事农耕，所以神灵的祭期有明显的分别。后文还会列举很多例子，说明虽然都是猛将堂，有些可以被视为"圩庙"，而另一些则可被称为"社庙"。

湖州的石淙镇，今属南浔区，原名石冢，传说是因为石敬瑭葬在这里而得名。1922 年因这里的太君庙庙会时演戏失火，死伤甚众，故改名石淙。这个太君庙拜祭北宋兵马都监陆圭及其三女。相传陆圭开盐船到石淙，入赘陆家，生有三女，镇江潮有功。后来不仅陆圭成为护佑妇女、儿童之神，而且这个庙还成为前述渔民"南北四朝"之一，也就是前面说的我在东山湖沙堂调查时徐姓渔民所说到湖州进香的那个地方。

在文献中，对这个故事是这样记述的：

> 协顺庙在石冢，其神陆圭，昭庆军人。宋熙宁间，以祖泽补右爵，调真州兵马都监。宣和中，引兵进攻方腊，败之。死而为神。绍兴间，海涛冲激江岸，神檄阴兵却潮，潮势遂平。淳祐间，江潮冲激尤甚，随筑随圮。神与三女扬旗空中，浮石江面，以显其灵，岸赖以成。浙西帅臣徐栗以其事闻于朝，赐庙额曰协顺，封神为广

---

① 《梅李文献小志稿》，第 9 页上，《中国地方志集成·乡镇志专辑 10》，江苏古籍出版社，1992，第 327 页。

陵侯。三女为显济、通济、永济夫人，一主护岸，一主起水，一主交泽。傍有小庙，祀十二潮神，各主一时。①

昭庆军，原为宣德军，宋仁宗时改，治所在湖州。陆圭，《宋史》无载，应该是后人附会出来的人物，但他一家人成神的故事似乎在南宋便已成形。南宋末遗民文及翁曾为昭庆军节度使掌书记，南宋亡后隐居湖州，撰有《敕赐协顺广灵陆侯庙记》，②《西湖游览志》中记载的事迹应该就是从这篇碑记中抄出来的。除平定江潮的事迹外，文及翁碑记中还提到"嘉定夏，飞蝗蔽天，神见云端而驱之，是岁蝗不为害"。文氏称，"咸淳甲戌夏，神之曾孙陆子宣与乡父老杨弥坚、张友谅备述本末，谒记于余，谊不获辞，遂作祀神乐章，刻诸丽牲之石，春秋祭祀"。

今存文及翁的这篇碑记，是明代监察御史、陆氏后裔陆崑重新立碑时抄录的，未见于他处，所以很难确定是不是原碑内容，或此碑是不是文及翁所撰。在将这篇碑记收入《吴兴金石记》时，晚清著名藏书家，也是陆氏后裔的陆心源做了一些考订，虽然指出如文及翁任礼部尚书应为宣奉大夫，不应为奉直大夫，疑为后人妄改等，但根据北宋文献中发生钱塘江水灾、征方腊后水师遇灾倾覆、南宋时的蝗灾等记载，他还是基本肯定碑文中关于陆圭所有事迹的发生背景是可信的。

无论如何，到元代，作为水神或潮神的陆圭及其女儿已经成为浙江流行的信仰：

---

① 田汝成：《西湖游览志》卷一九《南山分脉城外胜迹》，明嘉靖本，第7页上下。

② 陆心源：《吴兴金石记》卷一二，清光绪刻潜园总集本，第10页下~14页上。

庙在浙江之北。其一是平水九州大禹王，其一是陆相公。陆有三位小娘子，皆绿袍方巾，列坐两旁。一主护岸，一主起水，一主交泽，各有所司。凡海船到庙下，必先诣三位小娘子前炷香，上真彩及花朵粉盒，拜许保安牲酒心愿。其或欲乘早晚潮汛之至而发舟，必须得卜而动，则前去免风涛之险，不得卜则断不敢轻发也。庙旁别有一所，专祀十二位潮神，各武装持仗，每位各主一时焉。然皆不及三位小娘子香火之盛。①

这说明，到元代，陆圭及其女儿已成为水上人的神；另外，他们是钱塘江上的江神，特别是钱塘江入海口附近受潮汐影响较大地区的神。那么，他们与太湖南岸的湖州石冢又有什么关系呢？

据清道光《东溪陆氏支谱》，元朝时有处士渔庄公（陆焘）始编族谱，并收有宇文公谅在至正四年写的谱序。宇文公谅，其先成都人，其父移居吴兴，《元史》有传。该谱序称，陆氏本战国时妫姓，南朝梁时始家吴兴，从此谱断。由于陆圭被追封并享庙祀，所以被元代谱奉为石冢的一世祖。又据明天启年间谱序，自元末渔庄公修谱后，到明代又由玉厓公（即前述重立碑记的陆崑）续修，当时所见到的就是一个世系，至北川公（陆稳，嘉靖二十三年进士）再修。道光谱中还收有文及翁所撰《敕赐协顺广灵侯庙记》和陆崑所撰《朝璋公传》，前者文字与《吴兴金石记》所载相同。由此大略可知，历代族谱中陆圭之前的世系应抄自他处，元末至正时所修谱于后世未见，唯见署为宇文公谅所作的谱序。直至明弘治、正德间陆崑才编了世系和陆圭的传，而这个传的事迹又基本

---

① 　刘一清：《钱塘遗事》卷一，"浙江十庙"，清光绪刻武林掌故丛编本，第 9 页下 ~10 页上。

上来自文及翁的碑记，甚至有可能这篇文及翁的碑记与族谱中陆圭的传同出于陆崑之手。所以，将陆圭与石冢陆氏联系起来的关键人物应该是在朝中为官的陆崑，并由后代把故事的内容不断丰富起来。族谱中亦说"祖庙……后罹元季兵燹，庙貌颓剥，明御史玉厓公经始，正德乙亥落成"。①

文及翁的碑记中提到，"咸淳甲戌夏，神之曾孙陆子宣与乡父老杨弥坚、张友谅备述本末，谒记于余"，似乎是说南宋末这里的陆氏就开始建构与陆圭的关系。咸淳甲戌是南宋咸淳十年（1274），陆子宣即渔庄公陆焘，族谱的《渔庄公家传》称系陆圭的六世孙，在元至正年间（谱序系于1344年）始修族谱，与文及翁的说法至少有70年左右的差距。清代陆氏修族谱时，也无人试图厘清这二者间的矛盾，说明他们对宋元之际的祖先并不是很清楚。而那通对其家族历史十分关键的文及翁碑记，又是明中叶陆崑重立的，自然不敢遽信。

根据族谱中的《渔庄公家传》，陆焘世居石冢，"隐居闭户"，兴致来了，就"裹粮驾小舟……啸咏山水间，或经旬不返"，加上渔庄公这个号，猜测是表示其为渔民的族谱语言；至于说他富于著述，有《渔庄集》10卷，"置之高阁，不以问世"，以及把唐人和宋人所编谱牒合编为家谱，②明清后人亦未见，就更未必是事实了。但由此判断，大约就是从陆焘这个时期开始，陆氏逐渐开始上岸定居："吾宗自宋真、泗二州兵马都监朝璋公卒为潮神，淳祐初进封广灵侯，立庙归安石冢里，赐额协顺，子姓环居。阅七世，渔庄公生二子，长信甫公迁居厚林，次

---

① 陆崑：《朝璋公传》后附陆维"识"，道光《东溪陆氏支谱》，"传记"，第21页上。

② 陆增：《渔庄公家传》，道光《东溪陆氏支谱》，"传记"，第21页下~22页上。

吉甫公仍居石冢。"在族谱中，至第九世生卒年均缺载，绝大多数是单传或无嗣。从第十世开始有生卒年，为至元戊寅（1278）生，洪武癸酉（1393）卒，享年115岁，几乎是不可能的，除非是卒于元统癸酉（1333）之误（如是则享年55岁）。所以，大体上说，从七世到十世是陆氏在这里的定居过程。

一方面，在潮神陆圭被石冢陆氏所利用之后，其神格也发生了改变。明代陆崑的说法是："钱塘江口暨浙西州县皆有行祠，苕水发源大目东北，流入太湖，至庙前分为二，故曰盘龙汇。庙西有桥，永乐中，尝有贩盐恶少，抵暮，舟过其下，迷不能行，逮晓遂为官兵所获，迄今无寇患。每岁正月诞日至暮春，祀者云集，水旱疾疫必祷，灵响大应。"① 从这种描述看，陆圭已是这里的社神，诞日也在正月，与刘猛将、李王等相同。到清道光时，陆维又引他人说法："凡水旱疾疫，求绵嗣续，祷而辄应，两浙称保生、送生、催生太均夫人。"② 其主神从陆圭变成他的三个女儿，系护佑生育之神，神诞则是九月十六日。

另一方面，乾隆四十七年，陆增在《重修支谱小序》中说，"吾宗宋时敕封广灵侯庙，香火来自千里大父大母，非吾一家所得私也。其庙后合祠毁于兵燹，久废无存。郡城之南沈藏山一祠，向来吾本支与东溪支合祭"。③ 而《东溪谱辨讹》说，"又按厚林谱载，祖庙司香火者，自明万历后，承值之人皆冒姓陆氏……迄今几二百年，石冢新枝殆不可复考也"。④ 说明本来在庙后建有一个合族祠（应即前述正德时陆崑所建者），

---

① 陆崑：《朝璋公传》，道光《东溪陆氏支谱》，"传记"，第18页下~19页上。

② 陆崑：《朝璋公传》后附陆维"识"，道光《东溪陆氏支谱》，"传记"，第20页下~21页上。

③ 陆增：《重修支谱小序》，道光《东溪陆氏支谱》，"序一"。

④ 阙名：《辨东溪谱石冢新枝之讹》，道光《东溪陆氏支谱》，"附"，第1页上。

但晚明的时候管庙的人已经是冒陆姓的了，就是真正的陆氏家族也无力掌控这个庙。正好在易代之际战乱把祠堂毁了，所以到清代中叶前后各支分别建立支祠，而最早的居住地石冢的陆氏是否本家，也已经无法确定了。这个叫作太均庙或后世称太君庙的，即便还有家庙之名，也已经不再是陆氏举行宗族活动的场所了。

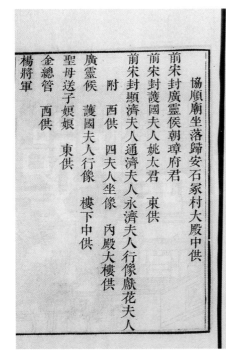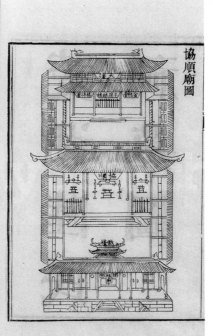

图5-2　陆氏族谱中的《协顺庙图》

这个例子说明，明代中叶的士大夫利用南宋陆圭的神话，将一个神变为祖先，从而建构起自己的宗族。但是陆圭和他的女儿本是水上人崇奉的神，在这时被陆氏控制，改造成本族的祖庙。虽然未见详细记载，但可以想见，这必然引起水上人与他们的争夺。前者会设法——比如冒称陆姓，比如将主要的信仰对象由陆圭变成他的女儿——夺回这个庙宇的控制权，所以到万历时不过 70 年左右时间，控制这个庙的就不是真正的陆氏了，后来干脆利用战乱把陆氏家庙毁掉了。在清代，石冢的这个庙不仅成为渔民"南北四朝"之一，而且是水上人上岸的"滩头阵地"。

虽然分属两省，但费孝通的家乡吴江的开弦弓村与乌程四十三都距离不远，当然，距离东山岛更近。由于圩田分别向外扩展，如今两地间的湖面已经非常狭窄，这里的村落也是在圩田基础上形成的村落，在此后的过程中也不断有水上人上岸定居。在著名的《江村经济》中，费孝通说村里有个拜"刘皇"的地域性组织，由 30 户人家组成，这个组织叫作"段"。开弦弓村有 11 个段，分别是城角圩 4 段、凉角圩 3 段、西长圩 2 段、谈家墩 2 段。虽然费先生没有说明这个"段"是怎样的祭祀组织，[①]却说"每年两次聚会的目的据说与收成有关"，"刘皇是上苍派来保护免遭蝗灾的神道"。[②]显然说明这个"刘皇"就是刘猛将，而且所谓"两次聚会"就是春祈秋报，所以这个刘猛将庙其实就是社。

与东山不同的是，处在陆地边缘的开弦弓等村成陆后就逐渐农业化了，不像东山至今还有许多人从事水上养殖。滨岛敦俊曾一再提到费孝

① 佐藤仁史基于对吴江北厍大长港与大长浜村的调查，发现"段"是一种基于邻里的地域性组织。参见佐藤仁史、吴滔、张舫澜、夏一红《垂虹问俗——田野中的近现代江南社会与文化》，第 155~159 页。根据他的描述，"段"的初始意义尚不太清楚，但后来似乎是地缘性的仪式组织。

② 费孝通：《江村经济》，"户与村"。我认为书中所写"刘皇"应该是"刘王"，因为在吴语区是 huang、wang 不分的。

通说开弦弓是一个江南少见的"大村"，这种情况当然与比较晚近形成的圩田有关。

佐藤仁史、吴滔和张舫澜对吴江腹地的研究，也展现了类似的情景。佐藤对吴江北厍大长港村的调查研究通过猛将出巡的路线，讨论了在一个圩上不同聚落之间的关系。他认为猛将庙不像村庙（土地庙）与镇城隍庙或镇东岳庙那样存在某种层级关系。吴滔和张舫澜的研究均以吴江芦墟的庄家圩猛将会为对象，而这里是一个村下有若干圩，恰好与前者形成有趣的对比。吴滔的研究通过不同村落对这个象征资源的争夺与分配，展现了这些村落之间的关系及其与明清时期制度安排的渊源。张舫澜的文章则是30多年前的一篇调查报告，其中描述的陆上赛会和水上赛会并举的状况尤为引起我的注意。

在这里，我特别注意如何将田野观察、访谈的结果与文献联系起来。我们可以肯定，今天得到的口述与这些圩以及圩上的村落刚开始出现时的情况相比是有变化的。比如，民国元年时记录面积达1246亩的大长圩是否后来才由若干小圩联合而成？我们看到，在民国时对北厍的圩的统计中，既有从以前继承下来、作为赋役征派系统的某字圩，也有未按千字文编排的某某字圩，后者是不是较晚近时期才出现的呢？二者的差别在哪里？

以佐藤仁史研究的北厍镇大长圩为例，民国元年的记录在二十九都六图，反映的应该是清末的情况；但在乾隆《吴江县志》中，二十九都六图有9个圩，分别是阿、富、虚、西谷、南谷、北引、北心、驾、卯字圩，名称完全不能对应。后属北厍的字圩多在清代的二十八都，当时多以二十八星宿命名，其中有很多又是可以同时在乾隆志和民国资料中看到的，说明存在一定的延续性。如二十八都五图中的箕字圩，在民国资料中属二十八都五十二图，称箕连圩，同图又有东盈圩，别称小箕连圩；乾隆志中除东盈圩外，又有西盈、南盈、北盈字圩，民国资料中也存在，应该是从某个时期的盈字圩析分出来的。[①]

以吴滔研究的芦墟镇庄家圩为例，新编《芦墟镇志》称："草里村……由南、北草里两自然村组成，辖中既、北既、大既、南既、北室、西既 6 个全圩及南室 1 个半圩。……南室圩上原有刘王庙，名'庄稼圩'。"[②] 这里在明末清初的赋役征派系统中属吴江二十九都九图，包括大既、南既、北既、北室、南室、北力、西既 7 个字圩。乾隆县志说，这些记录"悉依初制"。这个"初制"是从明万历四十六年知县霍维华的"履亩清册""推得者"，而所属都、图名称则又是根据康熙五年知县刘定国的鱼鳞图册，这时改名二十八都八副扇四十八图。[③] 但在乾隆县志记载的二十八都所辖 16 个村中，并无草里之名，也没有吴滔在光绪文献中看到的戈家草、孙家湾（汇）等，也许当时这里还没形成稳定的聚落。根据我对水乡聚落命名的了解，草里多半是指聚落建立前这里仍是一片芦草，至今它仍是处在三白荡中的一个半岛。

这说明，一方面，除了吴滔讲到的情况，由于清末民国以后的变化，原有的按字圩编制的赋役征派体系发生改变，旧的乡圩组织逐渐瓦解，而建立在圩上的聚落日益增多，圩田本身也在不断合并、析分或者

① 乾隆《吴江县志》卷三《疆土三·乡都图圩》，第 1 页上~15 页上，《中国地方志集成·江苏府县志辑 19》，江苏古籍出版社，1991，第 365~372 页。民国材料见《北厍镇志》第 2 卷第 1 章，据 1912 年《江苏吴江县江属圩图》绘制《1995 年北厍镇圩名一览表》，文汇出版社，2003，第 62~67 页。

② 《芦墟镇志》第 1 卷第 1 章第 4 节，上海社会科学院出版社，2004，第 74 页。

③ 乾隆《吴江县志》卷三《疆土三·乡都图圩》，第 14 页下~15 页下，《中国地方志集成·江苏府县志辑 19》，第 371~372 页。吴滔据康熙志认为这个变化在顺治十四年，无碍，但乾隆志的说法表明这些圩的历史可能可以上溯到明万历间。

新增，这导致赋役征派系统的字号编排也在不断进行调整。所以自从顺庄法实行以后，赋役系统的字圩与聚落（圩村）之间的符合程度也会日益提高。另一方面，即使是较早就编了字圩的地块，由于地势低洼，坍涨不定，附近人们的生计方式也没有立即转为以农耕为主，所以建立稳定的聚落时间可能很晚，这就是为什么水上人上岸多有一个棚居的过程。

那么，最早在这里敬奉刘猛将的是些什么人呢？光绪《周庄镇志》说"近一二十年间，有庄家圩神者，在镇新安三白荡滨之庄家圩村，濒水立庙，奉像其中"。庙离水有多近呢？据说庙祝常常不敢住在庙内，否则睡觉时就会"身已在庙外，临卧水滨，一转则将溺矣"。此外，也没有说这个神是刘猛将。[1] 这一是说明庙在水边，与水或水上人密切相关；二是说这个庙建立的时间并不久，而建庙一般来说是陆居人群的传统，所以这个叫"庄家圩"的聚落这时才刚刚出现；三是材料中还说这个神非常灵验，因此香火旺盛，连读书人都来祈求获得功名，说起初只有一尊神像，后来各处迎神，无法应付，所以后来又增塑了六七尊，这恰恰说明周围的聚落可能此时还都没有建庙，或者说这些聚落本身也都很年轻。

《芦墟镇志》中将庄家圩写作"庄稼圩"并将此作为庙的名称，吴滔的采访对象表示并没有叫"庄家圩"的"圩"，这都有可能表明的是这里开始成为农耕聚落的历史。根据张舫澜和吴滔的调查，在每年正月庄家圩猛将会的巡游路线中，莘塔和芦墟这两个中心聚落是民国时新增的。其他村落都在三白荡周边，明清时期属二十九都十图或十五图，乾

---

[1] 光绪《周庄镇志》卷六《杂记》，第 15 页上下，《中国地方志集成·乡镇志专辑6》，江苏古籍出版社，1992，第 592 页。

隆县志中除汾港外对其均无记载，应该也是像草里那样较晚形成的聚落，也就可能是晚清时将庄家圩庙的神像抬去的那些村落。

张舫澜在庄家圩看到的抄本《赞神歌》说，刘猛将本名刘阿大，元朝末年人。小时候是给地主放鸭子的，后来有了法力，还能控制东家的船。在芦墟的《刘猛将神歌》里也有类似的情节，只不过说是一个叫刘佛的小孩被后妈虐待，在外公家又被舅妈逼去放鹅。在莲泗荡的刘猛将传说中，一说因蝗灾百姓无法生存，"刘承宗"率百姓下湖捕鱼捉蟹，因不识水性而淹死于莲泗荡中，从而成神；另一说莲泗荡的几个小孩将五圣堂的神像抬出去游玩，不想刘猛将神像自动漂过小河，来到莲泗荡岸边，乡民于是为其在那里建庙。这些情节都说明，当地人认为刘猛将是与水上生活有关系的。这些说法，与本书前面提及的案例基本相同。①

传说中的五通神与刘猛将相互替代的关系，也可以在吴江东部即雍正后的震泽看到，前举湖州南浔的圩庙也是如此，当然其地亦邻吴江。乾隆《震泽县志》记：

> 俗重五通之神，家为立祠，乡村则建小庙于门外。奉之为严，有疾则祷之。甚者罗列酒筵，割牲献爵，鼓吹歌弹以燕之，与生人无异。

---

① 吴滔的文章和朱明川的文章都指出，庄家圩猛将庙复建的过程，获得了渔民的大量捐款。在刘猛将的神像背后，排列了十数尊由渔民香社堂门去世的祖先化成的"先锋"神像（在朱明川文末所附图片中，几位先锋都是姓沈的），这说明当下的渔民对这个猛将庙的认同。不过，渔民将这里抬猛将的日期从原有的正月改在八月二十二日，并不意味着原来的正月就一定不是渔民定下的神诞日或游神日期。参见吴滔《神庙界域与乡村秩序的重组：吴江庄家圩庙考察报告及初步研究》，《民俗研究》2008 年第 2 期；朱明川《船与岸：东太湖流域民间信仰中的两种传统》，《民俗曲艺》第 204 期，2019 年 6 月。

又记：

> 二十日，旧志云，元旦，坊巷乡村各为天曹神会，以赛猛将之神。相传神能驱蝗，故奉之。会各杂集，老少为隶卒，鸣金击鼓，列队张盖遍走城市，富家施以钱粟，至是日乃罢，或罢于上元日。罢日，有力者装搬杂剧，极诸靡态，所聚不下千人。村间亦有为醮会者，先于岁暮，人酿米五升，纳于当年会长，以供酒肴之费。至元日呼集，以美少年为神仙公子，锦衣花帽，羽扇纶巾，余各装演杂剧，遍走村落，富家劳以酒食。或两会相遇于途，则鼓舞趋走，自成行列，歌唱答应，亦各有情。至十一日，会长广列酒肴，凡在会者悉至。老者居上，少者居下，贱者居外，使稍通句读之人读《大诰》或教民榜文一条，然后酒行无算，连会三日而罢（按醮会，颇与古之大酺相近）。然此惟一、二、三都有之，余不尽然也。今按震泽所分之二、三都亦久无醮会，其刘猛将军会，则各坊巷、乡村大略与在昔同。[1]

两相对比，震泽的五通或者五圣是很小的庙，或者是家里的神龛，或者是在大门外。人们对它很尊重，甚至还要给它献上酒食，演奏音乐，其实就是一种祭祀仪式。而猛将会更重要的特点是游神。前者的特点在于它的本地性，后者的特点则在于不同地方或不同社会之间的关系。

---

[1]　乾隆《震泽县志》卷二五《风俗一·礼仪》，第5页下~6页上；卷二六《风俗二·节序》，第2页上下，《中国地方志集成·江苏府县志辑23》，江苏古籍出版社，1991，第231、238页。

人们通常认为刘猛将替代了五通或者掩饰了五通的继续存在，是由于康熙间汤斌奏毁淫祠和雍正间刘猛将被纳入正祀，这已如前述，当然是对的。但如果我们仔细体会文献并结合田野观察，就知道五通和刘猛将至少在宋代就是江南水乡的社庙，而在中国历史上有各种层次和范围的社，或者说，有疆界的地方就有社。清代震泽五通的这种在家屋旁的形态，直到今天我们还可以在珠江三角洲、山东等地见到。前面描述的清代震泽五通的献祭仪式，就是典型的传统祭社仪式。

但为什么震泽、吴江，乃至东山的刘猛将仪式，会以抬猛将或者游神这种连续数日而且热闹非凡的方式出现呢？我认为这是特定的人群强化自己的认同，并向另一人群彰显自身存在并建立联系的体现。的确像佐藤仁史和吴滔指出的那样，它所体现的并不一定是像滨岛敦俊所说的那样，猛将庙等与乡镇城隍、东岳庙之间存在某种层级对应关系，而是表现了新的岸居人群与老的岸居人群的关系。

一水之隔：吴江沿湖地区的开发与社会紧张关系

在吴江西部即清雍正后震泽的沿太湖地区，也即与东山一水之隔的地带，由于沿湖圩田的不断扩展，新旧岸居人群的紧张关系体现得尤为明显。沿湖自北而南，菀坪、横扇、梅堰、七都这几个镇的对面就是东山，而它们的东面则是一连串湖漾，在这些湖漾周围及太湖沿岸，都是不同时期形成的圩田。因此，无论是农民还是渔民，都是住在圩上。如七都的朱字圩上都以捕鱼为业，到清明香信时合圩出游；而种田的各村在最后一户插秧完毕（称关圩门）后做青苗会，抬猛将神像绕圩环走。[①]

由于沿湖地区大量成荡，官府一直在丈量荡地、增收赋税和坍田请豁之间反复。明万历间，吴江知县霍维华欲丈量平沙田，以定赋额，被吴江举人赵鸣阳劝止。万历丙辰科会试，赵鸣阳替同乡沈同和做卷，事发被黜。沈同和后住东山杨湾，与赵鸣阳时有往还。赵鸣阳为劝阻霍维华所写的《平沙谣》这样说：

> 平沙滩头千亩蓼，萑苇绵芊寡麦菽。泥涂胼胝斫为薪，喻时伛偻才盈掬。竟日装成舴艋归，借曝秋旸更信宿。携来市上一肩柴，剜却穷民两胫目。支离聊可措饥疮，那得余钱供税牍。渐有良农辟作田，三时风雨供桮沐。具区涛浪拍天浮，咫尺堤防不需筑。几番赤地涌鲸波，几度青苗实鱼腹。间值骄阳雨露稀，桔槔无计施轮毂。尧水汤干两不宜，三耕一稔犹云福。岁塌瓶罍不辍耕，所幸纤科无吏扑。特加赋额等平壤，谁向天河乞佳谷？吴江沃野百千顷，岁剩余粮盈万斛。政肃官清会计明，民依国计俱充蓄。莫向荒郊问水滨，敬采民风告司牧。[②]

这里的大片苇荡以前只是百姓获取柴草的地方，后来虽然开发成田地，但经常被太湖水淹没；如果赶上天旱，又无法浇灌，所以三番耕作能获得一次丰收就不错，幸亏那时还没人征税。如果现在对这里像其他好田那样征税，到哪里去找粮食呢？吴江已经很富庶了，就不要打湖滨地区

---

① 《七都镇志》第12卷《社会》第2章"风俗习惯"第5节"庙会"，江苏古籍出版社，2001，第387页。

② 赵鸣阳：《平沙谣》，乾隆《震泽县志》卷三三《撰述三·集诗二》，第12页下~13页上。

的主意了!

清康熙年间,晚明以后试图将这块苇荡草梗围垦成田的人依然络绎不绝,像霍维华那样的地方官也一直存在。但"新涨有碍水利,坍湖有赔粮之累",康熙三十三年时有人就为浪打穿地方的芦荡升科呈告,类似问题又在康熙南巡驾临东山时被告到皇帝那里,结果江苏巡抚宋荦下令豁除所课。康熙三十九年,被裁撤的兵员吴士相等又呈请开垦草梗,未被同意。"兹复有势豪分踞告升,禁民篙泥撩草,有碍水利,以致乡民纷纷具呈,公吁请禁"。后经调查,康熙五十二年得省批示,"嗣后不许势豪、地棍假借升科名色,霸占太湖浪打穿地方淤涨草梗,仍听乡农篙泥、撩草、捕鱼",并勒石永禁。① 因此这里一方面是有些豪强一直试图对娄港地区进行新的圩田开发,并造成既定事实呈报升科;另一方面,一般民众却坚持保持这里的湖荡局面,继续原有的篙泥、撩草、捕鱼的生业格局。所以这实际上是两个不同的人群之间的斗争。

但到清末,由于同光时期的战乱和灾荒,河南光山、罗山一带流民南下,寄居江浙。因光绪十七年和十八年乡民沈庆余在沿湖的足字圩和室字圩开拓圩田,这些移民纷纷迁来,或做佃户,或养鸭捕鱼,在菀坪一带形成 70 多块新圩,光绪二十八年震泽知县经踏勘之后,允许平沙草梗一带围垦,从晚明以后一直反复限制的湖荡开发争端至此终结。这样,原属本地豪强的湖荡滩涂被客民围垦,在民国时期引发双方的大规模诉讼,最后由客民曹绍文出面斡旋,由围湖客民每亩滩涂一次性付款 10 元买回田底权,诉讼方息。

在此过程中,客民逐渐形成四个代理人,即"钱头"胡本山(菀北

---

① 乾隆《太湖备考》卷一《太湖》,第 13 页上下,《中国方志丛书》华中地方第 40 号,第 119~120 页。

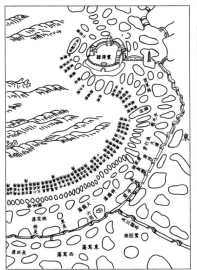

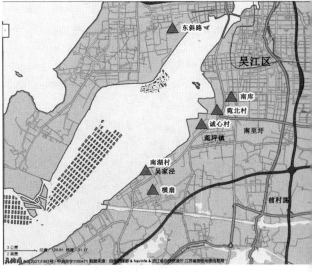

图 5-3　震泽县沿湖水口
图片来源：苏娴据乾隆《太湖备考》清绘。

图 5-4　吴江菀坪沿湖变化示意
图片来源：苏娴绘。

说明：左侧图取自乾隆《太湖备考》，可见当时梅堰紧靠长堤内侧，以外均为零星小圩及湖荡，而今梅堰已距湖岸约 12 公里。右侧图标识的横扇以北各村原来都在长堤之外，是清末客民新围垦出来的圩田，清末以后纠纷中客民的主要聚落就在这里。这片新垦圩田约有 8.5 万亩，浪打穿即在今诚心村。

村人，负责提供诉讼费用）、"笔头"黄汝南（诚心村人，负责书状）、"口头"余香斋（诚心村人，出面应诉）和"屁股头"李华庭（诚心村人，负责坐牢），显示了新移民的认同和在地化努力。

直至 1950 年，我在接下来会提到的溪港人到沿湖捕鱼，还与在这里围垦的客民发生冲突。溪港上百人在摆渡口准备过河驱赶客民，客民也拿着农具在摆渡口北岸，不让对方过河，得解放军调解乃散。[①] 这一土客冲突背后除了"入住权"问题外，也有生计模式的冲突。在某种意

① 《菀坪镇志》第 46 章"杂记"，黑龙江人民出版社，2004，第 237 页。

义上，官府在不同时期的举措体现了不惜代价发展农业和维持原有生态与生业之间的张力，这样一种张力不仅体现在全国各地，也贯穿了自宋代以来的整个中国的开发史。

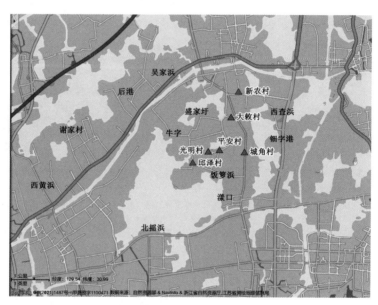

图 5-5　横扇大教村刘隍老爷会
图片来源：苏娴绘。

因此，在距湖更近的菀坪新圩区域，人们是不拜刘猛将的。在稍靠内的横扇地区，则既有猛将会，也有一些其他神会。这里的猛将会主要是在三人浜，每年是正月初三和七月半，从村庙出发游神到横扇镇返回。[①] 在更靠东北的梅堰，猛将会一般以自然村为单位组织，也有数村

---

① 《横扇镇志》第12卷《文化》第1章"民俗文化"第1节"寺庙文化"，中央文献出版社，2004，第329页。

联办，如大敕村年初一的刘隍老爷会，有十三只半圩参加，包括今天的新农、平安、城角、邱泽、光明等村。[①] 所以这里居住的才是晚清以前的沿湖居民，也就是曾经的渔民。这种仪式联盟的出现，不仅体现了新形势下原水上人群认同的强化，也体现了"老"渔民和"新"农民之间的差异，这也说明了这些猛将堂是水上人上岸后在新开发的圩上建立的庙。

1913 年初，在平望镇的溪港一带发生了一次抗租事件。前一年秋，太湖发大水，港水淹没大片田地和民宅。县衙也贴出了免收当年田粮的告示，以安定民心。但到腊月二十日，同里大田主的账房杨桐生与吴江大田主沈少甫勾结，乘船来到溪港，要收溪港地区"八尊天地"范围内一千多亩田的租米，还要帮助其他田主代收租米。杨桐生为了震慑佃户，抓了两个有声望的佃户吊打，激起民愤。

所谓八尊天地，就是八个刘猛将庙，分布在溪港、厍湾、上横、四都、新角、横泾头、陈家湾、庙浜八个村庄。二十三日晚，八尊天地的代表来到广平庵（第五尊刘王庙）议事，决定武力抗租，并在决议书上围着钵头形成圆形签名，避免当局抓住领袖。二十四日晨，八尊天地500 多农民拥入溪港镇，烧掉杨桐生和沈少甫的两条帐船，并将杨桐生抛入港中，他最后被农民用尿坛砸死。[②]

---

① 《梅堰镇志》第 9 卷《社会》第 4 章"风俗"第 3 节"庙会"，江苏古籍出版社，2002，第472~473 页。

② 《平望镇志》第 12 卷《社会》第 6 章"杂记"第 2 节"遗闻事件"，江苏科学技术出版社，1992。

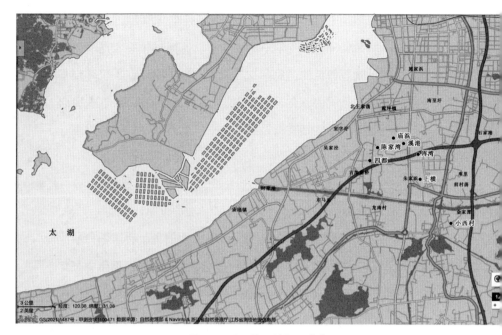

图 5-6　"八尊天地"所在位置
说明：图的左侧即为东山，下方为太浦河。
图片来源：苏娴绘。

这"八尊天地"在平望镇以北，而平望在莺脰湖畔，周围是较早
形成的九块圩田，也多有神像漂到此处形成寺庙的故事。两宋至明清时
期，许多寺观有大片香火田，元代也设巡检司和千户所于此。随着聚落
繁兴，人们也各自建起自己的社庙，如元代有范姓者说，"尔百有二十
人，同于里社，日相与以为善，凡经营施与，在我之为无为，诸公恩众
皆惟义之从"，他们建起谢天福善庵。①

刘猛将庙在璧字圩上，建于明嘉靖三十一年。在雍正六年震泽知县
伍斯璸撰写的碑记中，虽然是按照雍正三年列入正祀的驱蝗之神加以表

---

① 《元谢天福善庵记》（至正二年），道光《平望志》卷四《寺观》，第 25 页上，《中国地方志
集成·乡镇志专辑 13》，江苏古籍出版社，1992，第 85 页。

述，但本地还是将其视为南宋的刘锜。① 当然在平望镇各坊及周围乡村都有猛将庙，正月十三是刘王诞辰，"各坊及各乡村迎神赛会"，十四日到十六日城隍庙游神，二十四坊分别迎神；同时"刘王庙亦如之，惟震泽县界七坊当之"。显然，这七坊与另外十七坊中是两个不同的人群。到八月十五，也是"城隍、刘王两庙悬灯，如正月故事"；年三十则是"祭城隍、刘王神马，亦有祭于其庙者"。说明在这里，城隍和刘王是分庭抗礼的。

值得注意的是，在农历七月中，"各乡以大小船一二十具，金鼓歌曲，迎刘王神。又以小船二三十，两橹六桨，船头一人弄军器或他技，杂以金鼓。凡三日，曰青苗会"。② 这种在水上进行的游神在震泽和吴江的水上人中比较常见，东山的情况也类似，但叫"青苗会"可能就是体现了船居到岸居的过渡。新编镇志记载小西村有个三老爷庙（小西村就在图5-4右下角下方），"每年农历七月半要出一次网船会，由三老爷庙的四周围十个自然村（圩）的十坊逐年轮值。到时每坊雇用快船参加，把神像供奉在大船上，周游十方略地。最后，各方网船集中到平望莺脰湖赛快船，名为'踏白船'"。传说张三老爷是渔家子弟，但所讲神迹是渔民修好船后被他作法不能下水，后来他出面把船送入水中，头却被撞破，所以塑像的头上要扎黄布，③ 这与刘猛将的故事情节是完全一样的。所以我认为，平望拜刘猛将的人群是延续着水上人的传统。

---

① 伍斯瑛：《重建刘王庙记》（雍正六年），道光《平望志》卷五《祠庙》，第6页下，《中国地方志集成·乡镇志专辑13》，第90页。

② 道光《平望志》卷一二《礼仪·节序》，第9页上~11页上，《中国地方志集成·乡镇志专辑13》，第181~182页。

③ 《平望镇志》第12卷《社会》第6章"杂记"第3节"庙会"。

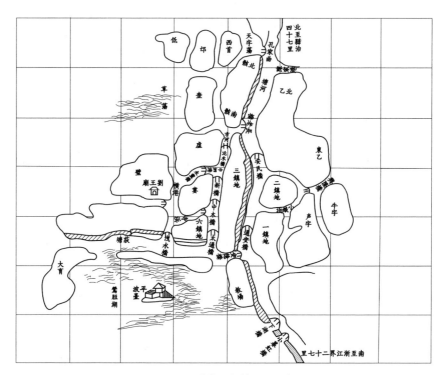

图 5-7　清代平望镇周围的圩

图片来源：苏娴据道光《平望志》原图清绘。

事实上，这个张三老爷就是清初在太湖流域起事的渔民赤脚张三，他以淀山湖、长白荡、澄湖等为根据地，波及范围从洞庭两山直至松江，几乎苏州地区所有地方志都记载了这次事件。直至清中叶，平望的水上人依然保留着对他的记忆：

吴江泽薮多崔苻，张田、杨港各一区。力编保甲仍履勘，初至渭字、稼字圩。港南、港北多菱荡，两圩之民多业渔。渔者夜出晓归舍，踪迹未易穷根株。立竿牵绳日晒网，夜为栏栅周其庐。其船往往锐而楠，穿溇收坞如驰驱。始焉肆窃继行劫，吏或缚取难骈诛。港外设栅稽出入，时或网漏吞舟鱼。长船改作秋扒色，渔户编目戒勿疏。到今行旅与富室，尚苦囊箧遭探胠。

我来逐户按其籍，或先伏法或外遁。所存二百八十户，示羸匿壮防追胥。东南更有房字圩，夹岸贵字比邻居。其南暨北户三十，置屋不与杨港殊。门户虽别内通合，捕者欲逐空踟蹰。

昔时杨港有淫祀，木偶已沉宫已潴。今移张田卧云寺，夜闻官至负以趋。朝来追诘出二塑，二老面白三老朱。手持黄金僭官服，视前沉像殊相符。群言卜玟供酒肉，急则阴佑蹦船呼。此祠建自毁祠日，急令碎之堂阶途。封镭寺门杖守者，隔壁墙宇判田间。为生自可足蟹稻，嗟尔莠民宜溯除。[1]

张田、杨港、港南、港北都是平望镇以西靠近太湖的聚落，这里的圩上当时住有很多渔民，虽然岸居，但并不从事农业。县官认为他们都是偷盗之徒，但设了保甲也没什么用。方志编者专门说明赤脚张三死后乡民在下塘的施家埭为他立庙，称为三老爷。乾隆时知县毁其庙，沉其像，但百姓又偷偷在张田卧云寺给他塑了像，到嘉庆初被知县唐仲冕再毁，不过这个习俗却一直传留到当代。

前面所述"八尊天地"的村落，应该也属于这个人群，虽然到清末民国时期他们已定居从事农业，但却以刘猛将为一方天地的守护神，并形成某种区域性的认同。所以民国初年的这场抗租斗争，既是主佃矛盾的反映，也可能显示了不同族群之间长期的不和谐关系。晚明著名史学

---

[1] 唐仲冕:《毁淫祀》,光绪《平望续志》卷一〇《集诗》,第4页下~5页上,《中国地方志集成·乡镇志专辑13》,第308页。

家朱国桢是附近的南浔人，他曾对吴江水乡有这样的描述：

> 有分湖、黎里诸村，衣冠甲第，可以自守。余小聚落，多者百家，少不过数十，皆渔人、盗贼所寄。……彼一棹倏忽百里，其实只隔一堤树。我终日盘旋，不越十里迷所向。亦如洞蛮在内，视外甚明；我自外而视，丛林密箐甚暗。[1]

即在水乡地区，有一些较早开发的大的聚落，后来发展成为市镇，但周围的许多小聚落，其实居住的是一些以打鱼为生的无籍之徒。他用来做比喻的华南、西南洞蛮，对于我们这些曾在这些峒或者"溪峒"的地方做过田野的人来说，不仅会引发一种强烈的熟悉感，而且马上会让我们想到，这不单是在说地理环境的类似，还在表达一种类似"化内"与"化外"之别的相似。

猛将的"老家"与农业中心论的质疑

离开苏州府境，进入松江府境，就到了民间传说中刘猛将的"老家"。在前面我已述及青浦骆驼墩的情况，但并不能说刘猛将的信仰传统就一定是从这里发源。

直到 20 世纪中叶，青浦"沼泽密布，河港纷歧……水道四通八达，

---

[1] 朱国桢：《皇明大事记》，道光《平望志》卷一八《旧事》，第 6 页上，《中国地方志集成·乡镇志专辑 13》，第 245 页。

有小汽船至嘉定、朱家角、松江等地"，仍是一片水乡面貌。①

青浦是明嘉靖时从华亭和上海两县析出的，实际上元至正二十七年先从华亭析出上海县，明嘉靖二十一年再析出青浦县，正说明这个地区人口和聚落的增长。按绍熙《云间志》，南宋时的"华亭为今壮县，生齿繁夥，财赋浩穰"，②但同时也说"华亭号为泽国，其东南则巨浸，其西则长泖，其北则松江萦绕二百余里，其浦溆则顾会、盘龙、崧塘、大盈、赵屯五者为大"，③说明它还是一个以水域为主的地区。但也正是从南宋时期开始，湖区围垦的速度加快，如淀山湖时称薛淀湖，"此湖古来钟水之地，近者如白蚬湖皆成围田，湖之四旁亦有筑堤为田者。岁有水潦，则潴水者益狭矣"。④

顾会浦在北宋时是经过日后青浦县最初的治所青龙镇的，所谓"县西北走六十里，趋青龙镇，浦曰顾会，南通漕渠，下达松江，舟艎去来，实为冲要"。"观云间之为县，连亘百里，弥望皆陂湖沮泽，当春农事方兴，则桔槔蔽野，必尽力于积水，而后能种艺是宜。地势愈卑，当有支渠分导潴水而纳之海。"庆历时知县钱贻范发现由于冈身的原因造成淤积（"自崃山之阳地形中阜，积淤不决，渐与岸等"），曾动员大量人力进行疏浚。到南宋绍兴间，又再发动民力疏浚。⑤

虽然华亭地区在中古时期已经率先开发，但这里的地方社会究竟是

① 《青浦县农村经济概况》，华东军政委员会土改委员会编《江苏省农村调查》，第11页。
② 杨潜：《云间志序》，绍熙《云间志》，《宋元方志丛刊》第1册，中华书局，1990，第5页。
③ 绍熙《云间志》卷中《水》，第20页上，《宋元方志丛刊》第1册，第31页。
④ 绍熙《云间志》卷中《水》，第35页上，《宋元方志丛刊》第1册，第34页。
⑤ 章岷：《重开顾会浦记》（庆历二年），绍熙《云间志》卷下，第26页上~28页上；杨炬：《重开顾会浦记》（绍兴十五年），绍熙《云间志》卷下，第38页上~39页下，《宋元方志丛刊》第1册，第55~56、61~62页。

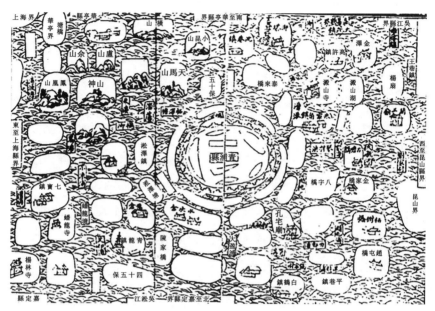

图 5-8　崇祯《松江府志》中的《青浦县总图》

说明：本图为上南下北。

图片来源：苏婉清绘。

什么样子，我们还是缺乏细节的了解。张剑光认为隋朝这里的在籍人口数在两万左右，除部分种植水稻外，大部分是渔民。到唐后期有个较快的发展，唐末的华亭人口可能达到 7 万多。到南宋则人口规模进一步扩大，在籍人口估计为 60 万以上，南宋末则攀升到 110 万以上。[①]学者们一般认为人口的增加是与移民浪潮有关的，且有比较多证据，但我们不能不去思考，当大片水域围田成陆、水上人的生活空间日益变小的时候，这些人到哪里去了。

关于这个问题不太容易找到答案。因为如前面章节所论，那些讲述

① 张剑光：《唐至元初上海地区人口数量的估算》，《史林》2017 年第 6 期。

祖先故事的人不会去说自己的祖先是渔民，而大多是说他们某个时期从中原来，这反倒成为移民说的证据了。传说"晋建兴元年有二石像浮于吴松江口，吴人朱膺等迎至沪渎"；又传说"建兴八年渔者于沪渎沙汭获石钵，以为臼类，莘而用之，佛像见于外，渔者异之，乃以供二圣"；又有普门院，"寺有石天王，传因大水漂至，今多祷之"，[①]颇类似后世水上人上岸定居的故事模式。到宋代这里仍有"连亘百里"的水面，我认为，水上人不断陆居应该仍是本地开发史中的重要内容。

但是，自宋代以后连篇累牍的水利文献，几乎都在讨论如何疏浚河道、修筑堤堰，如何限制豪强围湖成田，农民的稻田收成如何得到保障，没有只字提及在这一过程中，原来的水上生计如何被改变，原来的水上人如何上岸成为农民，从而导致在史学研究中，在明清时期江南史可以简化为市镇发展史之前，中古时期的江南史被简化为农业开发史——讨论水的问题的目的大多是以陆为中心的。

正德《松江府志》说："前志谓，滨海之地业渔者多于耕，入国朝来，斥卤化为良田，渔非耕类矣。然江湖渺浦取鱼之术，亦多有皮、陆序述所不能尽者。"[②] 这是说在明朝以前，松江府的沿海地区渔民还是多于农民的，到明朝以后就发生变化了。重要的是渔民和农民变成了两种"族类"：渔类和耕类。我们知道明清时期水上人是被视为贱民的，无论这是岸上人的做法还是水上人的有意为之，应该都不是自古如此的，按前引的意思，是到明代才这样的。我想这可能是与国家的编户制度有关，也可能是与这两种生业在社会经济生活中的占比发生逆转有关。

---

① 绍熙《云间志》卷中《寺观》，第3页上、4页下，《宋元方志丛刊》第1册，第23页。

② 正德《松江府志》卷四《风俗》，第9页下~10页上，《天一阁藏明代方志选刊续编》第5册，第211~212页。

民国时期的学者曾在福州疍民中搜集到两则民间传说。一个是说在太古时期，天上落下两把扫帚，一在岸上，一在水上，前者就变作陆居的人，后者则变作水居的人。另一个是说王审知入闽之后化兵为农，把原来的土人——无诸国人驱逐入水，他们田园被夺，屋宇被占，只好依水为生，成为福州疍民的祖先。[①]

当时的社会学调查者认为这不过是神话故事一类的无稽之谈，但在今天看来，这些传说仍然体现了人们对这两人人群分类的认知。前一个故事中的信息过于简略，不好妄做解读，但扫帚在这里显然具有某种象征意义。福州人迁居要准备两把扫帚，一把扫旧屋，一把扫新居；另外在腊月初一要做"筅堂"，即将一把新扫帚用红布条绑在竹竿上，一般的解释是过年前清扫房屋的高处。我想这个象征意义可能在于定居。后一个故事显然是在水上人群中流传的，即认为他们是秦汉时期的闽越王无诸的后代，而五代时王审知入闽带来大批中原汉人，在福建定居，把他们赶到水上去了，这和福建口头传说与族谱中大肆渲染的祖先定居故事虽有共同的语境，情感取向和认同却正好相反。不过，这个故事的焦点仍在定居。所以我倾向于认为，这两个人群分类的传说与我前面假设的与定居入籍的关联是相互支持的。

在某个历史时期或某些人的观念中，人们并不都把水上人视为贱民。宋代邵雍著名的"渔樵问答"借讲述自然万物的因革变化之理，表达他对人类社会发展的看法，特别强调人的能动行为。无论是作为水上人的"渔"还是山里人的"樵"，无论他们是不是文人隐喻的符号，都意味着一种与自然的契合，这样才能从自然之理引申到社会、人生之

---

① 吴高梓:《福州疍民调查》，李文海主编《民国时期社会调查丛编·底边社会卷》(下)，第577页。

理。从此"渔樵"成为士人心中农耕社会文化传统的表征。明初江西人练子宁的《渔樵问答》说，"明月芦花被，秋云槲叶衣。相逢两相契，谈笑坐忘归"，[①]表达的是处于自然山野间的惬意；而明中叶吴县人唐寅的《渔樵问答歌》，"渔翁舟泊东海边，樵夫家住西山里。两人活计山水中，东西路隔万千里。忽然一日来相逢，满头短发皆蓬松。盘桓坐到日灼午，互相话说情何浓"，[②]讲述的是知足常乐的道理。总之"渔樵"所代表的那个"山水"，不一定就是文人山水画中的那个"山水"。因为邵雍讲到渔夫会说打不到鱼就要饿死，唐寅的诗里也会说到江中有惊涛骇浪。

在正德《松江府志》中，还没有乡都图圩设置的记录，只有乡保区图的层级，也即并未设字圩作为赋税征收体系。由于地跨高乡与低乡地区，低乡塘浦日益泾浜化，高乡河道则日益湮塞，聚落形态也有明显差异，这就有点类似珠江三角洲腹地的桑基鱼塘地区和靠近沿海的沙田区。虽然沿海滩涂的开发依然采取圩田的方式，但聚落与土地之间的关系是不同的，因此赋税征收体系也有差别。学者们也已指出，元明时期松江府县级行政区划的设置呈现出自西南而东北的趋势，说明这一时期的人口聚集与农业开发有了较大的发展，农业纳税人口在松江东部地区渐成主流，水上人的生存空间日益缩小，明初所设河泊所所收渔课，到明中叶也渐次取消了。

元末绍兴人杨维桢晚年居松江，他发现"松之民类不以礼葬其亲者，人谓无丘陵之地，则有付之水火，亦势使之然也"。虽然他也把这

---

① 练子宁：《练中丞集》（《金川玉屑集》）卷二，明刻本，第22页上下。
② 唐寅：《唐伯虎先生集》外编续刻卷三，明万历刻本，第4页上下。

种葬俗归咎于佛教的影响，所谓"夷鬼陀林之教行，始有畔中国之礼"，但还是能考虑到不同地方的自然条件，具有同情之理解。因为不仅要考虑水乡地区低洼，很难施以土葬，一旦大水泛滥，坟墓同样湮入水中，而且要考虑这里的人群原来多是移动不居的，特别是水上人的葬俗本来就与岸上人不同。这时，华亭人夏尚忠捐田在胥浦做了义冢，"使葬无地者"；又有谢德嘉垒土做义山，"以葬邑之寓公"。[1] 这不仅是表明一种礼俗的转变，更重要的是原来的人群在改变了生计方式之后，也改变了自己的身份。这实际上也让我们理解了前述东山人在晚清时重申墓地权利的动机，并为我们理解太湖沿岸在清代出现大量义冢提供了一个新的思路。

从淀山湖三姑祠到金泽陈三姑

杨维桢自号铁笛道人、铁心道人等，说明他是修道之士，对佛教自然没有好感。但他也的确看到宋元时期佛教势力在松江地区的急剧扩张，而这种急剧扩张恰恰又是上述生业改变和聚落发展的结果。

这里有一个庙也许更为古老：

> 三姑祠在柘湖之侧，《吴地志》：秦时有女子入湖为神，即此祠也。柘湖今湮塞为芦苇之场，神亦弗祠。今淀山湖中普光王寺亦有三姑祠，灵甚。湖旁三数十里田者与往来之舟祷焉。故老相传，秦

---

[1] 正德《松江府志》卷一七《冢墓》，第16页下~17页上，《天一阁藏明代方志选刊续编》第6册，第52~53页。

时人，姓邢氏，女兄弟三人，云即柘湖所祠也。①

　　这个故事在历代不同版本的方志中都曾出现，说明它一直是非常有影响力的。柘湖在后世的金山，比较靠海，宋代时已淤积成斥卤之地，所以这个水上人的神就没有地方待了，只好搬家，于是就顺着黄浦江到了西边的淀山湖。这背后当然是环境和生业变化的历史，一些依然不愿改变生业的水上人，便以淀山湖周围水域作为生息之地。

　　到了南宋，三姑祠却跑到一座佛寺里面去了，但是周围几十里的种田人和船上人都还是去拜该神，这就又回到佛教扩张的问题上。普光王寺在淀山湖中间的淀山上，同书记载它"建炎元年请额"，应该就是南宋初建成的。我猜是和尚看到三姑祠香火很旺，为了争夺信众，就"鸠占鹊巢"。那佛寺是如何占据地盘的呢？还是同一部方志，收入了一篇题为《结界记》的文章：

　　　　余作《三女岗明行院记》于嘉熙初元。越二年，结大界相成，荐请纪其事。其说曰：天可陟，吾疆不可入；地可陷，吾疆不可犯。不吉祥及诸恶律仪，自退舍于广莫之野，而无何有之乡。……曩记钱塘大雄院创建之颠末，尝究其说矣。今此举行坠绪，补有寺以来缺典，故申言之。……辞曰：善乎！明行大界相之结也；弥满清净于其内，他莫我干也。噫！结固易与，尔守难乎？！②

---

① 绍熙《云间志》卷中《祠庙》，第17页下，《宋元方志丛刊》第1册，第30页。
② 绍熙《云间志》卷中《寺观》，第9页上下，《宋元方志丛刊》第1册，第25页。

佛教有所谓结界相，"若行布萨，若建塔寺，或于空地，或在山林，或于水边。随其形量广狭大少，必须结界以立界相"。[①] 所以结界是建造寺院时所做仪式，由高僧结印形成法界，界相成后则邪魔不可内侵。有僧人通俗地比喻说，结界就相当于孙悟空用金箍棒在唐僧周围画的那个圈。

北宋元祐元年，嘉兴海盐县的净业院举行结界仪式，称"深山大泽，草木之所依附，而鱼龙之所泳游。盖天地既付物以生，而动植之所安息在是也。若夫毒龙猛兽，妖蛇怪蠤，杂处其中，则山或童而不得茂，渊或涸而不得深，……不有妙法禁结其地，则众魔外道得以乘间而肆毒。故重解重结，即秽而净，寓其法于四隅，而隐妙相于秘密之中"。[②] 元至元五年浙东慈溪永乐寺的结界记则这样说："相传寺之始，建在穷岩窈谷间，固蚖蛇之营窟，而魑魅之橹巢也。自汤之□居者，初厌苦之，后用持咒结界法，对树三碑，门内四面刻佛说大悲心大佛顶尊胜如意陀罗尼其上，籍〔借〕是神功，而魑魅蚖蛇之迹绝矣。"[③] 到这里，结界就变成了一种驱蛇的法术，不是针对想象的鬼怪，而是针对现实中的恶劣环境。从北宋开始日渐多见于文献的佛寺结界记载，一方面或许说明佛教势力当时向比较偏僻、条件恶劣的地区扩展，另一方面或许说明佛教寺院借此向人们宣示自己地盘的合法性。

虽然结界是佛教建成寺院后的仪式，但这个结界同样会导致寺院周围一个实体空间的划定，而不只是一个虚拟的空间，因此它必然与寺产

① 《善见律毗婆沙》，见雍正敕修《乾隆大藏经》第89册《诸宗部此土著述》(23)，《大明三藏法数》卷一八，中国书店，2008，第232页上栏。此经系南朝梁时译出。

② 葛繁:《净业院结界记》，至元《嘉禾志》卷二三《碑碣》，清道光刻本，第13页下~14页下。

③ 柳贯:《上福龙山古迹记》，天启《慈溪县志》卷一五《碑记》，明天启四年刊本，第3页上~5页下。

直接相关。① 北宋都城开封有佑国寺，"迨我皇朝乾德癸亥岁，锡以命服，旋加美号，奖旧德也。是岁季冬之闰月，国家以皇居狭隘，载拓基□，□斯院所居，正该□□，于是诏迁净众于京城之北，赐隙地数十亩，俾结界而居焉"。② 按照浙江绍兴福圣院北宋政和时的做法，要"结界法随，方立标区别于中外"。具体的仪式比较烦琐，先就寺院整体结界，行三反，重重结；然后对库房庖舍所在院落"结净地"，再"摄僧界相"，即对僧人的活动区域设立标记；最后是"摄食界相"，对厨房、杂物房、菜园、果园等地进行结界。③ 河南巩县宁神院北宋元祐四年所结院界是："秉法沙门初筠唱相，秉法宗主沙门智演叠羯磨，即外院墙一遭四角，标随土楞，至三门限，都属大界净地。秉法沙门法瑀唱相，秉法沙门善懿叠羯磨，即东厨九间、物料库三间、醋库三间、米面库二间、麦库四间，剂墙壁内都属净地。前项所结地界事，须晓白旧住僧众，十方往来

---

① 非常巧合的是，与我同时，杜正贞在研究浙江天台山寺观山林的确权问题时，也注意到了结界的问题。她发现当时律宗影响力对结界仪式的有力推动，并谨慎地怀疑南宋时期台州地区佛教寺院普遍举行的结界仪式，可能与同时期政府实行"经界"并推行山林登记，共同强化了寺院对山林寺产的确权。见其《从山居到管业：天台山寺观山林的确权》，未刊稿。

② 嘉靖《河南通志》卷二〇《寺观》，明嘉靖三十五年刻本，第3页下~5页上。

③ 释元照:《福圣院结界记》，光绪《上虞县志校续》卷四〇《金石志》，清光绪二十五年刊本，第19页下~22页上。其中"摄僧界相"的仪式是"从此篱外东南角石标外角旁篱外，西下至篱石标，望西直上至石标旁篱外，西下至曲角旁篱外，西出至转角旁篱外，西下跨篱门，过彻，至西□角石标外角，从此旁篱外随屈曲北入，跨水滨过，复旁篱外北入至曲角，跨篱门西下至转角石标旁篱外，北入彻，至西北角石标外角，从此旁篱外东上跨篱门，过至曲角旁篱外，北入跨篱门，过至转角石标旁篱外，东上至转角旁篱外，南入至曲角屋柱，循柱外转旁阃外楞，东上至屋柱，循柱外转旁阃外楞，南出至曲角旁篱外，东上彻，至东北角石标外角，从此旁篱外南出，至曲角篱外，东上至转角石标旁篱外，南出至转角石标旁篱外，西下至曲角石标，望南直□□□头石标旁篱外，西下至曲角石标旁篱外，南出还至东南角石标外角"。

高德。"① 通常是先建好寺院，然后对这个地盘举行结界仪式。

两宋时期的佛寺对此似乎极为重视，浙江海宁觉王寺到北宋元丰时"惟大界未结，尚存自然之地，是犹基址不筑，欲栋宇安立，其可得乎"？② 意即举行了结界仪式之后，寺院所在区域才成为一个神圣空间，而非自然空间。同样在元丰年间，松江法忍院的僧人认为"僧居不结界，则法律不可行；法律不行，则与灵祠、邮舍何以别乎"？③ 这里的"法律"当然不是指世俗的法律，而是指佛教戒律（如前述五种结界的毗婆沙律）。但无论在表面上是以何种佛教理论主张结界仪式的合理性，这似乎都表明佛寺意识到了界域和不动产权对于其长期存在的重要性，意识到其与周围势力发生纠纷的可能性。

淀山的三女岗应该也是由三姑祠而得名，不仅普光王寺，还有明行院也都占据此处，所谓"三女岗边寺，楼台竞郁峨"，④ 普光王寺的结界可能就把三姑祠划进来了。

南宋嘉定元年，本地有个佛教的信徒叫何松年，因为覆舟获救，所以写了一篇文字讲述三姑的故事。他说秦朝的邢氏三姊妹"长云鹤夫人，主沅湖；次月华夫人，主柘湖；今降圣夫人，其季也。幼奉普光王之戒，遂莅淀湖。今寺额盖奉敕取夫人之所受戒者名之"，说这位淀山湖水神降圣夫人是从小就受戒的，这当然是佛教进入松江湖区后编造的

---

① 民国《巩县志》卷一七《金石志》，1937 年刊本，第 8 页上。

② 僧惟肃：《结大界碑记》，嘉靖《海宁县志》卷三《建置志》，清光绪二十四年刻本，第 17 页上下。

③ 《法忍院结界记》，正德《松江府志》卷一八《寺观上》，第 25 页上下，《天一阁藏明代方志选刊续编》第 6 册，第 103~104 页。

④ 佚名：《结界记》，绍熙《云间志》卷中《寺观》，第 7 页下；僧居简：《白莲花诗》，绍熙《云间志》卷中《寺观》，第 9 页上，《宋元方志丛刊》第 1 册，第 25、26 页。

故事。但他也说得很清楚，"自夫人建祠于此，莫知几春秋矣"。过去大家乘船渡湖，都害怕巨浪滔天，因此都要祈祷许赛，如今则风平浪静，周围百姓"春秋祭祀，祈求水旱，响应九捷"。①

乾隆《青浦县志》在讲到三姑祠的时候，提及元代华亭人的《农田余话》："淀山在华亭西五十里，有禅寺曰普光王寺，昔在薛淀湖中。有道人登禅师者，始结庐于岩。山之西面，多渔家捕鱼，自道人结庐以来，居人采捕，竟日不得。因就师问故，师曰：但以尔舟载土，能请吾山者，当遂所愿也。既而果然，自此远近归之。积累既久，因以建寺，名普光王寺，尝因浮图放光，故谓塔神。"②这似乎是暗示，本来这里的渔民是拜三姑的，但和尚来了一作法，他们就打不到鱼了。和尚诱导他们运土建寺，其实就是皈依佛教，他们便又能打到鱼了。同时，佛寺周围也有了土地。所以，佛寺的建立是水乡成陆和水上人上岸的一个象征。

一直到明代，这里的佛寺多有兴废，但这个水上人的三姑信仰一直延续："三姑庙前春水生，百婆桥畔晓烟横。谁家草屋映疏柳，门外荻芽初可烹。荒陂断岸无牛迹，雨后闲行兴何极。十十五五何处郎，行船打鼓春赛忙。"③这里拜三姑的，都是划船在水上进行的，所谓"春赛"，只不过是文人按照岸上人祭社传统的附会之辞。

南宋松江佛寺扩张的过程也颇为艰辛。延庆讲寺本在施家漾，"隆兴间有大修行僧守详来自姑苏，结茅芦苇中，多响从者"。后逐渐修造观堂，乾道时赐寺额，但开禧时被毁。到开庆元年重修，不仅建了500多

---

① 何松年：《普光王寺降圣夫人记略》，万历《青浦县志》卷八《艺文志下》，第18页下~21页上。

② 乾隆《青浦县志》卷一五《寺观上》，第24页上~27页下。

③ 僧觉恩：《淀山寺前即事》，万历《青浦县志》卷七《艺文志上》，第28页上。

楹房屋，还"作两别业，膳田三千余"。圆智教寺在干山，唐大中间建，"晋天福中坏于水，始迁于干山"，北宋太平兴国时始建堂宇；[1]又宝云寺在亭林镇，唐大中十三年建，"晋天福五年湖水坏寺，始迁于今所，其地即梁顾野王故宅"。[2]在水乡，当圩田和聚落还零零星星的时候，佛寺选址也非常困难，更不用说拥有大量寺产，而这个转折就是发生在两宋之交。

到明万历时，情况已发生很大改变，"考之旧志，淀山湖中有山有寺，宋时在水心，今山下皆为田。湖玄西北五里余，概可知也"；"今所存者三姑祠、通灵泉、白莲池、白龙桥。且淀湖四面皆为圩田，山在平陆矣"。[3]青浦西南隅的湖区都是如此，县城东北部地区的变化就更大。到隆万时期实行赋役改革时，虽然松江三县还是按照乡保都图的体系，但在清丈土地的基础上，被重新划定为上、中、下三乡（即三则），重定赋额，"田有字圩号段，册有鱼鳞归户，民甚便之。今田额当以是为准"。[4]在相当程度上，晚明清初江南的赋役改革，加大了对水上人上岸务农的拉力。

正是在这个时候，即万历四十二年，青浦重固镇出现了第一座猛将庙，但有关记载直到清朝乾隆年间才出现在县志中。无独有偶，距淀山湖更近的青浦金泽镇这时也出现了日后香火极盛的杨震庙，但比猛将庙"待遇"更差的是，直到清末民国的地方志中才偶尔出现杨震庙的名字，猛将庙的出现当然是因为雍正时刘猛将被列入正祀。

---

① 董楷：《重兴寺记》（咸淳六年），正德《松江府志》卷一八《寺观上》，第14页下、31页下，《天一阁藏明代方志选刊续编》第6册，第82、115页。

② 正德《松江府志》卷一九《寺观中》，第2页上，《天一阁藏明代方志选刊续编》第6册，第135页。

③ 万历《青浦县志》卷一《水》《山》，第15页上、11页下。

④ 万历《青浦县志》卷二《田赋·田额》，第5页下~6页上。

当那位邢氏三姑为官府和士大夫逐渐接受后，民间的香火就不那么旺盛了。清初朱彝尊发现，这位曾被"渔、商"崇拜的女神所在的寺庙，"循径入寺门，虚廊屏嚣杂。土灰掩法王，无复辨鱼鸽。一童启荒扉，一老补败衲"，颇为破败。诗人见寺中"鸭脚三两株，不知几僧腊"，感慨寺庙的破败凋零。①

而这个时候，有另外一位"三姑"在青浦等地"应运而生"，大受追捧："青浦金泽镇有淫祠曰陈三姑娘者，有塑像附东岳行宫，每年逢三月廿八、九月初九，远近数百里内，男女杂沓络绎而至者以数万计。灯花香烛，昼夜不绝。乡中妇女皆装束陪侍女神，以祈福佑。"②而《周庄镇志》则说："有陈三姑娘者，镇南之乡人，因犯淫，其父怒而沉诸宗家荡，未期年所，狎十七人皆死，同为厉鬼。人病诣卜，辄云三姑为祟。三四十里间，谨事之，且绘其像，以鬻于市。金泽、张堰等处并有其庙，每岁三、四月，庙中香火如繁星。"③与这位陈三姑相提并论的，就是前述庄家圩的刘猛将。

已有学者注意到这位"异军突起"的陈三姑，④但似乎都没提到当时这个"淫祀"背后的人群。前引《履园丛话》述其来历时说，"三姑娘者，云是吴江之芦墟人，居三白荡边，年十六七，美丽自命，有桑间濮上之行，其父觉之，遂沉诸湖，后为祟，由来已久"。《周庄镇志》将其

---

① 朱彝尊：《登淀山谒秦女祠》，乾隆《青浦县志》卷一五《寺观上》，第 24 页上～27 页下。

② 钱泳《履园丛话》卷一五《鬼神》，清道光十八年述德堂刻本，第 26 页上～27 页上。

③ 光绪《周庄镇志》卷六《杂记》，第 14 页下～15 页上，《中国地方志集成·乡镇志专辑 6》第 591～592 页。

④ 参见李天纲《金泽：江南民间祭祀探源》，三联书店，2017，第 108 页；王健《明清江南毁淫祠研究——以苏松地区为中心》，《社会科学》2007 年第 1 期；佐藤仁史《"迷信"与非遗之间：关于江南的民间信仰与农村妇女的一些思考》，《民俗研究》2018 年第 1 期。

与立于水滨的庄家圩刘猛将并提，应是水上人尊奉的神无疑，与那位淀山湖三姑祠的邢氏女神本来没有什么区别。李天纲提到他在金泽调查时发现人们说的杨老爷的夫人就是陈三姑，颇感诧异；而佐藤仁史对上方山的调查就是看到人们把刘猛将、杨老爷和陈三姑一起拜的。更何况如前所述，杨老爷正是吴江渔民所说"南北四朝"中的"东朝"，今天杨老爷的香火主要来自渔民。民国时的方志编者有段话颇值得玩味：

> 按前志纪坛庙，列祀典者文庙，别志孔宅、城隍，兼列别庙，余俱从略。续志于武庙、文昌宫、刘猛将军庙各为附记，盖仍本前志崇奉一尊之意，而又窃取古训有举莫废之义云耳。惟猛将以生前驱蝗功德，乡间俱立庙以祀，不能悉举，姑就著闻者录之。其他土人私祀，前志悉摭旧志，而数唐王、五圣、陈三姑等淫祀，谓在所必斥，续志从之，间有增补，亦不越此旨也。①

这段话是说，续志关于坛庙部分的体例基本上遵循前志。但需要指出的是，刘猛将有点特别，因为这个庙和文庙、城隍庙不同，是每个村都有的，所以只能找个有代表性的提一下。至于五圣、陈三姑这些淫祀，就绝对不能提了。从语气上来看，士大夫也是知道在汤斌毁淫祀的时候，刘猛将和五圣等都是"同一战壕"的"战友"的，但谁让他在雍正时就"华丽转身"了呢！

另一个有意思的事，是在金泽这个淀山湖、汾湖、三白荡、乌家荡几个大水面包围的地方，"刘猛将军庙在东朝圩，初建无考。康熙二十九

---

① 民国《青浦县续志》卷三《建置·坛庙》，第13页下~14页上。

年重建，增阁三楹，四窗洞达，上供文昌、关帝圣像，蔡重光装塑。嘉庆十六年同人重修，陈德嘉捐田六亩，倩庵僧收惜沿乡字纸焚化，以补颐浩寺僧所不逮。道光十一年重修驳岸，用故僧近禅积资也"。康熙二十九年正是汤斌在江南毁淫祠的高潮期，此时刘猛将还没有被朝廷列入正祀，所以这个庙的修建可以说是"顶风作案"。这里的人采取的办法，似乎是将文昌和关帝这两个正统神明放进去，以混淆视听。不知在什么时候，人们还把海瑞放到猛将庙里祭祀，[①]策略也是相同的。而且，即使到嘉庆年间重修猛将庙时，这个庙的势力还是很大，连金泽最重要的古迹之一颐浩寺做不到的事，它都可以做到。

　　也许并非巧合的是，陈三姑的庙也在这个东朝圩。"文昌宫……一在金泽镇四十二保一区二十八图东朝圩，一在同镇二十六并三十图生圩。光绪三年以陈三姑祠改建，邑人熊其英有记录后。"该碑记称："盱台汪侯治青浦之五年，岁次丁丑三月八日，焚淫祀金泽陈三姑壤像，拘僧某至，还其发。越月十七日，载具丹垩，躬督匠氏，改厥庙宇，为文昌宫。"[②]这或许说明，拜刘猛将的和拜陈三姑的是同一群人。

　　东朝圩在哪里呢？据前引"道光十一年重修驳岸"，猛将庙是在一个码头旁边。新编《金泽镇志》称此庙在北圣浜东口，而北圣浜是一条东西向的市河（应即今金泽金溪路以北的那条河），两岸是极为繁忙的鱼市和米市。在此以东 2 公里左右的东西村，连接大葑漾和西白荡的叫

---

①　道光《金泽小志》卷三《祠庙》，第 4 页上下，《中国地方志集成·乡镇志专辑 2》，上海书店，1992，第 435 页。

②　熊其英:《金泽改建文昌宫碑记》，民国《青浦县续志》卷三《建置·坛庙》，第 9 页下 ~10 页上。

猛将江，以前要靠猛将港的摆渡。[1]根据手绘20世纪30年代的金泽镇图，猛将庙就位于北圣浜的水口，也就是说，金泽刘王阁或猛将庙是一座水口庙。

在图5-9中，刘王阁的南面是东岳庙和杨震庙，隔着港的南岸则是五圣庙，同样把守着通往火泽荡的水口，因此它们也都是水口庙。[2]这样我们就会非常清楚，在三月二十八东岳神诞这个当地盛大的节日，为什么是杨爷这个神最重要，为什么刘猛将也会在一起，因为他们都是水上人的神（民间也有大水漂来一个杨老爷雕像的传说[3]）。以往我们容易被士大夫们所做二元对立的"正祀"和"淫祀"分类牵着鼻子走，而对民众突破或者混淆这些分类的宗教实践表示惊奇，这就牵扯到一个方法论问题：我们究竟应该根据民众的生活实践，还是文化精英的观念立场来认识民众？

宋代的三姑祠的邢氏女神和清乾隆时兴起的陈三姑应该没有什么关系，但不妨将陈三姑视为前者的替代物。三姑祠"乾隆二十年淀山司巡检马锦重建"，[4]说明此庙不仅是官府出钱所修，而且成为专门对付水上人的巡检司的神。在士大夫的记述中，陈三姑是个淫荡的女子，就好像说五通神是淫荡的男子一样，但我们很少在民间口头传统中听到这样的

---

[1] 《金泽志》第1编"古桥·寺庙·古树·老街"；第2编"建置"，方志出版社，2004，第46、50、62页。

[2] 劳格文在近年来的两次访谈中都谈及水口庙的重要性，他也举出具体例子并给出照片以显示其具体位置。参见劳格文《中国的民间信仰》，《东方早报》2010年6月20日，以及《中国历史和社会中的宗教》，《澎湃新闻》2018年8月3日。当然还有其他研究，如劳格文、科大卫编《中国乡村与墟镇神圣空间的建构》，社会科学文献出版社，2014，等等。如果以往的研究注意到了这一点，对金泽每年最盛大的仪式活动东岳会就会有更为深入的理解。

[3] 见李天纲《金泽：江南民间祭祀探源》，第103页。

[4] 乾隆《青浦县志》卷一五《寺观上》，第24页上~27页下。

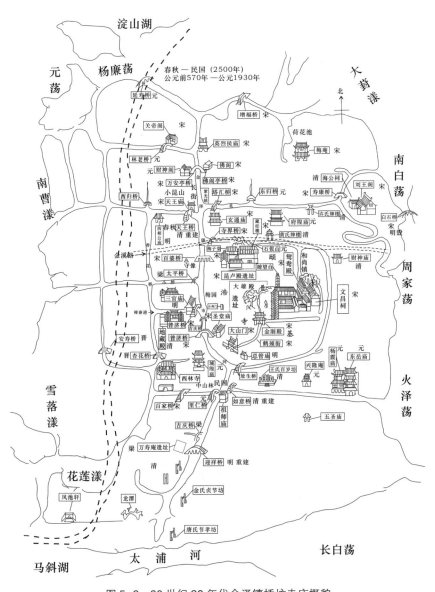

图 5-9　20 世纪 30 年代金泽镇桥坊寺庙概貌

图片来源：上海交大建筑遗产保护中心《在金泽，我走过的桥，比你走过的路还多》，搜狐网，苏娴清绘。

说法，否则就很难理解今天仍有许多女子以陈三姑为"过房娘"或"寄妈"的做法。[1] 但我并不想停留在否认士大夫这种歧视性说法的荒诞无稽上，而是试图思考这种说法与水上人的婚姻困境的关系。事实上，陈序经在 80 多年前的研究，已经批评了人们关于广东疍家妇女卖淫为业的说法；他同时发现疍家女性婚后如果丈夫死了，可以再嫁给家公；或者由公婆招赘其他男子，并在喃摩佬做法事之后，由该男子承袭已故丈夫的姓名；此外还有寡妇不婚而与其他男子有染，公婆不问，但所诞子女归属原家庭的。[2] 这些民国时还存在的习俗，是水上人的婚姻困境、家庭财产继承限制和族群维系等因素的反映，也是士大夫对水上人神祇"淫荡"想象的来源。

所以，《履园丛话》记道光，光绪《周庄镇志》记同治，民国《青浦县续志》记宣统屡次禁毁陈三姑，但屡禁屡兴，而且"近则苏、松、嘉、湖诸郡多信事之，金泽、张堰等镇各有庙，糜民间牲帛岁以万计"。[3] 这是清代江南水上人上岸的几次高潮所导致的。我注意到，江南地区的方志较少记录外地移民的情况，新编《重固镇志》提到，重固镇西南的郑一村大半是低洼田和荡田，明清时期先有本地人在这里开荒，到明末清初，来自浙、皖、鲁、湘、豫、川的难民纷纷到这里开垦荡田，开始住滚地龙，后来搭建了土墙茅顶的房屋，数代人把六只荒荡改造成六大块良田。同书又记，在清末民初，又有不少外地人移居重固，

---

① 见李天纲《金泽：江南民间祭祀探源》，第 106~107 页。

② 陈序经：《疍民的研究》，《民国丛书》第 3 编第 18 集，上海书店，1989，第 156 页。

③ 光绪《吴江县续志》卷四〇《杂志三·志余》，清光绪五年刻本，第 5 页下。亦见道光《分湖小识》卷六《别录下·灵异》，第 3 页下，《中国地方志集成·乡镇志专辑 14》，江苏古籍出版社，1992，第 230 页。

所谓镇江竹匠，扬州剃头匠，南京铁匠，山东、湖南的失意军人，洞庭山职业道士，绍兴摇脚划船人，苏北豆秸船人，余姚棚子种荡田人等。[1]虽然这些记录相当含糊，可能多出自口述，但还是透露出一些信息，比如较大规模开发荡田的时间、这里与洞庭山的联系等。

青浦的猛将与厉坛

方志中最早出现猛将庙是在明万历时，至清康熙间又出现了一个下庙，到这时两个猛将庙都有了不少庙产，但我们并不能肯定这里的刘猛将崇拜是从晚明才出现的。当地刘猛将的故事并不是驱蝗的故事，而是说金兀术在追赶韩世忠的时候，被北庙村（今新丰村）一个叫刘活宝的十五岁少年砍掉手指，反而溃败。但刘活宝在去给已故外婆过忌日的路上被后母推到河里淹死，被南宋的皇帝封为猛将上天王。而这里因为发生了大战，死者无数，所以原来的地名重固二字的左边都有鬼字旁。[2]后来人们到这里开荒，聚落发展起来，才改为重固。[3]在这个故事中，除了受后母虐待致死这一情节与其他地方的故事相似外，其他情节都不一样，特别是反映了在人们的记忆中，在南宋时期，这里还是一个很荒凉、阴气很重的地方，在这以后才逐渐得到开发。

与此或许相关的是，青浦的厉坛普遍存在，而且很多变成了庙宇。刘永华的研究也提到了19世纪江南大规模祭厉的现象，但未解释其中

① 《重固镇志》第2章"地理建置"，第45页；第4章"人口·计划生育"，第98页。

② 在《康熙字典》中查不到这两个字，所以应该是当地文人对地方历史记忆的一种表达。

③ 《重固镇志》第20章"文化"，第350~351页。

的原因。[①] 李恭忠在文章中提到社的问题时，引用 1819 年马礼逊所编《英华字典》第 2 部分的内容："古代二十五户构成一社，有一祭坛；现在每条街道、每个村庄都有一个，它们被称为私社，一度被禁止。"[②] 这就是郑振满和刘永华看到的清代福建"分社"的情况，而社坛和厉坛在当时的情况是类似的。

> 厉坛见前志坛基地六分三厘七毫，在北门外四十七保一区一图天圩元号，有屋三楹，俗亦称界泾庙。别庙十七一在珠街阁镇，见前志。庙初在薛家浜，乾隆间迁至五十保一区二十五图今址，洪阳〔杨〕之乱，仅存头门、大堂、寝宫，余皆被毁。同治十三年修葺照壁、河埠。光绪七年重建戏台。至左右看楼，则于四年、九年间先后成之，庙中故有园，别详园第。[③]

这两座庙本来都在水边，第二座在乾隆年间迁过，而且变得规模很大，但太平天国运动后修葺的规模更大，已经完全不是明初厉坛的规制。

小蒸镇的厉坛"有大堂、寝宫、戏台、道院等房屋二十八楹"；商榻市的厉坛"洪杨时毁，同治年重修，有庙屋十二间"；青龙镇的厉坛"大堂、寝宫、厢房、戏台，规模具备"；章堰镇的厉坛"旧时庙制，外为大门，内为仪门，左土地堂，右财神祠，中为大堂，后为寝宫，并有戏台、看楼，规模甚壮。堂左又有金湄道院，住持居焉"。为什么会这样呢？有个厉坛在四十六保四区五图北鳞圩，"俗称老城隍庙，有屋三

---

① 刘永华：《帝国缩影：明清时期的里社坛与乡厉坛》，第 179~181 页。

② 李恭忠：《Society 与"社会"的早期相遇：一项概念史的考察》，《近代史研究》2020 年第 3 期。

③ 民国《青浦县续志》卷三《建置》，第 2 页上。

间"，说明这些厉坛都被改造成了城隍庙，这与许多地方将明初社坛改为各种名目的社庙、社殿是一样的。

表 5-1　清代青浦县厉坛（城隍庙）庙产

所属区	坐落	面积
珠葑区 （两个厉坛及十七个分坛）	四十三保一区三十二图西北丽圩六十五号	一亩三分九厘六毫
	六十六号	二亩九分一厘二毫
	二区五、六图率体圩三十七号	一亩五分八厘
	三十一图裳圩十二号	二亩九分一厘二毫
	四十二号	二亩一分八厘八毫
	东兰圩一百三十二号	三亩八分九厘九毫
	五十保三区十一像素圩五十六号	二亩九分四厘四毫
	黄圩一号	旧庙基九亩九分三厘
	十三号	七亩三分九厘五毫
	十五号	一亩四分九厘二毫
	六十五号	三亩七分四毫
	五十保一区二十五图地圩四号	庙基十亩五分五厘四毫，又二亩
	十号	一亩一分六厘七毫
	七区十六并图上字圩二十五号	二亩八分二厘七毫
	下字圩十五号	一亩四分，又三亩七分六厘七毫
	十六号	二亩一分三厘六毫
	十七号	一亩六分
西坪区（小蒸镇、夏家浜、西岑市三个厉坛）	四十一保一区四十四图北政圩一号	四亩八分七厘六毫，又荡七分五厘七毫

续表

所属区	坐落	面积
西坪区（小蒸镇、夏家浜、西岑市三个厉坛）	南政圩六十九号	二亩九分二厘二毫
	四十五图七股圩十八号	荡五分一厘六毫
	夏家浜庙屋两进	荡二十一亩有奇
金泽区	金泽镇	基地三亩六分有奇
商洋区	商榻市	基地一亩八分一厘三毫
赵金孔柏区（赵屯桥镇、金家桥、古塘村三个厉坛）	四十九,保二区七图玉圩十三、四号	基地五亩一分三厘一毫二丝
	一区西六图为圩元号	一亩七分四厘七毫七丝
	二号	二亩四分八厘九毫一丝
	三号	三分五厘七毫三丝
	金家桥	基地一亩一分有奇
白鹤青村区（白鹤江镇、青龙镇两个厉坛）	四十六保四区二图月圩七十二号	基地七厘二毫九丝
	九十八号	二分八厘三毫三丝
	一百号	二亩五分三厘六毫二丝
	二百十一号	二分一厘八毫七丝
	天圩六十三号	三亩六分九厘二毫一丝
	四十九保二区一四像素圩二十七号	五分九厘三毫三丝
	三十九号	二分八厘六毫七丝
	四十五号	四亩七分二厘三毫三丝
	四十六号	四亩一厘四丝
	四十七号	三亩一分五厘
	四十八号	二亩九分六厘八毫七丝
	五十二号	六分四厘五毫八丝
	四十五保三区一并图来圩五十四号	庙基六亩四分三厘九毫六丝
	二十三号	三分三厘八毫

所属区	坐落	面积
白鹤青村区（白鹤江镇、青龙镇两个厉坛）	二十六号	三分四厘二毫八丝
	四十八号	五分七厘六毫三丝
	六十六号	一亩二分四毫二丝
	六十九号	一亩二分二厘八毫
	十号	四分一厘四丝
	六十三号	三分七厘六毫六丝
	西收圩五十号	七分四厘六毫一丝
	东阳圩三十号	二亩五分八毫三丝
	律圩一百十号	一亩五厘一毫五丝
	三区六并图宙圩九十三号	一亩，又荡一分九厘八毫一丝
	二区北五图来圩四十四号	一厘二毫
	四十八号	一分五厘
	四十九号	四亩一厘八毫
固堰香郏汇区（章堰镇、北鳞圩两个厉坛）	四十五保一区七图东圩四十一号	四亩五分七厘九毫
	四十六保四区十一图淡圩六十三号	一亩六分四厘五丝
	六十四号	一亩五分二厘三毫
	六十五号	八分九厘二毫
	六十六号	一分八厘六毫
	九十四号	三亩三分六厘四毫
	北河圩八十四号	四分六厘八毫
	八十九号	一亩二分一厘五毫
	逊圩一号庙基地	四亩三分一厘九毫
	四十六保四区五图北鳞圩	基地五亩
黄渡区	三十一保二区四图北寒圩七十七号	六亩七分一厘

所属区	坐落	面积
黄渡区	七十九号	三亩六分三厘三毫
	八十号	池基一分七厘三毫
观音堂区	三十三保二区二图云圩五十四号	二分四毫
	五十五号	一亩一分二厘
	五十八号	四亩五分八厘三毫
	五十八号	二亩七分一厘七毫
	五十九号	二亩八厘三毫
	八十九号	一亩一分六厘一毫
七宝区		无田数
北凤天方铁区	三十八保一区三十一图良圩三十八号	基地四亩六分九厘九毫
陈广辰区	得圩元号	二亩六分四厘七毫

资料来源：据民国《青浦县续志》卷三《建置·坛庙》，第11页上～12页下制。

滨岛敦俊在他的著作中提到了上述庙宇，但都称之为"镇城隍庙"，并将其解释为商业化的结果和乡村聚落成长的表现，而没有提及该地方志明确地以"厉坛"的名目将其开列在城隍庙之下，并未将其完全等同于城隍庙，甚至庙产都是分列的。这说明，尽管这些厉坛在礼制上与城隍庙同属一个系统，但在实践上还是各行其是。

甚至青浦县城的城隍祭祀仪式也很奇特：

我邑城隍神朝觐之举，始于康熙间。殆以神膺封典，附会古者诸侯述职之礼也。俗例三年一觐，十月初旬举之，规其期为一月。糊神两目，谓不视事矣，名曰掩光。乃舁一土地神坐，堂皇摄职，如佐贰之代县令。然土地之受代者，乡人视为荣，制代理城隍司衔牌，以相炫耀。觐期满，髹饰神像，名曰开光，神之仪仗重整一新。于是演剧以迓神麻，剧分文武、昆班、徽班。街市则张天幔，悬灯彩，笙歌杂沓，举国若狂，谓之朝觐。土语因谓事物之更新者，亦曰朝觐。悠谬之谈，尤所不解矣。[①]

清代青浦的城隍朝觐仪式是三年举行一次，十月上旬开始，为期一个月。在这一个月中，由某个土地神代行其职权。等到一个月期满之后，城隍归来，神像、仪仗等全部整饬一新，以至于本地人都将事物的更新称为"朝觐"。

这样一种仪式与通常我们所知道的城隍"三巡会"迥然相异。后者每年上元、中元和下元三次去乡下的各个厉坛巡视，体现了一种自上而下的控制。而青浦的城隍朝觐恰恰反过来，每三年有一个月的"空位期"（vacancy）。人们利用现实世界中的官员朝觐制度创造了这个空位期，为代表乡民的土地神代行职权找到了合法性。人们似乎认为城隍神也不应是永久不变的，清代实授知县在一县的任职年限一般在 2~3 年，另外大计也是三年一举，城隍朝觐归来后可能已是新的城隍，所以人们将其视为"更新"的象征。重要的是，在这一个月的过程中，城隍神像的眼睛是被遮挡的，其意义并不仅在于其嘲弄的意味，而是表明他以往维持的秩序和控制的局面在这期间可以被颠覆，比如那些孤魂野鬼、无祀鬼神就被"无视"了。

前面的表中列举了青浦各处厉坛的大量庙产，说明这些厉坛的香火

---

① 民国《青浦县续志》卷二四《杂记下·遗事》，第 3 页下 ~4 页上。

还是很旺的。如果和城隍朝觐仪式联系起来看，它们代表的是不同的力量，因为城隍被"褫夺"权力的一个月间，维持秩序和控制局面就要靠这些分散在各处的厉坛。我们还不清楚代行职权的"土地神"是这里的哪一位，是固定的还是轮换的，是如何选择出来的。我猜测不同庙宇背后的人群都在发挥作用，以显现一种非正统或"非正式"的组织体系。比如在方志记载中，祀典中的武庙有七八座，文昌宫有十座，都有较大数量的庙产，猛将庙也是其中之一。除了南庙和北庙外，民国续志中还记载了其余六座猛将庙。①

表5-2　清末青浦猛将庙庙产分布

南庙（在重固镇南市）庙产	北庙（在骆驼墩西北）庙产
四十五保四区八图，庙基四亩二分一厘六毫	四十五保三区一并图，庙基五亩
昆圩一号二亩二分八厘七毫	洪圩十九号，一亩四分九厘六毫五丝
十五、十六号共六亩四分一厘九毫	二十一号六分三厘五丝
一区三并十二图东吊圩三十二号，九分三厘五毫又九分三厘四毫	二十四号七分四厘八毫三丝
三十八号，七分二厘五毫	
西吊圩三十三号，一亩三分九厘二毫	

资料来源：民国《青浦县续志》卷三《建置·坛庙》，第13页上。

上述庙宇大多在太平天国运动后重建，不太清楚这些庙产是否都是在这一时期扩张而得。如是，乱后人口的减少和地权混乱可能会给一些人获得土地提供了机会，而这些无主土地成为庙产，是其获得合法性的重要渠道。

---

① 另外六座猛将庙分别位于西坪区四十二保三区十五图，金泽区四十二保一区二十八图，商洋区四十二保六区四十九、五十图、四十六并图，黄渡区陆家巷镇北市及崇寿寺东。

　　江南地区的庙产和神会组织拥有的地产具有相当的规模。新中国成立初所做的调查称此类土地为神会土地，或者公堂土地。如太湖以西的高淳县薛城乡当时有神会 244 个，如土地会、观音会等祭祀组织，还有游神时的特定群体，如旗会、抬神会等，各神会土地有 1141.6 亩，占全乡土地总数的 13.22%。多数人家参加一个神会，也占有一份土地；但一个豪强大姓可能参与多个神会，如最多者参与了 32 个神会。这说明神会土地是地域性的公产，豪强大姓不能在一个神会中占有很大份额，却可以在不同神会中占有多个份额。虽然这些土地的产出用于祭祀活动，但其也像族产一样成为一种土地占有方式。[①]

　　高淳双桥乡的公堂土地包括祠堂田、社田、寺庙田、学田、国家公田、慈善机构田、义仓田、公益事业田等，共 3845.96 亩，占全乡土地总数的 45.31%，其中社田和寺庙田共 1117.18 亩，占全部公堂土地的 29%，[②]比例都不算小。这些土地的来源与我们已知传统的情况没有区别，主要是捐赠和买卖，相当于个人私产向社区公产的转化。或者说，民间各类形式的公共组织日益增多，以应对各种动荡和变化，隆万、乾嘉、同光都是这些公共组织发展勃兴的重要时期，而这种认识和应对方式在全国是相当普遍的，也是得到社会精英和普通乡民相当程度认同的。

　　调查指出，高淳双桥乡都是圩田。这提示我们，在江南地区圩田不断开发的过程中，有许多外来人口，包括上岸的水上人，通过将水面

---

① 《高淳县薛城乡祠堂、神会土地情况调查》（1950 年 8 月），华东军政委员会土地改革委员会编《江苏省农村调查》，第 239~244 页。

② 《高淳县双桥乡公堂土地调查》（1950 年 4 月），华东军政委员会土地改革委员会编《江苏省农村调查》，第 245~249 页。

改造成荡田，进而形成圩田，成为拥有永佃权的佃农。如双桥乡租种公田、在新中国成立后被划为中农和贫农的人共租种3625.38亩，占全部公田的94.26%。如何控制这些新"开发区"？原有的地方豪强和被招佃开发的外来者不断展开博弈，这一过程已在本书前面的叙述中多有提及，许多学者研究过的地权不断析分就是这一博弈的结果。由不同的新定居人群建立起大量社区性小庙，并形成一定规模的公共地产，作为对抗地方豪强的资源，后者努力介入这些庙宇和庙产的经营活动，同样是这种博弈的结果。

这种博弈也可以通过仪式活动表现出来。与青浦相邻的吴江黎里八月会，透露出一些相关信息。这里的八月会在整个八月上半月进行，初一到十二是小会，十四到十六是大会，作为高潮的八月十五游神队伍中，以城隍的排场最大。游神日期如表5-3。

表5-3　民国时期吴江黎里八月会会期

会期	会名及神灵
八月初一、初二	东岳会（八角亭处东岳庙内的东岳菩萨）
八月初三、初四	朱天会（浒泾弄刘王庙内的朱天菩萨）
八月初五、初六	刘王会（楼下浜的刘王菩萨）
八月初七、初八	刘王会（鹤脚腰的刘王菩萨）
八月初九、初十	刘王会（和尚圩的刘王菩萨）
八月十一、十二	大王会（下丝村的大王菩萨）
八月十三	不出会
八月十四至十六	大会

据回忆，初七到初十的会都由渔民组织，而大会则由商人组织。我猜想初三到初六的组织者可能也是渔民，因为这也是猛将庙的会。①市镇或乡脚的小庙在19世纪得到了扩展，不仅冒用了正祀的名号，而且其背后的人群利用庙产获得了定居及进一步发展壮大的权利，并在地域性的公共生活中将其展现出来，以争取在这个公共生活空间中的份额。

值得注意的是，虽然八月上半月是当地的一个完整的会期，但中间十三日的停顿，却表明了某种阈限。按范热内普（Arnold van Gennep）和特纳（Victor Turner）关于过渡礼仪（rites de passage）和通过仪式的理论，②十三日的停顿是一个过渡，长达十多天的小会是身份分离的表征，或者说这种"离散"状态的、相对平等的社会是水乡地区一个漫长的历史时段的常态，其需要这种各自分离的、较长时间的表达，然后过渡到虽然相对短暂，但体现某种整合的、表现为科层制的社会状态中。当然这不是一种个人的人生礼仪，不同于生命有机体的过程，而是一个区域社会在特定时段的变迁的仪式性表达。

说到此处，我们必会想到刘志伟对广东番禺沙湾的研究。珠江三角洲的沙田地区同样是"新开发区"。从表面上看起来，江南的圩田更像这里的"民田"或"围田"，甚至其桑基鱼塘的经营方式也很类似，但从生成的先后来看，又只能将其比附为不断冲积而成的沙田区。事实上，珠江三角洲的民田和沙田之别，在较长的时段来看，同样只是成陆或开发成田早晚的不同，只有在从明代以后的较短时段来看，我们才能

---

① 《黎里镇志》卷一二《社会》第1章"风俗民情"第5节"庙会"，上海社会科学院出版社，2014。

② 参见阿尔诺德·范热内普《过渡礼仪》，张举文译，商务印书馆，2010；维克多·特纳《仪式过程：结构与反结构》，黄剑波、柳博赟译，中国人民大学出版社，2006。

更细致地观察到二者在社会－文化结构上的区别，就像江南的东山，只能把鱼塘分为"老开池"和"新开池"，把圩田分为"传统圩"和"现代圩"一样。刘志伟指出，从明代开始，沙湾的大族垄断了沙田开发的权利，在相互竞争的大族之间，在比较晚近的某个时间，出现了北帝巡游这样一个协调社区内部关系的仪式活动。同时，当开发成熟的沙田区农民的社会－经济地位抬升后，也会对原有的支配者提出挑战，其方式不仅表现为其宗族的建构，也体现在北帝巡游的仪式中。[①] 这种情况，与本书谈到的东山潦里抬猛将仪式、吴江黎里八月会、青浦和高淳的社庙地产的形成等，都是类似的历史过程。

　　黎里八月会的仪式也可以让我们介入对江南市镇生成史的讨论中去。前已提及吴滔关于"因寺成镇"的说法和滨岛敦俊关于乡镇城隍的出现在市镇发展史上意义的讨论，学者们也注意到森正夫关于乡镇志书写的讨论，最近还有学者着意强调市镇中的"主姓家族"在市镇认同形成中的作用。[②] 估计人们多会认同，市镇之所以逐渐有别于周围的乡脚，不仅在于市镇居民的自我认同，还在于周围乡脚农民对市镇的认知。正如八月会从初一到十二日的"小会"所显示的，在不同的历史时期，不同的江南水乡地区，都经历过在各自乡脚游神的阶段。在一个个相互分离的小圩上生活的半耕半渔的居民，还在一定程度上保持着水上人离散社会的传统，就像本书前面讲的清代拜猛将有的是在家（船）里，有的在本村（圩）内，还有的则是在更大范围的地域中，实际上体现了不同

---

① 刘志伟：《边缘的中心——"沙田－民田"格局下的沙湾社区》，《在国家与社会之间：明清广东地区里甲赋役制度与乡村社会》，"附录三"，中国人民大学出版社，2010，第256~286页。

② 杨茜：《明代江南市镇中的"主姓"家族与地域认同——以常熟县为例》，《历史研究》2020年第2期。

时期的传统和生存状态。而当这些由渔民主持的乡脚游神活动加入市镇的"大会"中，构成八月会整体中的一部分时，才表明以某一市镇为中心的地域认同或一个整合社会的形成。

因此，在江南市镇生成史的早期阶段，应该存在一个水上人上岸成为圩田聚落居民的过程，然后是一个较大的聚落因商业或行政的因素成为市镇、若干较小聚落成为该市镇乡脚的过程。因此江南市镇的形成过程，既是水乡成陆的过程，也是一部分水上人变为商人、另一部分水上人变为农民的过程。

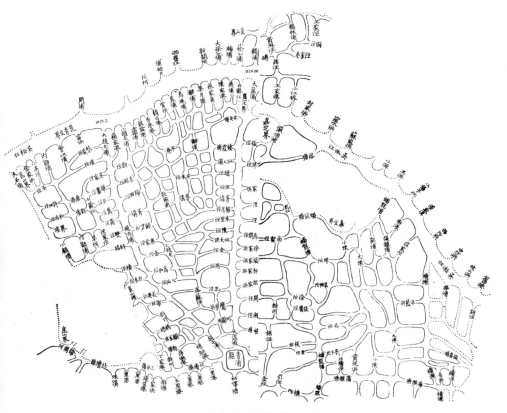

图 5-10　清代青浦的塘浦圩田格局

图片来源：光绪《青浦县志》，第 3 页下 ~4 页下，《青浦县东北境水道图》。

　　我们知道，在江南地区数百年的历史过程中，刘猛将的祭祀场所有（或曾有）如下特征：第一，与许多不同的神共处，比如自南宋到清初多与五通等杂神在一起；第二，庙宇通常较小而简陋，多立于水滨；第三，在家中甚至也有刘猛将的神像，这是除了观音以外较少的现象。如果熟悉水上人在船上拜神的情况，我们就会发现，上述三个特点都是水上人的。其实，抛开水滨这个要素，这些特点也都是社庙所有的。因此，并不能因为出巡的仪式而否定猛将堂同样是社庙，其之所以出巡是水上人上岸后要表明自己同样有岸上人的身份，以及与原来的岸上人群产生各种交集。

　　依我的假设，这样一个过程在千年历史上曾经发生过多次。正像宋元时期在较高的地方形成的圩逐渐连成一个个较大的平原地块，形成人口密集的市镇，而周边地区仍是湖荡浅沼，人们多从事捕捞养殖一样，老的水上人已经变成了新的岸上人，他们建立起岸上的聚落，塑造了各自的土神（即社神）。随着这一带地区圩的逐渐增多，水面日益缩小，水上人不断上岸，又会仿照他们的前辈建立聚落和塑造神祇，作为他们岸居的重要标志。江南文献中记载的宋代猛将庙没有几个，明代的也寥寥可数，但并不等于当时就一定如此少，而可能是经历了时代变迁后的孑余。清代之后水上人大量登岸，这时刘猛将又被国家敕封为驱蝗的正神，正可以作为岸居农耕人群身份的表征，于是猛将堂便不仅会在更早成陆的农耕地区普遍存在，在水边圩上的新建聚落中更会大量出现。当他们定居得足够长久，便会按照农耕社会的传统，塑造出许多别的神，或者，让神祇的身份发生改变，比如伍子胥、屈原，等等。

　　2020 年 11 月，我借到常熟开会之机，去了梅李的吉祥寺。梅李又作梅里，在常熟东北，距离长江不远。前面多次提到的宋人叶梦得曾称："常熟，姑苏别邑，梅里镇，又在邑之东北。海上有寺曰胜法，……并海之民，不耕而渔，其习以多杀为事，而不畏罪。与之言吾理则惑，教以其书则怠，惟转轮藏，备极雕刻彩绘之观，以致其庄严之意。"① 即说这里都是渔民，习俗嗜杀，对他们讲道理和教他们读书都是没用的，只有靠佛教来感化他们。这说明这里的佛寺建立后，面对的人群主要是渔民。

根据梅李的地方文献，这里有座吉祥庵，传说是孙吴赤乌年间所建，所以后来改称赤乌古刹，道光三年修，光绪二十八年重修，一共只有两进，② 应该就是现在的吉祥寺。清雍正《梅里志》没有对该寺的记录，可能该寺是道光时始建。如今的吉祥寺又经过大规模整修，正殿中的如来像塑得极为精美。有意思的是，寺内的右侧专门辟出一个很大的院落，四围各殿中供奉着大大小小的神像，分别编号，但没有注明神像的名称和来源。有的还把原来庙中的神船送到这里，吊在殿中的房梁上。经了解，是因为周边各个村落大多在近年来的城市化过程中被改造，原来村中的社庙均已拆除，神像被移到吉祥寺集中安放。原来的村民虽然被各自安置，但如果愿意，还可以到吉祥寺来，找到原属本村社庙庵堂中的神像祈拜。

虽然在现代城镇化的进程中，原有村落的格局已不复再现，村中的社庙自然不能幸免，被本地文献称为"泽国"的梅李，在旧镇志地图中呈现出的一块块被湖荡河流分隔的圩田面貌更无从得见，但从吉祥寺这

---

① 叶梦得：《胜法寺转轮藏记》，《梅李文献小志·集文》，《中国地方志集成·乡镇志专辑10》，第249页。

② 《新续梅李小志·寺观》，第1页下~2页上，《中国地方志集成·乡镇志专辑10》，第342页。

个院落中保存的各个村落社庙中的神像，还是可能——追踪到这些神像原来所在的村落，再从前来拜祭神像的年长村民那里了解到一些村落过去的历史。比如，这里的神像所来自的村庙包括：景巷村的周神庙，将泾村、大汾桥的总管庙，梅李东街的刘神堂（拜刘神、李王、周神、总管），梅李西街新桥塊的西茶亭（拜总管），梅李北市梢的高神堂，凤凰村、周家宅基的王庄庙（拜总管），驸马村、徐家宅基的圩庄庙（拜总管、猛将），梅塘村、谢湾的舍人庙（拜猛将、周神），驸马村的界圩庙（拜总管、周神），胡琴村、宅则里的宅则庙（拜周神），等等。这样的情况，同样发生在碧溪新区的法华寺、清凉寺、普善寺，以及古里镇的增福寺中。

　　这些圩庙或者社庙的神像，在 21 世纪被整合到本镇中的佛寺里，不仅意味着它们变成佛寺的组成部分，而且意味着佛寺也被改造成一个"万神殿"。我认为，这是个令人悲哀却又无可奈何的趋势，但这种做法——我相信是各种力量协商的结果——却是可以接受的策略。当然，这又构成了一段新的历史，也是新一轮社会整合的历史。

图 5-11　常熟梅李镇吉祥寺别院中的神殿之一（局部）

新江南史：从离散社会到整合社会

在以上各章，我已经零星提及从离散社会到整合社会的几个例子，比如东山前山与后山的抬猛将、吴江黎里八月会等，以下我将正面对这两个概念加以说明，并试图在一个更大的空间范围内呈现这两个概念表达的历史过程。

离散社会、整合社会及"共同体"问题

写到这里，读者已然可以明白，我的所谓"新江南史"就是试图讲述曾经的江南水乡如何成陆，更侧重水上人上岸的历史，或者江南社会的形成史。

在地理学或环境史意义上的江南水乡成陆，当然是这个话题之中的应有之义，但这些领域的学者已经做出许多出色的研究，[①]而我对此又是外行，故无须在这本小书中置喙。江南市镇史当然也是这个历史过程中

---

① 这里包括缪启愉编著《太湖塘浦圩田史研究》(农业出版社，1985)、《太湖水利史稿》编写组编《太湖水利史稿》(河海大学出版社，1993)，以及前面提及的王建革、谢湜、吴俊范的著作等。

很重要的部分，但同样也已有很多学者做出了出色贡献，特别是其内容之丰富，本书完全无法容纳。[①] 因此这里的江南水乡成陆史，虽然必会涉及上述两个方面，但只是试图拉出一条被水面割裂得支离破碎的孤岛人群如何形成一个相对整合的社会的线索，这个过程当然与环境变迁过程密切互动，市镇也几乎可以说是这个整合社会的核心或表征。

已有不少学者使用离散社群（diaspora）这个概念研究散布于世界各地的贸易人群（比如华人华侨）。这并不一定是指同一族群，而是指构成某一社会网络但在空间上离散的共同体。[②] 研究者们通常在研究全球性贸易特别是海上贸易时使用这个概念，因为在全球史的尺度上，海洋将陆地隔离开来，同时也将文化隔离开来，商人、传教者等才能成为真正离散的社群。在一个较小的尺度上，任何由江河湖泊将陆地割裂得比较破碎的地区，也都会存在这样的离散社群（比如历史上江南地区的商人和水上人），并对这类区域的结构过程产生影响。

在这里，我试图借用这样一个概念，将江南社会历史的结构过程视为一个从离散社会到整合社会的过程，这个过程不仅清晰地表现在江南的地理景观上，更突出地表现在人们的能动行为上。这个过程又不仅出现在江南的历史上，也同样出现在珠江三角洲从桑基鱼塘到沙田开发，再到今天的大湾区建设的历史上。

有学者对 diaspora 这个概念在跨国移民研究中的价值进行了详细的梳理，其总结性观点有三个。一是这个概念最初是关于跨国移民及其与

---

① 这类研究就更不胜枚举，除前辈学者樊树志、陈学文、刘石吉、王家范等的研究外，李伯重、范金民、唐力行、吴滔、冯贤亮等朋友的作品也常在我的案头。特别是森正夫和滨岛敦俊两位的研究，是我时刻需要思考和对话的。

② 例如菲利普·D. 柯丁《世界历史上的跨文化贸易》，鲍晨译，山东画报出版社，2009。

自己祖国关系的分析框架；二是这套话语体系已成为一种综合的理论体系和方法；三是中国学者的海外华侨、华人研究在理论和方法上与此有类似之处，也有所不同。① 由于这个概念率先应用于犹太人研究，所以通常被用于对离开故国或故土的、散居海外的人群的研究，甚至被推广到所有的失去故土或跨国界的人群。因此，在目前的研究中，diaspora只用于曾经拥有故土或故国的那些人群，也就是中文翻译中的"离"字所具有的含义。

对于水上人来说，使用这个概念是否不太合适呢？我并不是说，所有水上人都没有故土或者故乡。首先，我相信会有水上人以前是在岸上定居的，可能由于生活所迫等原因变成水上人；其次，也有不少水上人是濒水棚居或岛居的，或者是在相对固定的地点船居的；最后，很多渔民是在固定的渔场捕鱼的，都会自称或被他称为某地渔民。但是，他们和传统牧民一样，生活方式是流动性的，他们的迁徙是日常性的（包括季节性的）；他们"以船为家"，说明没有一个固着于土地的"家"（或不动产），也就没有一个以这样的"家"为核心的"家乡"或者故乡；他们与大部分岸上人的迁移不同，后者是从一种定居状态到另一种定居状态，定居这一点是不变的。

从 diaspora 的本义来说，水上人也同样是处在不断"离去"和"散播"的生活状态中，他们是一种日常性的"离散"人群，是"更离散"的人群。他们是否有如跨国移民那样的乡土情怀或故园之思，还需要做

---

① 贾海涛：《国际移民研究的理论与方法谶疑》，《南国学术》第 10 卷第 3 期，2020 年 7 月。我更愿意使用"跨国移民"这个概念来指称超出现代民族国家疆域之外的移民人口及其行为，因为在中文语境下，"国际移民"有可能与"外国移民"相混淆，比如我们常说的"国际友人"，意思就是"国外友人"。

大量的实证研究；在他们上岸定居之前，一般不会讲述"洪洞大槐树"或"南雄珠玑巷"那样的祖先故事，他们会像珠江三角洲的水上人那样说自己是"水流柴"，就是没有或不知故乡的。因此，diaspora 的分析模式既是学术性的，更是意识形态性的，是与"后殖民"话语有关的。

在这里，我不局限于犹太人、海外华人、非洲裔美国人这类研究中所使用的 diaspora 概念，而打算从其原初的含义出发。因为譬如所谓海外华人，可能最早只是往返游弋于东南亚的福建人和广东人，"华人"中的大多数都与此无关，离散只是一种常态的生活方式和社会组织方式。

非常有意思的是，"离散"这个概念并不仅仅是一个外来词的中译，读过田余庆《拓跋史探》的人大概会记得他讨论过的北魏"离散诸部，分土定居"，当然唐长孺、李凭等对此亦都颇有论说。① 这里的"离散诸部"是北魏国家自上而下的举措，即将被征服的大部落分别迁徙到不同地方进行安置，以削弱其酋长的权力，而且，"离散"在这里用作动词。但是正如前面提到的游牧人群和水上人群的相似性，这一过程同样展现了流动社会向定居农业社会的转化。不同的是，北魏的"离散"是一种政权形态面对另一种政权形态的斗争方式，同时也是对原有的社会形态的解构和对新的社会形态的建构，即将群体性更强的游牧部落社会改造成更易为国家控制的个体小农。而本身就呈现为离散状态的水上人，正经历了一个看似反向的过程，他们在上岸之后，逐渐融入了一个更富组织性或更具共同体性质的社会中。因此，虽然因各自背负着不同的历史遗产而"离散"的含义不同，但这些人群都走向相同的终点。

相对"离散社会"，对所谓"整合社会"也可以有不同层次的理解。

---

① 参见田余庆《拓跋史探》，三联书店，2003；唐长孺《魏晋南北朝史论丛》，河北教育出版社，2000；李凭《北魏离散诸部问题考实》，《历史研究》1990 年第 2 期。

一是离散人群的内部整合，比如基于生产协作、内部通婚形成的某种松散的合伙关系，比如通过类似"南北四朝"这样的进香活动形成的某种仪式联盟。二是离散／流动人群与岸上／定居人群之间的整合，就像上一章中举出的江南地区的仪式活动，既有水上人自己的仪式活动所表现出来的，也有与岸上人共同参与的仪式活动所表现出来的，最后可能形成的是市镇与周围乡脚之间的整体关系。三是在这一过程中，原有的"整合社会"（比如具有共同的仪式象征和地域认同）由于离散人群的不断加入，而被赋予了离散的或流动的社会－文化特征，从而使社会长期处于不断的整合行动之中。

由此，所谓"乡村水利共同体"的问题也是无法回避的。关于村落共同体的问题，自日本学者清水盛光等人展开讨论以来，学术界已多有论及。滨岛敦俊的著作开宗明义，说"探索农民、农村社会的共同性问题就成了不可回避的事，本书最大的关心也在于此"。他指出，这项关注始于满铁进行的华北社会调查，当时的结论是华北只有"村落"，而没有日本社会那种界限分明的"村落共同体"。滨岛敦俊同样认为，华北可能存在水利共同体，但不存在村落共同体，而他在江南三角洲寻找水利共同体的努力也不成功，所以只能退而求其次，去研究这里的共同信仰。[1]

王建革在他的著作中用较大篇幅论述了宋代至明末江南水利共同体的兴衰。他认为，共同体的范围不能与那些国家的赋役征派单位相提并论，而河道和圩岸才是水利共同体所依托的自然实体。在这个意义上，他同意费孝通关于自然圩是水利共同体基本单位的看法。王建革指出，在五代以前，单个大圩往往与豪强有关，两宋以后虽然国家力量加强，

---

[1]　滨岛敦俊：《明清江南农村社会与民间信仰》，第1~3页。

但豪强仍可以向未开发的水域继续扩展，并利用圩田的坝堰作为划分地盘的界线标志，"成为相对独立的权力孤岛"，形成了"原生性的家族社会组织"；到宋元交替之际，水栅则是封闭乡村的工具。在这样的"豪民圩田社会"中，逐渐形成了圩长、塘长和圩甲制度，但由于与国家赋役征派体系时常出现冲突，故而至明末逐渐衰败。①

显然，中日学者关于这个问题的讨论与对"共同体"这个概念的认知差异有关。日本学者试图在中国寻找日本那样的"村落共同体"，试图发现一种共同的东亚社会结构，这种努力似乎没有成功。但如果把"共同体"理解为社会人类学中英文的 community 或社区、社群，那么在几乎任何地方都曾经或依然存在各种共同体，无论是村、镇、圩还是以别的什么——比如峒——为单位。同样，历史上华北的"水利共同体"与江南的"水利共同体"也可以完全不同——前者通常是以灌溉渠联系起来的乡村网络，后者则通常是一个个"村－圩统一体"。

在我个人看来，滨岛敦俊似乎执着于某种概念上的"理想型"，他关于江南是否存在"宗族"的看法也是如此。其实他关于明清时期镇城隍的看法正是试图证明"镇"作为共同体的形成，而各种土神的塑造则是村落共同体意识的反映。在这个意义上，尽管在明清时期，唐五代以来的"豪民圩田社会"大为减少（当然也不尽然，后文讲到明代常熟席氏的例子，就很像早期那种"豪民圩田社会"，所以在明末清初会出现"奴变"或"佃变"），但圩长、塘长和圩甲制度逐渐衰败，也并不代表着具有一定独立性的共同体的消失。正如华北水利组织中的渠长体系至少到民国时期依然存在，其职能也不局限于组织渠道的疏浚修理，还涉

---

① 王建革：《水乡生态与江南社会（9~20 世纪）》，第 222~283 页。

及乡村生活的其他方面。当然，从总的趋势来说，国家对于乡村社会的控制会日益削弱各种共同体的存在，当水利系统在与共同体成员的联系方面超越了包括税收系统在内的行政系统的话，那么它必然要被后者取代。

　　本书的着眼点是离散社会向整合社会的转化，当一个个各种各样的人群形成共同体，而一个个各种各样的较小的共同体消解，转变成较大的共同体时，我们就看到了整合社会的形成过程。在某种意义上，这与传统史学研究经常提及的"从分裂到统一"问题并无二致，只是后者往往停留在中央王朝版图控制的层面上，而没有发现这可能是社会发展的一个自然过程，甚至可能是在一个"统一王朝"中进行的。在另一层意义上，这也与华南研究中的"后神明标准化"讨论的目标一致，即从对地方文化多样性的关注逐渐转移到这种文化多样性的统一化过程，[①] 不过相比之下，这里提供的"江南经验"不像其他区域史研究展示的多是"边缘"地区的图景，而是比较"中心"的区域结构过程；或者说，它曾经是个更老资格的"边缘"地区，到了南宋以后，这里的"多样性"或地方性就经常被视为正统性或常态性的了。

西山的五位洞庭府主

　　洞庭两山中的西山各村也多有猛将堂，与东山一样，也是每年正月

---

① 关于这场讨论的文章均发表于 *Modern China* 和《历史人类学学刊》，源头是从对华琛的《神明的标准化》一文的争论开始的。国内学者对其关注较少，或许是不容易看到这两种刊物，或许是不太理解这场争论的意义。无论如何，我将科大卫和刘志伟所主张的研究，称为"后神明标准化"的研究。

十三抬猛将。据新编镇志记载，人们多在各猛将堂祭祀。

值得一提的是，在最西端的衙里村有座天后宫，因清康熙年间的太湖营游击胡宗明是福建晋江人，故建此宫。据说原来庙中有元、明时期碑刻，在"文革"期间被毁，说明此庙原来并非天后宫。原来究竟是什么庙，明代《震泽编》和清康熙间《具区志》都没有记载，前些年重建的庙中只有妈祖和土地公、土地婆的神像。不过据新编镇志称，庙中神像除妈祖外，曾经还有晏公和西山本地城隍，以及五位大老爷，称为"洞庭福主"，各自的名字分别是吃粮大、葡萄二、野鸭三、柿漆四和网船五。① 晏公在明初的太湖流域并不少见，而乡镇城隍应该大多是清代出现的，五位洞庭府主看起来是本地传统的土神，分别代表了本地的主要生业，即农业、果树、经济林木种植、养鸭或捕鸟、捕鱼业。其中，养鸭和捕水鸟是水上人上岸从事农耕后最重要的副业，体现了生计模式转换的过渡阶段。这五位大老爷的排序不仅体现了西山生业的主次变化，而且反映了从事该种生业的人群社会地位的高下。

五位老爷是各自有庙的，大老爷庙就在衙里天后宫旁，二老爷庙在慈里，三老爷庙在消夏湾瓦山，四老爷庙在四墩山，五老爷庙在囤山。据载，西山的最后一次庙会是 1949 年的四老爷会，说明不同生业的人群还会单独做仪式。五老爷庙又称萧天君庙，传神为昭明太子曾孙萧瑀（行五），李根源来此时说其"香火极盛"。这五座庙的位置都在西山比较重要的地点，囤山或屯山墩曾是鼋山汛把总署所在地，建有关帝庙和

---

① 《西山镇志》第 20 章"风俗"第 2 节"时令习俗"，第 5 节"庙会"，苏州大学出版社，2001，第 247、254~255 页。在《震泽编》和《具区志》的《土产》中均记有葡萄，又《具区志》记有绿头鸭，陆龟蒙说"家童以小舟驱群鸭出，内养弹其一，折颈"（卷六《土产》，第 33 页下）。

图 6-1　元山网船五老爷庙

图 6-2　五老爷庙的匾额

三官殿；三老爷庙所在消夏湾是西山大族蔡氏聚居的地方，就在今天西蔡村的蔡氏宗祠旁，李根源称是"廛市相接，万瓦鳞比"；他又游览了消夏湾南的圻村，并到了后山的萧天君庙，即五老爷庙；衙里是明朝用头巡检司和清朝太湖营衙门的所在，李根源也提到这里的天后宫"香火甚盛"，但未提及大老爷庙。① 这五座庙中的四座都坐落在西山的南部，那里也是最早出现聚落的地区。而囤山也有官府衙门。这五个庙的起源应该都较早，它们应该都是这些区域性聚落的社庙。

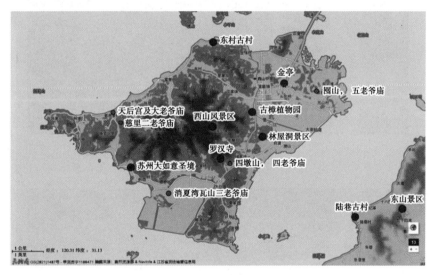

图 6-3　洞庭西山五老爷庙位置
图片来源：苏娴绘。

天后宫的最后一次庙会是在 1945 年，从其游神路线看得出天后宫已经成为一个更具整合性的区域性庙宇。农历三月二十三起连续出巡三天，即从天后宫出发，由西南角各村渐次向东，再向南，从东南角北返，一直到岛的北端各村，再沿西岸各村向南行返回本庙。这样的一种绕境巡游出现在该庙成为天后宫之前还是之后，不得而知，但显然不是猛将堂这类村社可比的，也已经超过了五老爷的影响，但却是以这些村社为基础的。从表面上看，西山天后宫很像佛山祖庙，但它对西山全境的整合要比佛山晚很多。

① 李根源：《吴郡西山考古记》卷五，第 19 页上 ~21 页上、26 页下。

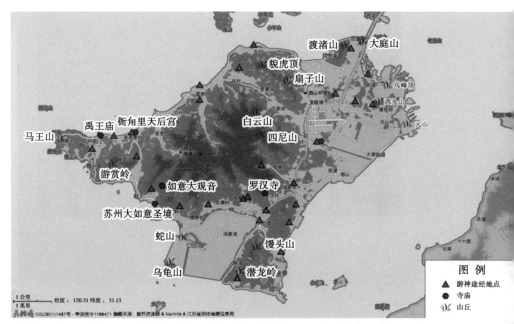

图 6-4 洞庭西山天后宫 1945 年游神路线
图片来源: 苏娴改绘。

不过, 在 2021 年 7 月我再去西山时, 发现这座天后宫已被改造, 原有的天后塑像和其他神像都已被移走, 换成了一个新的神, 从样子来看, 应该就是刘猛将。我不太清楚这一变化背后的具体动因。表面来看, 这可以被解释为一个外来的神被一个更被认同的本地神所取代, 而原来在西山的区域性整合中扮演重要角色的庙宇变回到衙里村自己的社庙, 从而呈现出一个"神明正统化"的逆向过程。不过我猜测, 这是因为到 21 世纪, 更高层级的整合性象征物已另有其他角色来扮演, 而刘猛将则更符合这个更高层级的整合性象征物之下的本地"非遗"名录的需要。

我无法知道这五座庙的确切历史, 但可以猜测这五个地点是西山

图 6-5　2019 年衙里天后宫内的神像

图 6-6　2021 年衙里天后宫内的神像

较早的定居点，随着国家力量的进入和居民的士绅化，一些正统化神明的庙宇在这些重要的定居点出现，然后喧宾夺主。但这些本地的信仰并未消失，并随着生业的日渐多元化出现某种分别。在比较晚近的历史时期，不同地域和采用不同生业的人群形成更为密切的社会联系，通过在全岛范围内绕境游神的仪式活动，展现出区域性的整合。这或许是整个江南地区水乡变化的一个缩影。

苏州城西猛将堂

从浙江湖州的乌程向东进入吴江，包括东山以及苏州西部的吴县地区，再向东直到青浦和松江，这就是刘猛将信仰最为活跃的地区，大体上是北边的吴淞江与南边的太浦河—黄浦江之间的区域。但在这个区域以北的常熟北部向东到太仓一带，除了阳澄湖区，刘猛将信仰虽存在，但体现出不同特点，地方文献也记载颇略。前曾指出，这个分野与高乡 / 低乡的分野大体相合，[①]同时高乡地区北部与长江更为贴近，文化传统便有所不同。

在清代和民国时期的文献记载中，即使是在东太湖的低乡地区，刘猛将信仰也呈现出不同的形态。在濒湖地区，抬猛将的仪式通常是在正月举行，以聚落间的游神为主；而在东太湖平原的腹地，则往往在夏秋之际的七月、八月或九月举行，以在田间地头绕行为主，甚至还有一年在春秋两次或多次举行的。人们通常将这些有区别的行为共时性地混为一谈，其实这是不同人群、不同生业及其变化的历时性表现。

---

① 乾隆《支溪小志》记载，"从北冈身起进镇，为塘北街"（卷一《地理志二·闾里》，第9页下，《中国地方志集成·乡镇志专辑10》，第6页）。支塘镇在常熟县城东，冈身由此过。

无论是清末民初的乡镇志，还是新编村镇志，对这类民俗事象的记载都存在因时代原因和编者主观因素而取舍的现象，但即便如此，我们还是可以从这类记述中发现抬猛将的习俗有一些细微的差别。由于20、21世纪之交编辑出版的苏州地区村镇志记录的民俗状况大多限于民国时期，因此我们可以将这部分内容视同于民国时期的乡镇志记录。

在苏州以西临太湖的地区，抬猛将的风俗一直很盛。出苏州盘门，昔称盘南，现在已经是一片居民小区，东边是西塘河，南边是南环路高架。过去村村都有猛将堂，也都在正月抬猛将。靠近护城河的称为盘南北片，比如横溇、巴里等村的习俗与其他地方类似，仪式是到田间逐戏。西巴里村有个万寿庵，正殿拜观音，两侧偏殿都是各村的猛将，只有抬猛将的时候才出庵。这可能是和前面说的梅李吉祥寺的情况一样，原来各村的猛将堂都被拆掉了，但抬猛将的习俗还保留着，就把神像放到一个比较大的庙里，表示原来的村都还在，聚落的认同也都还在。

但在盘南的南片杨家浜、摇船头、上沙等村，据说是没有猛将堂的，猛将神像是安置在一家之中，每年按家轮值"待猛将"。不同的村子抬猛将的日子也不同，如上沙村的猛将生日是正月初十，而邻村摇船头的猛将生日是正月十一。据说祈福的所有费用都不用主家出，猛将也有自己的产业，比如靠近杨家浜河的一片菱藕塘，就是猛将的"老爷塘"，哪家当年轮值，菱藕塘当年的收入就归他们家。①这样的传统可能是船上人留下来的，他们此前没有定居或形成聚落，因此也就无法建

---

① 陆军主编《友新六村志·盘南村志》第6章第1节"故址"；第2节"轶闻"，第272页。

庙，原来神像也许是放在各家船上拜的，上岸之后也就把神像放在家里了；而"庙产"也不是田，而是湖荡里的菱藕。另有上沙村的老人回忆说，该村的轮值是在22家人的"合会"组织中进行，[①]这种会可能类似前述开弦弓的段，也有可能不是地缘性的组织。

盘南西边的新郭村距离石湖不远，抬猛将的习俗也类似，每年是由某两户人家轮值，在正月十五办会。据说猛将随身带有几亩或十几亩不等的土地，谁家轮值，这地里一年的收成便归谁家所有。[②]这些土地显然也是办会的公产，这里也没有固定的猛将堂。不过这里还有农历七月做猛将会的传统，在田里插彩旗，在屋门口挂灯笼，这又是驱蝗的仪式，应该是定居农耕以后增加的内容。

到上方山以南的尧南，不仅村里都有猛将堂，家里也供猛将神像，我猜测这就是以家户（船）为单位和以村落为单位的两种祭祀传统的并存。尧南即尧峰山以南，这里和邻近的马家村都是正月十二抬猛将，但周边多是正月十三，与东山的安排一致。[③]

尧南和马家村都在木渎的南缘（马家村在民国时属吴县五都七图），灵岩山和天平山都在木渎的北缘，穹窿山在其西，距光福更近。这里因在山麓地带，所以开发很早，民国《木渎小志》对境内抬猛将活动的记载也很简略："吴俗乡村报赛多祀猛将。灵岩山丰盈庄有宋景定二年敕封刘琦为天曹猛将石刻，或好事者傅〔附〕会，不足凭也。"[④]在记载寺

---

① 《横塘镇志》第19章"杂记"第2节"轶闻"，上海社会科学院出版社，2004，第375~376页。

② 陆军主编《友新六村志·新郭村志》第9章"社会情状"，第221页。

③ 《尧南社区志》第9章"社会"第3节"传统习俗"，古吴轩出版社，2009，第136页。

④ 民国《木渎小志》卷六《杂志》，第19页下，《中国地方志集成·乡镇志专辑7》，第531页。

庙的部分，完全未提猛将堂，应该是全书比较简略的缘故。新编《木渎镇志》也是如此："猛将会，全镇各村都有，与土地庙共存。当地村民每年祭祀一次，抬着猛将轿在本村周游一次，以祈五谷丰登。"①说明该活动在这里非常普遍，或不屑详记。从这简略的记述看，这里的猛将是个社神的传统。

穹窿山西南临湖地区是香山，"泄太湖水以灌输香山腹地之田亩者南宫塘，塘在穹窿山下，贯串香山，蜿蜒十里，南自外塘桥起，北至吕浦桥止，中途而折，分其湖流，由郁社、姚社等处，以达蒋墩，旱涝有备，舟楫可通"。②看起来香山是穹窿山与香山两地（岛）之间由溇港圩田逐渐填充形成的一个半岛，所以这里的十六到十八都各图都编了字圩。

这里的神庙不乏水上人的踪迹。比如李王庙，据说原来在法华山夜猫涧，"里人有梦白袍白甲神者，自言姓李名禄，职掌江湖，愿驻旌节于此。明日渔船得神像于芦苇中，与梦适符，因立庙奉祀"，于是便把庙搬到夏家带，占用了一个祠堂，名为义慈堂。这是一个典型的水上人上岸定居的故事，李禄就是前面提到过的常熟大湖甸村的长兴李王，可见东太湖的三个方向都有拜李王的水上人群。但是"寺观"和"祠宇"部分同样不提猛将堂，只是在《杂记》中记载："香山各村集均供奉刘猛将神像，为其能驱蝗也。正月赛祀最为热闹，夜闻锣鼓喧阗，各村舁神赴宴，此往彼来，迭为宾主。预日具柬邀请，大书'年愚弟刘锜顿首拜'

① 《木渎镇志》第21章"社会"第1节"民俗"，上海社会科学院出版社，1999，第331页。

② 民国《香山小志·水》，《中国地方志集成·乡镇志专辑7》，第422页。

云云。"① 其中透露出的信息，一是在正月举行仪式，二是各村的游神队伍互访，即村际互动，说明已经是定居的农业聚落的仪式活动。就像东山一样，当刘猛将转化为定居水上人的社神之后，就会有其他的水上人的神存在。

这一区域引起学者关注的是以善人桥为中心的穹窿老会，其中尤以朱小田的论述最为详细。② 善人桥在穹窿山的北麓、王马山的西麓，后属藏书镇。新编《藏书镇志》对猛将会记载比较详细，虽然没有出现"穹窿老会"的说法，但从内容来看就是穹窿老会的活动。这里也是在正月十三出会，塘湾、南织坞等村抬小猛将，小王山（农林、兴奋等村）一带抬大猛将。这里没有猛将堂之类的庙宇，而是轮坐"七段"人家，轮值户主称"当头"。所谓"七段"是唐岗头二段和皇驾坞、柳家场、徐家场、堰头村、石臼庙各一段，七段以外的村落供小猛将，故有"七十二个半散段"之称。坐段要待猛将交段，散段可投帖预约待新年猛将。出会期间则邀请艺班表演和宣卷，请亲友吃"猛将酒"。除正月外，立秋前三天还要走青苗会。③

东山也有"大猛将"和"小猛将"的区别，前者在莫厘峰脚下的街上，后者在靠近水面的潦里、茭田一带，但山前地区都是"中天王"的系统，山后村落拜的猛将都是"上天王"，这分别代表了不同时期定居

---

① 民国《香山小志·寺观》《香山小志·杂记》，《中国地方志集成·乡镇志专辑7》，第429、450页。

② 参见小田《在神圣与凡俗之间——江南庙会论考》，人民出版社，2002，第309~326页。

③ 《藏书镇志》第20章"社会"第2节"信仰习俗"，古吴轩出版社，2004，第286页。关于七段的说法，民国材料略有不同，分别为：柳家场、唐冈头、堰头村、旺家坞、石臼庙、徐家场、上堰头。见王洁人、朱孟乐编《善人桥的真面目》第4章，吴县善人桥农村改进委员会刊行，1934，第36页。承蒙张笑川教授提供该材料的照片，特致谢忱。

的人群，代表了聚落形成的新旧。塘湾现称塘湾里，在善人桥以东约 4 公里；农林村和兴奋村在塘湾向南的穹窿山东麓，处在胥口低地通向山谷的地带。所谓七段各村都在穹窿山东北麓谷地，出会时由毗村（今作昆村 ①）、南竹坞（一作南竺坞）、三里村、小河朗四村人到各村鸣锣通知，这四村也在穹窿山东麓。

穹窿老会是每隔数年（一说七年）的农历二月或十月出会，加入者有 40 村 72 段，善人桥和木渎各居其半。本来正月中各村都有各自抬猛将的传统，可能是到了比较晚近的时候，在胥口腹地的山前平原形成了一个更大范围的祭祀圈，所以 1927 年举行的一次出会，从小王山南麓出发，三天行程，东达木渎，南抵胥口。

为什么和何时在这里形成了规模巨大的穹窿老会，文献中语焉不详。从已有材料看，明清及以前时期这里的名人多不是出自这些发起该活动的村落，而且本地有记载的寺庙庵堂也多不在这些村落，② 连刘猛将都没有庙，而是供在家里。这一地区有香溪从旁流过，香溪又称光福塘，现名木光运河，在木渎汇入胥江，是在西南两侧蓄泄太湖水的一条水道，由此形成山前的塘浦圩田。但山谷间却没有多少土地：

> 吴治之西，诸山环绕，以穹窿为特峻。其东麓地据高原，山田数十顷。常苦乏水，农家病之。爰有三堰五闸两池塘焉，相传创于赵宋前，明一修于成化，再修于万历；自入我朝，抚吴使者汤文正、林文忠均修之。迄今渗漏异常，盖岩坞深邃，每当山水暴溢，

---

① 此前，该地的官方地名已改为"昆村"，一度引起争议。据 2021 年 7 月 22 日《苏州日报》报道，村委会决定继续使用因较易辨识而更改的"昆村"一名。

② 参见《善人桥区政录（1932 年）》，苏州市吴中区档案馆藏。

冲突堤防，故无百年长治之功。家良生长是乡，有志重修者久矣。
光绪甲辰，会天子诏兴水利，乃偕二三同志，请于前邑尊李侯拨款
兴修，不谓未阅数月，涓涓者渐以如旧。家良思之，又未得良法。
适今春疏浚下流寮桥浜，察得闸底被水洞穿，因请今邑尊王侯士暄
履勘，乃慨然捐助。命重修闸神庙，并加阔堤岸一丈余，其洞穿
处，用灰石坚筑。监督工程者为里人周俊山之恒、杨丹溪广曜、李
竹均绪煜、□□□有德，并命子寅恭佐之。阅两月告成。现适山水
大发，居然可储蓄充盈，资以灌溉。仅用去钱七百缗有奇。或从此
收百年长治之功，未可知也。①

上述闸、堰就在老会发起的村落，自宋以后就十分重要，但因长期
淤毁，反复修治，不能一劳永逸。明代袁宏道说："穹窿……山下田
多荒芜，内高外卑，不能贮升斗水。五日不雨，田如龟腹，用是土著
之民逃移者半。"②老会的形成有可能是与这一地区聚落的水利网络有
关的。

在善人桥（藏书）和香山的西边是光福，即以今天虎丘区下的镇湖
社区为中心，其西南有两个伸入太湖的半岛。直到清末，"如菱塘岸、永
安塘、西华塘皆筑堤为田，似围田也。……然围田一遇水潦，旋被淹没，
而荡田、湖田亦然"，北宋郏亶就曾建议像"光福淹"这类地形应广置
堤防，多设斗门，使"田水之圩埠无冲击之患"。即使此后大量水面变

---

① 《重修穹窿堰闸铭并序》（宣统元年），《藏书镇志》第 6 章 "水利" 第 2 节 "山塘水库"，第
103 页。

② 袁宏道：《穹窿记》，民国《光福志》卷一一《集文》，第 13 页下，《中国地方志集成·乡镇
志专辑 7》，第 81 页。

成圩田，"光福又滨太湖，渔者十有三四"，由此可以想见更早时期的社会结构。

　　比民国木渎和香山的志书更甚的是，《光福志》对这里的猛将会只字未提。但据新编《镇湖镇志》记载，这里也是在正月猛将出会，一般以图为区域，每年每户轮流待猛将，值年的户叫"当头"，神像就安放在当头的家堂里，凑钱办酒席，并将交的钱数和姓名刻在石板上，由当头轮流保存。出会那天把猛将从当头的家堂请出来，在田间、地头巡视一周，然后到村头巡视，最后进入新家。到七月初一，还要把猛将老爷从神龛上请下来，给他烧香一个月，并在每块田里插上一面小的红色或黄色的三角旗，以示驱蝗。[1] 这说明这里还是有抬猛将的传统的。

　　从以上的描述看，在苏州城以西的濒湖地区，猛将会的最大共同特点，一是大多数村落没有刘猛将的庙，神像是放在值年会首的家里；二是大多数村落只是在本村的范围内巡游，只有香山存在各村的猛将互访的情况，而穹窿老会那样更大区域的游神活动，更是绝无仅有；三是出会日期主要在正月，因为这是传说中刘猛将的生日，有的地方在七月或十月还要做一次，与驱蝗活动有关。我相信没有庙、村内游神和每年正月出会这三点是较早的传统，也是水上人岸居初期的特征，而驱蝗和村落仪式联盟是定居农耕、聚落发展与扩张一段时间之后的产物，这在光福以北约 8 公里的东渚镇（今虎丘区东渚街道），情况完全一样。[2] 其实所谓驱蝗，可能只是个符合正统的说法，因为人们都知道三吴地区"畏涝者十之八九，畏旱者十之一二"。

---

① 《镇湖镇志》第 19 章 "民俗谚语山歌" 第 1 节 "岁时习俗"，上海辞书出版社，2007，第 368 页。

② 《东渚镇志》第 19 章 "民俗宗教" 第 1 节 "风俗"，上海辞书出版社，2007，第 387 页。

可以说，苏州城西地区，也即最接近东山的地区，抬猛将的传统与东山最为相近，水上人上岸及转变为定居农业的时间也相对较晚。

苏州城北的别样

在距离太湖较远的苏州城北部地区，情况就有所不同。所以我把原长洲与元和两县所辖地区，包括更北面的常熟，划为刘猛将信仰的的另一个区域，与包括东山在内的吴县和吴江辖区，即苏州西面和南面区域相区别，而后者与青浦、松江相连接。

通安镇在苏州城西北，光福、东渚的北面，东北接相城，西濒太湖。由宋至清属长洲，现属苏州高新区。这个地方把抬猛将叫作"抬孟将"，孟将也叫上天王，神像在很多庙里都有。但出会的时候，是把猛将从庙里抬回家中，安放在客堂中央进行拜祭。通常是七八户人家组成一个"孟将会"，每年挨户轮值，或一年一次，或一年两次，两次的称为"夏孟将"和"冬孟将"，前者在莳秧之后出会，后者在秋收以后出会。[①] 这看起来是不同时期的传统并存，有猛将庙（虽不一定是单独的猛将堂，而是与其他神放在一起的某庙），但做仪式却不在庙里，而要抬到家里做；是几户人家结社（类似前面说的段），而不是全村或跨村落；一年一次或一年两次出会，体现了向春祈秋报传统的转变。

通安东邻浒墅关的乡村里据说到处都有猛将庙，猛将像不过二尺，光头赤脚，短裤短衫，有的猛将像头上扎有红布，表示他被后娘打破

---

① 《通安镇志》第15章"民间风俗"第3节"庙会"，上海辞书出版社，2007，第313~314页。

头，鲜血染红头布。这个形象与我们现在见到的不太相同。百姓称其为"小老爷"或"小菩萨"，这种称呼应该是与刘猛将从淫祀转变为正祀有关。其实在我看来，东山和有些地方区分小猛将和大猛将也应与此有关，因为在江南，"菩萨"的称呼、冠带服饰的正规，以及仪式中的仪仗，都是地方神祇正统化的表现。

浒墅关抬猛将也是一年两次，即正月十三和七月半，但这两个日子似与春祈秋报无关，与蝗灾的关系也不太大，我认为可能来自渔民传统的香信。原来的香信就包括正月十二和七月十二，后来逐渐与岸上节期有选择地结合。仪式中的驱蝗可能只是为了满足正祀的要求，通过这种形式使仪式活动合法化。有意思的是在九图的戏楼浜有个清代的戏楼，对面大殿中坐刘猛将菩萨一尊，太保及猛将舅舅分列两旁。七月半时猛将出阁，三位老爷菩萨亦出阁，三轿绕村一圈，出村后田野间设茶棚，称"老爷坐茶"。然后神轿再赴各个自然村落去坐茶，直至傍晚回到戏楼，戏班开锣演戏。[1] 由于浒墅关在明清时期是运河上的重要税关，所以这里的聚落发展很快，猛将、太保和猛将舅舅可能分别代表着盛家浜一带的早期岸居人群和晚期不同的岸居人群，他们通过仪式活动逐渐整合在一起。

浒墅关钞关衙门的管辖范围，大体上包括了苏州府几个附郭县的范围，在清中叶人看起来，这里还都是被水包围起来的大小地块。浒墅关东北的长荡本有 20 里的范围，"后多为豪民所据，遏水畜鱼，河流渐狭"，[2] 现在已经消失。

---

[1] 《浒墅关志》第 12 卷《文化风俗》第 3 章"风俗"第 3 节"庙会"，上海社会科学院出版社，2005，第 687~688 页。

[2] 道光《浒墅关志》卷一《水》，第 1 页上，《中国地方志集成·乡镇志专辑 5》，第 81 页。

　　由于雍正时将刘猛将列入祀典，所以道光志记载了由官府祭祀的几座刘猛将庙，分别在庙庵浜、鸣凤坊弄、茶亭弄和杨安桥。在乡间的应该还有不少，八都九图的鱼庄有曲逆侯庙，拜西汉陈平，俗称陈相公庙，被尊为武邱乡土地，我认为就是上述九图村戏楼的那个庙。东、西鱼庄过去多为渔民居住，临西塘河，附近现在还有一些湖面。明朝施霖的碑记说这个庙在五代时就存在了，清朝本乡人凌寿祺的碑记说"乡之人举其庙而新之，合于春秋报赛之义"；又说"庙在龙华寺、猛将堂后，范文正公祠左"。① 这个范仲淹的祠也不是先贤祠或者家庙，而是一个神庙，如彭华乡的范文正公祠"相传为公降灵，土人立祠祀之"；② 龙华寺昔称广福庵，南宋宝庆年间建，明景泰时建设浒墅关衙门，占了它的地盘，嘉靖时才恢复起来。③

　　当时属于浒墅关的黄埭的方志中也有关于这里的记述。民国《黄埭志》记录了各都图下的字圩和村落名称，村名中固然有大量某某浜，显示其水乡特征，也有某某圩的村名，显示是在圩上建立的聚落。七都九图共有 18 个字圩、10 个村庄，而前述猛将巡游演戏的戏楼浜就是其中之一，也有一村称九图圩。志中亦记猛将堂在十一都七图，"又七都九图戏楼浜等处祀元刘承忠"。④ 虽然像其他清末民国的镇志一样语焉不详，但还是表明刘猛将在水乡变为圩田聚落的地区是非常普遍的。

---

① 道光《浒墅关志》卷九《庙宇》，第 11 页下 ~12 页下，《中国地方志集成·乡镇志专辑 5》，第 162 页。根据文献无法判断猛将堂与龙华寺是否有从属的关系，但前者多半更晚出现，故以顿号隔开。
② 道光《浒墅关志》卷九《庙宇》，第 17 页上，《中国地方志集成·乡镇志专辑 5》，第 164 页。
③ 彭启丰：《重修古龙华寺记》，道光《浒墅关志》卷一〇《寺观》，第 8 页下 ~9 页上，《中国地方志集成·乡镇志专辑 5》，第 172 页。
④ 民国《黄埭志》卷一《都图》，第 5 页上；卷二《寺庙》，第 5 页上，《中国地方志集成·乡镇志专辑 7》，第 562、578 页。

图 6-7 清代苏州府、松江府、太仓州境

图片来源：苏娴据谭其骧《中国历史地图集》第 8 册《清时期》绘。

明清苏州府城的北部是长洲，东部是雍正时从长洲分出的元和，两县的北部和东部分别是常熟和新阳，这数县围成的水域中最大的是阳澄湖。而浒墅关、望亭的北部则连接太湖北岸的无锡。在阳澄湖、漕湖、昆承湖附近也同样存在刘猛将信仰，但情形多少有些不同。

在这些地区，抬猛将的活动或"闹猛"的时间在农历七、八月的最多，也有一些一年两次甚至一年四次，只有少数安排在正月；在多数地区，猛将神像往往和其他神像放在同一个庙里，很少有单独祭祀刘猛将的猛堂。有很多地方抬猛将的活动与其他神的祭典活动是在同一时间，这些都是和我们前面讲到的地区不太一样的。同时我们可以看到，这些地区大体分布在从常熟到吴江的一条湖区分布带上，即从东南到西北的淀山湖、白蚬湖、澄湖、金鸡湖、阳澄湖、昆承湖和尚湖。

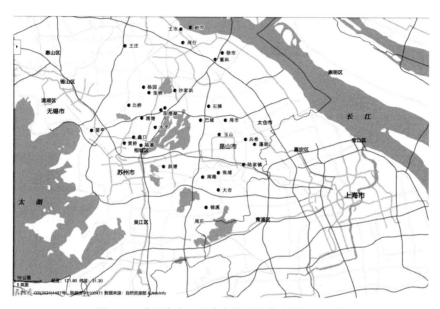

图 6-8　苏州市东、北境有抬猛将传统的镇区街道
图片来源：苏娴绘。

在曾属元和的斜塘，以前的猛将会是农历七月半做，人们把平时供在当头人家家堂里的猛将神塑像抬到场上，摆供品祭祀，然后抬到田野中巡游。[1] 斜塘以北的蠡口也是七月抬猛将，主要是在各村内游神，仪式后要给邻里分发大馒头。不过这里有单独的猛将堂，也有的和土地庙在一起。但在镇上，逢年过节时各种游神，而南街和北街则是"闹猛"。[2] 湘城又在蠡口、太平的东北，同样是初秋抬猛将，与蠡口一样，猛将堂多是村口小庙，且与土地庙并存。[3]

---

[1]《斜塘镇志》第5编"居民"第3章"风俗"第1节"岁时习俗"，方志出版社，2001，第362页。

[2]《蠡口镇志》第18章"社会风情"第1节"民俗"；第19章"志余"第2节"民间传说"，苏州大学出版社，2006，第319、340~342页。

[3]《湘城镇志》第18章"社会风情"第2节"风俗"，上海辞书出版社，2006，第409页。

但也有不同的情况。比如渭塘和北桥相距不远，都在蠡口的正北方。北桥是正月十三抬猛将，人们从猛将堂将神抬出巡游，[①]但在渭塘，除遇干旱和虫灾时抬猛将外，只是在三月二十八东岳神诞时，与各路神一起抬出游神。[②]在太平，这里的人传说神的父亲姓孟，母亲姓蒋，所以神的名字就叫孟蒋（猛将），后来母亲去世，父亲娶了后母，其余情节就与前面所述宝卷内容相同了。[③]黄桥有座乾隆时建的兴隆庵，俗称观音堂，据说前殿三间分别供着如来佛、韦陀、猛将和十殿阎王，后面三间则供观音、地藏等菩萨，各神都有不同的祭祀日期，但刘猛将的香火最旺。[④]

上述地区都在阳澄湖西侧，今属苏州相城区。其实阳澄湖地区形成较晚，原是一片低地沼泽，至唐宋时期潮水大浸，才形成湖泊，至明初才得名沺泾。在今天的阳澄湖镇境内，村落中曾多建有各种佛寺庵堂，其中供奉的神祇多种多样，如北前村大士庵供周太太和猛将，东塘村龙兴寺中有观音、雷公、猛将等，堰浜村十三图观音堂有观音、三官、猛将，等等。另外在车渡村、南消村也有单独的猛将堂。许多村落是在秋分过后抬猛将，在全村巡游，但在沺泾镇南各村则在三月初十至十二举办摇水会，由东港东西两岸的刘家庄、竹窠里、北堰木和张港的西湾及庙港等村轮流当会，将村里的猛将神像置于船上，进行竞渡。次日还要环绕各家田地巡游，最后送回次年值年会首的家堂。[⑤]

---

① 《北桥镇志》第18章"社会风情"第1节"习俗"，苏州大学出版社，2007，第315页。

② 《渭塘镇志》第18章"社会风情"第2节"民俗"，上海社会科学院出版社，2006，第388页。

③ 《太平镇志》第18章"志余"第1节"民间传说"，广陵书社，2009，第442页。

④ 《黄桥镇志》第18章"古迹"第3节"古寺庙"，古吴轩出版社，2010，第418页。

⑤ 《阳澄湖镇志》第18章"古迹文物"第1节"寺庙庵堂"；第19章"社会"第1节"民俗"，上海社会科学院出版社，2004，第443~447、471页。

　　阳澄湖西北的漕湖和鹅真荡（鹅胲荡）一带（即前述梅里），后属常州府无锡县，是西太湖与东太湖的交界地区。传说这里是吴泰伯的国都，历史非常悠久，著名的甘露镇和荡口镇就在这里。据咸淳《毗陵志》，南宋时无锡城的周长只有二里十九步，周围的聚落也许还不甚繁密。清代地方文献追述的聚落和人群多是从元代开始，如徐塘，"宋时钱为著姓，元有天下，邹瑾始自华庄徙此"；如望亭，"元世邹氏所居，号南园，明初曹昺自唐村婿于邹，因家于此"；如南河，"顾氏世居，元季顾惟二自吴县铜坑徙此，明洪武四年给帖入籍"；如秦村，"古名葛城，元初黄震自洞庭西山徙此，称秦村黄氏"；如胡村，"曹氏世居，元季曹汉英自常熟陆庄徙此"，不胜枚举。①

　　我没有对这里进行过详细的田野调查，也没有详细阅读这里的民间文献，但从上述情况看，这里在元末明初的经历与东山有点像。但由于其起步较早，从唐代就开始开发，逐渐形成比较稳定的塘浦圩田格局，故其社会结构在明清时期迅速变化。到今天，晚清时期这样的塘浦村圩已经几乎看不到踪迹了。

　　从苏州相城区再向北进入常熟境内，情况与阳澄湖区差不多。在靠近阳澄湖的地区，比如杨园，过去每个村都有猛将堂，被封为上天王，在农历六月抬猛将；②又如张桥的东平村曾有广福庵，正殿供如来佛，西面土地堂中为土地和刘猛将，此外还有地藏、观音、关帝等，在农历九

---

①　光绪《泰伯梅里志》卷一《地理》，第3页以下，《中国地方志集成·乡镇志专辑10》，第470页以下。

②　《杨园镇志》第15编"社会"第4章"宗教宗祠家谱"第1节"宗教"；"志余"第1章"乡里传说"，上海社会科学院出版社，2006，第455、516~517页。

月抬猛将。① 在更靠近长江的常熟北部地区，比如董浜的抬猛将是春秋两次，包括正月十三的游神。在徐市和董浜之间的庆云庵，传为明万历吏部尚书徐轼建，初时只是土地堂，后增加了观音、猛将；再如西巷村雷尊殿，当地乡绅王云峰建于清光绪间，兼祀猛将。② 在王庄镇，陈巷村的合成庙，邓家湾村的太平庄、福兴庄都是以周神和猛将为主神的，建立比较晚近，抬猛将在七月初一。③ 徐市有刘神庙，同时庙中又祭土地保安里神，这里的猛将神诞在五月二十九日。④ 赵市最重要的庙是何村圣帝殿，与城隍庙、猛将堂和岳王庙结成四神社，每年收获之后，城隍、猛将诸神必抬至何村圣帝殿参谒圣帝后再行会。⑤

后世以沙家浜闻名天下的钓渚也是一个湖区。这里在常熟的东南，几与昆承湖相接。"钓渚自元以前益不可考，元时居民尤少。"有个据说是范仲淹同祖兄的后代在元至正年间迁到常熟，"为赵氏赘婿，又五传东桥，名友莫，赘钓渚□氏，家焉"，与东山的情况颇类似。⑥ 范氏后成此地大族，晚明时有范延祚"为陶朱术致富"，捐田五百亩作为义庄。也就是在这个时候，东山席氏族人逐渐移居北范，与范氏同为此地大族。

在钓渚以东是从阳澄湖流出的尤泾，后渐成聚落，称为唐市，明嘉

---

① 《张桥镇志》第18编"社会"第4章"宗教"第4节"寺庙庵堂"，上海社会科学院出版社，2003，第451页。

② 《董浜镇志》第16编"社会"第3章"地方习俗"第4节"岁时节令"；第6章"寺庙庵观堂祠坊"第1节"寺庙庵观"，方志出版社，2001，第867~868、889页。

③ 《王庄镇志》第16编"社会"第4章"宗教"第4节"寺庙宗祠"，中共党史出版社，2001，第483、485页。

④ 《徐市镇志》第18编"社会"第5章"宗教"第1节"寺庙教堂"，上海三联书店，2001。

⑤ 《赵市乡志》第11编"社会风土"第4章"宗教"第4节"寺庙"。

⑥ 单学傅：《钓渚小志》，第1页下~2页上，《中国地方志集成·乡镇志专辑10》，第235页。

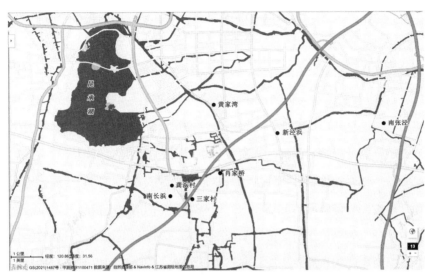

图6-9　《沙家浜镇志》记录的猛将堂遗存地点
图片来源：苏娴绘。

靖常熟志称这里"聚居有三四百家，有商舶"。当地人称，正是因为这里是交通孔道，商贾辐辏，不怕因为发大水淹没农田，"享有贸易之利，此民之得免于离散也"，①也与东山颇有类似之处。在明代，这里的富户"拥资廿余万者有数十家，故谚有金唐市之名"。但到清代道光时，虽然人口增加数倍，但家产数万之家也没有多少，周围的普通村民"田事稍暇，男则捕鱼灌园，女则擗绩纺织，谋生之方，不专仰于田亩"，②形成一种农渔结合、多种经营的模式。所以他们只是"立秋前后各乡祀刘猛将，谓之做青苗"。③由于这个地区存在大片湖荡和低洼圩田，所以渔民

① 倪赐：《唐市志》卷上《本志》《形胜》，第2页上、3页上，《中国地方志集成·乡镇志专辑9》，第500、501页。

② 倪赐：《唐市志》卷上《风俗》，第25页上~26页上，《中国地方志集成·乡镇志专辑9》，第512页。

③ 倪赐：《唐市志》卷上《节序》，第27页下，《中国地方志集成·乡镇志专辑9》，第513页。

也不少，有些是清中叶以后上岸的。至民国时期，这里除了有五圣庙、太姆庙外，在南张泾、新泾浜、龚浜村、南长浜、三家村、肖家桥、黄曹村等都有猛将堂。①

　　这些情况证实了我在前面所说的苏州以北地区抬猛将的特点，但我相信，上述材料所反映的清末民国时期的情况，应该是一个历时性变化或者层累的结果。一些地区刘猛将与水上人的关系还是很明显的，但在农历六至九月安排抬猛将的活动则是这一地区人群农耕化的结果。从太湖直到长江的望虞河将苏州西北的望亭与常熟的海虞连接起来，中间串联了漕湖、鹅真荡、南湖荡、尚湖等水域，人群和生业都在不断发生改变。福山塘从常熟汇入长江，亦与望虞河通，乾隆年间重新疏浚时，人们就说：

　　　福山塘……东联耿泾，西援九澥，汇支河七十有二，北达于江，与狼山相望，为江海之交。夹塘而田者不下数百万亩，悉资灌溉；而贾帆商舶，往来于通、泰诸州邑，实为孔道。但潮汛冲漂，泥沙日积，岁久易堙，自明迄今，旋浚旋堙。迩者，二十四浦多就淤塞，白茆已夷为平陆矣，福山塘亦浅涸淤淀，旱潦无备，舟楫不通，农商交病，邑人之望浚如望岁焉。②

　　这一带自宋以后大片淤积成陆，而明代以后这个速度大大加快。在

---

① 《沙家浜镇志》第13编"社会风情"第4章"宗教信仰"第1节"佛教"，中共党史出版社，1994，第378~379页。

② 庄有恭：《浚福山塘碑记》（乾隆十七年六月），《海虞镇志·福山志》第17编"社会"第5章"古迹文物"第3节"碑记"，上海社会科学院出版社，2005，第664~665页。

更东边的支塘一带，两宋时期官府多次疏浚白茆等二十四塘，"元世久湮"，弘治八年发十数万丁疏浚白茆，但"仍废不治"。到清代，本地人说以往从白茆"泄湖入海"的做法都不对，因为湖水都进不到白茆，白茆塘的问题是港口沙淤，海水倒灌。所以应该在沿江设闸，防止倒灌，"至将及低区，地形高下不同，又恐泄而不留也，为作冈身，以横截之，故水深土厚，常熟之名所由来也"。①

冈身所在的支塘地区是较早形成的塘浦圩田，自宋以后人们主要致力于塘河的疏浚，以防溢滥。虽然在白茆塘、横塘、盐铁塘一带至今还有许多泾、浜的地名，但已经没有明显的水面。所以在这一带的贺舍、东蔡泾，梅园的贺舍庙、钱家市庙、景福庵中，清代中叶除供奉观音外，还有刘猛将。这些村落里的刘猛将已经变为定居农业聚落中的社神："村人于二、三月间舁猛将行阡陌间，谓之游田头，祈免虫灾。"②类似的如梅李镇的界圩庙祭祀周孝子和金元七总管，刘神庙中除上述二者外，还有刘猛将和李王，都是社神。③

苏州城东的变相

在苏州府城以东的长洲、昆山境内，也有大片湖区，随着人们的

---

① 以上讨论参见乾隆《支溪小志》卷一《地理志四·水利》，《中国地方志集成·乡镇志专辑10》。

② 乾隆《支溪小志》卷四《往迹志四·寺观》，第16页上；卷五《杂志二·风俗》，第4页下，《中国地方志集成·乡镇志专辑10》，第81、91页。

③ 《新增梅李小志》，第2页上、3页上，《中国地方志集成·乡镇志专辑10》，第342、343页。

开发围垦，同样出现淤浅的湖荡。在低乡地区经常遭遇水淹的情况下，湖荡成为人们维持生计的重要资源，也常常引起纷争。如原属长洲、今属相城区黄桥的养鱼户本是"版籍耕农，并非捕鱼船户，苦因田多荒，钱粮无口办，有积水污池，就便养鱼以供国课"，到晚清时常去葑门外的黄天荡、独墅、金鸡、阳澄等湖捞取水草，经常遭到"荡棍"的勒索。① 这说明苏州城东北的农民与城东的湖区一直有密切的联系。

再向东的吴淞江和澄（陈）湖流域，即甪直、周庄一带，早已形成大片小圩，但从苏州到甪直往往还是走水路。顺治二年清兵南下，吴梅村带着家人百口逃到这里避难，说"陈湖诸水淳泓演迤，居人狃而安焉。烟村水市，若凫雁之着浪面，千百于其中。土沃以厚，亩收二钟，有鱼虾菱芡之利，资船以出入。科徭视他境差缓，故其民日以饶"。他在途中曾受暴风雨惊吓，到达后感慨："葭芦掩映，榆柳萧疏，月出柴门，渔歌四起，杳然不知有人世矣。"②

也许是由于编者的偏好，康熙、乾隆版的《吴郡甫里志》和咸丰《甫里志》都没有专门记录甪直一带猛将堂和抬猛将的活动。甪直以南的陈墓镇今称锦溪镇，乾隆《陈墓镇志》同样没有相关记载。

但向南不远的周庄似乎不同，乾隆《贞丰拟乘》中记"桃花庵左侧有猛将堂……国朝又敕封猛将为中天王"。③ 光绪《周庄镇志》补充说，

---

① 《奉旨遵宪蠲免渔课永禁区泥草私税碑》（顺治十七年）、《奉旨勒石永禁碑》（光绪十七年），《黄桥镇志》第 18 章 "古迹" 第 1 节 "古碑"。

② 康熙《吴郡甫里志》卷一《攀清湖诗》，第 25 页上下，《中国地方志集成·乡镇志专辑 5》，第 418 页。

③ 乾隆《贞丰拟乘》卷上《祠墓》，第 24 页上下，《中国地方志集成·乡镇志专辑 6》，第 413 页。

"里中祀之者非一处，惟此最尊大，香火亦较盛。庵之南，近南湖滨有兴隆庙，镇西瑞福庵有刘王堂，皆神祠也"。同书又记镇西北雪巷村独云庵于道光重建时改名福神庵，旁有刘王堂，碑记称"未知刘王奚指，疑即盯俗竞崇之刘猛将军"，可知刘猛将在这里是很受人们欢迎的。同时又单独列出"猛将堂"一条，称"远近各村无地无之，甚有一村而分立数祀者。祀神之所亦不一，或立小庙，或附于庵院，或供于家，悉数难终，不复眉列。……他处多于春秋首月备卤簿迎神赛会，巡行陇亩间，独镇西西蒲塘之神崇奉庙中不出"。① 直至 20 世纪，周庄的春社还是各户在正月初一到初五在家堂供奉猛将，初一、初二各村走会，或从本村出发，绕境内太史淀，或乘船摆渡至吴江县境，从西栅入镇，穿越中市街，出北栅而回。秋社则在七月半抬猛将在田郊巡行，谓之"游青苗"。②

　　从甪直到锦溪大约 12 公里，再从锦溪到周庄大约 10 公里，相距不远的地区在地方文献中却存在这样的差异，一方面的确与文献编者的态度有关。因为在新编《锦溪镇志》中记载，"解放前，一般较大的自然村，都有三官堂、观音堂、猛将堂、土地庙、关帝庙等庙宇"；③ 而甪直今天所在的张浦镇，八月十五庙会要把府城隍、县城隍和猛将神抬至府庙场上（今西场头），供人焚香敬拜，还要巡游全镇；④ 在张浦的南港，

① 光绪《周庄镇志》卷三《祠庙》，第 19 页上下、27 页下~28 页下、34 页上，《中国地方志集成·乡镇志专辑 6》，第 521、525、528 页。

② 《周庄镇志》卷一九《民俗》，江苏人民出版社，2014，第 872 页。

③ 《锦溪镇志》第 13 篇"社会"第 5 章"宗祠庙宇"第 2 节"庙宇"，中国大百科全书出版社上海分社，1993。

④ 《张浦镇志》第 14 篇"社会"第 4 章"风俗习惯"第 3 节"庙会"，上海三联书店，1992，第 255 页。

三月二十八庙会时附近村落的人都要摇着船到大市镇姜里村东岳庙，也要把府城隍、县城隍、猛将神抬到戏台上；[①]在张浦的大市李泾村，金家堰西有孟将庙，同治间建，庙内供奉孟将和关帝、三官等神；尚明甸村人字圩的五神圣庙，供奉天帝、观音、孟将、关帝、三官。[②]这些都说明刘猛将在本地人信仰生活中的地位还是很高的。

　　但另一方面，周庄的情况也的确有点特别，因为这里有一部分属于吴江，距离淀山湖也很近，与汾湖、淀山湖的人群有密切的联系，所以光绪《周庄镇志》会提到吴江庄家圩刘猛将的情况。该志书编者还提到周庄的风俗，对修宗祠不感兴趣，但对拜神却十分热衷。说明直到清代，这里的士大夫传统是不如甪直和陈墓的。

　　在上述地区更东的昆山，情形又有不同。这里跨吴淞江两岸，与湖区渐行渐远。淞南在甪直以东，与淀山湖有甪直泾相通，明清之际侯峒曾所属侯氏即本地大族。淞南千灯以东的石浦"田先多旱患，民皆不稔。宋嘉祐中邑丞沈开浚吴淞，兼浚石浦，浦深而广，农事始登"。说明这里从北宋以后开始开发，逐渐形成塘浦，而靠近淀山湖的度城在清代还是"鱼庄、蟹市甲于江南"。[③]不过在康乾以降的《淞南志》《续淞南志》及《二续淞南志》中，都没有关于刘猛将的记载，直到清末才有"立秋日祭猛将神，名曰贺土地，用赞神歌"的记录。[④]我猜想这里由于

①　《张浦镇志·南港卷》第15篇"社会"第4章"风俗习惯"第3节"庙会"，西安地图出版社，2003，第220页。

②　《张浦镇志·大市卷》第15篇"社会"第4章"宗教"第5节"庙宇寺观"，西安地图出版社，2003，第301页。

③　康熙《淞南志》卷一《乡镇》，第8页下、9页上，《中国地方志集成·乡镇志专辑4》，上海书店，1992，第749页。

④　光绪《淞南志》卷二《风俗·节序》，第5页上，《中国地方志集成·乡镇志专辑4》，第697页。

农业开发的局限性，近湖的渔民是在较晚的时期才逐渐岸居的。

吴淞江北的陆家镇原称菉葭浜或陆家浜。新编《陆家镇志》记述说，这里每年举行四次"猛将社"，一般十户左右结成一社，轮流负责供祭。四次"猛将社"的时间分别是：第一次在正月十三，是猛将的生日，称"新年"；第二次在三、四月间，称"秧田青"；第三次在七、八月间，称"做青苗"；第四次在十月份，称"砻头"。[①]但民国《菉溪志》对此没有任何记录。与这里类似的是玉山镇，那里也曾有每年四次的"猛将社"，时间也相同。[②]两地都在阳澄湖东岸到吴淞江一带，可以算作同一区域。这样的社期，我认为是从渔民的香信转化来的。

更东北的周市又称周墅，有这样一个传说：

> 相传清初年间，有人在周墅镇西的汉浦塘与新塘河交会口，捞到一只轴盒，画的一个短装、赤脚、头扎布片的少年，画像上端题有"上天王刘"四个大字。知是刘猛将的尊容，便送到庙弄北端竺隐庵内的关帝阁里张挂了起来。随后，由于清帝对猛将加封宣扬，地方上把画轴上的猛将改塑成一尊木雕的坐像，穿明代红色的蟒袍，戴明式的王冠，腰围玉带，粉底皂靴，与关羽左右并列受祀，最后居中坐了正位。民国期间，由地方热心人士在长胜村湖川塘择地造屋 3 间，正式建立了猛将堂。[③]

---

① 《陆家镇志》第 18 篇"风俗宗教"第 1 章"风俗"第 3 节"生产习俗"，中国大百科全书出版社，1992，第 293 页。

② 《玉山镇志》第 18 篇"社会"第 5 章"风俗习惯"第 3 节"生产习俗"，上海科技文献出版社，1996，第 324~325 页。

③ 《周新两镇合志·周市镇志》第 19 篇"文物胜迹"第 2 章"古迹"第 1 节"寺庙"，广东人民出版社，2002，第 323 页。

这类传说通常是水上人上岸的故事，一般是顺水漂来一个神像，然后就建起一座新庙，这里则是一幅画像，因为在渔船上贴神的画像比摆放塑像更多见。其进入关帝庙后，逐渐与清廷最为尊崇的关帝平起平坐，最后竟替代关帝成为主神，到民国时便正式独立出来。除此之外，传说中把王冠、蟒袍专门指称为明朝式样，则是一种反清复明的表达。

周市抬猛将的仪式也与周边地区不同。

> 周市以往一年一度有个庙会，称"三月廿八汛"，庙会的高潮是农历三月廿九。
>
> 农历三月廿八，相传是东岳大帝华诞，各地城隍庙举行庙会，抬着城隍菩萨到东岳庙朝拜。周市则不然，在三月廿九举行猛将庙会。猛将菩萨姓刘，是为驱蝗而牺牲的一位少年，被农家敬奉为保护庄稼的尊神。
>
> 廿九日中午开始"解会"。几位须眉皆白、颇有声望的乡绅，身穿夏布长衫，手捧如意香斗，恭敬开道。接着是道士、法师、香客、拜香童子、金花老太，信男善女有上千之众，无不虔诚地簇拥而过。……成员是许愿的青壮年汉子，手膀上穿刺着一排铜钩，有的悬挂着几十斤重的大锣，边走边敲；有的悬挂着锡鼎锡炉，脸若冰霜，肃然款步。最后是百十顶万民伞，几匹看马，几顶看轿，夹杂着飘飘荡荡的黄藩〔幡〕、旌旗缓缓而过。街道两旁人山人海，顿时屏息鹄立，鸦雀无声，静静看着一顶坐着一尊猛将菩萨的八抬大轿，威灵显赫地渐渐远去。一支长约里许的队伍，沿着周墅乡界

浩浩荡荡游行一圈，直到傍晚才结束。[①]

所谓"汛"即香汛，也即香期、朝山进香的会期。之所以用这个"汛"字，我认为是水乡的人以涨潮作为进香高潮的比附，所以这几乎是江南人特有的说法。值得重视的是，三月二十八日的确是东岳大帝的生日，全国各地多有在这一天举办东岳会的习俗，但周市却错开一日抬猛将巡游，替代东岳大帝出巡，而且是以一种静寂无声的肃穆方式，显示出特定地方特定人群的某种群体认同和集体诉求。这让我想起滨岛敦俊写到的清道光二十六年昭文县佃农的抗租斗争，总管、周神、猛将、李王因为在佃农占卜时显示大吉，被知县下令捆绑到县，置于城隍庙示众。

这一地区的猛将堂其实有很多是很"年轻"的。比如新市腰溇村6组曾经的猛将堂建于嘉庆十八年，项路村西9组的猛将堂建于光绪六年，东方村11组的猛将堂始建年不详，重修于1939年，[②]这和东山的情况非常类似，说明拜猛将的人群在这里定居，至少是建立自己的礼仪标识并不很久。我曾在其他文章中提到过咸丰时南漕改为海运后大量水手失业，不少人成为江南水域上的码头工人、运输工人和渔民；我还怀疑东太湖渔民的洪三会就是当初漕帮中的杭三帮，而他们的另一个身份就是以反清复明为宗旨的罗教及日后的青帮。

苏州以东及松江府所辖地区呈现出的猛将传统的复杂多样性表明，在这样一个不大的区域内，由于环境状况的不同，生业和信仰也存在差

---

① 《周新两镇合志·周市镇志》第18篇"社会"第2章"风俗习惯"，第310页。

② 《周新两镇合志·新市镇志》第16篇"文化体育"第1章"文化"第4节"古迹遗址"，第170~171页。

别，不能给予同质性的描述。同时，我们也必须认识到，水上人上岸是一个连续不断的长程历史，从最早的开发时期直到今天，一直没有停止；而造成他们上岸的直接原因，也并非千篇一律的农业开发。

从离散到整合——常熟的缩影

在中文世界的历史写作中，常用"从分散到整体"这样的表达，来描述新航路开辟之后世界历史发生改变的特征，其背后的动力是商业化。在这个意义上说，无论是东山还是江南，抑或其他地方，都是具有一致性的。不过，在中文字义上，"分散"和"整体"由于是名词，所以是对某种状态的客观呈现；而"离散"与"整合"都是动词或形容词，因此体现了人的能动性，甚至表达了某种情感。

如前所述，对江南圩田以及湖荡开发已有大量研究，不用说漫长的"沧海变桑田"的历史过程，就是今人在其个体的生命周期中，都可以清晰地发现，幼时曾经嬉戏其中的水面现在已经变成陆地，过去要用数小时的时间，乘公交车再换渡船几次才能到达的地方，现在一条路半小时就到了。在水乡地区，地形地貌的散碎逐渐变得完整起来，是显而易见的，也是以水域面积缩小或消失为代价的，这首先是农业化而非商业化的结果。

在江南文献中，以下的描写是很常见的：

> 海虞故泽国也，白茆绕其东南，大江环其西北。白茆之脉，远承震泽；大海之泽，近逼浒浦，而其间如奚浦，如三丈浦，如福

山、贵泾、横浦，则皆二水之襟带，蓄畬之门户。至从李墓而撄白
茆，从福山而通大海者，名曰梅李塘。……善乎耿侯之为吾虞水利
计也，周游诸浦，溯流穷源，曰：梅李即不在一隅，而左跨茆海，
右联巨江，梅李不浚，诸浦遂淤，岂止一方之民病，将四隅阡陌悉
同焦土，几今溃茂而栖苴矣。[①]

海虞是常熟的别称，碑文作者是晚明常熟人蒋以化。他称常熟过
去是个"泽国"，东南的白茆塘源自太湖，西北则有长江，其间有若干
塘浦水面，都是通往农耕地区的所经之处，梅李塘也是其中之一，与白
茆、长江各自联通。万历间知县耿桔治理常熟水利，认为梅李塘是其中
的枢纽，如果得不到疏浚，其他塘浦水面都会淤积，将导致常熟其他地
方的农田遭遇大水冲击，成为漂在水中的浮草。

自唐末五代特别是宋代以后，江南的水利工程造成的结果，就是农
田越来越多，水面越来越小；而自20世纪后半叶，商业化造成的结果
是工厂越来越多，农田几乎消失，水面则更小了。这个过程当然可以笼
统地归结为人的开发活动，所以伴随着自然景观从散碎到完整的变化，
原来的水面上就出现了各种各样的人的聚落，包括前面说的村庄、寺
院、市镇甚至大都市等，这些就成为地理学研究逻辑的合理延伸。

常熟属于开发较早的地区。唐元和四年（809）的一块碑记中说：
"吴之薮曰具区，郡之大惟苏州。商为货居，农实邦本，锡贡多品，厥
田上中，土宜在民，地利乎水。常熟塘，按《图经》云，南北之路，自
城而遥，百有余里，旁引湖水，下通江潮，支连脉分，近委遐输。左右

---

① 蒋以化：《梅李塘碑》，《梅李文献小志稿》，第2页上，《中国地方志集成·乡镇志专辑10》，
第323页。

惟强家大族，畴接壤制，动涉千顷，年登万箱，岂伊沿洺之功，□□灌溉之利，故县取常熟，岁无告焉。"① 由于常熟塘的开发，农业得到极大发展，但自那时起，常熟塘附近的土地开发就由"强家大族"控制。

钓渚在常熟四十九都，原名鸟嘴，"地多水可渔，故记载家竟更为钓渚"，也就是我们今天熟知的沙家浜。钓渚有个南范村，有个叫范巨的人，族谱说他是范仲淹的同祖兄弟。到他第十一世孙德深的时候，是元至正末年，其迁到常熟的宛山，为赵氏赘婿；又五传到了东桥，成为钓渚某氏的赘婿。他有二子，后别居，所以有南范村、北范村之分。南范以南"皆水区也"，北范以北"谚称有七十二港汊"，地方文献说此地"自元以前，益不可考，元时居民犹少"，② 所以这个范氏似乎是发展起了这里最早的聚落，而入赘也成为元末明初定居的套路表达，与我们在东山看到的情况如出一辙。

除了范氏以外，《钓渚小志》中也记载了不少明末至清代姓席的人，比如席珽、席琮、席绍尧、席绍洙等，他们基本上是生员。按清初席本祯校订、席启寓续修的《席氏世谱》，常熟钓渚席氏也是从东山的中席分出去的，据说最早定居于常熟西北的杨尖，到第三十世荆生公（席玠）时析居于南边的北范，③ 所以才被《钓渚小志》记载。在《席氏世谱》中，常熟席氏被称为二十一世彦英支："按彦英公生元末，值红军贼之乱，变佣保服，避地常熟杨尖。房主顾某招之隶役，乃书绝句答之云：'支系唐朝老将孙，燕行流落一乾坤。诗书满架无心读，风雨萧萧独闭

---

① 刘允文：《大唐苏州新开常熟塘碑铭并序》（元和四年二月十八日），宝祐《重修琴川志》卷一二，清道光印元抄本，第 11 页上 ~12 页下。

② 《钓渚小志》，第 1 页上下，《中国地方志集成·乡镇志专辑10》，第 235 页。

③ 席彬重辑《席氏世谱载记》卷四《席式九先生传》，第 1 页上。

门。'主人得诗，遂加礼焉。"①他换了用人的服装逃到常熟，有人想招他做仆人，被他用一首不伦不类的诗加以拒绝。

而《席氏世谱载记》中专门收有一篇《始迁常熟祖庭松公传》。庭松是彦英的祖父，"因世业运筹策，富压江左，假商贾钱遍天下。会元末寇乱，芝麻李、张士诚日战争，而洞庭为盗薮，故席氏宗族四散，庭松遂弃家业流寓虞之阳尖。……念业已离家，贱不得已，讳其家世姓名，求庇于地豪周氏，周奴虏使之"。后庭松公不堪忍受，就写下上述那首诗，"抵票于地，不赴役，周怒，欲顷之"，庭松赶紧出逃到长江边，打捞上来一具浮尸，在棺材上写下自己的名字，周氏果然派人来追，见庭松已死，遂放弃。后来周氏被朱元璋处死，田产被分给乡民，庭松也获得一份，"由是致富任侠"。对这个故事，后世席彬在重修族谱时，也认为"必相传之伪"。②

同一首诗用在了祖孙两人的入住故事中，且祖孙两人都是元末明初人；前一个故事说房主顾某见诗后表示同情理解，后一个故事说主人见诗后大怒。我猜测后一个故事是常熟席氏关于自己始迁祖定居的传说，到清初东山席氏开始编纂族谱时或更晚续修时，常熟席氏将这边的系谱拿过来，编者认为该传说颇不雅驯，就加以改造，并且根据时间和字辈将其始迁祖定为二十一世彦英，这就变成了前一个故事。不过，庭松托庇于地方豪强，后来不满于为其承担赋役而逃亡的情节，与前述东山族谱中"赘婿"并在日后"归宗"，实际上是类似的表达。特别是借助水上浮尸脱逃，后来从官府那里获得主人土地的情节，更类似一种水上人

---

① 席彬重辑《席氏世谱载记》卷一〇《中席彦英支世系表》，第 1 页上。卷一一《诗词》首句又作"系本唐朝老将孙"。

② 席彬重辑《席氏世谱载记》卷二《始迁常熟祖庭松公传》，第 1 页上~2 页上。

上岸入籍的说辞。

　　杨尖今称羊尖，地处无锡与常熟之间，在望虞河以西，今天已经看不到一点水面，仅留下许多塘、湾、荡、圩的地名，说明了当年的水乡环境。在元末席氏进行开发时就更是如此，清顺治时席珩的说法是："生世居虞邑之杨尖，三百年于兹矣。……三湖逼其前，四荡列其右，大海环其后，长江注其肩，斯固烟波芦苇，奸雄藏伏之薮也。"[1]

　　在《席氏世谱载记》中，有席琮撰写的多篇人物传记，展现了明代中叶以后的发家史。《先祖怀耕公事略》说庭松公的七世孙叫国茂，号爱耕公，娶妻桑氏。夫妻名号中有农有桑，无比巧合，大概是从这一代人真正开始了农耕生活。桑氏生两子，鼎和鬲；妾谢氏生子鬻。"鬻七岁而孤，随母适锡之汤氏，为之牧羊。……既长归宗，借居两兄之侧屋。""鬻故有父遗荒田二十亩，亲垦而播菽焉。自正月不雨，至六月始雨，菽始生，病起者愿为之锄菽，亩收二石，而鬻赖以起富矣。傍基荒田，极望无际，渐垦之。……于是，戢闾里，来远人，农商毕集，工技辐辏。"[2]大概也是因为席鬻以垦荒起家，后来也得了个怀耕公的号。"来远人"并不是单纯的文学修辞，说的是圩田开发过程中的外来移民；"农商毕集，工技辐辏"，则说的是一个水乡聚落的形成过程。

　　对这一过程，后人这样描述："杨尖北有荒田万亩，自东至西，横亘数里，蓬断草枯，极望无际。吾族自十代以来，多散处于此者，荒田席氏之名，由斯而震。然人皆苦于荒，终岁勤动，仅尔完官，无能自拔。唯吾祖怀耕公不阶尺寸，垦荒积粟，致产数万。"[3]

---

[1]　席彬重辑《席氏世谱载记》卷四《从弟荆生传》，第1页上~4页。

[2]　席彬重辑《席氏世谱载记》卷二《先祖怀耕公事略》，第1页上~2页下。

[3]　席彬重辑《席氏世谱载记》卷五《戊子谱虞阳支列传》，第1页上。

到席鬻的儿子一辈，靠经商发家，这在怀顺公的传记中有详细的描述。顺治二年七月清兵占据常熟时，"城一空，伯之市屋数千间俱灰烬，存百间而已"。顺治四年怀顺公陷入官司，"费万金，事乃释"，[①] 可见其富裕程度。这位怀顺公与东山席氏因经商勃兴的左源、右源大体同时（仅稍晚），而且都经营布业。席鬻之孙席琮一辈兄弟也多经商，在顺治五年曾与太湖抗清义军激战，又受到清兵构陷，该事件在钱泳《履园丛话》中亦有长篇记录。席琮"修族谱，传系用《史》《汉》法"。[②] 根据清雍正年间席祜哲"又建始祖祠，辑家乘，置墓田"的说法，[③] 席琮时可能只写了几篇传记，到后代才陆续编成系谱，并汇入东山席氏的谱系中。

按照席琮的描述，顺治五年，东山的席本祯"欲修谱，遣价通尺一，琮因溯其世，自庭松公至于琮，十世矣"。他追溯说，"始，洞庭族有少汀公讳沪者来合谱，乃万历壬寅岁，琮之生年也"，那时常熟席氏还没有族谱，所以"合谱"或联宗便没有成功。这时席琮修谱，正是因为这样一个契机。席琮认为，在从万历壬寅到顺治戊子这46年中，"子孙散佚，莫知处所；富者刚傲，贫者猥琐；患不相恤，难不相救，亦已甚矣"，所以在他编的族谱中，写谁不写谁的传，是有自己的原则的。"琮自传复谱年独详乎？琮何也？谱，吾作也；吾作谱，奈何？！"[④] 由此可知，常熟席氏在明末清初尚未形成整合，与东山席氏之间尚未建立紧密联系。在这种情况下，根据吴梅村写的谱序，东山席氏的族谱也延迟

---

① 席彬重辑《席氏世谱载记》卷二《两朝乡饮宾伯父顺怀公传》，第 1 页上 ~3 页上。

② 席彬重辑《席氏世谱载记》卷三《席宗玉先生传》，第 3 页上。

③ 席彬重辑《席氏世谱载记》卷四《席君孚若传》，第 1 页上 ~2 页上。

④ 席彬重辑《席氏世谱载记》卷一《怀耕公支世系表序》，第 1 页上 ~2 页下。

到康熙年间才得以完成。①

　　无论常熟席氏是元末从东山迁出的，还是在清代与东山席氏联宗的，都说明处在不同地域的离散人群日渐整合。这种整合的契机也许是因为商业，因为地域极为接近的两个席氏都在晚明取得巨大的商业成功。他们或许相互间存在商业联系，但最后的结果是通过宗族的建构，才使其成为一个共同体中的组成部分。假如这二者确实存在商业联系，那么重要的就不是宗族建构对于二者各自的商业经营产生什么影响，而是商业经营的机制催生了他们的宗族，儒家原理便只是外衣而已。

　　正像以前各章所举例子显示的那样，在明清时期，不断上岸的水上人和外来移民成为地方豪强开发圩田的主要劳动力，他们后来则多成为圩田上的佃户，双方时而发生冲突，又不断进行调适。在常熟也是同样，从席鬶这一代开始，到席珩、席琮、席珽这一代，是锡东和常熟南部低地大开发的时期。《席氏世谱》中对这一开发时期的阶级关系有大量描述，可以让我们对以往多有讨论而近30年来少人问津的江南"奴变"产生新的认识。

　　前面提及的席琮的伯父怀顺公因商致富后，"珍货盈积，僮奴数千"。他还"筑堤堰，开水利，甃衢道，募屯田"，应即指开发圩田。席琮的六叔席允惠析产后"分受田三十顷，奴百人，米、菽、麦千石，内荒田八百亩"，但很快败尽，于是"布衣芒屦，秉耒负锸，与佣奴杂作于田，播种畜牧，必蓄必茂"。但因农业难以致富，又"与善贾者贸易淮扬徐泗间"。②无论是开发圩田还是经营商业，席氏都使用了大量被视

---

① 席彬重辑《席氏世谱载记》卷二《康熙壬申谱序》，第1页上～3页上。
② 席彬重辑《席氏世谱载记》卷二《叔父豫怀公传》，第1页上～3页上。

为奴仆的人，族谱传记中还有很多关于席氏子弟习武好斗并与地方官员多有往还的记录，这其实是一种显示其地方豪强身份的表达。因此在王朝更迭时，主仆冲突不断，以及前面所提民间多有对席氏的怨愤等事，便都可以置于一个圩田开发的情境中去重新理解。

顺治四年六月，"役机户则岁费如漏卮，无有所终极，而鱼肉我伯父者，且群起而图之也"。①席琮的父亲席敏时，有"孙基者，奸宄也，数为蟊于里党，父尝不平，攻之，基衔之。冬，父索租于顾鉴，鉴顽梗，基遂与鉴阴谋毙一病乞者卢明，而诬讼我父"。②明清之际社会动荡，"世情叵测而刑政亦日乖舛，偶遭诬讼，宵小构衅，……兄环居佃仆千余人，有大作辄役之，靡不至。有张复者，抗不赴，迫之，张忿，乃藏刃而前，兄未之备也，卒被刺"。③虽然缺乏详细记载，但还是可以看出主奴关系的紧张。

那么，这种主奴关系是如何形成的呢？谢国桢认为，明代的奴仆是元代的遗留，一类是雇募，另一类是投靠，明末奴变具有民族阶级运动的意味。④后来他又特别指出明末奴变的远因和近因，远因是失去土地的农民卖身为奴，失去人身自由；近因是明中后期江南工商业的发展，导致了阶级斗争的复杂化。⑤就后一点来说，傅衣凌进一步指出，这是明中后期商业资本发展的结果，并以福建惠安骆氏为例，指出其奴仆与入籍有关。而陈支平和林仁川更证明福建华安仙都的蓄奴，同样是与移

①　席彬重辑《席氏世谱载记》卷二《两朝乡饮宾伯父顺怀公传》，第1页上~3页上。

②　席彬重辑《席氏世谱载记》卷二《先考梦怀府君事略》，第1页上~3页上。

③　席彬重辑《席氏世谱载记》卷二《从兄元甫传》，第1页上~2页下。

④　谢国桢：《明季奴变考》，《明清之际党社运动考》，中华书局，1982，第209~236页。

⑤　谢国桢：《明末农民大起义在江南的影响——"削鼻班"和"乌龙会"》，《明末清初的学风》，人民出版社，1982，第246~261页。

民入居后的生存困境有直接联系的。[①] 在江南圩田开发的过程中，同样存在类似福建沿海和山区的情境，无论是经商还是利用经商所获资本开发圩田，元明时期的地方豪强都大量利用了上岸水上人和其他外来移民，他们以奴仆的身份附籍于主家，从而获得了入籍定居的权利。经过"奴变"这类不平等社会的撕裂，某种相对平等的机制与秩序逐渐建立，并形成一种同是本地人或岸上人的社会整合。

从前面的章节中可以知道，这样的过程在清代中晚期的江南不同地区还在不断发生——因为围湖造田还在继续，水上人不断上岸，外地人不断移入。直到今天，我们还可以在大湖甸村看到渔民的李王庙和千圣小王庙（奉千圣小王张，据常熟《千圣小王宝卷》，神为张巡之子，名张亚夫。庙中亦有刘猛将神像），渔民及其后代还在通过赛龙舟的方式表明他们的存在和认同。但是，李王庙香会现在还会去虞山上的祖师庙拜香，表明他们对一个更大的区域文化传统的参与。

巫能昌观察了湖甸李王庙及其他邻近村庙到虞山拜香的仪式，他注意到，除了登虞山到祖师庙拜香外，香会还会在登虞山前和下虞山后分别在李王庙或香会所在村庙拜香，甚至还会到私人所设神坛以及庙坛遗址拜香。拜香结束后，李王庙所辖各户代表从庙中带回一张符，有"朝山进香北极玄天上帝，家宅平安"字样，加盖"李王庙香会"印。[②] 这说明，从某个历史时期始，渔民的庙和非渔民的庙都逐渐以虞山上的真

---

① 傅衣凌、陈支平：《商品经济对明代封建阶级结构的冲击及其夭折——读惠安〈骆氏族谱〉兼论奴变性质》；陈支平、林仁川：《福建华安仙都的蓄奴制调查》，傅衣凌、杨国桢主编《明清福建社会与乡村经济》，厦门大学出版社，1987，第1~16、289~309页。

② 巫能昌：《宋元以来江苏常熟真武崇拜考》，《民俗曲艺》第204期，2019年6月，第82~83页。

武祖师庙为区域性的信仰中心，而这可以被视为不同历史时段中社会不断整合的反映。于是，政治史中的明末清初江南奴变，以及前面提到的太湖张三抗清义军的活动，无论是阶级斗争还是民族矛盾，都可以置于江南圩田开发和水上人上岸过程中的社会离散到整合的框架内重新观察。

从东山到上海：关于传统社会现代化的再思考

2020 年 7 月，我在疫情缓和后到上海市档案馆查档案。因档案馆就在外滩路边，闲时便在江边走走，不经意地注意到了"老码头"的旅游标牌，脑海里立刻浮现出小时候极为熟悉的样板戏《海港》的唱段与画面。印象最深刻乃至至今仍可脱口唱出的是这一句："大吊车，真厉害，成吨的钢铁，它轻轻地一抓就起来。"《海港》是当年的八个样板戏中唯一以现代化建设为背景的，而具体的选材就落到了上海港的码头。

我一路向南行去，看到"王家码头"等地名仍在，便特意检索了一下相关资料，发现在民国时期的二三十个码头中，"洞庭山码头"赫然在列，令我心动不已。我突然想到，在学者们（如李伯重）讨论的以华—娄地区为代表的江南与尼德兰进行的早期现代化经济的比较研究中，①具有共性的从事商业和水上运输业的水上人，可以成为人们关注和讨论的对象。

南方的码头又叫埠头，不管是在窗下小河边，还是在沿海大港，停船载客和载货或自家停船的地方，通常有一段或长或短的台阶直达水

① 如李伯重等《大分流之前？——对 19 世纪初期长江三角洲与尼德兰的比较》,《清史研究》2020 年第 6 期。

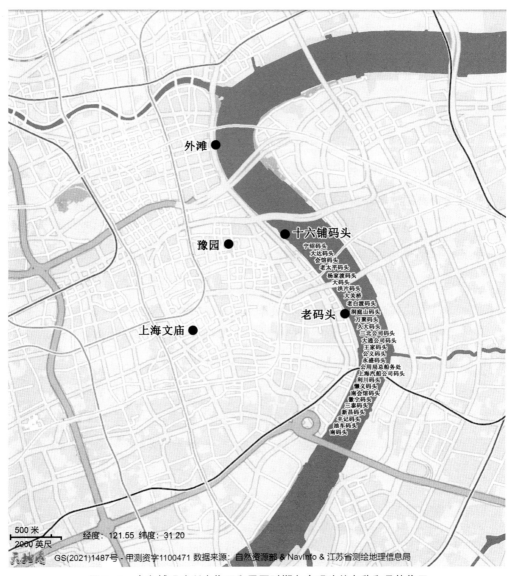

图 7-1　十六铺码头所在位置和民国时期各个码头的名称和具体位置

图片来源：苏娴绘。

边，这些地方可以通称埠头，所以 19 世纪 40 年代的"五口通商"事件又被称为"开埠"。西南许多地方叫"码头"，大概是因为西南官话属于北方方言的缘故。

在江南水乡，由于船是主要交通与运输工具，所以埠头是非常常见的。直到今天，我们还可以在南方各地乡村的埠头，看到巨大的古树、社坛，或者一座庙宇，表明这里是聚落和外界联系的出入口。在埠头沿河，我们也可以看到一条平行的街，过去一旁通常是店铺和库房；或者是通过一条条窄窄的、不长的纵巷，通往里面的一条平行的、更繁华的街，过去也往往是商业街。无论是上海的外滩，还是那些大小市镇、乡村，都是差不多的布局。这里当然也是过去从事运输业的水上人及其船只聚集停靠的地方。

1932 年 7 月 8 日，上海市工务局接到一份呈文，声称：

> 窃民等均系赤贫苦工，各备划船，向在洞庭山码头摆渡营业。全家老幼赖以度命，其生活之惨，言之痛心。不料前日忽来类似警察、工人者数名，规划地势，自称奉工务局命令，拟将该码头拆毁等语。民等闻之，顿觉魂飞天外，徨骇不知所措。查该码头初系民等自行建筑，嗣后历年修理，斐然可观，民等各家，总计老幼百余口，恃为养命之源，如果拆除，则不独民等历年修筑之工废于一旦，而百余口之生机全绝，必流为饿殍。

有关部门调查回复："因该码头所租用之岸线业已期满，收回市有。来文系该码头之划船户片面请求，据码头库仓管理处人员云，此种请求可置之不理。"① 不知这些利用洞庭山码头经营摆渡的划船户是否来自洞庭两山，根据他们的说法，该码头是由他们创建的。

此前民国 4 年（1915）沪南工巡捐局就下令，将十六铺码头全部拆除，租给大生、大达等公司，经洞庭东山旅沪同乡会交涉，指定一处"任山船停泊"，后因齐鲁军阀交战而搁置。后来浦江岸线被明确为公产，由东山人承租，但运枢已由日晖港新建码头和董家渡、南三泰码头上下，浦江岸线只是用作零星摆渡，故 1931 年租期满后未能续约，"于是此洞庭山码头，竟成历史上之陈迹矣"。

不过，洞庭山码头设置的初衷，据说是为了将在沪去世的东山人灵枢运送回山，并停泊东山的货船、客船。该码头系咸丰二年由王屿伯募建，② 并不只是经营黄浦江两岸的摆渡。"置办货物，咸需舟楫往来，惟苏郡、沪邑两处最多。昔年曾在上海大东门外禀请建设洞庭山码头，泊舟停桡，同声称便。"③ 后来又租用了天后宫桥堍三十号码头，作为同乡船舶停泊之用。④ 此处位于十六铺码头以北的苏州河畔，现称河南路桥，晚清出洋使节多由此处出发，故建有天后宫。该处后划为租界，民国的上海总商会亦设于此，是重要的商业区。

已有学者指出，在上海开埠之前，东山人来沪经商的不多，大约在

---

① 《上海市工务局关于洞庭山码头文书》，上海市档案馆藏，档案号：Q215-1-7534。

② 邱良玉：《洞庭山码头得而复失记》，洞庭东山旅沪同乡会编《洞庭东山旅沪同乡会卅周纪念特刊》，第 83 页，"专载"，《民国文献类编续编》第 393 册，第 115 页。

③ 《洞庭东山三善堂绅董禀为设立泊船码头环求恩准转详立案给示勒碑事》，洞庭东山旅沪同乡会编《洞庭东山旅沪同乡会卅周纪念特刊》，第 75 页，"专载"，《民国文献类编续编》第 393 册，第 107 页。

④ 《大事记》，洞庭东山旅沪同乡会编《洞庭东山旅沪同乡会卅周纪念特刊》，第 63 页，《民国文献类编续编》第 393 册，第 95 页。

太平军进入江南的 19 世纪 50 年代后，东山人才大量前往上海。[1] 不过，以晚清在上海的十里洋场上最负盛名的席氏为例，东山席氏自左源、右源兄弟经商开始，就以珠里为据点（即青浦的朱家角），经营布业和典当业，至左源之孙席起龙时就落籍青浦，清初时常熟席氏也已有人迁居珠里。由于距离上海较近，开埠后从青浦转去上海经营就是顺理成章的了，像席氏经营的著名书坊扫叶山房，就是先迁于松江，后迁到上海的。

王家范非常敏锐地指出，到了晚清，江南的龙头老大由苏州变为上海，这一方面是因为上海的开埠激活了江南的区域发展潜能，另一方面也是因为江南长期而丰厚的底蕴造就了上海。王家范由此大力提倡上海史与江南史的研究联动。他还专门提到南浔人与洞庭山人的不同，认为前者在较晚近之前，一直在自己的经济地盘活动，只是在上海设立分号和代办所来经营。[2] 本篇的主题定为"从东山到上海"，就是试图在全书的最后努力响应一下王先生的呼吁，特别是从上述的后一个角度，看看在开埠提供了客观机会之后，是怎样的一些人把这个而非另外那几个开埠城市打造为"魔都"的。

日后在上海金融界赫赫有名的席氏一支最初在昆山经商，后来席元禧一支落籍昆山，而席元乐在临终前还是回到东山，这似乎是许多洞庭商人的传统。席元乐的长子席嘏卿从 14 岁开始，先后在本乡、浙江经营典当业，后改营贩布，来往于苏州、上海之间，逐渐在上海租界经营

①　马学强：《江南望族——洞庭席氏家族人物传》，第 68 页注释。

②　王家范：《从苏州到上海：区域整体研究的视界》，《明清江南社会史散论》，上海人民出版社，2019，第 70~75 页；又见《明清江南史丛稿》，三联书店，2018，第 80~86 页。

钱庄，后进入汇理银行、沙逊银行和麦加利银行；次子席正甫在汇丰银行做买办 30 年，在政界、商界都有很大影响；三子席素荣先后在有利、华俄道胜银行做买办；四子席素恒则长期在沙逊银行做买办。席氏从此形成洋行买办世家。

但旅沪东山人并不都能像席氏家族这样立即成功转型。东山人在上海建立洞庭东山会馆、洞庭东山旅沪同乡会等同乡组织和三善堂等善堂组织，在相当程度上就是因为在上海还有不少艰苦创业的底层东山人。

1948 年，洞庭东山旅沪同乡会与震德堂国药号发生了一起房产诉讼。前者在民事答辩状中提到，"惠然轩成立于四十年前，系由已故席锡蕃等发起组织，原设于英商麦加利银行三楼，系一慈善团体"。[①] 在随后的一份上诉书中又称："盖惠然轩公坛系于逊清光绪年间由洞庭东山旅沪同乡席锡蕃、郑焕之二君所创设，最初仅有三数信徒，扶乩问吉。嗣经逐渐扩充，至宣统元年购进黄姓楼房三间及基地（即惠然轩现址），乃兼办施诊给药。历年以来，负责主持者除席锡蕃君外，并有洞庭东山旅沪同乡席微三、席云生、席惠生、金锡之等。"[②] 由此可知，席氏等东山人在光绪末建立的惠然轩是一个旅沪东山人早期的重要据点，后人称其为"一个信道、念经、拜忏的团体，……供奉纯阳祖师"，[③] 此即在全国非常普遍的吕祖坛，而郑焕之原系遂安坛的坛主。几年后最为重要的洞庭东山旅沪同乡会就是在这个道坛成立的。

---

① 《洞庭东山旅沪同乡会关于诉讼纠纷问题的函和法院判决书》，上海市档案馆藏，档案号：Q117-9-23。

② 《洞庭东山旅沪同乡会关于诉讼纠纷问题的函和法院判决书》，上海市档案馆藏，档案号：Q117-9-23。

③ 朱润生：《本会管理下之惠然轩公坛与惠旅养病院》，洞庭东山旅沪同乡会编《洞庭东山旅沪同乡会卅周纪念特刊》，第 98 页，"专载"，《民国文献类续编》第 393 册，第 130 页。

关于乩坛或鸾堂的研究,海内外成果蔚然大观,其在清末民初的发展及与国际上类似潮流的呼应,陈明华的博士学位论文述之甚详。[1] 他的看法是,社会精英在时代巨变之时,试图通过乩坛这种形式进行伦理道德教化,并以此为基础,逐步建立某种道团组织;这种组织从秘密会社转为合法。该诉讼可能反映了旅沪东山人的某种内部分歧,同乡会声称有人另行组织惠然轩慈善复兴委员会,并在20世纪40年代意欲在此筹备九皇会活动。九皇会是拜斗礼忏的仪式性组织,应该是延续最初乩坛的系统,而另外的一些人则可能主张向医院、学校转化。惠然轩公坛的建立,最初并不只是为少数人修建的,而是为了旅沪东山人在此结社。前述材料中说惠然轩公坛只有"三数信徒",可能是因为乩坛往往设于一间密室,并不允许多人充斥,并非无人问津。虽然陈明华文指出教首多由商人、士绅、官员担任,但普通成员的成分应该是比较复杂的。

以往的研究较少注意的是,吕祖也是东太湖渔民中重要的神。在吴江老兴隆社的神歌先生李四宝演唱的长篇渔歌《吕洞宾》中有这样的唱词:

纯阳祖师来蓬莱,

蓬莱宝岛仙师下,

东太湖渔民祈求仙师来降临。

吕纯阳吕仙渔民最敬仰,

敬仰吕祖仙风道骨有脊梁。

---

[1]　陈明华:《民国新宗教的制度化成长——以世界红卍字会道院为重心的考察(1921~1937)》,复旦大学博士学位论文,2010。关于海内外相关研究的综述,亦可见陈明华文。

> 八仙里厢头一位呀头一位，
>
> 你是时时刻刻把穷人记心上。[1]

一是说明吕洞宾这个神来自沿海，建构了他与水上人的联系，二是说明惠然轩公坛这个吕祖坛对于东太湖渔民等下层人群具有感召力。本书曾提及的渔民仪式之一就是"筶筶"，也就是乩坛，说明这是渔民生活中比较常见的内容。东山商人到上海之后，率先建立这样一个乩坛，其意图是很明显的。

无论如何，惠然轩公坛初建之时，东山社会精英的主要目的应该不是进行道德教化，而是为了壮大自己的势力、建立社会网络。正如《同乡会》一文言及东山同乡会创立宗旨时所说："再如我国，以言江湖游侠儿，有青帮红帮之分；以言都市巨腹贾，有宁帮广帮之判。凡此种种帮派类别，都以个人为单位而以每一集团为人生的一环，由是环与环联合成一长长的联锁。"[2]所举两例，前者（青帮）以运河漕帮为基础，后者则是浙江、广东沿海的商人，均与水上人有关。根据该会的统计，到1923年，会员从最开始的238人增加到1089人，到1939年增加到1815人，[3]效果还是很明显的。

1912年民国肇建，3月24日，洞庭东山旅沪同乡会在惠然轩召开成立大会，到会者126人。会上通过了大会章程，产生了会董。这次

---

① 金健康、孙俊良、查旭东主编《太湖渔歌》，第620~621页。

② 邱良玉：《同乡会》，洞庭东山旅沪同乡会编《洞庭东山旅沪同乡会卅周纪念特刊》，第1页，《民国文献类编续编》第393册，第25页。

③ 《本会三十年中会员升降表》，洞庭东山旅沪同乡会编《洞庭东山旅沪同乡会卅周纪念特刊》，第48页，《民国文献类编续编》第393册，第76页。

大会讨论了东山是否设县的问题，虽然遭到会员投票否决，但却说明这个同乡会并不仅是旅沪东山人的联谊组织，也不仅涉及东山人在上海的相关事宜，而是可以决定家乡前途的、具有政治性的组织。在 1913 年2 月的会员大会上，又会同西山的乡董讨论由两山共同组成洞庭县的可能性。在 1915 年的会上，决定两山联合向江苏巡按使、苏常道尹申请，在两山各设县佐。大概是因为东山单独设县、两山共同设县的要求都未得到批准，于是又退让一步，希望都能成为"副县级单位"。此后，这件事情再无下文。此事此举，体现了以东山绅商为主的一批人，试图利用新型国家的建立，抬高本乡的政治地位，即如朱润生后来回忆的，"当时适值全国光复，共和肇始，各乡各县均有自治之观念。……当成立之后，即集注目光于争设县治"。①但有意思的是，这种努力是那些与原乡具有千丝万缕联系的"在外地主"推动的。②

图 7-2　洞庭东山旅沪同乡会会员徽章

在同乡会创立后，该组织的确

---

① 朱润生：《本会创始记》，洞庭东山旅沪同乡会编《洞庭东山旅沪同乡会卅周纪念特刊》，第71 页，《民国文献类编续编》第 393 册，第 103 页。

② 这些人让我想起少年时读的身为日本共产党党员的小林多喜二的长篇小说《在外地主》（人民文学出版社，1973）。虽然书中描写的是农村佃农的抗租斗争，但斗争对象却是已经不在乡村居住的地主兼工商资本家，后者与东山旅沪同乡会的头面人物身份类似。英国的 absentee 也是 14 世纪爱尔兰乡村中住在英格兰、采取租佃剥削的"在外地主"。无论这中间有多少不同，都具有早期现代的某些共同特点，值得进行比较研究。

十分关注，甚至不断干预原乡事务，说明旅沪东山人与原乡之间的联系仍十分密切。上海只不过像明清时期的临清、徐州等地一样，是一个客居经商的重要码头，多数人还没有对上海产生归属感，这是从传统社会向现代社会过渡时期的一个重要特征。

比如，从1913年开始，会员大会就连续几年讨论开浚横泾溪上黄洋湾、渡水港河道的募捐问题，调查渡水港至浦庄间河道开浚所需预算，以打通东山北部到苏州的水路。1917年，募捐成功后，由席征三着手开浚馀家河、席家湖两个港口。同乡会还可以干预东山诉讼，如1915年7月后山赛会时械斗，出了人命，同乡会与县署疏通，释放被捕乡民，并召集各会首立下保证书，不再赛会肇事。同乡会还负责找钱赔偿受到损失的前山居民，可见此事涉及前山与后山的紧张关系，从时间上来看，应该就是蒋山荷花节的抬猛将。1917年前山陶翁氏被一匠人刺死，其家属也去同乡会请求协助缉凶，等等。1925~1927年，为防备湖匪、盐枭对东山的侵扰，同乡会多次开会商讨对策，在同乡中募捐大洋12419元，购买枪支，增加警力，建立巷栅。1932年，因为东山区的韩区长"施政失当，不恰舆情"，同乡会"呈县核办"，说明其可以影响本地官员的任免。

除上述事项外，20世纪40年代，东山法海寺住持僧人与乡民王长根发生寺产纠纷，后者向区公所和同乡会呈控，声称僧人砍伐树木，损害古迹。僧人认为这纯属诬陷，于是列举前任住持和自己如何募捐修葺寺庙的功劳，并举出地方志和明代碑刻作为寺产证据，"贵会领导关怀桑梓，幸请予以相当惩戒"。说明有关地方公共事务的处理，人们会同时知会行政当局和洞庭东山旅沪同乡会，后者虽无行政或司法处置权，但被公认具有民间性的权威。①

　　另外，莫厘峰慈云寺每年有六月十八日夜"伴观音"的传统。新中国成立之初，古雪居僧人鹤鸣与本镇农会何德老、皮阿大、吴伯英等，带枪前来接收庙宇，几年前鹤鸣也曾在伴观音活动时闹事，原因在于慈云寺本为席氏家庵，后改为寺院，当时由鹤鸣兼管，席氏见其不守清规，便口头聘请法海寺僧人湛明管理该寺，募捐修建。因鹤鸣两次闹事，湛明不胜其扰，向席裕昌请辞，被其慰留。此时致函同乡会，希望出具"有效证件"，证明自己"行止无亏"，并要求其致函鹤鸣，不要再行滋扰。②虽然没有看到更多材料厘清这一纠纷的是非曲直，但说明在新旧政权交替之际，一方试图利用新政权农会的力量，另一方则仍求助于传统的士绅权威。

　　除原乡事务外，同乡会也有权处置分散于各地的东山公产。1944 年11 月，徐州的同乡顾馨元、严衍文等联名致函同乡会，声称徐州洞庭会馆在乾隆五十几年由叶、郑两人始创，嘉庆年间重修，累年有人看管，会馆的契约和苇地的契约后来都由旅沪同乡会收管。此时被学校占据，故希望同乡会协助维护会馆产权。这说明各地东山籍人士与东山本地人一样，同样认可旅沪同乡会的权威。③

　　在上海的东山同乡组织，还有 1915 年由席锡蕃等建议成立的洞庭东山会馆。大体上清末的三善堂主要处理慈善施舍事务，民国元年成立

---

① 《洞庭东山旅沪同乡会关于诉讼纠纷问题的函和法院判决书》，上海市档案馆藏，档案号：Q117-9-23。

② 《洞庭东山旅沪同乡会关于诉讼纠纷问题的函和法院判决书》，上海市档案馆藏，档案号：Q117-9-23。席裕昌系民国时上海的大律师，曾被推选为第28、第29 两届同乡会主席。

③ 《洞庭东山旅沪同乡会关于诉讼纠纷问题的函和法院判决书》，上海市档案馆藏，档案号：Q117-9-23。

的旅沪同乡会具有综合性和政务性质，而会馆则主要是商人组织。在会馆成立后，它就把三善堂和东山旅沪同乡会给统一起来了。[①] 值得一提的是，在次年建成的会馆中，设有武圣殿和猛将堂。[②] 显然，前者是商人的保护神，而后者则是乡人的保护神。根据三善堂、同乡会和会馆全体董事决定，每年例会日期，"正月十三日为三善堂常年会议及公举董事任事之期，一切仍照旧章"，[③] 即以猛将的生日作为三善堂例会会期。

南京的洞庭东山会馆建于嘉庆四年，"为桑梓士子于大比之年应试下榻之所，及设肆贸易者公议聚会之处。奉刘猛将为福神，供置厅堂，每岁逢正月十三、五月十三、九月十三及岁时佳节，旅宁同乡皆毕集于此"。[④] 由此看来，东山会馆拜刘猛将至晚是清代中叶以后的传统，而且第一个祭神日期与原乡抬猛将的日期相同。

"又同乡张耕若君，曾于壮年经商徐淮之间，道出徐州睢宁县属李家集，有洞庭东山会馆，创自乾嘉年间，规模恢弘。正殿供猛将神像，其仪容与本乡无异。上悬匾额，书'伯仲鄂蕲'四字。"[⑤] 徐州是明清时期洞庭商人经营的要地，集镇中也有不少乡人，所以也建有会馆，会馆中同样供着刘猛将。"伯仲鄂蕲"的意思，应该是指刘猛将与鄂王岳飞、蕲王韩世忠不分伯仲，表明是认可刘猛将即刘锜的说法的。

---

① 《洞庭东山会馆章程》第一条："本会馆系联合莫厘三善堂、旅沪同乡会以归统一，定名曰洞庭东山会馆。"《洞庭东山会馆落成报告全书》，第 34 页上，哈佛大学汉和图书馆藏。

② 朱大镛：《洞庭东山会馆记》，洞庭东山旅沪同乡会编《洞庭东山旅沪同乡会卅周纪念特刊》，第 103~104 页，"专载"，《民国文献类编续编》第 393 册，第 135~136 页。

③ 《议定常年例行开会日期》，《洞庭东山会馆落成报告全书》，第 82 页下。

④ 闻金声：《南京洞庭东山会馆续记》，洞庭东山旅沪同乡会编《洞庭东山旅沪同乡会卅周纪念特刊》，第 104 页，"专载"，《民国文献类编续编》第 393 册，第 136 页。

⑤ 徐豫：《刘猛将考及其神话》，洞庭东山旅沪同乡会编《洞庭东山旅沪同乡会卅周纪念特刊》，第 221 页，"杂俎"，《民国文献类编续编》第 393 册，第 293 页。

按各地会馆所奉神祇，山西以关帝，江西以许真君，福建以妈祖等，大多系乡人成神。其在本地城乡本已有大大小小的庙宇，具有社神的特征，故能得到乡人的认同。刘锜系甘肃人，不符合这个特点，将刘猛将解释为刘锜，大概是后来文人的附会。真正被接受的刘猛将故事，应该是他系青浦人，外婆家在东山。本书前曾提及明代时翁氏在临清建立的会馆是东岳庙，说明当时刘猛将还未被东山人普遍认可，或者也有与山东人联络感情的因素。但从清代到民国，刘猛将不仅是江南水乡许多地方共同认可的地方神，更成为洞庭东山在外部世界的主要象征。

现代化几乎是江南史研究的不变主题。从资本主义萌芽问题的讨论，到江南市镇史的研究，再到比较史视野下的江南经济研究，乃至近代上海城市史研究，都是以现代化为考量中心的。我一直在想，在这样一个问题的链条上，"埠"与"开埠"究竟扮演了什么角色？

在一般的意义上，埠或码头就是水边泊船的地方；在本书的问题脉络上进一步引申，也就是水上人与岸上人接触的地方或者水上人最初上岸的地方。当岸上形成稳定的聚落后，埠头或码头又成为这个聚落通往外部世界的门户，与山间聚落的水口的意义类似，往往建有庙宇来镇煞。对于岸上居民来说，它既可以是开放的，也可以是封闭的。所以，晚清的"开埠"和所谓"大门口的陌生人"之说的确合乎民间的观念。因此，对于岸上居民来说，水上人既可以是卖鱼的渔民和运货的商贩，也可以是"湖匪"或"海盗"，他们也是"大门口的陌生人"。[①] 在这个意义上说，沿海居民最初看待欧洲人和看待本国的水上人是差不多

---

① 《大门口的陌生人》是魏斐德关于两次鸦片战争时期广州的著作的名称。参见魏斐德《大门口的陌生人：1839~1861 年间华南的社会动乱》，王小荷译，中国社会科学出版社，1988。

的，只是后来欧洲人的坚船利炮让人们改变了看法。同样是在这个意义上，洋人和本土的水上人就具有了一些共性："外人"（人类学意义上的outsider）、商人、对码头（市场）的敏感性。这或许可以解释为什么是这些人大批充当洋行的买办。

毫无疑问，江南水乡所有聚落的形成都与埠直接相关。从每家门外几级台阶的小埠头，到村落、集镇的码头，再到大水陆码头（city port），可以说，聚落分为多少层级，埠就分为多少层级。费孝通说：

> 在这个地区，人们广泛使用船只载运货物进行长途运输。除了一些挑担的小商人外，人们通常乘船来往，几乎家家户户都至少有一条船。由于船只在交通运输上的重要位置，为便利起见，房屋必须建筑在河道附近，这就决定了村子的规划。①

即为了便利起见，人们的住宅、店铺、仓房、货栈乃至寺庙就会距离客货上下的埠头很近，在市镇或城市发展的早期，埠头或码头往往成为该地的中心，所以"水陆码头"能成为城镇的代名词。

水上人的主要生计——捕鱼和水上运输——决定了他们必须依赖市场，尽管他们的食物中有大量水产品，但不可能完全是水产品，他们的捕获物的大部分用于出售或交易。他们的资源在相当大程度上具有单一性，这就是我说水上人和游牧民是天生的商人的道理。虽然在历史文献中非常缺乏水上人同时经商，以及水上人向商人转变过程的记录，但我确信由水上人变为商人比农民更为容易。所以，虽然我们在文献中看到

---

① 费孝通：《江村经济》，第11~16页。

东山人经营商业的大量记述，我也假设这些商人家族的祖先曾经是水上人，但出于历史学者的职业要求，我也不能采用全称肯定的表达方式。

与明清时期的徽商和晋商相比，洞庭商人的名气似乎要小得多，但很可能是因为后者背后的人口基数。即使从狭义上说，徽商出自徽州的一府六县，晋商出自山西大部，两地的人口规模也要远远大于洞庭两山。所以，虽然没办法做出统计，但假如可以知道从事商业贸易者占本地人口总数的比例，我相信洞庭商人的比例是要高于徽商和晋商的；同时，假如能够知道他们所拥有的人均商业资本和人均商业利润，我猜洞庭商人所有也是比徽商和晋商多的。如果我们把洞庭商人视为江南商人的一个代表的话，就可以知道，这就是徽商和晋商天下闻名，但江南的市场规模和商业化程度要比徽州和山西本地高得多的重要原因之一。

布罗代尔把流通（或商业）领域而非生产部门视为资本主义自己的"家"，并给我们提供了商行早期起源的例子：

> 有一种早期的形式，叫做"海帮"（societas maris），也叫"真帮"（societas vera），……还有一些别的称呼，如"合伙"（collegantia）或"合约"（commenda）。"海帮"其实是留在陆地上的合伙人（socius stans）和登船出海的合伙人（socius tractator）之间的一种双边合作形式。马克·布洛赫认为（在其他一些人以后），假如登船出海的合伙人（le tractator，我们可译作"贩运人"）不为出海贸易提供资金（他往往也出资，不过为数甚少），这便是早期的劳资分工。①

---

① 布罗代尔：《15~18世纪的物质文明、经济和资本主义》第2卷《形形色色的交换》，顾良译，施康强校，三联书店，1993，第470页。

布罗代尔提到，这种形式在热那亚、威尼斯、马赛和汉萨同盟的沿海城邦都可以见到。我以为这与14~16世纪洞庭商人的合伙经营方式很像。如果我假设的东山"赘婿"与岸居的"岳父"家族同样是贩运人与出资人关系的话，那实质上也就是这种合伙关系，不同的是多了一层姻亲的外衣。

布罗代尔的另一个例子，是说内陆城市如果想参与到海上贸易网络中去，就必须克服一些阻力，于是就出现了公司（compagnia）：

> 从词源来看，公司（cum 共，panis 面包）本是父子、兄弟和其他亲戚紧密结合的家族合作形式，是分享面包，分担风险、资金和劳力的联合体。这种公司后来将称作无限责任公司，全体成员所负的连带责任原则上是无限的（ad infinitum），也就是说，责任不以他们入股的份额为限，而要涉及他们的全部财产。①

布罗代尔认为，这些大公司凭借更大规模的资金和人力介入海上贸易网，并在服务业、贸易和银行领域中表现得尤为强劲，由此使所在城市如锡耶纳、佛罗伦萨等跻身于大商埠的行列。这种形式又很容易让我联想到晚明到民国时期东山的商人家族，这可以说是洞庭商人商业经营的第二阶段，这时族谱中关于赘婿的记录明显减少，正如江南的奴仆在清初之后大为减少一样。

彭慕兰和科大卫分别对布罗代尔的观点提出了异议。彭慕兰认为布罗代尔等人对公司的看法过于强调了欧洲发展的独特性，这里涉及资本集聚的条件、产权的保障、竞争性市场的扩张、反对垄断、保护清偿债

---

① 布罗代尔：《15~18世纪的物质文明、经济和资本主义》第2卷《形形色色的交换》，第471页。

务等方面，在中国等亚洲国家，国家权力过于强大，因此商人财产无法得到保障。但彭慕兰认为中国和印度的政府对商人造成的威胁并不比欧洲政府大，而且，宗族的公产被子孙要求析分或用于赡族，并不一定会影响资本的长期积累，而且这些公产会被在投资和家产之间做出划分，甚至用于赡族的慈善事业反而可能成为商业资本长期积累的工具。

彭慕兰着重指出，按照布罗代尔的观点，正是欧洲的长程贸易和海外殖民，才创造了各种形态的合伙经营关系，最终导致了许许多多合股公司的出现。但中国商人的海外贸易也在不断地占领市场，同时，长江三角洲和珠江三角洲也拥有发达的水运系统，未必可以确定资本市场是造成江南与其周边地区相互疏离的关键因素。①

按照科大卫的看法，明清时期中国的商业企业在控产方面缺乏公司的特征。家族企业作为商业运作的核心，会使投资处于缺乏保障的状态，这就是为什么许多徽商和晋商的记录总会凸显其诚信的事迹，因为在许多情况下，由于没有保障机制，只靠个人的品行，投资是无法得到保障的。他也指出，缺乏成本会计也是中国商业企业的特征，而这与股份制、有限责任共同构成了欧洲进入现代的（资本主义）体系。但是，在大量土地交易过程中的宗族却与那些商号不同，尽管与欧洲的公司有别，但宗族在控产、融资和庇护机制方面与公司有许多相似之处，即不完全凭借个人能力，而凭借制度来实现控产和经营。因此，"宗族正是那个时代非常具有现代化意义的制度"。②

---

① 彭慕兰：《大分流：中国、欧洲与现代世界经济的形成》，邱澎生等译，巨流图书公司，2004，第235~306页。

② 科大卫：《作为公司的宗族——中国商业发展中的庇护关系与法律》，《近代中国商业的发展》，第79~104页。

　　虽然在批评传统的对中国商业发展特征的看法上具有一致性，但相比彭慕兰，科大卫表现出了谨慎的乐观。他认可宗族近似公司的特点，却认为家族企业性质的商号与欧洲的公司大相径庭（请注意科大卫对宗族和家族做出的区分）。我有兴趣的一是通过水运发展商业（比如以江南的纺织品交易湖广的米粮）的洞庭商人，其所建立的宗族是否与经营地产交易的广东宗族具有类似的机制；二是这些商人如何摇身一变，从经营钱庄者轻易地变为外资银行的买办，同时继续经营钱庄，使外资银行与钱庄形成互补。

　　洞庭商人与科大卫所说珠三角的情况略有区别，他们的商业行为主要并不是"农业的延伸"；同样的，那些北方游牧人群从事的商业也不是。作为农业的延伸的商业，是农业经营提供了剩余产品和启动资金；但作为渔业和牧业的延伸的商业，主要是渔民和牧民作为最合适的中间商，并不提供产品，也不提供资金，他们赚取的是运费和转手贸易的差价，他们是真正生存于流通领域的人。以他们常见的经营，即以江南的纺织品换取湖广的米粮为例，他们都不存在于这两个生产部门之中，而是存在于这两个生产部门之间。

　　当然，与珠江三角洲的沙田开发相比，江南的大规模圩田开发可能开始得更早，不过同样会遇到控产的问题。宗族当然是一个很好的办法，比如离东山不远的范氏义庄，就是一个很好的例子。东山没有什么土地，但宗族也往往设置族产并制定控产原则。太平天国运动后人口大量流散，东山人也大批前往上海，于是同治年间太湖厅对东山重新进行土地清丈，万氏族人便借机捐资购置祭田，并订立《公议规条》，确定"公捐置产书契立名慎远堂，立置产祭规等总簿一本，及田契租，由公议交存有力之家收管。又立祭规轮值簿一本，递交轮值之人收管。……

议立租米田簿一本，及收租、枭钱、饰扇、工食、完纳银米、地总、寿分、贴役，一应出入帐目，公举一人试办一年"。如果没有捐田的，以后补上，三年后可以参与轮祭；清明前在外经商的轮祭者必须赶回，否则取消轮祭资格。①

但在建立宗族之前，水上人会形成拟亲属的合伙关系。我在前面提到过东太湖渔民的公门或堂门，虽然被视为一种仪式组织，甚至是教门，但在内部使用同一姓氏，有共同的祖先。元明时期大量存在的赘婿现象，是介于姻亲关系和拟亲属关系之间的合伙关系，因为许多赘婿及其子孙后来又归宗复姓，所以它看起来很像是一种手段。这种合伙关系本来是由特定的生存环境造成的，但一方面它为后来的宗族所容纳，比如普遍存在的联宗现象本质上就是一种拟亲属合伙关系；另一方面，在宗族的商业经营中就造成了超越血缘关系的合伙关系。

这种合伙关系和领本经营一样，显然不是共同出资、获得利润后根据各自出资多少进行分配的模式，而是像布罗代尔说的那种早期形式一样，是货币资本与人力资本的结合。不过，"恒例三七分认（出本者得七分，效力者得三分，赚折同规）"，②不像布罗代尔所举同时代（1655）兰斯商人的例子——该商人说那里的规矩是赚钱按比例分润，但亏本却全由出资人承担，因此不喜欢这种合伙方式。③洞庭商人这种无论盈亏均按三七比分担风险的惯例，我猜想在较多利用赘婿或家人僮仆出外经营的早期，未必就是这样的，但后者出于可以改变身份地位的考

①《公议规条》，同治《万氏宗谱》卷后《附录》，第15页上~18页上。

② 王维德等：《林屋民风》（外三种），附录二，《四库全书存目丛书》所收《林屋民风》抄录本卷七《民风·领本》，上海古籍出版社，2018，第307页。

③ 布罗代尔：《15~18世纪的物质文明、经济和资本主义》第2卷《形形色色的交换》，第471页。

虑，还是乐于承担。前引王鏊的曾做赘婿的先祖"惟贞公"有言"有所借而致富，非善理财者也，无借而财自阜，斯谓之善理财"，常被人们误解为某种经营理念，其实"无借而财自阜"就是无本经营，就是指的领本一方。他的言下之意也是对出资人的不屑，认为他们不是"善理财者"。

　　为什么到明代中期以后，这里的赘婿记录大为减少，同时宗族建设的记录开始增多？我猜并不是巧合。前引翁笾"察子弟僮仆有心计强干者，指授规略，使贾荆襄、建业、闽粤、吴会间，各有事任"，[①]还是劳资关系；到他的儿子翁启明，"尤长于治人，所任百金之士以千数，千金之士以百数，不出户而知万货之情"，[②]就成为与许多有一定资本的商人之间的合伙关系或委托关系。这时，一方面亲族内部联手经营，如翁笾的兄弟翁罍也在临清经商，"公建一议，处一事，能惊其老辈。又善与时消息，知贵贱穰恶吉凶之征，群从事无巨细，决策公口，而奇羡且十倍矣"，[③]似乎形成一种公议决策机制；又如翁爵"甫弱冠，即游齐鲁间，以治生为急业，日隆隆起。既以曾王父梅林公家政繁重，乃委资两弟，归侍庭帏，备极孝养"，可将投资的权力移交给两个兄弟，让他们继续经营。[④]另一方面，亲族关系也有利于出资者寻找职业经理人，如万潚"尝代中表翁氏操百万利权，金钱满床头，恒等身，肃然若不涉者，翁

---

① 申时行：《少山公墓志铭》，乾隆《洞庭东山翁氏宗谱》卷一一《墓志铭》，第30页上~31页下。

② 董其昌：《见源公暨配石孺人墓志铭》，乾隆《洞庭东山翁氏宗谱》卷一一《墓志铭》，第39页上~40页上。

③ 陈继儒：《洞湖公暨配严孺人合葬墓志铭》，乾隆《洞庭东山翁氏宗谱》卷一一《墓志铭》，第33页下。

④ 翁赟：《少梅公传》，乾隆《洞庭东山翁氏宗谱》卷一一《传》，第16页上下。

借君富倍于昔"。①桔社人金汝鬺是席家的外甥，席氏"门下诸客行贾者数辈，其舅独知金甥公廉可任，礼之在诸客右，命诸客悉听翁指。……凡佐席氏三十年，所遣客岁走四方，往则受指于翁，返则报命。其子本悉集翁所，席氏不复问"，②形成一种由具有亲族关系的出资人与职业经理人和无亲族关系的合伙人构成的商业经营组织。

领本经营有一个几乎是必然的结果，那就是银号或钱庄。因为出资人将经商委托给领本人，坐收70%的利润（如果盈利的话），这就类似于投资银行。除了兑换之外，银号或钱庄的主要业务之一就是放款，因此洞庭商人从具体产品的商业经营向经营钱庄转变就是顺理成章的事。太平天国运动后，洞庭商人的传统经营遭到沉重打击，而上海开埠造就的沙船贸易日益兴盛，吸引了大量资本进入上海的钱庄业，为沙船贸易提供资金；逐渐地，洞庭商人开设的钱庄成为上海钱庄业的几支重要力量之一。

学界关于近代上海钱业的研究，已蔚然大观。③学者们已经指出，钱庄成为希望借款从事外贸的华商与外商及外国银行的中介。这些华商在钱庄中开出庄票付与外商，存入外国银行，而外国银行之所以愿意接受钱庄的庄票，在于外国银行买办的担保。王业键准确地概括说："这样，华商与外国进口商间的债务就成了钱庄和外国银行之间的债

---

①　葛一龙：《明隐君万养浩先生行状》，《洞庭东山万氏宗谱》卷后《行状》，道光重辑《万氏宗谱》，第42页上~43页上。

②　汪琬：《观涛翁墓志铭》，《尧峰文钞》卷一六，第5页上，四部丛刊本。金汝鬺的席家外甥身份，可见金汝鬺《处士震区席公暨配金孺人行状》，席彬重辑《席氏世谱载记》卷八《行状》。

③　关于这个领域的研究概况，可参见刘梅英的综述《近百年来我国私营金融业研究历程探析》，《浙江理工大学学报》2014年第4期。

务。"①这里则要补充说，经营钱庄和做外国银行买办因此成为洞庭商人进行商业经营并转型的两种重要方式。

　　我不太清楚最早经营钱庄的东山商人是谁，但这个转型的趋势是很普遍的。王鏊堂兄的后裔王仁荣"晚值商业弊病，与友人共设钱肆，受主肆者之侵渔，负债甚巨，友人诿责于公一人，公绝不推辩，拮据措置以偿之。或劝公讼侵渔者，公曰：其父与我父交厚，念先世之谊，宁弗斗也"。②从这个故事来看，这个合伙经营的钱庄大概属于传统的无限责任，而东山人办钱庄也多遵循传统的合伙经营方式。最著名的汇丰银行买办席正甫初入上海，是进入舅舅沈鹤年（二园）的钱庄，而后进入汇丰银行，成为买办王槐山的助理的。王槐山是绍兴人，也曾在钱庄做伙计，与洋商非常熟悉。在此期间，席正甫帮助王槐山办成了清政府向汇丰银行借款 200 万两的"福建台防借款"，充分显示了他的能力，故于1874 年接替王槐山任汇丰银行的买办。而他的哥哥席嘏卿在更早些时候就在上海从经营布业改为经营钱业，于 1858 年进入汇理银行，1859 年改入老沙逊银行，1860 年再入麦加利银行。

　　重要的是，这些人不仅自钱庄而洋行，而且自洋行而钱庄。1887 年，席正甫与另一位做洋行买办的东山人严兰卿合伙创设协升钱庄，由严价人任经理。此后，席正甫的子孙又先后与人合伙开办多家钱庄。另一位东山人万梅峰也是在洋行经营了 30 年之后，先后开办了多家钱庄，其中就包括与席家和严家合伙开办的久源钱庄。在这一过程中，我确信在同一群人的经营下，中国的某些经营方式被带进了外国银行，而西方的

---

① 王业键：《上海钱庄的兴衰》，程麟苏译，张仲礼校，张仲礼主编《中国近代经济史论著选译》，上海社会科学院出版社，1987。

② 王季烈：《宪臣公家传》，民国《莫厘王氏家谱》卷一五《述德下》，第 50 页上下。

某些制度也被带进了钱庄。席正甫还在汇丰银行开始了拆票业务,即向钱庄提供以庄票为抵押的短期信贷,由此增强了汇丰银行的融资能力,又扩大了钱庄的放贷能力。这种做法,外国银行自不必说,本土钱庄没有成本会计是不可想象的。而席家介入户部(大清)银行及后来的中央银行,无疑获得了科大卫所强调的最强大的庇护关系。

民国元年成立的洞庭东山旅沪同乡会,可以说包含了东山在上海工商界的主要代表;看看同乡会历届领导的名单,就可以知道他们大多出自东山的经商大族。如《第一届当选职员录》列有:

正会长:严孟繁。

副会长:施禄生。

文牍员:叶扶霄。

会计员:席锡蕃。

庶务员:席梅峰。

评议员:吴步云、叶仲嘉、张知笙、吴礼门、刘恤如、朱鉴塘、严价人、葛友梅、严榅石。

调查员:金培生、姜扶青、张似梅、叶湛青、严俊叔、陈保钦、翁晴岚、席玉书、席惠生、张青卿。

直到出版纪念特刊时的第三十一届领导班子,还列有:

主席:叶振民。

常务委员:徐六笙、陆企云、叶慕文、沈新檠、丘良玉、席涵深。

执行委员：严挹谦、金培生、吴兰生、张似梅、潘子燮、严蕴和、徐子星、任慕陶、叶秀纯、邱玉如、席少荪、朱子宪、叶扶霄、席微三。

监察委员：朱润生、席裕昌、吴蘅荪、王毅斋、席光熙、朱培元、翁受宜、严锡繁、王砺琛。①

从姓氏中即可看出，时隔 30 年，叶、严、席、翁、吴、张、朱等姓依然占据同乡会核心成员的多数，而这两份名单中的姓氏，绝大多数在本书前面的描述中出现过，即大部分是元明时期的东山旧族（除上述外，又如陆、金、沈、潘、王诸氏），个别的甚至可以追溯到南宋（如吴氏和叶氏）。这些经商致富、在明清时期成为东山乃至苏州著姓的大族，其人到清末民国时期又成功转型为现代的商业家和企业家，难道是偶然的吗？

所谓近代上海"九大钱庄"，指的是镇海方家、叶家、秦家、李家，慈溪董家，湖州许家，苏州程家，东山严家、万家，前面提到的东山席家尚不在其列。事实上，镇海和慈溪都属于宁波，湖州许氏原籍也是宁波，故宁波籍人占了这九大钱庄的三分之二。宁波在唐代至元代称明州，至明初改为宁波，我曾在十余年前的一篇文章中指出，这个列入"五口通商"的开埠城市，实际上已有上千年的开埠史，因此这里的人群向近代的转型之路与其他地方有所不同。② 与福建人一样，这里的人

---

① 洞庭东山旅沪同乡会编《洞庭东山旅沪同乡会卅周纪念特刊》，第 9~12、37 页，《民国文献类编续编》第 393 册，第 37~40、65 页。

② 赵世瑜：《多元的时间和空间视域下的 19 世纪中国社会——几个区域社会史的例子》，《在空间中理解时间——从区域社会史到历史人类学》，北京大学出版社，2017，第 103~116 页。

具有长期的海上贸易的历史，在文献中多被称为"海盗"甚至"倭寇"，他们也是最早与欧洲人做生意的人群之一。他们与东山商人的共性，便是都曾是水上人，而且都是靠水路的贸易致富。他们不约而同地将商业资本转化为金融资本，几乎控制了近代上海的金融市场，难道也是偶然的吗？

如前所述，对于水乡的人来说，埠头或者码头是极为重要的，但这往往是从定居居民的角度看的。实际上，埠头或者码头对于水上人来说也是极为重要的，因为他们无论是捕鱼还是运货，都必须在埠头或码头出售或交割。对于大规模的交易来说，沿河、沿江、沿海的大码头只是前者的不断升级而已，没有本质的区别。有人认为东山和西山商人的经营地区，前者主要是运河沿线，后者主要在两湖地区。从文献来看，这种区分并不明显，倒是在明代以运河城市临清为中心的经营大为衰减，传统上与两湖的长沙、汉口及江淮间的徐州之间的贸易在清代继续扩大，这主要是因为江南自身的变化导致对米粮市场的需求增大，而北方市场向江南提供的产品不足。这说明，洞庭商人对码头的兴趣转移是由国内市场甚至海外市场的变化决定的。

因此，太平天国运动后东山人大批前往上海，不仅是像论者所说，系传统的商业环境为战乱破坏所致，而且是因为上海成了一个更大规模市场的码头，东山人，甚至还有宁波人敏锐地嗅到了更多商机，否则为什么宁波也是"五口通商"的首批开埠城市之一，他们反而拥至上海呢？水上人的敏感，不是对城市，而是对码头。城市象征着定居，而码头象征着流通——包括机会和风险。

施坚雅将中心地理论应用于中国帝制晚期的城市研究，中心地侧重于市场体系中的城市，而非行政体系中的城市。他指出，这一时期聚落的经济重要性体现在：（1）在为属地或腹地提供零售商品和服务项目上的作用；（2）在连接经济中心的分配渠道结构中的地位；（3）在运输网中的地位。[①] 在这个意义上，码头扮演中心地的角色。虽然在水网密布的地方，从乡村和集镇到城市都有许多码头，甚至有许多城镇是因码头的兴废而盛衰的，比如运河沿线的临清，又如前面提及的青浦的青龙镇，再如宁波沿海的双屿，故有码头城镇或港口城市的说法，但并不意味着所有码头都是集镇和城市。在施坚雅的宏观区域体系中，凡属以水系为基本运输网的区系，码头差不多是与作为中心地的城镇画等号的。但一方面，在水乡社会中，码头从居民住宅和渔船停泊的港湾直到大城市的港口，构成了另外一个具有不同层级的市场区系，这个网络显然与由陆路交通连接起来的市场区系是不同的；另一方面，在向现代转型的过程中，这个网络扮演了更为重要的和积极的角色，甚至在相当程度上改变了传统的包括大量行政中心在内的中心地分布。

施坚雅的书中收入了斯波义信关于宁波和伊懋可关于上海的个案研究，虽然他们的研究主要服务于以城市为中心的主题，但却与我在这里的讨论十分契合。斯波义信告诉我们，宁波虽然很早就是以海外贸易闻名的港口，但在 1227 年前后集镇非常之少，直到晚明时开始增加，但长期以来，人们"最专长于渔业和水上运输"。由于水利设施的成本很高，所以人们对农业开发的兴趣不大，结果 18 世纪贸易的发展刺激了宁波的钱庄业，而钱庄又反过来控制了渔业和船运业。[②] 伊懋可的文章

---

① 施坚雅：《城市与地方体系层级》，施坚雅主编《中华帝国晚期的城市》，叶光庭等译，中华书局，2000，第 329 页。

② 斯波义信：《宁波及其腹地》，施坚雅主编《中华帝国晚期的城市》，第 469~526 页。

虽以上海的"水道"为题，但并没有太多讨论水道或水网与贸易的关系，只是稍微提及了农业水利设施的修建与水道运输的矛盾以及商人对前者的拒斥。[①] 此外，叶凯蒂对上海地图制作的研究指出，以方志地图为代表的 19 世纪上半叶上海地图，多以衙署、寺庙等作为主要标识并将其置于中心位置；至 1875 年，始有极为凸显黄浦江的《上海县城厢租界全图》出现；而后于 1884 年，由后来与东山席家有莫大干系的《申报》增绘和印制了这份地图，并在图侧说明中指出："上海一邑为通商要口，其间中外交涉、公私完聚，毂击肩摩，舳舻相接。"故叶凯蒂称这一制图（mapping）理念上的转变是"商业主义的胜利"（commercialist triumph）。[②]

虽然斯波义信的讨论最后回到施坚雅作为中心地的不同层级的市镇，但他既指出了宁波城郊早期集镇与码头的关系，又无时不强调水运对宁波的重要性，并指出，主要以捕鱼和航运为业的镇海宗族以合股的方式投资商业和金融业，在宁波地区具有普遍性。同样的，伊懋可将"市河"称为连接各城镇的"商业干线"，他指出，在 19 世纪 40 年代以后，上海各业商人大量捐款用于修浚河道。这些叙述告诉我们，在水乡，水上人泊船的码头不仅衍生出商货云集的市镇，进而形成港口城市，而且水网中的一个个码头成为人流、物流、资金流和信息流汇聚的空间节点，并连接起来，为水乡中心地区系的形成奠定了基础。上海的崛起，一方面是由于国际市场的需求及其更大的腹地空间，另一方面则是

---

① 伊懋可（旧译"马克·埃尔文"）：《市镇与水道：1480~1910 年的上海县》，施坚雅主编《中华帝国晚期的城市》，第 527~565 页。

② Catherine Vance Yeh, "Representing the City: Shanghai and its Maps," in David Faure and Tao Tao Liu, eds., *Town and Country in China: Identity and Perception*, Palgrave, 2002, pp.166-202.

因为它处于固有的码头网络体系之中。

在洞庭西山的著名景点明月湾，有一块乾隆三十七年的《明月湾修治街埠碑记》，其中说到明月湾"僻处湖心，有取于市，动烦舟楫，患乏维舟之所，是以康熙年间里人醵金买□□市廛数楹，下通河道，设建埠头，舟楫往来，乃泊其下。剩有余资，各肩生息。乾隆二十一年资渐充裕，而湾中旧堤及两岸塘埠且就倾圮，里中□者爰取公资购石，纠工大为葺治，而以砂石添设河埠，舟楫利于停泊，里人利于盥溉，人称便焉。乾隆三十四年公资益裕，于是里人咸相谓曰：公资之聚，为散计耳；聚而不能散，无为事聚矣；散而不得其宜，无为事聚矣"。于是又重新修治街道。① 在江南地区，这样的修建埠头的碑刻还是不少的，通过这些资料对大小埠头的创建和扩展予以系统的研究，可能会有新的发现。

西山的"里人"无疑是在长期的商业传统中熏陶出来的，他们不仅通过修建码头这件事建立了一个基金会，而且这个基金会的投资回报日益增大；更重要的是他们的理念在于，把钱聚起来就是为了散，如果不是为了散或者散得没有好处，聚就没有意义。在我看来，这不仅是一种融资的理念，也是对所修建的码头的定义。因为码头是散落的船只聚集停泊之处，又是它们再度起航分散之处，这一聚一散，就使得码头不断发展壮大起来。这种理念的启示就是，一个整合社会应该成为离散人群不停聚散的码头。

从东山到上海，是几乎所有洞庭商人研究者共同的关注点，② 尽管

---

① 重刻之碑在苏州金庭镇明月湾风景区中的土地庙。

② 除了前面提到的有关著作和论文外，相关研究还包括范金民、夏爱军《洞庭商帮》，黄山书社，2005；陈阿兴、徐德云主编《中国商帮》，上海财经大学出版社，2015。

这是在一个更大的、势不可挡的外在拉力之下发生的，也是东山人自元代开始走向临清、南京、淮安、长沙、汉口、徐州等一个个码头的链条中的一环，是从一个市场走向另一个更大市场的继续。

东山人走出去了，但刘猛将仍在；刘猛将在，则东山人在，东山人也就会继续走出去。

后　记

　　当我踏足东山的时候，从未想到这里会引发我写一本书的冲动，毕竟在我的计划里，是开始写关于晋祠的书的时候了。随着马齿渐长，慢慢跑不动田野了，而跑不了田野，差不多就宣告了我的学术生涯的结束。

　　当我开始觉得，我在东山看到的一切，让我产生了创作的灵感——这里我用了比较文学化的词语，而不是常说的问题意识，因为我感觉那些新的想法完全不是在像罗丹的《思想者》那样的冥思苦想的状态下产生的，而是像湖风那样轻轻地吹拂，像湖水一样自然地流淌，涟漪一般地涌入我的脑海——觉得可以开始搜集资料，然后写点什么的时候，也从未想到，这个对我来说的陌生之地，竟距离我如此之近。

　　老友和师弟叶涛教授，知道我在研究东山，告诉我说，他家就是东山叶氏，他的父亲几年前还回到东山寻根问祖。在本书中，有多处提到东山叶氏的例子，当然不完全是因为宋代的叶梦得和明代的叶盛——虽然我在读硕士的时候就读过他们的《石林燕语》和《水东日记》。

本系同事陆扬教授，听闻我在写一本关于东山的新书，嘱我书出后一定要送他一本，因为他的祖父也是在"孤岛"时期从东山跑去上海，靠经营银质餐具致富的，产品一时享誉上海滩，后来他的祖父回到东山老家，在镇上建起一座三进大宅。这一下就让我想起东山著名的陆巷，尽管不知道他们与元明时期的东山陆氏有没有关系。

未半月，本系另一位同事叶炜教授与我见面时，也提出了同样的要求，原因也是一样，就是他也是东山叶氏。在一个极为狭小的圈子里，就有好几位相同专业领域的知名学者出自洞庭东山，而且是在祖辈或父辈时才从东山迁出，绝非慕名附会，可见东山真是人杰地灵，文化传承，生生不息。

当初因偶然动念而成的东山之行，数年后竟变成一次奇幻之旅。

大约是在 1985 年，《读书》杂志的编辑王焱兄通过庄孔韶找到我和周尚意，希望能给三联书店出版的陈正祥教授的《中国文化地理》写篇书评。正是从那本书里我知道了刘猛将，后来进一步查找材料，写了有关的文章。但是，那时我并不了解东山，也不知道刘猛将与东山以及江南的特殊关系。

从 20 世纪 90 年代起，北京师范大学地理学系的本科生人文地理野外实习就以东山为基地，周尚意几乎年年夏天都会去指导实习，当然也会注意到村里的猛将堂。可能是学科特点的缘故，他们会更多观察这里的土地利用，也是到近几年才会注意抬猛将的活动，当然也不会去想从这样的活动中重观江南史。

但无论如何，这些都是本书能迅速动笔并得以写成的原因，没有这些看似并不直接的机缘，可能我们会同很多人、很多事错身而过，或者对面不相识。亚马孙热带雨林中的蝴蝶扇动翅膀引发了得克萨斯的龙卷风，对一位气象学家来说，可能是最值得关心的；但对历史学家来说，他们总是试图去寻找那只带来龙卷风的蝴蝶，哪怕很有可能是永远找不到的。

自 2018 年夏天和科大卫、贺喜第一次去东山之后，我又去了四次东山和两次西山，其中两次是看抬猛将的仪式。此外还去了上方山以及常熟的几个村落，亦到过上海市档案馆、苏州市吴中区档案馆抄档。有几次都拉上了老朋友一同前往。这让我想到，在 30 年中，我们跑遍了大半个中国，一路看，一路谈。不像现在通行的学术研究方式，为了了解别人有什么想法，只有去上网检索论文。除此之外，我们还可以在各自的田野点中听到研究者的介绍，或者在田间地头交流偶发的灵感，不明白的时候可以追问，不同意的时候可以争论，就像前面所说，新的想法就会不时地、自然而然地流淌出来，模糊的认识会变得日渐明晰。我这个田野研究的后进多年来于此受惠良多，因此，要对他们表示真诚的谢意。

我几次到东山，都没有惊动当地学者和政府，虽然这给我的资料搜集工作带来一定困难，但好在自由自在，做访谈时也没有太多禁忌，更省却了很多应酬。不过需要提到双湾村的干部小施，他是一位在北京当过兵的文质彬彬的年轻人。我第二次到东山看抬猛将时认识了他，他就带我在双湾村下面的几个自然村里看猛将堂和其他寺庙。后来去看六月二十四从水上抬猛将去葑山，我不知道半夜里应该到哪个村去上船，只好求助于他。结果大半夜麻烦他带路，夜里三点多在高田村的小巷中穿来穿去，终于找到埠头旁边的猛将堂，把我交代给一个会首，让我能够站在船上猛将神椅背后记录水路仪式的全过程。当五点多钟太阳升起，满天朝霞，长长的船队在河道上缓缓而行，顿觉生活是如此美好。

在研究工作进行过程中，我曾受邀在复旦大学历史学系、武汉大学历史学院、北京大学中文系、北京大学人文社会科学研究院、南京大学历史学院做过相关主题的演讲，撰文参与了华中师范大学历史文化学院、杭州市政协文化文史和学习委员会、复旦大学历史学系、上海师范大学与中国美术学院举办的学术会议，有机会将一些初步的、粗浅的想法与学者们交流，让我这个江南研究的初学者能够更有底气，思路更为清晰。在北京大学中文系给民间文学专业学生进行的讲座结束后，同学们还就此进行了讨论，讨论的内容和我的回应经过整理，也发表在了《民族艺术》2021 年第 2 期。① 这引发我对相关问题的进一步思考。

除了《民族艺术》以外，《民俗研究》《清华大学学报》《北京大学学报》等刊物也在我书稿付梓之前，先后发表了我的阶段性思考成果，使本书的研究能部分地先期接受学术界的检验和批评。这些刊物主编、责编的看重和长期支持是我不断努力创新的动力。

南京大学范金民教授、复旦大学刘永华教授、苏州科技大学张笑川教授、本系同事王奇生教授，以及在北京大学中文系做博士后研究的裘兆远老师等老友新朋，都无私地向我提供了关于东山（或相关）的珍贵资料，对他们宽阔的学术胸怀，我心存敬意。苏州大学张程娟老师帮我联系了苏州市吴中区档案馆，陪同我查阅和复制档案，并复制给我苏州大学图书馆所藏重要资料，帮助我在苏州市图书馆核对材料。中国地方

---

① 裘兆远、赵世瑜：《对〈民间口头叙事不止是文学——从猛将宝卷、猛将神歌谈起〉的问答、评议与讨论》，《民族艺术》2021 年第 2 期。

志指导小组办公室的张英聘同志也热心帮我在中国社会科学院图书馆检索资料，丰富了我在书中的讨论，这也是我不能忘怀的。

必须说，我是看到包伟民教授的新书《陆游的乡村世界》后，动念将本书交由社会科学文献出版社出版的，因为他们把书出得太漂亮了。本书包含大量图片和地图，编辑处理起来一定很辛苦，责任编辑李丽丽、陈肖寒认真负责，与我多次沟通、讨论，指出书稿中的讹误，令我十分感动。我相信，在他们的精心设计下，一定会给读者奉上一本美丽的书，能够配得上江南美丽的景色和美丽的故事。

最后要表示遗憾的是，因为新冠疫情的原因，本来要做的田野工作被迫大量削减，很多个案没有能进一步结合田野工作得到更详细的描述。比如我曾在上海对一个老学生说，很想跑一跑青浦，那里毕竟是传说中刘猛将的老家；也曾计划跑一跑湖州的石淙，那里陆氏的故事非常有趣；书中有很多故事发生在吴江，也应该好好跑跑的……希望在书出版之后，我能继续把工作做下去，以在本书的增订版中让内容更充实、错误更少、分析更深入。当然，那也可能是另一本书。

东山人会自称"阿伲山浪人"。什么是"山浪人"？民国时有人写过一篇小说，题目叫《嫁山浪人》，以第一人称的方式讲述自己少时认识了父亲的一个学生，后来就嫁给了他。其中有一段这样写道：

> 我认识了KY之后，最使人感到兴趣的是：他是山浪人。"山浪人"这个名词给我最初的印象是一个强悍的蛮子。所谓"山"在我直觉的印象中是一座比昆仑更神秘的荒山，那里有神，有怪，有古树，有巨兽，有蟒蛇，有野人。而这种野人大概就是山浪人。可

是我细细地观察 KY——一个山浪人，他却一点都不强悍，更不野蛮，相反地，他很温文很和蔼。他的面目似乎比一般地方的人反而更清秀些。尖尖的手指上又没有一根野人的特征的毛。他很瘦怯——这并不是可取之点，然而也都助否定了蛮子的"蛮"字。[1]

其实，这位东山人的上海媳妇（或者小说作者）并没有严重的误解。水乡和沿海的很多"山"其实就是岛，东山的士绅往往也称本乡人为"山人"，这是往往被城里人或岸上人误解的。那种对"山浪人""蛮"的想象，是指渔民面对风浪那种毅力和勇气，从而形成的一种豪侠彪悍的性格。所以尽管成了都市人或文人，他们还会带有对自己的水上人祖先性格的认同。

这位上海女性接着否定了自己最初的想象，因陶渊明《桃花源记》的启发，她认为"'黄发垂髫'的便是山浪人的祖先。那时武陵的渔人划着船，忘了远近，一定直划到太湖里去。因此，我全盘推翻了昆仑的假想。我想山浪定是一块世外的桃源"。她关于山浪人与"武陵渔夫"之间联系的浪漫想象还是有些符合历史的真实，不过将"山浪"理解为一个地名，多半是误会。不过，这篇小说也让我想到了前面提到的几位东山籍朋友和同事，他们也像小说中描写的 KY 君一样，清秀儒雅，无论现在他们操着哪里的口音，都非常符合人们对"江南人"的想象。至于江南人数百年甚至上千年前的"山浪人"祖先究竟是什么样子，则是另外一个问题，这大概可以作为本书所讲从水上人到岸上人历史过程的

---

[1] 伊林女士：《嫁山浪人》，洞庭东山旅沪同乡会编《洞庭东山旅沪同乡会卅周纪念特刊》，"杂俎"，第240~243页，《民国文献类编续编》第393册，第312~315页。

一个注脚吧。

因为祖籍之故，我总愿意说自己是四川人，吃辣，也能讲四川话，那是一种对根的眷念；又因为我出生并成长在北京，老东城的大街小巷有我少时的许多记忆，说我是北京人应该也没错，便总有种爱之深、恨之切的复杂心情；后来我在山西做研究，在晋东南和晋中地区跑过多次，也写了几篇文章，网上就有人以为我是山西人，我自然因此感到自豪——我太喜欢吃面条啦！所以，我希望因为写作和出版这本书，也可以被接纳为江南人吧。但愿这个理由不是太苍白无力，因为从田野中发现的历史，一定是充满生活和情感的温度的。

在本书的写作过程中，我常于半睡半醒中思考书的逻辑，年初夜半时曾写一小诗，似乎也可题为《静夜思》：

> 燕赵寒犹在，江南春已苏。
> 梦醒弄烟墨，书简化青竹。
> 思悟渔樵语，移情解陶朱。
> 盼得黄花绽，夜船赴姑苏。

反映了我在某些问题上抓不住关窍时急欲到田野中去寻找灵感的心情。

幸运的是，今年7月，在本书即将交给出版社的最后日子里，我拉了几位老朋友，当然也是国内这一领域的专家再去东山，聆听他们对书稿的意见。在短短的四天里，我和他们在东山和西山走了一些地方，听他们提出一些具有启发性的问题，也在重要的论述上坚定了信心。为此，我要再次感谢刘志伟、郑振满、刘永华、吴滔、谢湜五位教授和张程娟博士。彼时正是即将出梅的那几天，动辄汗流浃背，但我们依然度过了几天非常开心的时光，以至于几天后谢湜在厦门大学遇到我便说："已经开始怀念东山了。"

2021 年 7 月初记于京华蜗居

2021 年 12 月改定于北京友谊宾馆

图书在版编目(CIP)数据

猛将还乡:洞庭东山的新江南史 / 赵世瑜著. --
北京:社会科学文献出版社,2022.2(2023.11重印)
(鸣沙)
ISBN 978-7-5201-8905-7

Ⅰ.①猛… Ⅱ.①赵… Ⅲ.①地方史-研究-华东地
区 Ⅳ.①K295

中国版本图书馆CIP数据核字(2021)第174526号

·鸣沙·

猛将还乡
—— 洞庭东山的新江南史

著　　者 / 赵世瑜

出 版 人 / 冀祥德
责任编辑 / 李丽丽　陈肖寒
责任印制 / 王京美

出　　版 / 社会科学文献出版社·历史学分社 (010)59367256
　　　　　地址:北京市北三环中路甲29号院华龙大厦　邮编:100029
　　　　　网址:www.ssap.com.cn
发　　行 / 社会科学文献出版社 (010)59367028
印　　装 / 北京盛通印刷股份有限公司

规　　格 / 开　本:787mm×1092mm 1/16
　　　　　印　张:32　字　数:386千字
版　　次 / 2022年2月第1版　2023年11月第5次印刷
书　　号 / ISBN 978-7-5201-8905-7
定　　价 / 118.00元

读者服务电话:4008918866